U0399117

华东政法大学
课程和教材建设委员会

主　任　叶　青

副主任　曹文泽　顾功耘　唐　波　林燕萍　王月明

委　员　王　戎　孙万怀　孙黎明　金可可　吴　弘
刘宁元　杨正鸣　屈文生　张明军　范玉吉
何　敏　易益典　何益忠　金其荣　洪冬英
丁绍宽　贺小勇　常永平　高　汉

秘书长　王月明（兼）

秘　书　张　毅

Family Law & Succession (3rd edition)

婚姻家庭继承法学

（第三版）

许 莉／主编

图书在版编目(CIP)数据

婚姻家庭继承法学/许莉主编. —3版. —北京:北京大学出版社,2019.5
高等学校法学系列教材
ISBN 978-7-301-30149-4

Ⅰ. ①婚…　Ⅱ. ①许…　Ⅲ. ①婚姻法—法的理论—中国—高等学校—教材 ②继承法—法的理论—中国—高等学校—教材　Ⅳ. ①D923.01

中国版本图书馆CIP数据核字(2018)第284882号

书　　名　婚姻家庭继承法学(第三版)
　　　　　HUNYIN JIATING JICHENG FAXUE (DI-SAN BAN)
著作责任者　许　莉　主编
责任编辑　孙维玲
标准书号　ISBN 978-7-301-30149-4
出版发行　北京大学出版社
地　　址　北京市海淀区成府路205号　100871
网　　址　http://www.pup.cn　新浪微博　@北京大学出版社
电子信箱　sdyy_2005@126.com
电　　话　邮购部 010-62752015　发行部 010-62750672　编辑部 021-62071998
印 刷 者　天津中印联印务有限公司
经 销 者　新华书店
　　　　　730毫米×980毫米　16开本　22.75印张　420千字
　　　　　2006年1月第1版　2012年8月第2版
　　　　　2019年5月第3版　2021年8月第3次印刷
定　　价　58.00元

未经许可,不得以任何方式复制或抄袭本书之部分或全部内容。

版权所有,侵权必究

举报电话:010-62752024　电子信箱:fd@pup.pku.edu.cn

图书如有印装质量问题,请与出版部联系,电话:010-62756370

修订说明

《婚姻家庭继承法学》系华东政法大学本科指定教材，由我校民法教研室长期从事婚姻家庭继承法教学工作的教师合作撰写。

本书以我国现行婚姻、家庭、继承法律体系为框架，体系完整，内容涉及《婚姻法》《收养法》《继承法》的主要条文和相关司法解释。框架设计合理，涵盖婚姻、家庭、继承领域的基本法理和主要法律制度。内容简明扼要，基本概念和基本理论阐述清楚，法律法规解读规范，使用效果良好。曾获校优秀教材二等奖，被很多高校选为指定教材。

本书于2006年1月出版，迄今已经重印多次。

2012年8月，编者对本书进行了第一次修订，主要增补与最高人民法院《关于适用〈中华人民共和国婚姻法〉若干问题的解释（三）》相关的内容，涉及结婚登记瑕疵的处理路径、亲子鉴定的证据规则、婚内析产的条件、按揭房以及父母出资购房的性质及处理等诸多方面。

此次修订为本书的第二次修订，内容主要涉及以下三方面：

第一，增加典型案例。为反映近年来在婚姻、家庭、继承领域出现的新问题，我们在多章的最后部分增补了典型案例，并对争议焦点进行了分析，为学生课后进行深度学习和研究提供参考。

第二，补充、更新法律法规。我们主要是将《民法总则》中的相关规定融入现有内容，替换《民法通则》中已废除的相关规定；增加2017年、2018年最高人民法院关于夫妻债务的相关司法解释。此外，对于书中涉及的国外立法，我们按照最新译本进行了校对、修正。

第三，删除、修改书中存在歧义的和不准确的表述。

本次修订的具体分工如下（以撰写章节先后为序）：

孙维飞　第一编第一章

许　莉　第一编第二、三、四章

李红玲　第一编第五、六、七、八章

俞立珍　第二编、附论

目　　录

第一编　婚姻家庭法

第二编　继　承　法

附 论

第一编　婚姻家庭法

第一章　绪　　论

第一节　婚姻家庭

一、婚姻家庭的概念和性质

（一）婚姻、家庭的概念

一般来说，婚姻是男女两性结合的一种特别形式，其特别之处在于：男女二人以永久共同生活为目的，互享社会所认可的夫妻间的权利和义务。家庭或家则是共同生活的亲属团体，夫妻间的共同生活自然也在其中。

（二）婚姻家庭的自然属性

婚姻家庭的自然属性是指婚姻家庭赖以形成的自然条件及其本身所包含的自然规律。[①] 它主要包括两个方面：(1) 男女两性的差别和人类所固有的性本能，是婚姻家庭的生理基础；(2) 男女两性的结合可以产生繁衍后代的结果，使人种得以延续。如果人类没有两性差别，或者人类虽有两性差别，但两性之间没有性的吸引，或者两性之间虽有性的吸引，但两性的结合并不孕育后代，那么婚姻家庭的自然条件就不能具备，可能的结果就是：没有婚姻家庭，或者婚姻家庭的样式有着完

---

① 参见张贤钰主编：《婚姻家庭继承法》，法律出版社2004年版，第2页。

全不同的面貌。[①]

在婚姻家庭的立法中,必然会有对其自然属性的考虑,诸如法定婚龄的设置、无性行为能力的离婚理由等都与婚姻的自然属性相关。

(三) 婚姻家庭的社会属性

婚姻家庭的社会属性是指婚姻家庭作为特定社会的一部分所具有的特定属性。不同社会,其婚姻家庭的特性不同;同一社会,当其发展变化时,婚姻家庭的发展变化也在其中。

作为社会关系的特定形式,婚姻家庭的性质、特点及其发展变化都是由其社会属性决定的。[②] 和婚姻家庭的自然属性相比,社会属性是其本质属性。在人与人结合的形式上,使婚姻家庭形式和非婚姻家庭形式相区别的关键不是结合者的生理基础,而是其结合是否为社会所认可。[③]

二、婚姻家庭的社会功能

婚姻家庭的社会功能是指婚姻家庭作为社会系统的组成部分所承担的功能。不同社会中婚姻家庭所起的作用会有所区别,但也有一些较为普遍的功能,细述如下:

(一) 实现人口的生产和再生产

社会若要延续,首先必须解决人种的延续问题。人种的延续是通过生育后代来完成的。生育后代并不是单纯的生理事件,而是在特定社会制度中完成的社会事件。我国目前人口的出生主要是在婚姻家庭的组织中完成的,因此,客观上婚姻家庭承担着重要的人种延续的功能。[④]

(二) 组织生活消费和参与社会经济活动

在传统农业社会中,“男耕女织”,社会的经济生产主要是由家庭来完成的;在现代社会,尤其是城市社会中,经济生产是在工厂等“单位”完成的,家庭的生产功

---

① 随着人工生殖技术的发展,以及将来有可能会出现的单性生殖技术(克隆)在人身上的运用,婚姻家庭的样式将来(可以设想遥远的将来)是否会发生改变就是个未知数了。另外,同性恋现象的存在虽然没有从根本上改变人类异性相吸的生理属性,但毕竟对以异性结合为基础的婚姻家庭观念提出了挑战。我国目前并不承认同性之间的婚姻,同性结合也不可能产生家庭。

② 参见张贤钰主编:《婚姻家庭继承法》,法律出版社 2004 年版,第 3 页。

③ 在法治社会,最重要的社会认可是法律的认可。有时,法律和其他社会制度在是否认可某种结合为婚姻家庭时会发生冲突。例如,法律认可的结婚方式为登记,而部分社会群体可能只接受公开仪式的形式,却不认可登记的形式。当然,法律是普遍适用的强制性准则,当个别社会群体的规则和法律相冲突时,应服从法律。

④ 当一个社会中的非婚同居和非婚生育现象越来越多时,婚姻家庭所承担的人种延续的功能就被逐渐弱化了。

能明显弱化。但是，即使在现代社会中，生活消费的一大部分还是由家庭来组织完成的，为家庭共同生活而发生的对房屋、汽车和饮食等的支出仍是现代社会的重要消费。

（三）传承社会文化和培养后代

由于家庭是人口出生的主要场所，人一出生便生活在特定的家庭中，因此社会学认为，家庭是人的“首属群体”。社会的文化传统首先便在家庭中对后代发挥作用，家庭的濡化是社会文化重要的传承渠道，同时也是个人人格形成和社会化的重要途径。但是，随着托儿所、幼儿园和各级学校在现代社会的建立以及电视、网络等媒体进入家庭，家庭的文化教育和人格培养等功能也在一定程度上发生着改变，如何正确认识和发挥家庭在培养后代中的作用是一个有待进一步深入思考的课题。

第二节　婚姻家庭法的调整对象

婚姻家庭法，顾名思义，是调整有关婚姻家庭的社会关系的法律。婚姻家庭关系经过法律的调整之后成为婚姻家庭法律关系，即存在法律上的权利义务关系。对婚姻家庭法调整对象的理解应注意以下两个方面的内容：

首先，在婚姻家庭关系中，应注意区分法律和其他调整手段之间的界限。

以婚约为例，它是未婚男女承诺将来结婚的约定，这种约定不具有法律效力，不能被强制执行。但是，订立婚约本身并不违法，因为法律对它虽然不保护，但也不禁止。这说明婚约不在法律的调整范围之内，应由道德和风俗习惯予以调整。

婚姻家庭关系不同于商品交换关系，它和道德、伦理及风俗习惯之间的联系非常紧密，和人的感情、性格等也息息相关。因此，和一般的商品交换注重“物有所值”“等价互利”等特征不同，它非常强调有一定身份关系的人（尤其是夫妻）之间的互敬互爱、和睦相处。这种关系注重人与人之间的感情，并不适合完全交由法律来调整。《中华人民共和国婚姻法》（以下简称《婚姻法》）第 4 条就规定：“夫妻应当互相忠实、互相尊重；……”最高人民法院《关于适用〈中华人民共和国婚姻法〉若干问题的解释（一）》（以下简称《解释（一）》）（法释〔2001〕30 号）第 3 条补充说明：“当事人仅以婚姻法第四条为依据提起诉讼的，人民法院不予受理；……”结合这两条规定，我们可以看出：《婚姻法》第 4 条将夫妻互相忠实和互敬互爱的道德义务规定在法律条文中，但只起着宣示和导向的作用，并不具有强制执行力，不是真正的法律义务。也就是说，法律对是否将有关夫妻之间感情沟通和融洽的事项作为调整对象,持限制性的态度。[①]

其次,应注意婚姻家庭当事人之间所发生的社会关系并不全是婚姻家庭法的调整对象。

婚姻家庭中的当事人往往是具有一定亲属身份关系的人,他们之间的社会关系大致可分为身份所涉及的人身关系和财产关系以及与身份无关的人身关系和财产关系。例如,夫妻之间有关婚后所得财产如何分配的协议是有关夫妻财产制的约定,是夫妻身份所涉及的财产关系,因为双方如果不是夫妻,则不存在订立这种协议的可能。但是,如果夫或妻向对方借款,则该借款协议不是夫妻身份所涉及的协议,因为不是夫妻的双方也可能订立这样的协议。前一种协议中的财产关系,由于和身份关系相关,因此是婚姻家庭法的调整对象;而后一种协议中的财产关系,由于和身份关系无关,因此不是婚姻家庭法的调整对象,应为合同法的调整对象。[②] 对于后一种协议,可以参照适用合同法的规定,但不能完全照搬。

在妻子的人格被丈夫完全"吸收"的中古时代,不存在夫妻之间订立借贷协议的可能。同样,在家父控制着子女的财产甚至人身时,也不可能在家父和子女之间订立借贷协议。这些情况在现代已经不复存在,依现代法律,夫妻之间以及父母子女之间虽然有着身份关系的约束,但他们仍然互为具有独立人格的主体,不能排除在他们之间也可订立和身份没什么联系的买卖、租赁等协议。

概括地说,婚姻家庭法的调整对象就是因一定的亲属身份而引起的人身关系和财产关系,有关一定亲属身份如何发生及变动等事项一并包括在内。有些事项虽然并不发生在具有一定亲属身份的人之间,但由于和身份有密切的联系,通常也应将其归入婚姻家庭法的规范事项之列。例如,由于未经登记就"结婚"的男女不能形成合法的夫妻关系,因此他们在"结婚"后因共同生活而发生的财产关系应由婚姻家庭法来调整,而不能纯粹依据财产法的规定来处理。

---

① 明确涉及夫妻感情事项的是《婚姻法》第 32 条第 2 款的规定,即"人民法院审理离婚案件,应当进行调解;如感情确已破裂,调解无效,应准予离婚"。这一款规定的内容是将有关感情的事项作为判决离婚的前提条件,体现了婚姻家庭法的特色(因为在财产法中一般不会涉及感情事项)。但是,这一条款并没有将维护夫妻感情和睦作为当事人的法律义务,或者说,并没有将离婚作为义务违反行为的制裁措施,所以,从这一款规定又可以看出,有关夫妻感情的事项并未被完全上升为法律调整的对象。

② 如果夫妻约定实行分别财产制,那么婚后各自所得归各自所有,相互借贷自然不成问题;如果夫妻并未作任何有关财产制的约定,则依据我国现行婚姻法,他们的婚后所得除应归一方所有的特有财产(《婚姻法》第 18 条)外,应属于共同所有。因此,若夫妻之间有借贷关系,贷方(出借方)出借的财产必须是个人的特有财产,而不能是夫妻共有的财产。

第三节 婚姻家庭法的调整方法

法律调整是通过法律规范的制定和实施来完成的，不同部门法之间调整方法的区别是由各自调整对象的不同造成的。欲了解婚姻家庭法的调整方法，需明了以下两点：

第一，婚姻家庭法的调整对象是因一定亲属身份关系引起的人身关系和财产关系，这些关系和商品交换等社会关系虽然处于不同的社会领域，但都是平等主体之间的社会关系。因此，对这两类社会关系进行调整的法律在调整方法上具有共性，体现了婚姻家庭法隶属于民法的特征。

民法是调整平等主体之间的人身关系和财产关系的法律，其调整方法主要是通过设置有关私人之间权利义务的规范来实现的，婚姻家庭法也不例外。例如，夫妻一方重婚，对方可以此为理由起诉要求离婚(《婚姻法》第 32 条)，这种关于离婚理由的法律规范是调整私人之间权利义务的规范，由私人向国家机关寻求救济；如果重婚构成犯罪，则重婚者应承担刑事责任，这种刑事责任是由重婚者向国家而不是个人承担的责任。因此，前者是私法，是有关私人之间的权利义务的规范，是婚姻家庭法规范；而后者是公法，是有关私人应向国家承担责任的规范，是刑法规范。这体现了现代部门法划分的理念。但是，我国古代法律规范并非如此。在唐律中，就有强制离婚的规定。例如，在“妻欲害夫”等“义绝”情形中，夫妻必须离婚，“违者，徒一年”。这是把夫妻之间的权利义务以及他们对国家的责任合并在一起作出规定，体现了民刑不分、诸法合体的特点。

第二，婚姻家庭法的调整对象是因一定亲属身份关系引起的人身关系和财产关系，这些关系具有很强的伦理性，由此导致婚姻家庭法的调整方法具有不同于民法其他部分的特点。

首先，婚姻家庭法的规范多为强制性规范，不容当事人协议变更或不适用。

例如，虽然结婚需要男女双方合意才能达成，但结婚当事人不能就合意的条款任意约定，诸如夫妻相互扶养等义务是法律强制性规范所规定的，不容选择。如果一方面允许男女双方结为夫妻，另一方面又承认他们结婚时所作互不扶养等约定有效，那么国家在婚姻家庭领域的伦理秩序就会遭到破坏。

法律在商品交换领域的目标主要是建立公正且有效率的市场，交易扩展依赖交易自由，因此尊重当事人意愿的安排是十分必要的。在婚姻家庭领域，法律的目标则是维护婚姻家庭必要的伦理底线，不能全凭当事人的意愿。之所以说“底线”，是因为婚姻家庭中伦理秩序的维护不能完全依赖法律，而应由法律和风俗习惯等诸多手段结合发挥作用。法律具有国家强制性,对社会生活的干预比较大,若婚姻家庭中的问题事无巨细都上升到法律层面,公民自由就会受到不恰当的限制。

虽然婚姻家庭法的规范多为强制性规范,但也有任意性规范,即可以由当事人选择不适用的规范。其中,最典型的为有关夫妻法定财产制的规范。我国《婚姻法》规定的夫妻法定财产制为婚后所得共同所有制,但当事人可以约定排除该法定财产制的适用,采用包括分别财产制在内的其他财产制形式(《婚姻法》第19条)。

其次,因为婚姻家庭关系的伦理性,所以损害赔偿救济措施的适用具有特殊性。

一定的亲属身份具有很强的伦理性,如果两个当事人之间的身份关系没有改变,则身份关系所具有的伦理性会抑制以金钱赔偿为主要手段的损害赔偿救济措施发挥作用。

例如,我国《婚姻法》第46条规定了离婚损害赔偿制度,即夫妻一方有重婚、实施家庭暴力等情形的,对方可以起诉要求损害赔偿,但前提是上述情形"导致离婚";若没有起诉要求离婚或法院判决不准离婚,则对赔偿请求不予支持。重婚、实施家庭暴力等都是在婚姻存续期间所为,为什么损害赔偿救济措施一定要等到离婚时才能得到支持?主要原因就在于婚姻关系的伦理性。在夫妻关系依然维持的情况下,要求这样的损害赔偿与夫妻互敬互爱的伦理要求有些抵牾,不甚恰当;而当夫妻关系不再维持时,抵牾情形也就消失了。另外,当父母违反对子女的照顾、保护等义务给子女带来损害时,损害赔偿是否适用以及如何适用又是一个问题。[①] 最高人民法院《关于适用〈中华人民共和国婚姻法〉若干问题的解释(三)》(以下简称《解释(三)》)(法释〔2011〕18号)第9条规定:"夫以妻擅自中止妊娠侵犯其生育权为由请求损害赔偿的,人民法院不予支持;……"该条规定并不意味着丈夫对其妻子不享有生育权,而只是表明丈夫的生育权对于妻子来说不能受损害赔偿请求权之救济手段的保护。这一方面是因为妻子也享有生育权——决定生育或不生育的权利,另一方面则是出于对以金钱赔偿作为维护和谐婚姻关系之手段的适宜性所持的怀疑态度。

---

① 父母子女的身份关系和夫妻的身份关系不同:夫妻身份通过离婚可以改变,原来的夫妻就不再是夫妻;而父母子女的身份关系是不变的,即使父母被剥夺了监护权或者子女被他人收养,也不例外。因此,在我国《婚姻法》中,对于夫妻之间尚有离婚损害赔偿的规定,而对于父母子女间的损害赔偿并无直接的规定(但并不意味着完全否定)。

第四节　婚姻家庭法和民法的关系

弄清楚婚姻家庭法的调整对象和调整方法之后，婚姻家庭法和民法的关系就自然显现出来：一方面，婚姻家庭法隶属于民法，是民法的组成部分；另一方面，婚姻家庭法具有自己的特殊性，是民法中相对独立的组成部分。我国现行的立法例是将婚姻家庭法的规范规定在诸如《婚姻法》和《收养法》等单行法典中，更明确地体现了这种相对独立性。

既然认为婚姻家庭法是民法的组成部分，那么民法总则的规定是否适用于婚姻家庭事项？婚姻家庭法与民法其他组成部分（诸如物权法、合同法和侵权责任法等）之间在法律适用上应如何协调？

总则，顾名思义，就是总括性的规定。民法总则就是统一适用于民法各组成部分的规定。如果完全否认民法总则可以适用于婚姻家庭法，那么婚姻家庭法就不再是民法的组成部分，而是完全独立的部门法。这种认识显然不恰当。

首先，民法总则中的基本原则与婚姻家庭法总则中的基本原则的精神是一致的，并不冲突。

现代婚姻家庭法首先强调的就是“男女平等”（《婚姻法》第2条），这一点与民法中的“民事主体在民事活动中的法律地位一律平等”（《中华人民共和国民法总则》（以下简称《民法总则》）第4条）体现的精神是一致的，两者都来源于现代民法中所蕴含的民事主体人格平等的精神。夫妻在抚养教育子女等事务上具有同等的权利，夫妻有相互继承遗产的权利，夫妻对婚姻关系存续期间所得的共同财产有平等的处理权等，这些婚姻家庭法上的具体规定也是民法基本原则的体现。

平等是自治的前提，意思自治则构成另一项民法基本原则（《民法总则》第5条）。但是，意思自治原则在婚姻家庭法中多有限制，这主要是由婚姻家庭关系的伦理性决定的。试举一例：《婚姻法》第11条只规定了胁迫是婚姻可撤销的原因之一，并未规定欺诈可作为请求撤销婚姻的原因。这不同于《合同法》基于意思自治原则对可撤销合同的规定，在处理案件时，不能对受欺诈结婚的情况依照意思自治原则类推《合同法》加以解决。原因在于：《婚姻法》第11条是有关身份事项的规定，具有较强的伦理性，而维护身份关系的稳定性是和伦理相关的公共利益的要求，因此我国《婚姻法》在对待撤销婚姻的问题上持较为谨慎的态度，意思自治原则受到限制。但是，伦理性主要体现在因一定身份所引起的人身关系中，除此之外尚有大量的财产关系，对于这些关系，意思自治原则依然可以发挥作用。例如，我国《婚姻法》第19条规定的夫妻财产约定虽然具有一定的身份性，即只限于夫妻之间发生效力,但其内容为财产性的,是决定财产关系事项的约定。因此,在《婚姻法》对夫妻财产约定的生效问题没有作出规定的地方,如针对哪些情况当事人可以起诉要求撤销该约定的问题,可以类推适用《合同法》中依据意思自治原则所作的相关规定。意思自治作为民法的基本原则虽然在涉及婚姻家庭事项时多有限制,但并不能因此否定婚姻家庭法是民法的组成部分。因为意思自治原则虽然贯穿整个民法,但它不是具体条款(和概括条款相对),不需要直接适用于每一个民法领域中的事项。例如,在人格权法和物权法等领域中,意思自治原则同样受到限制。更需要注意的是,在婚姻家庭法中也有直接和民法中意思自治原则相通的原则,即婚姻自由原则,它是指婚姻的缔结和解除(结婚和离婚)应尊重当事人的意愿。婚姻自由原则和民法中的意思自治原则都根源于现代民法对人的尊重,是人格独立和人格自由的体现。

民法基本原则除平等和意思自治原则外,还有诚实信用、公序良俗和权利不得滥用原则。后三个原则主要用于调整私人利益之间以及私人利益与社会公共利益之间的关系。即使针对婚姻家庭事项,维护私人利益之间以及私人利益与社会公共利益之间的平衡显然也是十分必要的。因此,这三个原则虽然没有在《婚姻法》中写明,但依然可以适用于婚姻家庭事项。另外,这三个原则不同于前述的平等和意思自治原则,它们具有授权性条款的性质,即在现行法缺乏具体规定时,授权法官可直接依据这三个原则进行裁判。① 婚姻家庭法是民法的一个组成部分,在对婚姻家庭事项缺乏具体规定时,这三个原则也可以直接作为裁判的依据。同时,家庭关系中的伦理秩序是社会公共利益的重要组成部分,是这三个原则适用于婚姻家庭事项时应考虑的必要内容。例如,随着社会的变迁,一种防备配偶不忠的夫妻忠实约定悄然出现,即如果夫妻一方有婚外性行为等不忠的情形,应向对方支付约定数额的违约金。这样的约定在法律上是否有效?对这个问题的回答有赖于对婚姻家庭领域中公序良俗原则的理解和判断。民法基本原则作为一般条款具有一定的模糊性,在适用于具体案件时难免会有争议。②

总之,从民法基本原则和婚姻家庭法基本原则的一致性以及民法基本原则可以直接适用于婚姻家庭事项的角度来看,婚姻家庭法作为民法组成部分的性质不容否认。

其次,除基本原则外,民法总则中较重要的具体规定主要是与法律行为相关的规范。关于这些规定能否适用于婚姻家庭事项,须结合身份关系的伦理性特点作

① 参见梁慧星:《民法总论(第二版)》,法律出版社2004年版,第43页脚注㉝。
② 参见隋彭生:《夫妻忠诚协议分析——以法律关系为重心》,载《法学杂志》2011年第2期。

具体分析,不可一概而论。①

民法中有关法律行为的规定主要以财产关系为典型事项,一般不能适用于有关身份产生和变动的行为(如结婚、协议离婚和协议收养等行为)。对于这些行为,应适用婚姻家庭法的特别规定,如《婚姻法》第10条和第11条有关婚姻无效和可撤销的规定。如果婚姻家庭法上没有特别规定,也不应类推适用民法上的相关规定,而应类推适用婚姻家庭法上的其他规定。例如,《中华人民共和国收养法》(以下简称《收养法》)第25条第1款规定"违反《中华人民共和国民法通则》第五十五条和本法规定的收养行为,无法律效力",而在《民法通则》中,民事行为违反其第55条的法律后果既有无效,也有可撤销和效力待定,并非全是"无法律效力"。对于收养行为,自然应优先适用《收养法》的特别规定,但《收养法》第25条并未对协议解除收养的民事行为作出规定。那么,若解除收养协议违反《民法通则》第55条,对其效力该如何认定?我们认为,应类推适用《收养法》第25条,后果一律为无效。

婚姻家庭法中也会涉及财产关系,虽然这些财产关系和一定的亲属身份有或多或少的联系,但仍不乏财产性的特点。对于婚姻家庭事项中财产性色彩比较浓厚的行为,民法总则中关于法律行为的规定仍有适用的余地。例如,结婚行为不能依据民法总则中有关附条件法律行为的规定附以停止条件或解除条件,但夫妻财产制的约定可以附条件。②

除法律行为外,就事实行为而言,《婚姻法》或相关司法解释等有特别规定的,也应优先适用。例如,《婚姻法》第46条规定了离婚时无过错方的损害赔偿请求权。该损害赔偿请求权的性质应为追究侵权责任的损害赔偿请求权,涉及精神痛苦或悲伤等损害的,应为精神损害赔偿请求权。《侵权责任法》第26条关于过错相抵的规定不可适用于离婚损害赔偿的情形,因为《婚姻法》第46条排除了有过错之配偶的请求权,而不是在对方也有过错时去比较双方的过错程度以确定责任的范围。③ 但是,《婚姻法》及其司法解释对于精神损害赔偿的数额应如何确定没有作出规定,可参考适用民法中的相关规定,如最高人民法院《关于确定民事侵权精神损害赔偿责任若干问题的解释》(法释〔2001〕7号)第10条。

---

① 在总则中较为明确地指出民法和婚姻家庭法在法律适用上的关系的婚姻家庭法典是《俄罗斯联邦家庭法典》(1995年),其第4条规定:"只有在民事立法不与家庭关系的本质相抵触时,家庭立法未调整的本法典第2条所指的家庭成员之间的财产关系和人身非财产关系,才适用民事立法。"转引自中国法学会婚姻法学研究会编:《外国婚姻家庭法汇编》,群众出版社2000年版,第466页。

② 我国现行《婚姻法》对有关夫妻财产约定并无详细的规定,肯定《民法总则》中的相关规定可以适用于夫妻财产约定仍有一定意义。

③ 《解释(三)》第17条规定:"夫妻双方均有婚姻法第四十六条规定的过错情形,一方或者双方向对方提出离婚损害赔偿请求的,人民法院不予支持。"

第五节 婚姻家庭法的渊源

法的渊源,又称“法源”,是指法律存在的形式。婚姻家庭法的渊源就是婚姻家庭法存在的形式。我国婚姻家庭法主要存在于专门处理婚姻家庭事项的《婚姻法》和《收养法》等制定法法典以及相关的行政法规和司法解释中;同时,其他法律、行政法规和司法解释中也有涉及婚姻家庭事项的规定,性质上也是婚姻家庭法的规范,即实质意义上的婚姻家庭法。

一、专门处理婚姻家庭事项的婚姻家庭法的渊源

1. 法律

专门处理婚姻家庭事项的法律有《婚姻法》(1980 年 9 月通过,2001 年 4 月修订)和《收养法》(1991 年 12 月通过,1998 年 11 月修订)。

2. 行政法规

专门处理婚姻家庭事项的行政法规主要是《婚姻登记条例》(自 2003 年 10 月起施行)。

3. 司法解释

专门处理婚姻家庭事项的司法解释主要有最高人民法院《关于适用〈中华人民共和国婚姻法〉若干问题的解释(一)》(2001 年 12 月通过)、最高人民法院《关于适用〈中华人民共和国婚姻法〉若干问题的解释(二)》(以下简称《解释(二)》)(2003 年 12 月通过)、最高人民法院《关于适用〈中华人民共和国婚姻法〉若干问题的解释(三)》(2011 年 7 月通过)以及最高人民法院《关于审理涉及夫妻债务纠纷案件适用法律有关问题的解释》(2018 年 1 月通过)。①

二、其他涉及婚姻家庭事项的婚姻家庭法的渊源

1. 宪法

宪法是国家的根本大法,它规定了立法和司法在处理婚姻家庭事项上应遵循

---

① 相关的司法解释还包括:最高人民法院《关于人民法院审理离婚案件如何认定夫妻感情确已破裂的若干具体意见》(1989 年 11 月)、《关于人民法院审理未办结婚登记而以夫妻名义同居生活案件的若干意见》(1989 年 11 月)、《关于人民法院审理离婚案件处理财产分割问题的若干具体意见》(1993 年 11 月)、《关于人民法院审理离婚案件处理子女抚养问题的若干具体意见》(1993 年 11 月),以及《关于审理离婚案件中公房使用、承租若干问题的解答》(1996 年 2 月)。这些司法解释都颁布于 2001 年《婚姻法》修订之前,其中许多内容已经被修订后的《婚姻法》吸收,也有部分内容被更改。因此,这些司法解释只有在内容不与修订后的《婚姻法》及其司法解释相冲突时才能适用。

的基本方向。例如,《宪法》第 49 条之规定共 4 款,分别为:“婚姻、家庭、母亲和儿童受国家的保护。”“夫妻双方有实行计划生育的义务。”“父母有抚养教育未成年子女的义务,成年子女有赡养扶助父母的义务。”“禁止破坏婚姻自由,禁止虐待老人、妇女和儿童。”

2. 法律

《民法通则》《妇女权益保障法》《老年人权益保障法》《人口与计划生育法》以及《未成年人保护法》等法律中或多或少都有关于婚姻家庭事项的规定,这些规定大多进一步重申或细化了宪法中所确立的处理婚姻家庭事项的原则。例如,《民法通则》第 103 条规定:“公民享有婚姻自主权,禁止买卖、包办婚姻和其他干涉婚姻自由的行为。”第 105 条规定:“妇女享有同男子平等的民事权利。”又如,《未成年人保护法》第二章和第五章分别就未成年人的家庭保护和司法保护作了较为丰富的原则性规定。

3. 国际条约

针对涉外民事法律关系(包括涉外婚姻家庭关系),我国缔结或参加的相关国际条约应优先适用,即在国内法和国际条约有不同规定时,应优先适用国际条约的规定(《民法通则》第 142 条)。1991 年 12 月,我国加入《儿童权利公约》。该公约第 3 条确定了“儿童最大利益”原则,这一原则对我国的婚姻家庭立法和司法具有积极的指导意义。

上述婚姻家庭法的渊源属于制定法的范畴,非制定法在一定程度上也可以成为婚姻家庭法的渊源。非制定法的法源包括习惯法、判例法、法理以及学说。①

第六节 婚姻家庭法的基本原则

婚姻家庭法的基本原则是指婚姻家庭法具体规范中蕴含的共通的、概括性的准则。《婚姻法》第 2 条指明了这些原则,分别为:婚姻自由;一夫一妻;男女平等;

---

① 相关内容可参见一些民法总论教科书中的相关论述(这些论述对于婚姻家庭法也有效),如梁慧星:《民法总论(第五版)》,法律出版社 2004 年版,第 27—31 页。至于有关制定法对某些婚姻家庭事项缺乏规定时应依据何种法源适用法律的问题,《俄罗斯联邦家庭法典》第 5 条规定:“在家庭成员间的关系未由家庭立法或双方的协议调整,并且无直接调整上述关系的规范时,如果调整类似关系的家庭法和(或)民法规范与上述关系的本质不矛盾,则该规范适用对上述关系的调整(法律的类推)。如果无调整类似关系的家庭法和(或)民法规范,家庭成员间的权利和义务根据家庭法和民法的基本原则(法律的类推),以及人道、理性和公正的原则确定。”该条规定的实质是肯定通过类推适用表现的法理作为婚姻家庭法的法源之一。有关类推适用和作为法源之一的法理之间的关系,参见王泽鉴:《民法总则(增订版)》,中国政法大学出版社 2001 年版,第 63—68 页。

保护妇女、儿童和老人的合法权益;计划生育。这些原则反映了我国婚姻家庭立法所追求的基本价值和理念,也是司法机关适用法律以及婚姻家庭主体在遵守法律时的根本依据,不可偏离。从司法机关适用法律的角度看,基本原则既是解释具体规范的依据,也是在具体规范缺乏时补充法律漏洞、发展学说判例的基础。

一、婚姻自由

(一) 婚姻自由的含义

婚姻自由是指婚姻关系的建立和解除应根据当事人的自愿,任何第三人(包括父母在内)不应包办或强迫。

婚姻自由包括结婚自由和离婚自由两个方面。结婚自由是指是否结婚由当事人自己决定,婚姻的成立必须经过双方当事人的合意。离婚自由分协议离婚和诉讼离婚两种情形,其中协议离婚中的自由是指夫妻双方可以通过合意解除他们之间的婚姻关系;而诉讼离婚中的自由则是指即使没有双方合意,只要夫妻感情彻底破裂,一方仍可以起诉要求解除婚姻关系。

(二) 婚姻自由的特征

婚姻家庭法中的婚姻自由原则与合同法中的合同自由原则都建立在民事主体人格独立的基础上,反映了私法自治的理念,但二者也有不同之处。

首先,合同自由是财产法中的自由,限制较少;而婚姻自由是身份法中的自由,限制较多。一般来说,缔结合同的自由是指是否缔结合同、以何种方式缔结合同以及缔结何种内容的合同等事项皆由当事人双方合意决定,法律并无强制性的规定。但是,婚姻自由中,双方当事人合意决定的事项通常只有是否结婚、离婚,法律对于结婚方式以及婚姻关系的内容等大都设有强制性的规定,不容当事人另作约定。[①]

其次,婚姻自由原则反映了社会主义的婚姻观。我国古代的婚姻观是家族主义的婚姻观,即认为婚姻的性质是“合二姓之好,上以事宗庙,而下以继后世”(《礼记·昏义》)。[②] 所谓“二姓之好”,不是指男女二人之“好”,而是指两个家族的“好”,因此结婚的决定权不在成婚当事人手中。依唐律,如果结婚有违律之情形,应处罚的对象不是成婚当事人,而是作为主婚人的祖父母、父母。[③] 所谓“上以事宗庙,而下以继后世”,反映了婚姻的目的是维护家族利益,有“上”有“下”而无“中”,忽略了结婚男女本身的利益。社会主义的婚姻观则是以爱情为基础的个体

---

① 在不违反公序良俗和不损害第三人利益的限度内,结婚双方还可以就夫妻财产关系自由约定。这说明婚姻关系的内容在一定程度上(即限于财产关系的限度内)可以由当事人自由决定。

② 参见法学教材编辑部《婚姻法教程》编写组:《婚姻立法资料选编》,法律出版社 1983 年版,第 16 页。

③ 同上书,第 101 页。

主义的婚姻观,结婚的决定权由成婚当事人掌握,婚姻是否存续的关键是他们之间的感情,而不是出于家族利益的考虑。在离婚问题上,以爱情为基础的婚姻观排斥许多资本主义国家曾经实行过的禁止离婚和限制离婚的法律制度。我国《婚姻法》将判决"准予离婚"的标准规定为夫妻"感情确已破裂",当夫妻感情彻底破裂时,不应以其他理由要求他们维持没有爱情的婚姻。而禁止离婚和限制离婚的法律制度要么完全禁止离婚,要么将离婚的适用限制于一方或双方有过错、一方失踪、不能人道(即因生理缺陷不能发生性行为)等情形,与不以当事人有过错为条件的离婚制度相比,赋予当事人的离婚自由较少。依据财产法中的合同自由原则,合同依法缔结之后,双方当事人应严守之,除了双方协议解除外,只在履行不能或有可归责于对方当事人之事由的情形下,才允许单方面要求解除合同。而婚姻涉及身份关系中的伦理道德,法律允许当事人自由地要求解除已经失去爱情基础的婚姻,是因为法律认为没有爱情的婚姻不符合社会主义婚姻观的伦理准则,不值得予以维持。因此,合同自由原则中能否主张解除合同的自由不无疑问,而婚姻自由原则中必须提到离婚自由,离婚自由是结婚自由的必要补充,没有离婚自由就不能真正保证结婚自由中所结成的婚姻始终合乎应有的伦理准则。

(三) 婚姻自由的要求

1. 禁止包办、买卖婚姻和其他干涉婚姻自由的行为

所谓包办婚姻,是指第三人指定、强迫当事人结婚的行为。所谓买卖婚姻,是指第三人以索取财物为目的指定、强迫当事人结婚的行为。第三人包办婚姻可能出于非金钱的目的,也可能出于获取财物的目的,若属于后者,则同时为买卖婚姻。可见,包办婚姻不一定是买卖婚姻,但买卖婚姻一定是包办婚姻。此外,有些行为虽然不是包办他人(包括其子女在内)的婚姻,但也属于干涉婚姻自由的行为,如子女干涉父母再婚,父母反对子女同某人结婚的决定并采取积极的阻挠、威胁措施等行为(单纯的反对尚不构成干涉婚姻自由)。

我国《婚姻法》第一章"总则"之第 3 条明确规定"禁止包办、买卖婚姻和其他干涉婚姻自由的行为"。但是,整部《婚姻法》中并无关于这些行为会造成哪些法律后果的规定。较为接近的条文是《婚姻法》第 11 条的规定:"因胁迫结婚的,受胁迫的一方可以向婚姻登记机关或人民法院请求撤销该婚姻。……"如果这里的"胁迫"包括仅由第三人实施的胁迫行为,那么当包办、买卖婚姻的行为达到胁迫的程度时,应允许受胁迫一方当事人请求撤销婚姻。如果不能适用《婚姻法》第 11 条的规

定,则因第三人包办达成的婚姻应当有效,但当事人可以婚姻系包办为由请求离婚。[①]另外,如果包办变成了代办,如第三人直接代替当事人去办理结婚手续,其后果是不能取得结婚证,因为结婚行为不能代理;即使因种种原因取得了结婚证,当事人之间的婚姻也是不能生效的。

自2010年7月1日起施行的《中华人民共和国侵权责任法》(以下简称《侵权责任法》)第2条规定,侵害婚姻自主权,应当依照《侵权责任法》承担侵权责任。包办、买卖婚姻和其他干涉婚姻自由的行为属于侵害婚姻自主权的行为,应承担停止侵害或进行损害赔偿等侵权责任。侵害婚姻自主权的许多行为同时侵害了受害人的其他权利。例如,以防止受害人办理结婚登记为目的限制其人身自由的行为,既侵害了受害人的婚姻自主权,也侵害了其人身自由权。在此种情形下,受害人若请求不能工作的损害赔偿,应主张人身自由权受侵害;若请求无法如期结婚的损害赔偿,则可主张婚姻自由权受侵害。

2. 禁止借婚姻索取财物

所谓借婚姻索取财物,是指婚姻当事人一方基本同意结婚,但以此为条件要求对方支付彩礼等财物的行为。在买卖婚姻中,婚姻当事人并无结婚的意愿,结婚完全是因第三人为获取财物而做的交易;而在借婚姻索取财物的情形下,婚姻当事人基本上是有结婚意愿的,有时是自己主动要求对方支付彩礼等财物,有时是消极地对自己父母等第三人索取财物的要求不予反抗或不敢反抗。因此,对于借婚姻索取财物的情形,虽应给予否定评价,但原则上应认为婚姻效力不受影响,[②]且借婚姻索取财物不应属于《侵权责任法》第2条规定的侵害婚姻自主权的侵权行为。

二、一夫一妻

(一)一夫一妻的含义

一夫一妻是指婚姻为一个男子和一个女子的结合。我国的婚姻家庭制度只认可一夫一妻制的婚姻,拒绝认可一夫多妻制或一妻多夫制的婚姻,并禁止虽未构成一夫多妻或一妻多夫,但变相违反一夫一妻制的行为,如有配偶者与婚外异性同居的行为。

---

① 1989年11月颁布的最高人民法院《关于人民法院审理离婚案件如何认定夫妻感情确已破裂的若干具体意见》第6条规定,包办、买卖婚姻,婚后一方随即提出离婚,或者虽共同生活多年,但确未建立起夫妻感情的,经调解无效,人民法院可依法判决准予离婚。依此规定,包办、买卖婚姻的后果是可诉请离婚,而不是婚姻无效或可撤销。其他干涉婚姻自由行为的法律后果可类推适用该条规定。

② 《解释(二)》第10条规定:"当事人请求返还按照习俗给付的彩礼的,如果查明属于以下情形,人民法院应当予以支持:(一)双方未办理结婚登记手续的;(二)双方办理结婚登记手续但确未共同生活的;(三)婚前给付并导致给付人生活困难的。适用前款第(二)、(三)项的规定,应当以双方离婚为条件。"

（二）一夫一妻的要求

1. 禁止重婚

按照一夫一妻原则的要求，任何人不得同时有两个或两个以上的配偶；有配偶者在婚姻终止（即配偶死亡或离婚）之前，不得再行结婚。违反上述要求即可构成重婚。

自民政部《婚姻登记管理条例》施行之日（1994 年 2 月 1 日）起，未办理结婚登记而以夫妻名义同居生活的，不产生合法的婚姻关系。假设 1994 年 2 月 1 日之后，一个人在已有经过登记的合法婚姻的同时，又与婚外异性以夫妻名义公开同居生活，但并未办理结婚登记，那么该人的行为是否构成重婚？对此问题，应结合有关重婚的具体规范来解答，不同规范中重婚的含义并不相同。

重婚在婚姻家庭法上所引起的法律后果分别为“婚姻无效”（《婚姻法》第 10 条）、“准予离婚”（《婚姻法》第 32 条第 3 款）以及“无过错方有权请求损害赔偿”（《婚姻法》第 46 条）。

对于《婚姻法》第 10 条所涉婚姻无效的法律后果来说，该人的行为不构成重婚。理由是：首先，未经结婚登记的男女同居生活在 1994 年 2 月 1 日之后不具有婚姻的法律效力；其次，依据《解释（一）》第 7 条第 1 项的规定，“以重婚为由申请宣告婚姻无效的，为当事人的近亲属及基层组织”。所以，重婚构成无效行为须经过一定程序，即利害关系人的申请和人民法院的宣告。该人未经结婚登记与婚外异性以夫妻名义同居生活的行为不具有婚姻的法律效力，无须申请和宣告。

在《婚姻法》第 32 条第 3 款和第 46 条中，重婚的性质是违法行为。为了保护合法的婚姻关系，如果该人在婚外又与其他异性以夫妻名义公开同居生活的，应被认定为违法行为，构成重婚。当然，若该人虽然与婚外异性同居生活，但并非公开以夫妻名义，则其行为虽然也属于违法行为，但不属于重婚。

2. 禁止有配偶者与他人同居

《婚姻法》第 3 条明文规定，“禁止有配偶者与他人同居”。另外，《婚姻法》第 32 条和第 46 条规定了“有配偶者与他人同居”在婚姻家庭法上的后果，分别为“准予离婚”和“导致离婚的，无过错方有权请求损害赔偿”。《解释（一）》第 2 条对《婚姻法》中“有配偶者与他人同居”的含义作出限制性解释，即“是指有配偶者与婚外异性，不以夫妻名义，持续、稳定地共同居住”。之所以作出这样的限制性解释，有两方面原因：第一，若有配偶者与婚外异性以夫妻名义同居，应归于“重婚”概念之下；第二，将“与他人同居”中的“他人”限定为“婚外异性”，并将其中的“同居”限定为“持续、稳定地共同居住”，这样的限制性解释反映了司法机关在用法律手段干预婚姻家庭领域时的慎重态度。[①]

三、男女平等

男女不平等的现象由来已久,男尊女卑是我国和其他许多国家长期存在的社会问题。在我国有文字记载的历史中,肯定男女不平等的时间远远超过肯定男女平等的时间,在全国范围内真正肯定男女平等只是中华人民共和国成立以后的事。

我国《婚姻法》完全体现了这一原则,没有任何一条规范出现义务只由女方承担或权利只由男方享有的情况;涉及任何一种身份关系时,也未出现因性别的不同而造成权利义务不对等的情况。

四、保护妇女、儿童和老人的合法权益

(一) 保护妇女、儿童和老人的合法权益的根据

保护妇女、儿童和老人的合法权益是从婚姻家庭领域的客观实际出发,以维护婚姻家庭的安定和谐为目标的婚姻家庭法的基本原则。任何人的合法权益都应当得到保护,之所以要特别强调对妇女、儿童和老人的合法权益的保护,从妇女的角度看,是因为我国社会长期以来是男尊女卑的社会,实行男女平等的关键就是要维护妇女的合法权益不受侵犯;从儿童和老人的角度看,则是因为他们是婚姻家庭法中被抚养教育和被赡养的主体,是需要他人照顾和保护的弱势群体,因此也是合法权益较容易被侵犯的人。

(二) 保护妇女、儿童和老人的合法权益的要求

为了保护妇女、儿童和老人的合法权益,必须禁止家庭暴力,禁止家庭成员之间的虐待和遗弃等行为,因为他们是现实中家庭暴力以及虐待和遗弃等行为的主要受害者。

根据《解释(一)》第 1 条,在婚姻家庭法中,家庭暴力“是指行为人以殴打、捆绑、残害、强行限制人身自由或其他手段,给其家庭成员的身体、精神等方面造成一

---

① 在 2001 年《婚姻法》修订之前,我国并无离婚损害赔偿制度,配偶一方违反一夫一妻原则的行为可能会招致公法(刑法、行政法等)上的惩罚,但在婚姻家庭法上并没有赋予另一方因此请求损害赔偿的权利。这说明,中华人民共和国成立以来,在婚姻家庭领域并不提倡配偶之间因身份权受侵害而产生的赔偿诉讼,原因之一可能在于担心将身份关系过分金钱化。2001 年《婚姻法》修订时,增加了离婚损害赔偿制度,“有配偶者与他人同居”亦属可赔偿的原因。最高人民法院对此所作的限制性解释仍然有避免身份关系过分金钱化的考虑。另外,法律调整的力量是有限的,某些事情留给道德调整或许更好。如果有配偶者与婚外异性只是偶尔同居,则更近似于通奸,而通奸在我国主要由道德加以调整,婚姻法上并没有规定赔偿措施,行政法和刑法上也没有规定惩罚措施。

定伤害后果的行为。持续性、经常性的家庭暴力，构成虐待”。家庭暴力在其他领域（如社会学研究领域）中可能会有不同的定义，上述界定是为实施《婚姻法》而作出的，不一定具有普遍性。有疑问的是，单纯的精神折磨是否可以构成家庭暴力或虐待？从司法解释的界定来看，答案是肯定的。但是，夫妻在共同生活中难免有磕磕碰碰，观点甚至理念的不同有时亦会给相互间带来精神上的痛苦，这些尚不能构成精神上的家庭暴力或虐待。单纯的精神折磨要构成家庭暴力或虐待，应符合两个要件：第一，应有一定伤害后果的发生。一般的痛苦尚不能被认定为伤害，痛苦达到一定程度才有必要被作为家庭暴力或虐待对待。第二，实施精神上的折磨应属于故意为之。有时，夫妻间生活习惯不同等也会给对方带来莫大的痛苦，但一方没有以对方的痛苦为目的而故意追求之，因此也不能被作为家庭暴力或虐待对待。遗弃是指家庭成员中负有扶养义务的一方对年老、年幼、患病或者其他没有独立生活能力的另一方拒绝扶养，致使其难以维持生活的行为。

在夫妻一方实施家庭暴力或虐待、遗弃家庭成员行为的情况下，对方可以要求离婚（《婚姻法》第 32 条）；若自己无过错，还可以请求损害赔偿（《婚姻法》第 46 条）。《婚姻法》第 43、44 条等条款规定了居民委员会、村民委员会以及所在单位对遭受家庭暴力或虐待、遗弃等行为的受害人的帮助措施，它们在受害人请求帮助时应出面加以劝阻、调解。

家庭暴力是对受害人人身权益的侵犯，依《侵权责任法》第 21 条的规定，若实施家庭暴力者的行为危及受害人的人身安全，受害人可请求侵权人停止侵害。另外，参照 2008 年最高人民法院中国应用法学研究所发布的《涉及家庭暴力婚姻案件审理指南》，在涉及家庭暴力的婚姻案件审理过程中，如果存在受害人的人身安全受威胁的情况，人民法院可应受害人申请，作出在一定期间内有效的人身安全保护裁定。人民法院作出的人身安全保护裁定可以包括的内容有：禁止被申请人殴打、威胁申请人或申请人的亲友；禁止被申请人骚扰、跟踪申请人，或者与申请人或可能受到伤害的未成年子女进行不受欢迎的接触；人身安全保护裁定生效期间，一方不得擅自处理价值较大的夫妻共同财产；有必要并且具备条件的，可以责令被申请人暂时搬出双方共同的住处；禁止被申请人在距离下列场所 200 米内活动：申请人的住处、学校、工作单位或其他申请人经常出入的场所；必要时，责令被申请人自费接受心理治疗；为保护申请人及其特定亲属人身安全的其他措施。人身安全保护裁定是一种民事强制措施，若被申请人在人身安全裁定生效期间拒不履行该裁定，人民法院可以视其情节轻重予以罚款或拘留。

五、计划生育

实行计划生育，控制人口数量，提高人口素质，是我国一项长期的基本国策。[①] 婚姻家庭领域是决定这项基本国策能否实现的关键性领域。《收养法》中有关“收养人只能收养一名子女”以及“送养人不得以送养子女为理由违反计划生育的规定再生育子女”等规定，就是计划生育原则在婚姻家庭法中的体现。

第七节 身份法律行为与身份权

一、身份法律行为

（一）身份法律行为的概念

婚姻家庭法是调整因一定亲属身份引起的人身关系和财产关系的法律。身份法律行为就是以身份以及身份所引起的人身关系和财产关系的产生、变更或消灭为目的的法律行为。它包括形成行为和附随行为两类。所谓形成行为，是指直接以一定亲属身份的发生、变更或消灭为目的的法律行为，如结婚、离婚、收养以及解除收养等。所谓附随行为，是指以形成行为为前提，附随此等行为而为的法律行为，如有关夫妻财产制的约定、离婚时有关子女抚养和财产分割的协议等。附随行为的生效应以形成行为的生效为前提。例如，男女双方虽然可以于婚前就将来结婚时所实行的夫妻财产制进行约定，但该约定只有在婚姻有效成立以后才能生效；如果婚姻无效或被撤销，该约定也就同时失去效力。即使婚姻家庭法上的附随行为有时只涉及财产关系，但由于它是附随于有关身份变动的形成行为，因此不能单纯被作为财产法上的事项对待。

必须注意的是，对身份法律行为与身份法上的行为应予区别。婚姻家庭法是身份法，但它规定的行为并不都是法律行为。例如，成年子女有赡养父母的义务，但赡养并不一定是法律行为，更多情况下只是一种照料饮食起居的事实行为。再如，父母对未成年子女有抚养教育的义务，同时也是其法定监护人。在抚养教育、监护的过程中，父母不免对子女实施相当于支配身体的行为，如为子女的利益采取一定的惩戒措施。这些支配行为由于不是以意思表示为要素的，因此不构成法律

① 我国目前具体的生育政策体现在《人口与计划生育法》（2015年12月27日修正）第18条中，其第1、2款分别规定：“国家提倡一对夫妻生育两个子女。”“符合法律、法规规定条件的，可以要求安排再生育子女。具体办法由省、自治区、直辖市人民代表大会或者其常务委员会规定。”第3款规定：“少数民族也要实行计划生育，具体办法由省、自治区、直辖市人民代表大会或者其常务委员会规定。”

行为,只是单纯的事实行为。

（二）身份法律行为的特征

《婚姻法》并没有就身份法律行为的含义及其适用作出概括性的规定。本书对身份法律行为的认识是从身份关系的伦理性特点出发,结合《婚姻法》和《收养法》等有关具体身份行为的规定作出学理分析。与一般民事法律行为相比,身份法律行为在以下几个方面有其特殊之处:

1. 行为能力和代理

婚姻家庭法关于行为能力的年龄限制有特别规定,如结婚须男满 22 周岁、女满 20 周岁,满 30 周岁才可以作为收养人等。上述年龄限制是婚姻家庭法针对从事身份法律行为者的特别规定,所规定的内容为相应的结婚行为能力、收养行为能力。结婚、协议离婚、收养作为法律行为,民法中关于民事行为能力的一般规定对其仍然适用,但应以婚姻家庭法中无特殊规定为前提。《民法总则》第 22 条规定:“不能完全辨认自己行为的成年人为限制民事行为能力人,实施民事法律行为由其法定代理人代理或者经其法定代理人同意、追认,但是可以独立实施纯获利益的民事法律行为或者与其智力、精神健康状况相适应的民事法律行为。”一般认为,身份法律行为涉及人的重大利益,不属于限制行为能力人可独立从事的与其精神健康状况相适应的民事活动。2003 年国务院颁布的《婚姻登记条例》第 12 条第 2 项明确规定,限制民事行为能力人办理离婚登记的,婚姻登记机关不予受理。该规定的实质是不认可限制行为能力人从事协议离婚这一法律行为的能力。但是,《婚姻法》第 5 条有关结婚条件的规定中并未对男女双方的精神状况提出要求,第 10 条也未规定精神病人的结婚法律行为无效。对此,应解释为:《婚姻法》的立法者有意识地不将精神状况正常从而具有民事行为能力作为结婚法律行为的有效要件,《民法总则》第 144 条关于无民事行为能力人实施的民事行为无效等规定应不予适用。①

从事一般民事法律行为的人如果行为能力有欠缺,可以由其他人代理。但是,身份法律行为原则上不得由他人代理。在特殊情况下,应有例外。如果夫妻一方患有精神病,对方要求离婚时,应允许患有精神病一方的诉讼行为由他人代理,但协议离婚仍不应允许代理。如果夫妻中患有精神病一方提起离婚诉讼,虽然也允

① 最高人民法院《关于人民法院审理离婚案件如何认定夫妻感情确已破裂的若干具体意见》(法(民)发〔1989〕38 号)第 3 条规定:“婚前隐瞒了精神病,婚后经治不愈,或者婚前知道对方患有精神病而与其结婚,或一方在夫妻共同生活期间患精神病,久治不愈的。”从该规定可以看出,一方结婚时若患有精神病,并不导致婚姻无效或可撤销,对方的救济是通过离婚诉讼完成的。

许代理,但条件限制更严格。[①]

2. 形式要求

身份法律行为涉及身份关系的稳定,公示和透明对于当事人和社会具有重要意义。因此,它往往具有要式性。这一方面促使当事人慎重,另一方面可维护社会秩序(尤其是家庭秩序)的稳定。我国《婚姻法》对于结婚、协议离婚和收养都有登记的要求,未经登记,行为不发生效力。

3. 无效和可撤销

对于直接以一定亲属身份的建立或解除为目的的身份法律行为,其无效或可撤销不同于一般的民事法律行为。例如,从构成要件上看,婚姻可撤销的条件只限于胁迫,并不包括欺诈;从法律后果上看,婚姻无效的法律后果通常只是相对无效,而不是绝对无效,即只有在当事人或利害关系人向审判机关申请并经过宣告后才会发生无效的法律后果。

对于附随的身份法律行为,其无效或可撤销则可参照一般的民事法律行为予以确定。例如,夫妻财产制的约定可以因欺诈而被撤销。附随行为由于并不涉及身份的变动,只是在身份确定的前提下对身份关系中的内容作出安排,因此对于身份关系的稳定性冲击较小,在法律没有特殊规定的情况下,一定程度上可参照财产法上的规定予以处理。

4. 条件和期限

身份关系的建立与一般契约关系的建立不同。例如,买卖合同的建立是为了达成钱物交换的目的,目的达成后买卖合同自然就终结了;而夫妻、父母子女关系等身份关系的建立不是为了完成某个事项,因此并非事项完成后该关系就没有存在的必要了。身份关系的建立是为了达成一种伦理的结合,目的在于结合本身,而不是结合所要完成的某个目标。即使结合是为了达到某个目标,该目标也只是行为的动机,不能被纳入行为的内容中。例如,即使一方结婚是为了有房屋居住,也不能将该动机纳入结婚的行为中,即不可以对方购得房屋作为婚姻生效的条件。因此,对于身份法律行为中的形成行为发生身份变动的后果,应不允许附条件或期限,否则和身份关系的性质不符。

但是,对于身份法律行为中的附随行为又应区别对待,如果附随行为附条件或期限,而该条件的发生与否或期限的到来与否只影响身份关系的内容,并不影响身

① 《解释(三)》第8条规定:"无民事行为能力人的配偶有虐待、遗弃等严重损害无民事行为能力一方的人身权利或者财产权益行为,其他有监护资格的人可以依照特别程序要求变更监护关系;变更后的监护人代理无民事行为能力一方提起离婚诉讼的,人民法院应予受理。"

份本身,则不妨允许。①

二、身份权

身份权是由身份关系所产生的权利。有时,身份权同时是一种义务,如父母对未成年子女的教育权利同时也是一种义务,这样的权利不得放弃行使。同时,身份权原则上专属于权利人行使,不得转让。

看待身份权有两个角度:一个角度是从身份关系的整体上看,一种身份就意味着一种身份权,如夫妻身份就意味着配偶权的存在;另一个角度是从身份关系的具体内容上看,如配偶权的具体内容就包括受胁迫结婚者的婚姻撤销权、配偶相互间的扶养请求权以及离婚时无过错方向有过错方请求损害赔偿的权利等。②

身份权的效力有对内和对外两个方面。以配偶权为例,对内效力体现为夫妻关系的具体内容,如对配偶的扶养请求权、离婚损害赔偿请求权等;对外效力体现为基于配偶权所具有的身份利益不受第三人的侵犯。关于身份权的对外效力,尚需注意两点:第一,身份权人对其身份利益的享有具有排他的性质,如果受到第三人的妨碍,可对其行使类似物上请求权性质的停止侵害、排除妨碍等请求权以获得保护。例如,父母可向非法使其子女脱离其监护的第三人要求交还子女。③ 第二,身份权虽然具有排他的性质,但是否构成向第三人主张侵权损害赔偿的基础不无疑问。例如,有配偶者与婚外异性同居的,受害者只能向其配偶主张离婚损害赔偿,《婚姻法》及其司法解释皆无受害者可以向该婚外异性请求损害赔偿的规定。④

---

① 例如,既然夫妻有关财产的契约可以于婚姻关系存续期间订立,那么若夫妻于结婚初始就订立该契约,但附以始期(该始期自然在婚姻存续期间,否则整个约定就没有意义了),这种做法和前者相比,在伦理评价上没有区别对待的必要,也应允许。

② 史尚宽先生分别称上述两种情况下的身份权为基本的身份权和支分的身份权。参见史尚宽:《亲属法论》,中国政法大学出版社 2000 年版,第 36 页。

③ 参见〔日〕我妻荣、有泉亨:《日本民法亲属法》,夏玉芝译,工商出版社 1996 年版,第 7 页。最高人民法院《关于确定民事侵权精神损害赔偿责任若干问题的解释》第 2 条中虽然只明确了父母等监护人可以向第三人要求精神损害赔偿,但首先可以向对方要求交还子女应不言而喻。

④ 身份关系中的相对人可以向第三人主张侵权损害赔偿的规定主要见于两个司法解释:一是最高人民法院 2004 年 5 月施行的《关于审理人身损害赔偿案件适用法律若干问题的解释》(法释〔2003〕20 号)第 17 条和第 18 条关于受害人死亡或因伤致残时被扶养人生活费以及死者近亲属精神损害赔偿的规定;另一个是最高人民法院《关于确定民事侵权精神损害赔偿责任若干问题的解释》第 2 条有关监护人因第三人非法使被监护人脱离监护时请求精神损害赔偿的规定。

♂♀ 典型案例

陈某诉吴某离婚案

【案情简介】[①]

由于原告陈某所在村拆旧房建新房，重分宅基地，原告陈某与被告吴某签订协议，旨在通过假结婚的方式多分宅基地。协议内容为：双方办理结婚登记，被告将户口迁移到原告处，以使原告能多分宅基地，原告支付被告一定的金钱作补偿。2007年7月19日，原告陈某与被告吴某办理结婚登记手续，领取了结婚证。原、被告办理结婚登记以后一直未共同生活。后原告起诉要求离婚。

法院审理认为，双方登记结婚的行为只是为达到其他目的而为通谋虚伪的婚姻登记，且办理结婚登记后双方并未在一起共同生活。因此，法院判决准予原告陈某与被告吴某离婚。

【评析】

本案涉及在通谋虚伪结婚的情形下，身份法律行为的特征及其效力判定问题。

本案原告与被告虽有结婚登记的形式，但双方皆欠缺结为夫妻的真实意思，为通谋虚伪结婚，属于通谋虚伪的身份法律行为。就一般的法律行为，《民法总则》第146条第1款规定："行为人与相对人以虚假的意思表示实施的民事法律行为无效。"但是，就法律行为的特殊类型——身份法律行为，如结婚，《婚姻法》第10条规定的无效情形中并不包括通谋虚伪结婚。另外，《解释(三)》第1条第1款规定："当事人以婚姻法第十条规定以外的情形申请宣告婚姻无效的，人民法院应当判决驳回当事人的申请。"由此可见，因身份法律行为的特殊性，就其效力判定，不能径直适用《民法总则》的规定。就通谋虚伪结婚而言，依《婚姻法》第10条和《解释(三)》第1条第1款之规定，可判定其有效。此时，不适用《民法总则》第146条第1款有关通谋虚伪法律行为无效之规定。就本案而言，当事人并未申请宣告婚姻无效，法院判决准予离婚实际上也意味着认定当事人之间的婚姻有效，是妥当的。

但是，本案中，当事人双方皆无真实的结婚意愿而虚伪结婚，且并未共同生活，是否有必要修订现行法，增设此种情形为导致婚姻无效或可撤销之情形，值得研究。[②]

---

① (2010)台临民初字第2575号。

② 参见金眉：《论通谋虚伪结婚的法律效力》，载《政法论坛》2015年第3期。

思考题

1. 如何认识婚姻家庭的自然属性和社会属性?
2. 如何理解现代社会婚姻家庭的社会职能?
3. 婚姻家庭法的调整对象有何特征?
4. 婚姻家庭法的调整方法有何特征?
5. 如何从基本原则的角度去理解婚姻家庭法和民法的关系?
6. 如何认识身份行为和财产行为的区别?
7. 试思考婚姻家庭领域中法律和道德的界限以及确立其界限的意义。

第二章　亲属制度

第一节　亲属的概念与亲属制度的历史演变

一、“亲属”一词释义

根据《现代汉语词典》的解释，“亲属”指“跟自己有血统关系或婚姻关系的人”。在我国民间，与“亲属”一词同义使用的是“亲戚”。“亲戚”指“跟自己家庭有婚姻关系或血统关系的家庭或它的成员”。“亲属”“亲戚”是两个古老的概念，古汉语中对它们的解释时见于各种典籍。

《礼记·大传》中有“亲者，属也”之说。汉代大儒刘熙在《释名·释亲属》中称：“亲，衬也，言相隐衬也。属，续也，恩相连续也。”上述解释意在说明亲属之间所具有的相衬、相续的特殊（密切）关系。这种相衬、相续的亲属关系是以婚姻关系为基础，以血缘联系为经纬而形成的。

在古籍中，“亲”与“属”二字具有不同的含义，常分别使用，各有所指。《说文解字》中解释“亲”为“至也”，解释“属”为“连也”，即较近之亲为“亲”，较远之亲为“属”。此外，人们常用“亲族”“亲戚”等称谓表示各种亲属关系。

所谓的“以亲九族”之说，一般用以表示亲属的范围。其中，关于“九族”，有两种理解，一说为：父四族、母三族、妻二族；一说为：上自高祖、下至玄孙，共九代人。本书认可后一种理解。

在我国封建社会后期的律例中，与“亲族”一词含义相同或相近并经常使用的词是“宗亲”。“宗亲”一词有宗法色彩，多指男系家族的亲属，与泛指族内外亲的“亲戚”一词的含义不同。

在古籍中也用“戚”专指族外亲。《礼记·曲礼上》云：“故州闾乡党称其孝也，兄弟亲戚称其慈也。”唐孔颖达正义曰：“亲指族内，戚言族外”，如“外戚”“姻戚”。我国古代亲属关系以“宗亲”为本，重族内亲。

二、亲属的概念

“亲属”是一个法律概念。在现代法学中，亲属系指因婚姻、血缘和法律拟制而产生的一种人与人之间的社会关系。婚姻为亲属之源，血亲为亲属之流，姻亲则是以婚姻为中介而发生的与配偶亲属的联系。

亲属一般包括一定范围内的血亲、姻亲和配偶。也有不视配偶为亲属的，认为配偶就是配偶，既不是血亲也不是姻亲。因此，关于配偶是否为亲属，各国的规定不尽相同。其中，配偶在我国、日本等国被列为亲属，在德国、瑞士等国不被列为亲属。与一般的社会关系不同，亲属关系的发生必须基于特定的法定事由，如配偶关系的发生基于男女双方的婚姻，父母子女关系的发生基于出生或者收养。亲属之间存在着特定的身份和固定的称谓。

亲属本身所及范围可以是极其宽泛的，但并不是所有有称谓的亲属在法律上都有意义。亲属法只规定一定范围内的亲属之间具有特定内容的权利和义务，并非所有有称谓的亲属之间都存在权利和义务。从人类亲属关系发展的大致轨迹看，在法律上有意义的亲属范围有一个逐渐由大变小的发展过程，这符合人类自身的发展规律，即家族对成员个体的影响有一个由大变小的过程。根据我国古代社会的丧服制(亦称“九族图”)，传统的亲属关系在上自高祖、下至玄孙的九代人之间。古代刑法上的“株连九族”就是根据亲属关系所及范围确定“株连”的范围，在这一范围内的亲属具有法律上的意义。

现代亲属法所规范的亲属关系的范围较窄。根据我国民法、婚姻法和继承法的相关规定，具有权利义务关系的亲属范围是：配偶、父母、子女、兄弟姐妹、祖父母和外祖父母、孙子女和外孙子女，即三代以内的直系血亲和两代以内的旁系血亲。我国《继承法》规定，丧偶儿媳或女婿对公婆或岳父母尽了主要赡养义务的，可以作为第一顺序继承人。但是，儿媳与公婆、女婿与岳父母之间本为姻亲，相互之间并无扶养、赡养之权利义务，亦无法定继承权。儿媳对公婆、女婿对岳父母遗产的继承关系只有在特定的条件下(丧偶和尽了主要赡养义务)才具有法律上的意义，并不具有普遍适用的法律意义。

亲属与家庭成员之间的关系如何？关于家庭的概念，存在认识上的模糊和不一致，有所谓的形式主义和实质主义之分。形式主义以是否为同一户籍作为确定是否为家庭成员的依据，并不考虑是否共同生活，如日本民法即采用形式主义；实质主义则以是否共同生活作为确定是否为家庭成员的依据，并不考虑是否具有同一户籍，如瑞士民法即采用实质主义。我国关于家庭的认定并无一个准确的法律上的定义，“家庭”一词在我国并不是一个严格意义上的法律概念。通常认为，家庭应该是一个共同生活体，是否具有同一户籍并不是最主要的依据。与家庭成员相比，亲属的概念要宽泛得多。“亲属”属于上位概念，不仅包括家庭成员，还包括家庭成员以外的其他有血缘联系的人。

三、亲属组织的历史变迁

从原始社会到今天，人类社会的亲属组织大致经历了从原始群体（血缘团体）、氏族社会（血缘群婚制时期）、家族社会（宗法社会）到家庭的发展过程。

在原始群体阶段，原始人借助两性结合和血缘联系，形成共同生活的血缘团体。这是人类最初的亲属组织形式，也是人类最初的社会组织形式。在当时的历史条件下，亲属组织与社会组织合二为一。其特点是：原始群体虽为亲属团体，团体成员间虽存在着血缘联系或两性关系，但两性结合尚无禁忌，存在血亲杂交，还没有形成现代意义上的婚姻，事实上无法对团体成员进行亲属分类。因此，真正意义上的亲属组织是进入血缘群婚制时期以后的产物。

氏族社会也称“氏族公社”，是以血缘关系结成的原始社会最基本的经济单位，也是当时唯一的亲属组织。一般认为，它产生于考古学上的旧石器时代晚期，初为母权制，约从新石器时代末期开始过渡到父权制。血缘群婚虽为群婚，但已出现了两性结合的禁忌，氏族内部禁婚（即实行族外婚），这是人类跨出的非常重要的一步，真正的婚姻由此产生。在氏族社会，生产资料公有，集体生产，平均分配，无剥削和阶级，公共事务由大家选出的氏族族长管理，重大问题（如血亲复仇、收容养子等）由氏族成员会议决定。

氏族社会是血缘群婚制时期全世界各民族必经之社会阶段，经历了母系氏族和父系氏族两个历史阶段。母系氏族是一个出于同一个始祖母，彼此之间存在着婚姻禁忌，由母系血亲组成的亲属团体。若与本氏族外的异性结婚，子女属于母亲氏族的成员。以母系为本位，亲属分族内亲和族外亲：母亲的兄弟姐妹为族内亲，父亲的兄弟姐妹为族外亲。父系氏族则按父亲确定血统的亲属规则，虽与母系氏族一样实行族外婚，但子女属于父亲氏族的成员。以父亲为本位，亲属分族内亲和族外亲：父亲的兄弟姐妹为族内亲，母亲的兄弟姐妹为族外亲。

在家族社会时期，我国具有典型意义的家族社会为宗法家族。宗法家族是一个多层次的亲属组织系统，以父系、父权、父治的家长制为基本单位。国家和家族的形式一致，这是我国宗法社会的特点。家长或族长的权力至上，根据辈分的上下大小和血缘关系的亲疏远近，确定人与人之间的关系以及尊卑贵贱的等级关系。君王为国家的最高统治者，也是同姓家族中的家长。宗法社会实行族外婚，须以异姓为婚配对象。亲属的分类以宗亲为本，重父系，轻母系，重男轻女。宗法社会同样是古代人类所共有的社会现象，古罗马的宗统、日耳曼王国的血族团体等都具有宗法社会的属性。

家庭是当代社会唯一的实体性亲属团体，是因婚姻、血缘或收养而产生的亲属间的共同生活组织。“家庭”一词有广义和狭义两种理解:狭义上是指一夫一妻制下的个体家庭(单偶家庭);广义上则泛指群婚制出现后的各种家庭形式,包括家族。人们一般对家庭作狭义的理解。现代意义上的家庭是指由一定范围内的亲属组成的共同生活体。

第二节 亲属的种类和分类

一、我国亲属种类的历史演变

我国的古代社会为宗法社会,亲属制度以宗法为本,特点是重男轻女、扬父系而抑母系。这表现在亲属分类上,是将亲属分为宗亲(宗族)和外姻两类。父系为宗亲,母系和妻系都是外姻,有所谓“三党”或“三族”之称,即父党、母党、妻党。其中,父党为宗亲,母党、妻党皆为外姻。

宗亲,亦称“宗族”“本亲”或者“内亲”,以本宗男子为主体,并包括入嫁本族的女子以及在室女(即本族尚未出嫁的女子)。

外姻,亦称“外亲”,包括母亲以及祖母的本家亲属,如已出嫁的女儿、孙女、姐妹、姑母的子女等。妻族原来也被归入外亲之列,直至唐宋时期。自明清开始,法律将妻族另列一类。至此,在我国古代的礼和法中确立了宗亲、外亲和妻亲三分制的体例。

在古代中国,配偶的亲属身份问题主要指已婚女子(即妻)的身份。入嫁之妇为宗亲,出嫁从夫,妻为夫家的宗族成员,以夫之宗亲为己之宗亲,只有在离异后才脱离夫家的宗族,回归父之宗族。因此,已婚女子没有一个独立的亲属地位。

自近代起,从清末到北洋军阀统治时期,受西方立法思想的影响,历次民律草案都将夫妻单独列为亲属类别之一。其理由是:夫妻之间既无血缘联系又非姻亲关系,既非血亲也非姻亲,夫妻就是夫妻,应将夫妻单列为一类——配偶。当时,日本的亲属立法已将亲属分为血亲、姻亲和配偶三类,这种分类影响至今。

二、当代亲属法对亲属的分类

在亲属法上,亲属关系根据不同的标准可作不同的划分。

以亲属之间的亲系为依据,可将亲属划分为:男系亲、女系亲,父系亲、母系亲,直系亲、旁系亲。但是,这种划分使配偶本身无亲系可循,不够完整。

以亲属之间的行辈为依据,可将亲属划分为:长辈亲、同辈亲和晚辈亲。

以亲属关系的发生为依据,可将亲属划分为:配偶、血亲和姻亲。这种分类涵盖了婚姻关系、血缘关系。

当代亲属法是以亲属关系的发生为依据确定亲属种类的，即亲属的种类有配偶、血亲和姻亲。

（一）配偶

配偶是指男女双方因婚姻而结为夫妻。在婚姻关系存续期间，夫妻双方互为配偶。在一夫多妻和一妻多夫的时代和地区，妻以外的异性如妾之于丈夫、夫以外的异性之于妻都属于配偶。配偶在亲属关系中有着极其特殊的重要地位。夫妻是亲属关系发生的起点，配偶是血亲关系和姻亲关系得以发生的重要基础和纽带。

关于配偶在亲属中的地位，在中外历史上出现过不同的立法例。在古代中国，夫妻一体，双方都是夫家的宗族成员，属宗亲范畴，配偶本身（这里主要指的是妻子）不是一个独立的亲属类别。在中外立法上，很长一段时期没有对配偶单独进行亲属归类。将夫妻之间的亲属关系单独以配偶归类，是西方社会在近代首先提出并逐渐被各国亲属法接受的。

（二）血亲

血亲是指有着共同的血缘联系的亲属。血亲不仅指自然血亲，即血缘上有着同源关系的亲属，还包括拟制血亲。拟制血亲是基于某种原因，将与自己没有血缘联系的人视为血亲并得到法律承认的亲属。在原始社会时期，人类就有收养其他部落的年幼孩子（主要是男孩）作为自己部落的成员，或者将因部落战争而俘虏的年幼之人作为自己部落的孩子予以抚养的习俗，这是壮大自己部落的一种办法。人类早期的习惯法认同收养亦可发生相当于自然血亲关系的亲属关系。与自然血亲不同，这类得到法律承认或者认可的亲属关系又被称为“法定血亲”。

1. 自然血亲

自然血亲是指有着共同的祖先，亲属之间有着共同的血缘联系的亲属，如父母与子女之间，兄弟姐妹之间，祖父母、外祖父母与孙子女、外孙子女之间，叔伯与侄子女之间，姨舅与外甥子女之间等。自然血亲不论是否为婚生，只要存在血缘上的联系即可；也不要求必须是全血缘血亲，半血缘血亲与全血缘血亲具有相同的法律地位。例如，我国《婚姻法》和《继承法》关于兄弟姐妹之间权利义务的规定，同样适用于同父同母的全血缘兄弟姐妹之间和同父异母（或同母异父）的半血缘兄弟姐妹之间。

2. 拟制血亲

拟制血亲是指原本没有血缘联系的人之间，根据所处时代的法律规定，或者按照相当于法律的其他相关制度的规定，确认他们之间具有与自然血亲相同的权利义务关系。古代中国由于实行一夫多妻和宗祧继承制。依中国封建社会的礼和律的有关规定，拟制血亲的现象较多，如嗣父母与嗣子女、嫡母与庶子女、庶母与嫡子女、养父母与养子女、继父母与继子女等。中华人民共和国成立后，废除了纳妾和立嗣制度之间的亲属关系，拟制血亲主要是养父母与养子女、继父母与受其抚养教育的继子女之间的亲属关系。

(三) 姻亲

姻亲是指因婚姻关系而发生的与配偶的亲属以及亲属的配偶之间的亲属关系。但是，配偶本身并不在姻亲之列。姻亲包括以下几种：

第一，血亲的配偶，如儿子的配偶(儿媳)，女儿的配偶(女婿)，以及兄嫂、弟媳、姐夫、妹夫、伯母、婶婶、姑夫、姨夫、舅母等。

第二，配偶的血亲，如丈夫的父母(公婆)，丈夫的弟妹(小叔、姑子)，妻子的父母(岳父母)，妻子的兄弟姐妹(姨、舅，这里以子女的行辈称呼)等。

第三，配偶血亲的配偶，如丈夫的兄弟之妻(妯娌)，妻子的兄弟之妻(舅母，这里以子女的行辈称呼)，妻子的姐妹之夫(连襟)等。

个别国家将血亲配偶的血亲亦作为姻亲，如女儿的公婆、儿子的岳父母，中国人习惯上称其为“亲家”。由于这类亲属关系较为疏远，因此大多数国家并不将其列为法律意义上的亲属。

第三节　亲系和亲等

一、亲系

亲系是指亲属之间的世代联系，古代中国称“世系”或者“支派”。亲系的分类有：直系亲、旁系亲，父系亲、母系亲，男系亲、女系亲以及行辈。

(一) 直系亲

直系亲是指与自己或者与配偶有着直线型血缘联系的人，即自己或者配偶所从出以及自己或者配偶所出之人。根据是与自己还是与配偶有着直线型血缘联系，可将直系亲分为直系血亲、直系姻亲。

1. 直系血亲

直系血亲是指与自己有着直线型血缘联系之人，即自己所从出或者自己所出之人，包括生育自己和自己所生育的血亲。前者如父母、祖父母、外祖父母、曾祖父母(直系尊血亲)，后者如子女、孙子女、外孙子女、曾孙子女(直系卑血亲)等。

2. 直系姻亲

直系姻亲是指与配偶有着直线型血缘联系之人或者自己所出之人的配偶。前者指配偶的直系血亲，如公婆、岳父母、继父母；后者指直系血亲的配偶，如儿媳、女婿、继子女等。

（二）旁系亲

旁系亲是指与自己或者配偶有着折线型血缘联系之人及其配偶。根据是与自己还是与配偶有着折线型血缘联系，可将旁系亲分为旁系血亲、旁系姻亲。

1. 旁系血亲

旁系血亲是指与自己有着折线型血缘联系之人，即与自己同出于一源的血亲。例如，兄弟姐妹之间的血缘联系源于父母，堂兄弟姐妹之间的血缘联系源于祖父母，表兄弟姐妹之间的血缘联系源于外祖父母，叔伯侄子女之间的血缘联系源于祖父母，姨舅外甥之间的血缘联系源于外祖父母等。

2. 旁系姻亲

旁系姻亲是指与自己有着折线型血缘联系之人的配偶，以及与配偶有着折线型血缘联系之人及其配偶。因此，旁系姻亲包括三种情况：(1) 旁系血亲之配偶，如兄嫂、弟媳、姐夫、妹夫、伯母、婶婶、舅母、姨夫等；(2) 配偶之旁系血亲，如妻子的兄弟姐妹、丈夫的兄弟姐妹；(3) 配偶之旁系血亲的配偶，如丈夫兄弟的配偶、妻子姐妹的配偶等。

（三）父系亲和母系亲

1. 父系亲

父系亲是指父亲方面的血亲和姻亲，如祖父母、叔伯姑及其配偶、堂兄弟姐妹及其配偶等。

2. 母系亲

母系亲是指母亲方面的血亲和姻亲，如外祖父母、姨舅及其配偶（姨夫、舅母）、姨表兄弟姐妹及其配偶等。

（四）行辈

亲属之间的行辈或称“辈分”，是按照世代划分的，用以说明与自己的尊卑长幼关系。行辈可分三类：同辈亲、尊辈亲、晚辈亲。

1. 同辈亲

同辈亲是指与己身属相同辈分的亲属，分同辈血亲与同辈姻亲。同辈血亲有兄弟姐妹、堂兄弟姐妹、表兄弟姐妹，同辈姻亲有姑嫂姨舅[①]等。

---

① 在我国民间，姨舅之称谓有两种用法：一指妻子的兄弟姐妹，一指母亲的兄弟姐妹。虽是同一种称谓，却用于两代人，各有所指。当丈夫称妻之兄弟姐妹为“姨舅”时，是以其子女的行辈相称。

2. 尊辈亲

尊辈亲是指长于己身所属辈分的亲属，分直系尊血亲与直系尊姻亲、旁系尊血亲与旁系尊姻亲。尊血亲如父母、祖父母、叔伯、姨舅，尊姻亲如公婆、岳父母、叔伯姨舅的配偶等。

3. 晚辈亲

晚辈亲是指晚于己身所属辈分的亲属，分直系卑血亲与直系卑姻亲、旁系卑血亲与旁系卑姻亲。直系卑血亲如子女、孙子女等，直系卑姻亲如儿媳、孙媳、女婿等；旁系卑血亲如侄子女、外甥等，旁系卑姻亲如外甥媳妇、侄媳等。

二、亲等

亲等是计算亲属关系亲疏远近的基本单位。亲等系数越大，表明亲属关系越远；反之，则亲属关系越近。

血缘关系是计算亲等的客观依据，并且准用于姻亲。配偶既非血亲又非姻亲，因此亲等的计算不适用于配偶。

在重视身份关系的旧时代，我国亲属关系的亲疏远近并不单纯以血缘联系为依据。例如，对父母而言，在亲属关系上，儿媳比出嫁的女儿更亲近，因儿媳属宗亲，是“自己人”；而出嫁的女儿被归在“外姻”“外亲”的亲属范畴之内，是“外人”。这种以宗法理念为依据的亲等的计算方法在现代来看显然缺乏科学性。

我国古代的丧服制具有亲等计算的作用，但并不是严格意义上的亲等。关于亲等的计算方法，具有代表性的是罗马法的亲等计算方法和寺院法的亲等计算方法。

（一）罗马法的亲等计算方法

1. 直系血亲的计算方法

以己身为出发点向上或者向下数，每一世或者每一代为一个亲等。例如，从己身向上数至父母为一个亲等，向上数至祖父母为二亲等，向上数至曾祖父母为三亲等，以此类推；从己身向下数至子女为一个亲等，向下数至孙子女为二亲等，以此类推。当计算己身与祖父母之间的亲等时，准确的说法是：直系尊亲二亲等；当计算己身与孙子女之间的亲等时，准确的说法是：直系卑亲二亲等。

2. 旁系血亲的计算方法

从己身向上数至己身与对方的共同长辈直系血亲，得一世数，再从该长辈直系血亲向下数至要计算的对方，又得一世数，以两世数相加之和定其亲等。例如，计算己身与兄弟姐妹之间的亲等，首先确定己身与兄弟姐妹的共同长辈是父母，从己身向上数至父母为一亲等，再由父母向下数至兄弟姐妹又是一亲等，两者相加得世数为二,则己身与兄弟姐妹之间为二亲等。计算己身与堂兄弟姐妹之间的亲等,首先确定两者的共同长辈为祖父母,从己身向上数至祖父母,得一世数为二,再由祖父母向下数至堂兄弟姐妹,又得一世数为二,两者相加得世数为四,则己身与堂兄弟姐妹之间为四亲等,以此类推。例如,己身与舅舅之间的亲等为旁系血亲三亲等,己身与表弟的儿子之间是旁系血亲五亲等。

罗马法的亲等计算方法以血缘关系的亲疏远近为依据,不仅适用于血亲的亲等计算,也准用于姻亲的亲等计算。例如,血亲的配偶与血亲相同,配偶的血亲与配偶相同,即儿媳、女婿是直系姻亲一亲等,姨夫、舅母是旁系姻亲三亲等,姐夫、嫂子是旁系姻亲二亲等。

由于罗马法的亲等计算方法比较科学、准确、确定,因此在世界范围内被广泛采用。

(二) 寺院法的亲等计算方法

1. 直系血亲的亲等计算方法

寺院法在直系血亲的亲等计算方法上与罗马法相同。

2. 旁系血亲的亲等计算方法

与罗马法一样,在以寺院法确定旁系血亲的亲等时,首先应确定己身与要计算的对方共同的长辈直系血亲。先从己身向上数至该长辈血亲,得一世数,再从对方向上数至该长辈血亲,又得一世数,如果两个世数相同,即以此世数定其亲等;如果两个世数不同,则以系数大的世数定其亲等。因此,按寺院法的亲等计算方法,己身与兄弟姐妹之间的亲等应该是旁系血亲一等亲,己身与舅舅之间的亲等应该是旁系血亲二等亲,而己身与表兄弟姐妹之间的亲等亦是旁系血亲二等亲。

寺院法的亲等计算方法同样适用于姻亲的亲等计算。

寺院法对于旁系血亲的计算显然具有不确定性和不准确性,如用这种计算方法得出的结果是己身与表兄弟姐妹之间、己身与姨舅之间的亲等同为旁系二亲等。己身与姨舅之间、己身与表兄弟姐妹之间的血亲关系存在的差异是显而易见的,而按照寺院法的亲等计算方法,他们却是亲等相同。因此,寺院法在旁系血亲的亲等计算方法上的特点影响了其传播,导致寺院法的亲等计算方法未得到广泛采用。

(三) 我国《婚姻法》中亲属关系的计算方法

我国《婚姻法》关于亲属关系的计算方法是用世代来表示的。例如,《婚姻法》关于禁婚亲等的规定是“直系血亲及三代以内的旁系血亲”。

1. 直系血亲亲属关系的计算方法

从己身向上数至要计算的对方,己身为一代,父母为二代,祖父母为三代,以此类推。因此,己身与祖父母是三代直系尊血亲,己身与孙子女是三代直系卑血亲。

2. 旁系血亲亲属关系的计算方法

从己身和要计算的旁系血亲分别向上数至双方共同的直系长辈，己身为一代，如己身与兄弟姐妹共同的长辈血亲是父母，从己身和兄弟姐妹数至父母都是两代，己身与兄弟姐妹之间就是两代以内的旁系血亲。因此，同源于父母的是两代以内的旁系血亲，同源于祖父母、外祖父母的是三代以内的旁系血亲，以此类推。己身与舅舅之间是三代以内的旁系血亲，己身与表兄弟姐妹之间亦是三代以内的旁系血亲。这种计算方法与寺院法的亲等计算方法有相同之处。

在中国古代，丧服制具有显示并确定亲属关系亲疏远近的功能和作用，以下作简要介绍：

中国古代的丧服制

中国古代的丧服制，是关于祭奠人祭奠死者时所着丧服式样的规定。祭奠人与死者生前的关系不同，所着丧服式样亦有所不同。这种不同具有显示祭奠人与死者关系上差异的作用。因此，从祭奠人祭奠死者时所着丧服式样，可以推断出其与死者之间亲属关系的亲疏远近。

丧服的轻重表示亲属关系的亲疏。越是亲近的亲属，丧服越重；较疏远的亲属，则丧服较轻。丧服制作的衣料由粗到细，表示丧服的由重到轻。越是亲近的亲属，丧服的衣料和制作越粗；较疏远的亲属，丧服的衣料和制作就逐渐显得细致。

丧服制起源于周礼，明清更是将"丧服图"和"服制"置于律首，直至清末民初。现在，在很多地方，仍然存在着在祭奠死者时讲究不同的人着不同丧服的习俗。

丧服的轻重差异分五个等级：

第一等，斩衰，为三年之服，即服三年丧。丧服用最粗的麻布制作，不缝下边。服斩衰的亲属是：儿子和未出嫁的女儿为父母，嫡孙为祖父母，妻子为丈夫，儿媳为公婆，庶子为嫡母，继子为继母，妾为家长等。

第二等，齐衰，有齐衰杖期（持棒一年）、齐衰不杖期（不持棒一年）、齐衰五月、齐衰三月四种。丧服用稍粗的麻布制作，缝下边。服齐衰杖期的亲属是：儿子为嫁母（父亲死后改嫁的母亲）、出母（被父亲所出之母），嫡子为庶母，丈夫为妻子（当父母不在世时）等。服齐衰不杖期的亲属是：侄子为叔伯父母及在室姑姑，兄弟为在室姐妹，出嫁的女儿为父母，继子为同居的继父等。服齐衰五月的亲属是：曾孙为曾祖父母等。服齐衰三月的亲属是：玄孙为高祖父母，继子为继父等。

第三等，大功，服九月丧。丧服用粗熟布制作。服大功的亲属是：父母为出嫁的女儿，己身为堂兄弟，公婆为儿媳，妻子为丈夫的祖父母等。

第四等，小功，服五月丧。丧服用稍粗的熟布制作。服小功的亲属是：侄孙为叔伯祖父母，外孙为外祖父母，外甥为姨舅等。

第五等，缌麻，服三月丧。丧服用细熟布制作。服缌麻的亲属是：己身为族叔伯父母，女婿为岳父母，妻子为丈夫的曾祖父母等。

从丧服制的设计安排可以看出，在宗法思想指导下的中国封建社会的规矩习俗为：男尊女卑，长幼有序，里外有别。例如，夫妻之间，妻子为丈夫服第一等斩衰，期限为三年；而丈夫为妻子仅服第二等齐衰杖期，期限为一年，并且还是在自己的父母不在世时。这是明显的男尊女卑。又如，子女(在室)为父母、儿媳为公婆服第一等斩衰，期限为三年；而公婆为儿媳服第三等大功，期限为九个月。这是显而易见的长幼有序。再如，儿媳为公婆服第一等斩衰，期限为三年；而女婿为岳父母服第五等缌麻，期限为三个月。这是因为儿媳是宗亲，是自己家的人；而女婿是外姻、外亲，不是自己家的人。这就是里外有别。

第四节 亲属关系的发生、终止及其效力

一、亲属关系的发生和终止

亲属关系因特定的原因而发生，亦因特定的原因而终止。由于亲属关系的性质和种类不同，引起亲属关系发生和终止的原因亦有所不同。

(一) 配偶关系的发生和终止

配偶关系因男女双方的结婚而发生，因双方的离异或者一方的死亡而终止。有关结婚的条件和效力以及离婚或者一方死亡的法律后果详见第三章“结婚制度”。

(二) 血亲关系的发生和终止

1. 自然血亲关系的发生和终止

自然血亲关系因出生而发生。出生者与其父母因血缘上的联系而当然地形成亲子关系，与父母的其他血亲亦当然地形成血亲关系。自然血亲关系的发生只需证明存在客观上的血缘联系即可，无须生育者的认可，也无须法律的另行认可。不管是婚生还是非婚生，出生都是自然血亲关系发生的唯一原因。

自然血亲以亲属一方的死亡或者子女被送养而终止或者解除，除此以外的其他原因(如脱离父母子女关系的声明或者协议)不能终止或者解除自然血亲。因死亡而终止的自然血亲仅限于死者本人的自然血亲，不及于与其他人的自然血亲。即父母死亡，自然血亲的终止仅及于父母子女之间，不及于兄弟姐妹之间，亦不及

于祖父母与孙子女以及外祖父母与外孙子女之间的血亲关系。兄弟姐妹仍得为兄弟姐妹，相互之间仍然存在着旁系血亲关系。但是，因子女被送养而解除的血亲关系则不仅及于父母子女之间，而且及于父母的所有其他血亲。即兄弟姐妹之间的血亲关系因一方被送养而终止，祖父母、外祖父母因孙子女、外孙子女被送养而终止与其的祖孙关系。

2. 拟制血亲关系的发生和终止

拟制血亲关系因法律规定、认可或者经法定程序而发生。按照我国现行法律，收养是建立拟制血亲关系最直接、最经常的原因。除此之外，根据我国婚姻法的规定，继父或者继母因共同生活，抚养教育未成年继子女达一定期限的，亦可认定为拟制血亲关系。在承认一夫多妻和立嗣制度的历史阶段，嫡母与庶子女、庶母与嫡子女、嗣父与嗣子之间皆被视为血亲关系。这种血亲关系和因收养而发生的血亲关系一样，属于法律拟制，同为拟制血亲关系。因收养而发生的拟制血亲关系一旦发生，其效力不仅及于收养人和被收养人，而且及于收养人的其他血亲。

拟制血亲关系的终止原因有两种：一方死亡和法律行为。当拟制血亲关系因一方的死亡而终止时，其效力仅及于死者本人，不及于死者的其他血亲。即当养父母死亡时，养子女与养父母的其他血亲关系不变。拟制血亲亦可因法律行为而终止或者解除。拟制血亲关系因法律行为而解除的，其效力不仅及于当事人，而且及于其他亲属。例如，养父母与养子女依法定程序解除收养关系的，除双方之间的拟制血亲关系终止外，其效力还及于养父母的其他血亲。

（三）姻亲关系的发生和终止

姻亲关系因男女双方结婚而发生，这是各国立法的通例。但是，对于姻亲关系是否因夫妻离婚或者因配偶一方的死亡而终止，各国法律的规定不尽相同。有的国家规定，离婚后当然终止姻亲关系；若配偶一方死亡，并不当然终止姻亲关系，而是根据生存一方的意思决定。例如，《日本民法典》第728条规定："姻亲关系因离婚而终止。夫妻一方死亡，生存配偶表示了终止姻亲关系的意思时，亦与前款同。"也有国家规定，死亡和离婚都不当然导致解除姻亲关系。例如，《德国民法典》第1590条第2款规定："作为姻亲关系基础的婚姻虽已解除，姻亲关系继续存在。"还有国家规定，配偶一方死亡，姻亲关系有条件地终止，即生存配偶再婚前不终止；一旦再婚，即终止与前夫（妻）家的姻亲关系。

从法理上说，姻亲既然是以婚姻为桥梁连接双方的亲属关系，那么婚姻关系在，姻亲关系在；婚姻关系亡，姻亲关系亡。但是，由于死亡并非当事人的选择，因此配偶一方死亡的，姻亲关系不应当然终止，应该由生存配偶决定是否保持该姻亲关系。离婚则不同，这是婚姻当事人的自主选择，既然与配偶结束了婚姻，何来与配偶方面的亲属联系？[①] 由于姻亲之间没有或者很少有以权利义务为内容的社会关系，因此姻亲之间的利害关系很有限，法律如何规定姻亲关系以及是否因离婚或者配偶一方的死亡而终止姻亲关系，实际意义并不大。

我国婚姻法对姻亲关系的发生和终止并无具体的规定，一般依民间习俗而定。在我国，姻亲关系因男女结婚而发生，因双方离婚而终止。至于配偶一方死亡的，在生存配偶未再婚前，往往能继续保持亲属关系，如丧偶的儿媳只要没有改嫁，就仍然是这家的儿媳；而丧偶后生存一方再婚的，原来的姻亲关系是否维持则取决于当事人双方的意愿。[②]

（四）亲属关系的重叠现象及其效力

亲属关系的重叠是指两人之间存在着两种或两种以上不同的亲属身份，其发生原因多为婚姻或者法律拟制。如我国古代常见的中表亲，即表兄弟姐妹之间结婚的，兼有配偶和四亲等（或者三代以内旁系血亲）的亲属身份。收养兄弟姐妹之子女的，既发生一亲等的直系血亲关系，又发生三亲等的旁系血亲关系。

根据传统亲属法学的一般理解，在亲属关系重叠时，不同的亲属关系独立存在，一关系不为他关系所吸收或者排斥。一关系终止时，他关系也并不因此受到影响。但是，在确定法律适用时，以最近的亲属关系确定相互之间的权利义务，他种亲属关系的效力处在停止状态。例如，表兄弟姐妹之间结婚后，以配偶关系确定相互之间的权利义务。收养兄弟姐妹之子女的，以亲子关系确定相互之间的权利义务；收养关系解除后，相互之间仍保持原来的旁系三亲等关系。

二、亲属关系的效力

亲属关系的效力是指亲属关系在哪些法律领域具有意义。在我国，亲属关系在以下法律领域有其特定的意义：

（一）亲属关系在婚姻家庭与继承法上的效力

1. 一定范围内的亲属之间禁婚的义务

我国《婚姻法》第 7 条第 1 项规定，“直系血亲和三代以内的旁系血亲”不得结婚。一定范围内的亲属之间禁婚的义务主要适用于自然血亲。至于拟制血亲和姻亲之间是否存在禁婚的义务，各国法律规定不一。

---

① 规定姻亲关系不因婚姻终止而终止，也可能有基于禁止直系姻亲结婚的考量。

② 我国现行法律对姻亲之间的权利义务并无规定，但姻亲关系不因配偶一方死亡而消灭应是丧偶儿媳或女婿享有继承权的前提。

2. 一定范围内的亲属之间的扶养义务

扶养是扶养人对被扶养人提供经济上、精神上的供给和关心、照顾、帮助的法定义务,包括抚养、扶养和赡养三种情况。根据我国婚姻法的规定,一定范围内的亲属有请求扶养的权利和承担扶养的义务。关于请求扶养和承担扶养的亲属范围以及承担扶养的顺序,现行婚姻法尚未明确规定,可根据法定近亲属的范围确定有扶养义务的亲属范围,即配偶、父母、子女、兄弟姐妹、祖父母、外祖父母、孙子女、外孙子女。但是,这一范围内的亲属对相应亲属的扶养义务的承担,在条件和顺序上应有所不同。

扶养请求权的提出与扶养义务的承担以权利人有受扶养的需要以及扶养义务人有提供扶养的能力为条件,扶养能力包括物质的(即经济上)和精神的。其中,未成年人只能成为扶养权利人,不得成为扶养义务人。

我国《婚姻法》第20条规定:“夫妻有互相扶养的义务。一方不履行扶养义务时,需要扶养的一方,有要求对方付给扶养费的权利。”第21条规定:“父母对子女有抚养教育的义务;子女对父母有赡养扶助的义务。父母不履行抚养义务时,未成年的或不能独立生活的子女,有要求父母付给抚养费的权利。子女不履行赡养义务时,无劳动能力的或生活困难的父母,有要求子女付给赡养费的权利。……”夫妻之间的扶养义务、父母对未成年子女的扶养义务以及成年子女对父母的赡养义务的具体内容,参见第四章“夫妻关系”和第七章“亲子制度”。

我国《婚姻法》第28条规定:“有负担能力的祖父母、外祖父母,对于父母已经死亡或父母无力抚养的未成年的孙子女、外孙子女,有抚养的义务。有负担能力的孙子女、外孙子女,对于子女已经死亡或子女无力赡养的祖父母、外祖父母,有赡养的义务。”第29条规定:“有负担能力的兄、姐,对于父母已经死亡或父母无力抚养的未成年的弟、妹,有扶养的义务。由兄、姐扶养长大的有负担能力的弟、妹,对于缺乏劳动能力又缺乏生活来源的兄、姐,有扶养的义务。”

上述规定可以理解为婚姻法对亲属之间承担扶养义务在条件和顺序上的规定,即只有在配偶、父母、子女无力承担扶养义务时,有扶养能力的祖父母、外祖父母、孙子女、外孙子女、成年的兄弟姐妹才承担扶养义务。我们可以将配偶、父母、子女视为第一顺序扶养人,将祖父母、外祖父母、孙子女、外孙子女、成年的兄弟姐妹视为第二顺序扶养人。

3. 特定的亲属之间有法定的共同财产

我国《婚姻法》第17条规定,夫妻在婚姻关系存续期间所得的财产为夫妻共同财产。夫妻双方另有约定的除外。

4. 一定范围内的亲属之间的继承权

我国《继承法》第10条规定,夫妻之间、父母子女之间、兄弟姐妹之间以及祖父母、外祖父母对孙子女、外孙子女有继承对方遗产的权利。我国的法定继承人和遗嘱继承人都被限定为一定范围内的亲属,这一法定范围以外的其他亲属只能成为受遗赠人,不能成为继承人。

5. 一定范围内的亲属在收养法上得享受特殊的收养条件

根据我国《收养法》第7条,亲属之间收养三代以内的旁系血亲,可以放宽收养条件。

(二) 亲属关系在民法上的效力

一定范围内的亲属对无民事行为能力人或者限制民事行为能力人有法定监护权。我国《民法总则》第27条规定,父母、祖父母、外祖父母、兄、姐是未成年人的法定监护人;第28条规定,无民事行为能力或者限制行为能力的成年人的配偶、父母、子女及其他近亲属是其法定监护人。

一定范围内的亲属(配偶、父母、子女、兄弟姐妹、祖父母、外祖父母、孙子女、外孙子女)可以是宣告自然人失踪或死亡的利害关系人。自然人失踪达一定时间的,其亲属有向人民法院提出宣告失踪或死亡的申请权,并可以成为失踪人的财产代管人。①

(三) 亲属关系在刑法上的效力

刑法上某些犯罪的构成要件要求犯罪主体与被害人之间必须存在一定的亲属关系。例如,虐待罪、遗弃罪、重婚罪的犯罪主体与被害人必须是一定范围内的亲属;重婚罪的犯罪主体与被害人之间必须是配偶关系;虐待罪、遗弃罪的犯罪主体与被害人之间必须是具有法定扶养或者赡养义务的家庭成员等。

(四) 亲属关系在行政法上的效力

根据我国的户籍管理办法,办理户籍登记,必须以亲属身份的确立、变更或者解除为前提,必要时必须提供亲属关系证明。

根据我国的公证程序规则,公证员办理本人或者近亲属的公证事项,应当回避。《日本公证人法》规定,配偶、四亲等亲属、法定代理人、辅佐人、同居人不得充当见证人。

(五) 亲属关系在诉讼法上的效力

亲属关系在诉讼法上的效力主要表现在诉讼程序中的回避制度和辩护人制度上。

① 具体内容参见《民法总则》第42条。

存在一定的亲属关系是司法人员回避的原因。我国《刑事诉讼法》第 29 条规定，审判人员、检察人员、侦察人员是本案的当事人或者是当事人的近亲属的，本人或者他的近亲属和本案有利害关系的，应当自行回避，当事人及其法定代理人也有权要求他们回避。《民事诉讼法》第 44 条规定，审判人员是本案当事人或者当事人、诉讼代理人近亲属的，应当自行回避，当事人有权用口头或者书面方式申请他们回避。

一定范围内的亲属可以担任刑事诉讼中被告的辩护人和民事诉讼中当事人的代理人。对此，我国《刑事诉讼法》和《民事诉讼法》都有相关的规定。

（六）亲属关系在劳动法上的效力

在我国，亲属探视权、抚恤金受领权、社会保险待遇都是为劳动者的特定亲属提供的。

一定范围内的亲属享有探亲的权利。根据我国现行的职工探亲假制度，工作满一年的固定职工，与父母或者配偶分居两地的，可以享有一定期限的探亲假，且在探亲假期内工资待遇不变。

一定范围内的亲属享有抚恤金受领权。例如，根据我国有关工伤制度的规定，职工因工死亡的，发给直系血亲一次性抚恤金。

一定范围内的亲属享有社会保险待遇。根据我国劳动法的有关规定，劳动者死亡后，其遗属依法享受遗属津贴。

（七）亲属关系在国籍法上的效力

有关自然人国籍的取得依据，各国立法规定并不完全相同，主要有属地主义和属人主义之分。属地主义以该自然人的出生地确定其国籍，属人主义以该自然人父母的国籍确定其国籍。因此，对采取属人主义立法例的国家而言，一个自然人是否具有该国国籍，取决于该自然人与本国公民之间是否存在特定的亲属关系。此外，与本国公民存在一定范围内的亲属关系，是自然人取得或者恢复本国国籍的主要依据。

根据我国《国籍法》第 4、5 条，父母双方或者一方为中国公民，本人无论出生在中国还是外国，都具有中国国籍。该法第 7 条规定 ，中国人的近亲属是外国人或者无国籍人的，可以申请加入中国国籍。第 10 条规定，中国公民是外国人的近亲属的，可以申请退出中国国籍。

典型案例

阳某某、齐某某诉阳某甲、何某某赡养纠纷案

【案情简介】[①]

原告阳某某、齐某某共生育了五个子女,子女均已成年,成家另过。被告阳某甲、何某某系两原告的长子、儿媳。因家庭矛盾,阳某甲于2008年外出打工后一直未回家,对两原告未能尽到赡养义务。2013年,原告齐某某在家中摔倒骨折,住院治疗用去医疗费27835.4元,该费用由原告次子予以支付。长子阳某甲未予照顾,也未支付医疗费。现两原告年老体弱,无劳动能力,也无其他经济来源,遂向法院起诉,要求两被告每年承担赡养费10000元。

法院审理认为,赡养父母是子女应尽的义务,也是中华民族的传统美德。子女不履行赡养义务时,无劳动能力或生活困难的父母有要求子女给付赡养费的权利。现两原告均已年老体弱,失去劳动能力,他们请求被告阳某甲给付赡养费的理由正当,法院予以支持。被告何某某与两原告并非法律上的父母子女关系,不具有父母子女间的权利和义务,她作为儿媳对两原告没有法定的赡养义务。两原告要求被告何某某给付赡养费的诉讼请求,法院不予支持。法院最终判决被告阳某甲每年给付原告阳某某、齐某某赡养费每人1325元,承担齐某某的医疗费5567元;驳回原告对何某某的诉讼请求。

【评析】

本案涉及姻亲之间赡养义务的认定问题。

本案原告以长子阳某甲和儿媳何某某为共同被告,要求两人承担赡养费给付义务。阳某甲作为原告的长子,负有法定赡养义务,并无任何争议。儿媳何某某是否负有同样的赡养义务,是本案的存疑之处。

原告之所以将儿媳作为法定赡养义务人,主要是受我国传统亲属观念影响。在宗法家族制度下,女性嫁入夫家后,属于夫家宗亲,她与公婆的亲属关系比出嫁的女儿更近,[②]理应对公婆负有赡养义务。直至今日,不少民众仍持这样的观念。

现代婚姻立法以男女平等、人格独立为原则,婚姻关系不影响当事人的独立人格,也不产生归属于对方家族的后果。结婚的效力原则上只及于当事人双方,并不

---

① (2015)道法民初字第542号。

② 参见本章“中国古代的丧服制”部分。

当然及于双方亲属。大多数国家都不再规定姻亲之间的权利义务,我国立法也是如此。依据《老年人权益保障法》第 14 条第 2 款,赡养人是指老年人的子女以及其他依法负有赡养义务的人。依据《婚姻法》,"其他依法负有赡养义务的人"应包括:配偶,有负担能力的孙子女、外孙子女,由兄、姐扶养长大的有负担能力的弟、妹,作为姻亲的儿媳和女婿并不是法定赡养义务人。但是,从家庭伦理角度看,儿媳赡养公婆、女婿赡养岳父母是中华民族的传统美德,应予以肯定和提倡。因此,我国《继承法》特别规定,丧偶儿媳对公婆、丧偶女婿对岳父母尽了主要赡养义务的,作为第一顺序继承人。《老年人权益保障法》也规定,赡养人的配偶应当协助赡养人履行赡养义务。但是,这些规定并未确立儿媳与女婿的赡养义务人地位。

本案中,何某某作为原告的儿媳,对原告并无法定赡养义务,因此法院判决驳回原告的诉请。但是,何某某作为赡养义务人阳某甲的配偶,应当协助阳某甲履行其赡养父母的义务,不得阻止、影响阳某甲赡养义务的履行。

思考题

1. 何为亲属?我国的亲属种类经历了哪些历史演变?
2. 当代亲属法对亲属的分类有哪几种?
3. 何为亲系?何为亲等?罗马法与寺院法对亲等的计算有何不同?
4. 血亲关系发生和终止的原因有哪些?
5. 是否应当将直系姻亲纳入近亲属范围?

第三章 结婚制度

第一节 结婚制度概述

一、结婚的概念和特征

（一）结婚的概念

结婚，又称“婚姻的成立”或“婚姻的设立”，是指男女双方依据法律规定的条件和程序，确立夫妻身份的民事法律行为。结婚是婚姻法律关系借以发生的法律事实，婚姻的全部效力都以婚姻的成立为前提。

婚姻的成立有广义、狭义之分。广义的婚姻的成立包括两个行为，即订婚行为和结婚行为；狭义的婚姻的成立仅指结婚，不包括订婚行为。在早期社会，订婚往往是结婚的必经程序，对当事人具有较强的约束力。而在现代社会，订婚不再是结婚的必经程序，对当事人也不发生缔结婚姻关系的义务。因此，现代婚姻法学中婚姻的成立均是狭义的。

（二）结婚的特征

结婚作为一种法律行为，具有以下特征：

1. 结婚行为是身份法律行为

身份法律行为是指以设立、变更、消灭亲属身份为目的的法律行为。结婚行为的法律后果是当事人之间形成夫妻身份，因而属于身份法律行为，具有成立的要式性、内容的法定性以及不能代理、不能附条件和期限等特点。

2. 结婚行为的当事人必须是异性

异性的结合是婚姻自然属性的要求，也是婚姻行为区别于其他法律行为的重要特征。依据我国现行法律，只有异性才能结婚。但是，值得关注的是，近年来，已有一些国家和地区允许同性结婚或组成民事伴侣关系。

3. 结婚行为必须符合法律规定的特殊有效条件

由于婚姻关系具有自然属性，以创设婚姻关系为目的的结婚行为除了必须具备一般民事法律行为的有效条件外，还必须符合法律规定的使婚姻关系有效的特殊要件。

婚姻是家庭的基础，是一切亲属关系的源泉。正如马克思所说：“如果婚姻不是家庭的基础，那么它就会像友谊一样，也不是立法的对象了。”[①]夫妻身份不仅在亲属法上具有重要的法律意义，在其他部门法上也有一定的法律效力。正因为如此，婚姻的成立条件就显得尤为重要。

二、结婚的条件

婚姻制度是对两性关系的规范。在阶级社会，婚姻关系一直属于法律调整的范畴。两性结合能否产生婚姻的效力，取决于其是否符合法律规定的条件。

结婚行为虽然属于民事法律行为，但是我国婚姻立法和婚姻法学长期具有相对独立性，对结婚行为一般不作成立条件和生效条件之分，而是统称为“婚姻的成立条件”。

根据婚姻法学的一般理论，结合中外婚姻立法的具体规定，婚姻的成立条件可以有以下分类：

（一）实质条件和形式条件

实质条件是指法律规定的结婚当事人本人及其相互之间必须具备的条件。它一般包括当事人必须具备的无配偶身份、达到一定的年龄、缔结婚姻的意思表示和婚姻行为能力、没有禁止结婚的疾病和禁止结婚的亲属关系等。各国立法对结婚的实质条件的规定在范围上基本相同，但具体内容有一些差异。形式条件是指婚姻成立的形式（程序）必须符合法律的要求。当代各国对婚姻的成立一般都要求采用一定的形式，即实行要式婚。形式条件一般包括实行婚姻登记或户籍申报、要求举行公开仪式并有见证人在场证明等。

（二）必备条件和禁止条件

对婚姻成立的实质条件，婚姻法学中一般又分为必备条件和禁止条件。必备条件也称“积极条件”，是指结婚当事人必须具备的条件，只有具备这些条件才可以缔结婚姻关系，如当事人必须达到法律规定的结婚年龄。禁止条件也称“消极条件”或“婚姻障碍”，是指阻却婚姻成立的客观情况，如当事人之间存在一定的亲属关系、当事人患有特定的疾病等。

（三）公益条件和私益条件

这种分类主要是根据婚姻的成立条件所涉及利益的不同。婚姻的成立条件凡涉及社会公共利益的，被认定为公益条件；凡涉及当事人个人利益的，被认为是私益条件。这一分类的主要意义在于，一般情况下，违反公益条件的，婚姻无效；违反私益条件的，婚姻可撤销。但是，各国对婚姻的成立条件所涉及利益的性质并无统

① 转引自熊复主编：《马克思恩格斯列宁斯大林论恋爱、婚姻和家庭》，红旗出版社1982年版，第27页。

一的标准。如必须达到法定婚龄，在一些国家属于公益条件，在另一些国家则属于私益条件，因而欠缺该条件的后果也就不同。

我国婚姻立法中没有公益条件和私益条件之分，所以在婚姻的成立条件上也没有这种分类。

三、结婚制度的历史演变

结婚制度是个体婚的产物，是婚姻家庭制度的重要组成部分，受制于各该时期的社会制度。在不同时期、不同地区，结婚制度的具体内容并不相同。婚姻法学所涉及结婚制度的演变一般特指结婚形式的演变。

（一）早期社会的结婚形式

一般认为，人类婚姻制度经历了从群婚制向个体婚制演变的过程。据史料记载，在个体婚形成时期，结婚的形式多种多样，具有代表性的主要有以下几种：

第一，掠夺婚，又称“抢婚”，指男子以暴力掠夺女子为妻的婚配形式。它产生于个体婚形成初期，也是由对偶婚向一夫一妻制过渡的重要标志之一。其基本特征是，男子以暴力掠夺方式占有女子并形成婚姻。

掠夺婚最早出现在原始社会。部落战争中，被俘虏的男性一般都被杀掉，女子则因生育的需要而被留下。到了个体婚时代，这种方式被沿袭下来，成为求妻的一种形式。恩格斯曾说过：“抢劫女子的现象，已经表现出向个体婚制过渡的迹象。”[①]

掠夺婚在中外古籍中均有记载。我国古代的“师婚”“夺婚”“劫婚”等都是掠夺婚的表现形式。印度《摩奴法典》中规定的名为“罗刹”的结婚方式，允许男子用打、砍、劈的方式把女子从娘家抢走。罗马法中的时效婚，也允许市民抢劫邻族妇女为妻，且经过一段时间的占有，就可以确立正式的婚姻。

在现代社会中，一些民族仍然保留了抢婚的习俗。与早期社会不同的是，抢婚已经不再具有违反女方意志、以暴力掠夺的特点，而是在女方同意的情况下采取的结婚形式。

第二，赠与婚，指尊长将受自己支配的女子作为礼物送与他人为妻。赠与婚中的女子是赠与的标的物。

掠夺婚和赠与婚均属于无偿婚。

第三，买卖婚，指以男方支付给女方家庭一定数额的金钱或财物作为结婚的条件的婚姻。买卖婚是继掠夺婚之后古代社会普遍实行的一种嫁娶方式。买卖婚将女性直接作为交易的对象，娶妻必须支付一定数额的金钱对价。

---

① 《马克思恩格斯选集》第 4 卷，人民出版社 1995 年版，第 42 页。

第四，互易婚，亦称“交换婚”“换亲”，指双方父母各以女儿交换为对方的儿媳或男子各以自己的姊妹交换为对方的妻子。交换婚虽表现为以人易人，但实质上具有以人代财的性质，是娶妻的对价。换亲现象目前在我国一些贫困地区仍然存在。

第五，劳役婚，指以男方为女方家庭提供一定时期的劳役作为结婚条件的婚姻。劳役婚中的男方一般都是家境贫寒者，因无力支付钱财而不得不以劳力替代，在婚姻中地位较低。劳役婚是男性以劳役作为婚姻的对价。

买卖婚、互易婚和劳役婚都要求娶妻必须支付一定的对价，因而都属于有偿婚。

（二）我国古代的聘娶婚

聘娶婚是指以男方家庭向女方家庭交付一定数量聘礼作为结婚条件的婚姻。聘娶婚是我国古代社会占主导地位的一种婚姻形式。聘娶婚以支付聘礼作为婚姻成立的要件，因而也具备有偿婚的特点。有观点就认为聘娶婚是一种变相的买卖婚姻。[①] 但是，与一般的有偿婚不同的是，聘娶婚对婚姻的成立有严格的程序要求，以烦琐复杂的礼仪程序替代了直接以钱易人或以人易人，淡化了婚姻的对价性。

聘娶婚由来已久，西周时期始创的“六礼”就规定了聘娶婚的完整程序。六礼备谓之“聘”，六礼不备谓之“奔”。《礼记·昏义》载：“昏礼，纳采、问名、纳吉、纳征、请期、亲迎。”所谓“纳采”，即“纳其采择”，指男方求亲，须先委托媒人通言，得到女方应允之后才能备礼贽见。所谓“问名”，即男方遣媒问明女方的出生时辰，以便“卜其吉凶”。所谓“纳吉”，即问名之后卜于庙，如得有吉兆，则告知女方。所谓“纳征”，又称“纳币”，即男方送交聘礼。“征”者，成也。女方接受聘礼，则“婚姻之事于是定”。自此，婚约对双方产生约束力，双方皆不得任意悔婚。所谓“请期”，即男方择定婚期并告知女方，在形式上商请女方同意。所谓“亲迎”，即男方亲自到女方家迎娶新娘，履行一定仪式后，婚礼告成。此后，再经“庙见”，女方便成为男方宗族的正式成员。在聘娶婚中，纳征即交付聘礼对婚姻的成立起着重要作用，成为聘娶婚的本质特征。男方家庭须给付女方一定数量的彩礼作为一种婚姻习俗，直到现在仍然有很大的影响力。

（三）教会统治下的宗教婚

宗教婚产生于古代社会，许多宗教经典中都有关于结婚方式的要求。例如，古罗马市民法中的“共食婚”便是一种宗教婚，婚礼由神官主持，结婚当事人共食祭神

① 参见张贤钰主编：《婚姻家庭继承法》，法律出版社2004年版，第88页。

的麦饼后，婚姻始得成立。

宗教婚盛行于中世纪的欧洲。当时是基督教的全盛时期，许多国家以基督教为国教，教会势力相当强大，在调整婚姻家庭关系方面也有很高的权威，结婚必须严格遵守教会法的有关规定。由于基督教认为婚姻是神作之合，结婚是一种宣誓圣礼，因而教会法规定，结婚须经公告程序并在神职人员面前举行宣誓仪式。如果不遵守教会法规定的结婚方式而结婚，就会受到教会的非难，甚至被给予一定的处罚。随着欧洲中世纪的结束，封建的宗教婚逐渐被民事婚取代。但是，宗教婚对后世仍有相当大的影响，至今仍是一些国家和地区认可的结婚形式。

(四) 近现代的结婚形式

近现代的资本主义婚姻制度是在反封建族权和神权的斗争中建立和发展起来的。在婚姻还俗运动的推动下，共诺婚逐渐取代了宗教婚。

共诺婚，亦称“自由婚”或“契约婚”，是指以男女双方合意而成立的婚姻，一般采用民事婚的方式。共诺婚产生于资本主义社会初期，新兴的资产阶级在反封建过程中提出了“自由、平等、博爱”的口号，强调婚姻是夫妻双方以互相占有、共同生活为目的而自愿订立的契约，将结婚行为规定为民事法律行为。共诺婚把婚姻自主权移转给婚姻当事人，与封建社会的有偿婚、宗教婚相比，自然有着很大的进步意义。

随着共诺婚制度的确立，民事婚成为大多数国家通行的结婚形式。当然，各个国家对民事婚成立的具体程序的规定并不完全相同。

结婚制度的演变并不是绝对的。也就是说，并不是任何国家的结婚制度都经历了这样的过程。总的来看，结婚形式一般是由烦琐趋于简单。值得一提的是，当代西方国家非婚同居现象逐渐增多，不遵守传统的结婚方式而共同生活也已为社会所容忍。但是，这种现象无疑会对婚姻制度产生一定的影响。

第二节 婚 约

一、婚约的概念和类型

(一) 婚约的概念

婚约，又称“婚姻的预约”，是指男女双方以将来结婚为目的所作的事先约定。订立婚约的行为称为“订婚”。在我国，婚约当事人通常被称为“未婚夫妻”。

关于婚约的性质，传统婚姻法学中主要有两种观点：一种是契约说，认为婚约是一种以将来结婚为内容的契约，其中又有债法上的契约和亲属法上的契约之分。

不管属于哪种契约，由于其性质特殊，都不得强制履行。但是，无正当理由而不履行婚约的，应当承担违约责任。另一种是非契约说，认为婚约不是契约，不能产生当事人追求的法律后果，只是一种事实行为，产生法律规定的效力。当事人违反婚约并不会产生违约责任。但是，如果一方当事人因过错而致对方损害，则应依据一般侵权行为承担责任。这两种观点都认为违反婚约应当承担一定的民事责任，但责任的性质有所区别。

基于婚姻自由原则，现代各国立法例不再赋予婚约以强制履行效力。一些国家立法甚至对婚约不再作明文规定，如发生婚约纠纷，当事人可依据财产法上的一般规定或类推解释加以解决，如法国民法、日本民法以及我国婚姻法。

（二）婚约的类型

关于婚约的立法，不同时期、不同国家的规定有很大区别。但是，从婚约的作用和效力来看，主要存在以下两种类型：

1. 早期型婚约

早期型婚约盛行于古代社会，这种婚约本身就是结婚行为的组成部分。概括而言，早期型婚约主要有以下特点：首先，订婚是结婚的必经程序，未经订婚，婚姻不能成立。如在罗马法中，无婚约的结合只能算作姘合，不能成为婚姻。其次，婚约具有法律约束力。婚约一旦成立，当事人之间便负有结婚的义务，如无正当理由而拒绝结婚，就要承担一定的法律责任。如罗马法规定，婚约成立后，男方毁约即失去所付聘礼的返还请求权；若女方毁约，除要返还婚约赠与物外，还应给付男方相当于返还物价值一至四倍的罚金（后减至与返还物价值相等）。最后，婚姻当事人本人并没有订婚自主权。婚约一般由男女双方的父母或家长代为订立。例如，在我国古代社会，婚姻的成立必须依据父母之命，其中婚约的订立也不例外。

2. 晚期型婚约

晚期型婚约通行于近现代社会，与共诺婚的产生相适应。晚期型婚约主要有以下特点：首先，订婚不再是结婚的必经程序，是否订婚由当事人自由选择，即使未订婚，也可以径行结婚。一些国家的亲属法中不再涉及婚约的内容，如法国、日本、美国等。其次，婚约的效力较弱，当事人不能强制对方履行婚约。即使立法对婚约有所涉及，也不再赋予婚约以约束力。例如，《德国民法典》第 1297 条规定："婚约当事人不得以婚约申请结婚。当事人约定不履行婚约时，应支付违约金者，其约定无效。"[①]最后，婚姻当事人本人可以自主订立婚约，不受他人的强迫或干涉。但

---

① 转引自台湾大学法律学院、台大法学基金会编译：《德国民法典》，北京大学出版社 2017 年版，第 1044 页。

是，婚约当事人必须具备一定的条件，如当事人必须达到法定的订婚年龄，不能存在婚姻的障碍等。

二、我国婚约立法的历史演变

我国古代的婚约源于“六礼”，由纳征演变而来，纳征为订婚之始。“六礼”把订婚、结婚合为一体，订婚是结婚的必经程序之一，由掌主婚权的双方父母代为订立。唐、明、清法律都规定，凡男女订婚之初，或残疾、老幼、庶出、过继、弃养者，务必两家明白通知，各从所愿，不愿即止。愿者与媒妁写立婚书，依礼而行嫁娶。婚约订立后，法律一般不允许反悔，更不允许再与他人订婚或成婚，否则要受到处罚。如《唐律疏议》规定，许嫁女已报婚书，或受聘财而辄悔者，杖六十，婚仍如约。我国古代社会的婚约属于早期型婚约。

国民政府时期，《中华民国民法典·亲属编》对婚约也有规定，此时的婚约应属于晚期型婚约。该编规定，婚约应由男女当事人自行订立。但是，男未满 17 岁，女未满 15 岁，不得订立婚约。婚约不得请求强制履行，可依双方当事人的合意或依法定原因而解除。解除婚约时，无过失一方得向有过失之他方请求赔偿其因此所受之损害。

中华人民共和国成立后颁布的两部婚姻法均未规定婚约，婚约成为无配偶男女之间缔结的具有道德约束力的协议。订婚不是结婚的必经程序，不具有法律效力，也不为法律所禁止。1953 年 3 月 19 日中央人民政府法制委员会发布的《有关婚姻问题的若干解答》中指出：“订婚不是结婚的必要手续。男女自愿订婚者，听其订婚，但别人不得强迫包办。”此后，最高人民法院在关于适用法律的解释和司法实践中都坚持同样的原则。

我国婚姻法中不规定婚约主要是为了保障婚姻自由。男女双方在恋爱过程中，感情可能发生变化，应允许当事人有选择配偶的自由。不赋予婚约以法律约束力，有利于当事人自主地处理自己的婚姻大事，也有助于防止和减少婚姻纠纷的产生。

三、因婚约而引起财物纠纷的处理

我国立法虽然没有规定婚约，但在现实生活中，订婚作为婚姻习俗的组成部分一直普遍存在。当事人因婚约而发生纠纷的，如起诉要求对方履行婚约或承担违约责任，人民法院依法不予受理；如因婚约引发财物纠纷而起诉的，人民法院应当受理。根据有关司法解释，人民法院处理因解除婚约或终止恋爱而引起的财物纠纷时，一般遵循以下原则：

第一，对于借订立婚约而进行买卖婚姻的，收受财物的一方，其财物为非法所得；给付财物的一方，其财物实质上是进行非法活动的工具，应判决收缴国库。[①]

第二，对于以恋爱、订婚为名，行诈骗钱财之实的，除构成诈骗罪，应依法追究刑事责任外，无论哪一方提出解约，原则上都应将诈骗所得财物全部归还受害人。

第三，对于借婚姻索取钱财的，给付财物的一方并非出于内心自愿，而且给付的数额较大，根据有关司法解释，离婚时，如结婚时间不长，或者因索取财物造成对方生活困难的，可酌情返还。对取得财物的性质是索取还是赠与难以认定的，可按赠与处理。[②]

第四，对于恋爱或订婚期间一方主动赠与对方的财物，在婚约解除或恋爱关系终止时，应视具体情况分别处理。如是为增进感情而赠与对方的价值不大的财物，按照赠与关系处理，一般不予返还；如是以结婚为目的而为的价值较大的赠与，可认定为附解除条件的赠与，在不能缔结婚姻的情况下，应允许赠与方主张返还。

与此相关的还有彩礼返还的问题。彩礼，也称“聘礼”等，一般指男方依据习俗在婚前给付女方的财物，可以是金钱，也可以是贵重物品。彩礼习俗不值得提倡，但亦不属于法律禁止范畴。因此，要求给付彩礼行为不具有违法性。目前，婚前给付彩礼的现象在我国一些地区还相当盛行，特别是在经济不发达地区，如广大的农村地区和偏远地区，这是一种约定俗成的习惯。各地经济发展状况有差异，当事人本人的条件不同，彩礼的数额、价值也不相同。但是，相对于当地的生活水平而言，彩礼的数额往往较大，一些当事人不得不举债支付彩礼，使其成为一项沉重的负担。因此，因婚姻不成而引发的彩礼纠纷也成为司法实务中常见的纠纷。针对这一现状，《解释(二)》中对彩礼问题作了特别规定。

《解释(二)》第 10 条规定：“当事人请求返还按照习俗给付的彩礼的，如果查明属于以下情形，人民法院应当予以支持：(一) 双方未办理结婚登记手续的；(二) 双方办理结婚登记手续但确未共同生活的；(三) 婚前给付并导致给付人生活困难的。适用前款第(二)、(三)项的规定，应当以双方离婚为条件。”根据这一解释，对待彩礼返还问题主要区分两种情况：第一，支付彩礼后双方没有结婚的，应当返还彩礼。第二，支付彩礼并已经结婚的，一般不存在返还问题。即使当事人结婚后又离婚的，原则上彩礼也不应返还。但是，双方结婚后一直未共同生活的，或因给付彩礼而导致给付人生活困难的，离婚时，给付彩礼方主张返还的，应当返还。因给

① 参见 1984 年 8 月 30 日最高人民法院《关于贯彻执行民事政策法律若干问题的意见》中“离婚时财产的处理问题”部分第 17 条。

② 参见 1993 年 11 月 3 日最高人民法院《关于人民法院审理离婚案件处理财产分割问题的若干具体意见》第 19 条。

付和接受彩礼多涉及男女双方家庭，故对彩礼返还纠纷中的双方当事人应作广义理解，不限于男女双方，也包括给付或接受给付的其他亲属，如父母等。需注意的是，彩礼纠纷与习俗密切相关，存在地域差异，审判实务中不能机械适用彩礼返还规则，应结合当地习俗、当事人具体情况斟酌考虑。

从严格意义上讲，婚约问题与彩礼问题并不完全相同，两者有一定的联系，但并不是必然的。现实生活中，存在双方订立婚约并基于婚约而给付彩礼的现象。在这种情况下，因结婚不成而要求返还彩礼的，可以适用关于彩礼返还的司法解释。但是，婚前给付财物的性质并不一定都属于彩礼范畴，对不属于彩礼范畴的财物纠纷，应适用婚约解除时财物纠纷处理的一般规则。此外，订立婚约并不一定都要给付彩礼。所以，在处理因婚前给付财物而引发的纠纷时，应界定给付的性质，并根据不同的类型参照相关法律处理。

值得一提的是，在仍然保留婚约立法的国家，解除婚约还有可能引起损害赔偿责任。例如，《德国民法典》第1298条第1款规定："婚约当事人之一方解除婚约者，对于他方及其父母或居于父母地位之第三人，就其因预期结婚而开支或负债所受之损害，应予以赔偿；对于他方就其因预期结婚，而采取有关财产或职业上其他处置所生之损害，应予以赔偿。"该条第3款还规定："有重大理由而解除婚约者，不负赔偿义务。"[①]我国现行立法对因解除婚约而导致的损害赔偿没有具体规定，司法实务中也不支持。

第三节 结婚条件

结婚行为是创设夫妻身份的民事法律行为，不仅要符合民事法律行为的一般有效要件，还要符合婚姻法规定的结婚条件。我国《婚姻法》第5、6、7条规定了结婚的实质条件，分为必备条件和禁止条件两方面。

一、结婚的必备条件

（一）结婚必须男女双方完全自愿

《婚姻法》第5条规定："结婚必须男女双方完全自愿，不许任何一方对他方加以强迫或任何第三者加以干涉。"这是婚姻自由原则在结婚制度上的体现。

结婚必须男女双方完全自愿，强调当事人对确立夫妻关系的意思表示完全一

---

① 转引自台湾大学法律学院、台大法学基金会编译：《德国民法典》，北京大学出版社2017年版，第1045页。

致。将结婚行为作为一种双方的民事法律行为，是当代各国结婚立法的通例，反映了以个人为本位的现代结婚制度的本质，与传统社会家族本位下的结婚制度有本质的区别。

对当事人完全自愿应当从以下几方面理解：首先，结婚当事人应当具有婚姻行为能力，能够自主表示结婚的意愿。由于结婚行为是创设身份的法律行为，具有专属性，不能代理，因此欠缺婚姻行为能力的人不能实施结婚行为。我国《婚姻法》没有规定婚姻行为能力，对于婚姻行为能力是否当然适用《民法总则》中关于民事行为能力的规定，即结婚当事人是否需要具备完全民事行为能力，学术界和司法实务中尚存在争议。通说认为，结婚系身份法律行为，当事人即使不具备完全民事行为能力，只要能够自主表达缔结婚姻的意思，也可以认定为具有婚姻行为能力，可以实施结婚行为。其次，关于结婚的意思必须采用法定的表示方式，才能产生同意结婚的法律效力。在我国，当事人必须亲自到婚姻登记机关办理婚姻登记，在登记机关表示结婚的意思，才能使婚姻关系成立。当事人双方在其他场合或以其他方式所作的同意结婚的意思表示，不能产生当事人追求的法律后果。最后，当事人关于结婚的意思表示必须真实。在确定当事人是否具有结婚的合意时，不能仅凭当事人外在的意思表示，还应注意这种外在的意思表示与当事人的内心意思是否一致。

从法理层面看，结婚行为作为民事法律行为，因为某些主、客观原因，也可能出现当事人关于结婚的意思表示不真实的情形，即存在意思表示瑕疵。依据民事法律行为理论，结婚合意中的意思表示不真实主要有以下几种情形：

第一，当事人关于结婚的意思表示是虚假的。即当事人并无结婚的意思，但出于某种目的而作出结婚的意思表示。虚假的意思表示有两种情况：一种是当事人双方都无结婚的意思，但双方通谋作出虚假的结婚合意，通常称为“假结婚”；另一种是当事人一方作出的结婚意思表示是虚假的，而对方作出的结婚意思表示是真实的，通常称为“心意保留的结婚”。

第二，当事人关于结婚的意思表示不自由。例如，当事人因受胁迫、欺诈而作出的同意结婚的意思表示。

第三，当事人关于结婚的意思表示错误。例如，当事人对结婚对象认识错误、对结婚行为性质认识错误等。

对意思表示存在瑕疵的婚姻的效力，各国立法规定不一。以假结婚为例，《日本民法典》第 742 条规定，“因错认人或其他事由，当事人之间无结婚意思时”，婚姻无效。《瑞士民法典》中也将“夫妻一方无成立婚姻生活共同体的意思，其目的仅在于规避关于外国人入境和居留之规定”的情形列入无效婚姻范畴。[①]《德国民法典》第1314条将“双方配偶于结婚时,协议互不履行第1353条第1款之义务者(共同生活义务)”,纳入结婚废止的法定事由中。[②]

我国现行《婚姻法》只规定胁迫婚姻属于可撤销婚姻,对其他结婚意思表示存在瑕疵的情形没有规定。学术界对结婚行为中存在的意思表示瑕疵主要有两种观点:一种观点认为,结婚行为属于民事法律行为,《婚姻法》没有规定的,应当适用《民法总则》的规定,所以对虚假结婚、欺诈婚姻等应作无效或可撤销处理;另一种观点认为,《婚姻法》特别规定了婚姻的无效和可撤销制度,凡不属于《婚姻法》规定的无效或可撤销的情形,应视为有效婚姻,不能适用《民法总则》的一般规定。审判实务中,多采后一种观点,认为身份法律行为应适用身份法的特别规定,不属于《婚姻法》明文规定的无效或可撤销婚姻情形的,不能作无效或可撤销处理。本书同意后一种观点。

此外,基于婚姻关系的本质,结婚合意不得附条件和期限。民事法律行为中的条件和期限,是用来限制法律行为效力的,可以使行为人的动机获得法律上的意义。但是,结婚行为的效力是法定的,如附有解除条件或终期,则婚姻的效力变成由当事人意定;如附有延缓条件或始期,则成为订婚的合意。所以,结婚合意不能附条件和期限,如附有条件或期限,一般不应影响婚姻的效力,而是视为没有附条件或期限。

准确理解当事人的完全自愿,还应注意划清第三人建议与非法干涉的界限。在缔结婚姻过程中,当事人的父母、亲友等往往会有一些看法、意见、建议,当事人因受他人意见影响而作出结婚的决定,仍属于完全自愿。但是,如第三人以暴力手段强迫当事人缔结婚姻关系,则属于非法干涉他人婚姻自由的行为,情节严重的,应追究刑事责任。

(二) 结婚当事人须达法定婚龄

法定婚龄是指法律规定允许结婚的最低年龄界限,即在此年龄之上始得结婚,在此年龄之下不得结婚。男女须达到一定的年龄,才能具备结婚的生理条件和心理条件,履行夫妻义务,承担对家庭和社会的责任。所以,低于法定婚龄者结婚为法律所禁止。在古今中外的立法中,除沙皇俄国时期有“年逾八十之男女不得结婚”的规定外,对结婚的最高年龄均无限制。

---

① 参见戴永盛译:《瑞士民法典》,中国政法大学出版社年2016版,第50页。

② 参见台湾大学法律学院、台大法学基金会编译:《德国民法典》,北京大学出版社2017年版,第1053页。

我国《婚姻法》第 6 条规定:"结婚年龄,男不得早于二十二周岁,女不得早于二十周岁。晚婚晚育应予鼓励。"我国法律关于晚婚晚育应予鼓励的规定,与法定婚龄的规定之性质不同。法定婚龄是法律对婚姻当事人的强制性规定,违反法定婚龄规定的婚姻属于违法婚姻。根据《婚姻法》的规定,未达法定婚龄而结婚的,该婚姻无效。晚婚晚育是提倡性的规定,婚姻登记机关不得以当事人未达晚婚年龄而拒绝予以结婚登记。

各国法定婚龄的确定一般受制于两个因素:一是自然因素,即人的生理和心理发育状况,以及影响人的生理发育的自然条件,如气候、地理位置等;二是社会因素,即一定的社会生产方式以及与之相适应的其他社会条件,即政治、经济、文化、人口状况等,其中最主要的是社会生产力发展水平和人口增长状况,这是确定法定婚龄的主要依据。

在小农经济条件下,为了增加人丁税和劳役,以及弥补战争的兵力消耗,我国古代提倡甚至强迫人们早婚,因而法定婚龄普遍偏低。唐《开元令》中规定:"男十五,女十三,听婚嫁。"自宋到明、清,都规定男十六、女十四为法定婚龄。有的朝代甚至立法强制早婚。例如,汉惠帝六年(公元前 189)令,女子十五以上至三十不嫁,加五倍赋税。晋汉帝规定,女年十七,父母不嫁者,使长吏配之。民国时期,《中华民国民法典·亲属编》第 980 条规定:"男未满十八,女未满十六,不得结婚。"但是,由于早婚习俗的长期影响,人们结婚的实际年龄往往低于法定婚龄。

中华人民共和国成立后,1950 年《婚姻法》第 4 条规定:"男二十岁,女十八岁,始得结婚。"这是当时的实际情况确定的,对破除早婚习俗、保障婚姻自由起到了积极作用。1980 年《婚姻法》将法定婚龄提高了两岁。这主要是考虑到我国当时的人口状况不适应经济的发展,适当提高法定婚龄可以达到控制人口增长速度的目的。同时,这一法定婚龄与青年男女身心发育的要求、人们的心理接受程度也是基本相符的。

现代各国的法定婚龄,如以 17 周岁为中线,大体可分为高、中、低三个婚龄层次。高的法定婚龄一般为男 20 周岁、女 18 周岁左右,如印度为男 20 周岁、女 18 周岁,瑞典为男 21 周岁、女 18 周岁。中等法定婚龄为男女均 18 周岁左右,如英国、德国、荷兰、比利时和意大利等国。低的法定婚龄为男女均 16 周岁以下,如菲律宾、墨西哥、葡萄牙等国为男 16 周岁、女 14 周岁,阿根廷、希腊、西班牙等国为男 14 周岁、女 12 周岁,这主要是受教会法的影响。

各国法定婚龄的确定还受到伦理观念、风俗习惯、宗教信仰和民族传统的影响。从法定婚龄的变化来看,总的趋势是逐渐提高。例如,英国最早的法定婚龄为男 14 周岁、女 12 周岁,1929 年改为男女均 16 周岁,1969 年又改为男女均 18 周岁。其他国家也有类似情况。此外，当代一些国家的法定婚龄虽然不高，但出于种种原因，男女实际结婚年龄往往偏高，如法国 1993 年的实际结婚年龄为男 28.3 周岁、女 26.3 周岁。

关于法定婚龄的规定，一些国家还设有特许制度，即出于某些特殊事由，法律允许不到法定婚龄的当事人向特定机关申请批准结婚的制度，经批准后，当事人即可在低于法定婚龄的情况下结婚。适用特许制度的一个重要原因是，在达到法定婚龄之前女方已经怀孕或分娩，从保护胎儿和母亲的利益角度出发，允许当事人经过特许而结婚。目前，德国、瑞士、法国、比利时、荷兰、意大利、土耳其、俄罗斯和一些东欧国家以及美国的部分州都规定了这种制度。

（三）符合一夫一妻制

根据一夫一妻制原则，要求结婚的双方当事人须无配偶。有配偶的人在配偶死亡或离婚前，不得再结婚，否则构成重婚。

有配偶者不得结婚，是现代各国普遍实行的原则。例如，《日本民法典》第 732 条规定："有配偶者不许重婚。"但是，在信仰伊斯兰教的少数国家，仍允许一夫多妻。[①]

二、结婚的禁止条件

结婚的禁止条件，又称"结婚的消极条件"或"婚姻的障碍"，指法律不允许结婚的情况。根据我国现行《婚姻法》的规定，禁止条件如下：

（一）禁止一定范围内的血亲结婚

禁止结婚的亲属在婚姻法学中被称为"禁婚亲"。

禁止一定范围内的亲属结婚，渊源于原始社会的性禁忌。在文明社会，禁止一定范围内的亲属结婚是各国结婚立法的通例。其理由主要有两方面：(1) 基于优生学的要求。禁止一定范围内的亲属结婚，是自然选择规律的要求。人类长期的生活实践和现代医学证明，血缘关系过近的亲属通婚，会把男女双方生理上和精神上的疾病或缺陷遗传给后代，严重影响人口素质和民族的健康。(2) 基于伦理观念的要求，认为近亲婚配有悖于人伦道德。《白虎通德论·嫁娶》中记载："不娶同姓者，重人伦，防淫佚，耻于禽兽同也。"对于禁止近亲结婚的范围，不同国家、不同时期的规定不同，宽严程度各异。

我国古代关于禁婚亲最主要的规定就是"同姓不婚"，始于西周。古人认为，"男女同姓，其生不蕃"(《左传·僖公二十三年》)，因此娶妻不娶同姓。唐、宋、明、

---

① 关于一夫一妻制的具体内容，参见本书第一章第六节"婚姻家庭法的基本原则"。

清各代法律对禁止近亲婚配均有类似规定。可以看出,早期社会禁婚的范围较广。但是,出于“同宗不婚”和“亲上加亲”的传统习惯,对表兄妹之间的婚配问题,除明、清法律曾一度禁止外,历代法律多规定“听从民便”。《中华民国民法典·亲属编》的规定亦同。中华人民共和国成立后,鉴于当时的实际情况,1950年《婚姻法》规定,禁止同胞的兄弟姐妹和同父异母或同母异父的兄弟姐妹之间结婚;而对其他五代以内的旁系血亲能否结婚,则规定“从习惯”。1980年《婚姻法》较1950年《婚姻法》在禁止近亲结婚问题上更为严格,明确规定了禁止三代以内的旁系血亲结婚。2001年《婚姻法》修正案保留了1980年《婚姻法》的规定。

我国现行《婚姻法》第7条规定,“直系血亲和三代以内的旁系血亲”禁止结婚。据此规定,我国禁婚亲的范围包括两类:(1)凡直系血亲一律禁止结婚。如父母与子女、祖父母与孙子女,均不能结婚。(2)三代以内的旁系血亲禁止结婚。三代以内的旁系血亲是指出于同一祖父母或外祖父母的旁系血亲,包括:① 兄弟姐妹之间;② 堂兄弟姐妹及表兄弟姐妹之间;③ 叔伯与侄女之间、姑妈与侄子之间、舅父与外甥女之间、姨妈与外甥之间。《婚姻法》禁止三代以内的旁系血亲结婚,其主要目的是禁止中表婚,即表兄弟姐妹的婚姻。

对于《婚姻法》第7条中的“血亲”,从一般文义上理解,应该指有自然血缘关系的亲属。从亲属法法理层面理解,因拟制血亲和自然血亲产生相同的法律后果,且禁止一定范围内的亲属结婚的依据除了优生因素,还有伦理因素,故也应包括拟制血亲。我国现行法律及司法解释对此无明确规定。在司法实务中,拟制的直系血亲之间不得结婚,而拟制的旁系血亲之间一般被认为无伦理上的障碍,不属于禁婚亲的范畴。

对于姻亲之间的禁婚问题,《婚姻法》也无明文规定。从伦理观念而言,直系姻亲之间一般不宜结婚,而旁系姻亲之间则没有障碍。由于法律没有明文禁止,因此在现实生活中,如存在直系姻亲关系的当事人要求结婚,应予准许。

婚姻当事人之间存在禁婚亲关系的,该婚姻无效。

在国外立法中,禁止直系血亲之间通婚是通例。对于旁系血亲之间的禁婚问题,各国宽严不一,大体可分三种情况:一是禁止二亲等旁系血亲之间通婚,禁婚范围较小。例如,《瑞士民法典》第95条规定:“直系血亲之间,全血缘或半血缘的兄弟姐妹之间,不论其亲属关系基于出生或基于收养而形成,均不得结婚。”德国法亦有类似规定。二是禁止三亲等以内的旁系血亲之间通婚,这为许多国家所采用,如日本、法国、英国等。三是禁止四亲等以内的旁系血亲之间通婚,禁婚范围更为广泛。例如,美国有多个州禁止堂、表兄弟姐妹之间结婚。[①] 此外,有一些国家将直系姻亲也归入禁止结婚的范围。例如,《日本民法典》第735条规定:"直系姻亲间,不得结婚。即使在姻亲关系依第728条规定终止后,亦同。"法国也有类似规定。

(二)禁止患有一定疾病的人结婚

禁止患有一定疾病的人结婚,其主要目的是保护婚姻当事人的利益和社会公共利益。禁止结婚的疾病主要有两大类:一是严重影响婚姻行为能力的精神类疾病,如重症精神病、先天性痴呆等;二是严重危害他方或遗传后代的疾病,如正在发病期间的严重传染性疾病或遗传性疾病等。

我国古代户婚律中并无关于禁止结婚的疾病之规定,仅以"恶疾"为"七出"之一。在《中华民国民法典·亲属编》中,婚约当事人一方有重大不治之症,或有花柳病、其他恶疾的,是他方解除婚约的法定理由。当事人一方于结婚时不能人道而不能治的,以及于结婚时无意识或精神错乱的,均为婚姻得撤销之原因。

中华人民共和国成立后,两部《婚姻法》都对禁止结婚的疾病患者作了明确规定。1950年《婚姻法》规定的禁止结婚的疾病患者包括:有生理缺陷不能发生性行为者,患花柳病或精神失常未经治愈者,患麻风病或其他在医学上认为不应结婚之疾病者。1980年《婚姻法》规定的禁止结婚的疾病患者为"患麻风病未治愈或患其他医学上认为不应当结婚的疾病"者。可见,两部《婚姻法》都采取了例示性和概括性相结合的立法模式。

2001年《婚姻法》修正案对1980年《婚姻法》又有所修改,删除了"患麻风病未治愈"这一例示性规定,仅概括规定为"患有医学上认为不应当结婚的疾病"的人,禁止结婚。修改的主要原因是,我国对麻风病的防治工作取得了很大的进步,与其他传染性疾病相比,并不需要在立法中加以特别明示。

对于哪些疾病属于"医学上认为不应当结婚的疾病",《婚姻法》及相关司法解释并无明确规定,在司法实务中存在一些争议,一般认为可以依据《母婴保健法》中的有关规定确定。该法第12条规定:"男女双方在结婚登记时,应当持有婚前医学检查证明或者医学鉴定证明。"所谓婚前医学检查,就是对准备结婚的男女双方可能患有影响结婚或生育的疾病进行医学检查。该法第8条规定,婚前医学检查包括下列疾病的检查:

第一,严重遗传性疾病,指由于遗传因素先天形成,患者全部或者部分丧失自主生活能力,后代再现风险高,医学上认为不宜生育的遗传性疾病。

第二,指定传染病,指《传染病防治法》规定的艾滋病、淋病、梅毒、麻风病以及

---

① 本书中所涉亲等均依据罗马法的亲等计算法。

医学上认为影响结婚和生育的其他传染病。

第三,有关精神病,指精神分裂症、躁狂抑郁型精神病以及其他重症精神病。

自1994年2月1日起施行的《婚姻登记管理条例》第9条第3款规定:"在实行婚前健康检查的地方,申请结婚登记的当事人,必须到指定的医疗保健机构进行婚前健康检查,向婚姻登记管理机关提交婚前健康检查证明。"根据这一规定,我国大部分地区都将婚前健康检查作为婚姻登记必须履行的程序,即实行强制婚检。强制婚检制度可以阻止患有禁止结婚疾病的当事人结婚,对保障当事人的健康和提高出生人口素质、降低出生缺陷、预防先天性疾病都起到了重要作用。但是,强制婚检制度也存在一些弊端。例如,一些地方将强制婚检作为创收的途径,在婚检中增加各种费用,加重了当事人的经济负担;婚检项目不统一,疾病预防作用降低;婚检中存在对当事人隐私权保护不周的现象;等等。正因如此,自2003年10月1日起正式实施的《婚姻登记条例》不再把婚前医学检查证明作为申请结婚的当事人必须提交的证明材料。这样,婚前医学检查就不再是结婚登记的必经程序,强制婚检被自愿婚检替代。

取消强制婚检制度在社会上引起了较大的反响。支持者认为,取消强制婚检,体现了对私权的尊重,是婚姻立法的进步。质疑者则认为,取消强制婚检使禁止疾病婚的法律规定落空,导致出生人口素质下降;同时,取消强制婚检与《母婴保健法》的规定有冲突。《婚姻登记条例》实施一年后,全国各地的婚前健康检查率普遍大幅下降。[①] 出于对新生儿缺陷增多的担忧,部分医学界专家呼吁重视婚前健康检查,主张必要时应恢复强制婚检。强制婚检制度再次引起社会关注,有关部门对此还展开了调研。目前,婚前健康检查制度究竟何去何从,还不能明确。

婚前健康检查不仅事关婚姻当事人的利益,还关系到一国的人口素质,并不完全属于私权范畴。大多数国家对此都有所规定,但具体方式存在很大差异。例如,俄罗斯实行自愿婚检且是免费的。但是,婚检制度在俄罗斯一直遭受冷遇,很多人并不知道这一制度的存在。法国则要求结婚当事人必须提供检查日期不早于登记日期两个月的"婚前健康证明",其检查项目明确,检查机构可由当事人自由选择,检查结果完全保密,检查费用大多可以报销。美国大部分州规定婚前健康检查是登记结婚的必需步骤,但马里兰州、明尼苏达州、内华达州、南卡罗来纳州和华盛顿特区不要求提供婚检证明。此外,从20世纪上半叶起,包括埃及、叙利亚、黎巴嫩、突尼斯和摩洛哥在内的阿拉伯世界的许多国家都积极推动婚前健康检查。可见,

① 2005年7月29日的《新民晚报》提供的资料表明,《婚姻登记条例》实施后,全国婚检率由2002年的68%骤降至2004年的2.67%。同时,孕期检出的梅毒、淋病等性传染性疾病明显增加。

婚前健康检查的重要性不容忽视，至于采用何种方式，取决于一国的经济、文化等多方面因素。

值得一提的是，有生理缺陷不能发生性行为的，不属于上述禁止结婚的范围。对有生理缺陷不能发生性行为的，我国1950年《婚姻法》曾规定禁止结婚，但1980年《婚姻法》及其修正案并没有规定禁止结婚。主要原因是，这种缺陷既无传染性也无遗传性，对结婚当事人双方的健康并无影响。如当事人互相知情而自愿结合，对本人和社会并无危害，因而法律并无禁止其结婚的必要。但是，如一方当事人故意隐瞒生理缺陷，婚后对方发现而要求解除婚姻关系的，应予准许。

三、国外关于结婚条件的特殊规定

在国外婚姻家庭法中，对婚姻成立的实质条件，除了上述规定以外，还有以下几种特殊规定：

（一）禁止相奸者结婚

因通奸而被判决离婚或受到刑事宣告者与相奸者不得结婚。这一规定起源于9世纪教会法，盛行于中世纪以来的一些欧洲国家。但是，从1904年起，大多数国家先后取消了这一规定，目前只有少数国家仍保留。

（二）禁止监护人与被监护人结婚

监护是法律为保护无父母的未成年子女和禁治产人利益而设立的一项法律制度。为保护被监护人的合法权益，防止监护人滥用权利，一些国家规定，在监护关系存续期间，监护人与被监护人不得结婚。

（三）对妇女待婚期的规定

出于继承权考虑，为了防止血统混乱，不少国家规定了妇女待婚期，即妇女在离婚、婚姻无效或被撤销以及丧偶后的一段时期内，不得再行结婚。待婚期的长短不一，短的规定为100天，如日本；[①]长的达10个月，如意大利。[②] 但是，在待婚期内，如妇女已经分娩或可以排除妊娠，则免除待婚期。规定待婚期的目的是防止血统混乱，但这种规定单方面限制了妇女的再婚自由。基于男女平等的要求，已有越来越多的国家取消了有关妇女待婚期的规定。

（四）未成年人结婚须取得法定代理人同意

由于法定婚龄与成年年龄的差异，一些国家存在未成年人结婚问题。未成年

① 《日本民法典》第733条原将待婚期规定为6个月。2016年，日本法务省对此进行修正，待婚期被缩短为100天。

② 参见《意大利民法典》第89条。

人尽管已经达到法定婚龄，但在实施民事法律行为的能力方面还有欠缺，为确保其合法权益，避免婚姻纠纷的产生，一些国家在法律上要求其结婚须取得法定代理人的同意。例如，法国民法规定的成年年龄为18周岁，而法定结婚年龄为男18周岁、女15周岁；如结婚当事人未成年，则要求其取得父母或其他法定代理人的同意。[①]

（五）对养亲间结婚的限制

各国法律普遍规定，禁止收养人与被收养人之间通婚。但是，对因收养而形成的收养人的亲属与被收养人及其亲属之间能否通婚，各国规定不一，大体有两种情况：一是对收养双方亲属之间的通婚，法律不作明文限制，如俄罗斯、古巴及美国各州，我国法律亦无明文规定；二是法律明文加以禁止，如瑞士、日本、德国等。[②]

纵观各国关于结婚条件的立法演变，整体上呈现出越来越宽松的趋势，表明法律对婚姻关系的介入趋于弱化。

第四节 结婚程序

一、结婚程序的概念和类型

（一）结婚程序的概念

结婚程序，也称“婚姻成立的形式要件”，是指法律规定的结婚必须采用的形式。在实行形式婚主义立法的国家，结婚不仅要符合法律规定的实质条件，还必须履行法定的程序。

根据民事法律行为理论，结婚属于要式法律行为。法律规定的必须采用的形式，是结婚行为成立的条件；欠缺法定形式的结婚行为，应视为婚姻关系不成立或不存在。但是，也有国家将婚姻成立的形式视为婚姻有效的条件，欠缺形式要件的婚姻被视为无效婚姻，如日本。[③] 因为婚姻不成立与婚姻无效在法律后果上并没有很大的区别，所以在婚姻法学中一般不作区分。

（二）结婚程序的类型

从不同时期、不同国家的立法例来看，结婚程序可以分为以下三种：

1. 仪式制

仪式制要求结婚当事人必须举行一定的仪式，以得到社会的认可。一定仪式

---

① 参见《法国民法典》第148—155条。

② 参见《瑞士民法典》第100条、《日本民法典》第736条、《德国民法典》第1308条。

③ 参见《日本民法典》第742条第2款。

的完成,标志着婚姻的成立。仪式婚是一种古老的结婚制度,产生于个体婚形成之初,并作为婚俗被长期沿袭下来。它是直接的公示方法,容易为人们认知。采用仪式婚的国家很多,如法国、德国、瑞士等。美国部分州也采用仪式婚。各国的结婚仪式并不完全相同,一般有宗教仪式、世俗仪式和法定仪式三种。宗教仪式是指按照宗教要求,由神职人员主持的结婚仪式;世俗仪式是指按照民间习俗举行的结婚仪式;法律仪式是指依法在政府官员面前举行的仪式,实质上是一种行政仪式。我国古代的聘娶婚以“六礼”为必经程序,《中华民国民法典·亲属编》规定“结婚应有公开之仪式及二人以上之证人”,都属于仪式婚的范畴。

2. 登记制

登记制是指以当事人到国家指定的结婚登记机关办理婚姻登记手续作为婚姻成立的形式,准予登记后,婚姻即告成立。在这种制度下,申请婚姻登记的当事人须接受法定机关的审查,履行一定的程序。登记制的特点是简便易行,便于国家对婚姻成立的管理,其公示效力很强。登记制产生的时间较仪式制晚,但因其固有的特点,为越来越多的国家所采用。日本、德国、保加利亚、古巴等国均采用登记制。中华人民共和国成立后,也一直采用登记制。

3. 登记与仪式结合制

登记与仪式结合制是指当事人既需要举行一定的仪式,又必须履行登记手续,婚姻关系始得成立,两方面的形式缺一不可。这种制度的特点是,将现代社会的登记制度与传统社会的仪式制度结合在一起,克服了二者的不足,但更为烦琐。采用这种制度的有罗马尼亚等国及美国部分州。

二、我国婚姻登记立法的演变[①]

我国的婚姻登记包括结婚登记、离婚登记和复婚登记。关于婚姻登记的立法,原内务部和民政部先后颁布了三个文件:1994 年 2 月 1 日,民政部颁布《婚姻登记管理条例》,取代了原来的《婚姻登记管理办法》。2003 年 8 月 8 日,国务院颁布《婚姻登记条例》,再次对 1994 年《婚姻登记管理条例》作了修改,修改的原因是它已不能完全适应新形势的需要。修改的内容主要包括以下方面:

首先,法规名称有所改变。新条例适应政府转变职能、服务群众的需要,去掉了《婚姻登记管理条例》中的“管理”二字。

其次,对结婚当事人应出具的证明性文件有所修改。旧条例规定,结婚应提交所在单位或村(居)民委员会出具的婚姻状况证明,离婚应提交所在单位或村(居)

① 参见张贤钰主编:《婚姻家庭继承法》,法律出版社 2004 年版,第 98 页。

民委员会出具的介绍信。随着我国劳动用工制度的改革和人口流动的增加,由所在单位或(村)居民委员会出具证明的方式已经不能适应社会发展的需要,甚至在一定程度上影响了当事人的婚姻自由。我国婚姻法关于无效婚姻制度的确立以及刑法关于重婚罪的规定,在一定程度上对婚姻状况由当事人本人负责形成了制度上的保障,而婚姻登记的网络化建设也为改革提供了技术上的支撑。因此,新条例取消了婚姻登记由所在单位或村(居)民委员会出具证明的做法。同时,无配偶证明和双方没有禁止结婚的亲属关系的证明由结婚当事人自己签字声明,离婚也无须再提交介绍信。

最后,对婚前医学检查的性质有所修改。原条例规定,申请结婚登记的当事人必须到指定的医疗保健机构进行婚前健康检查并向婚姻登记管理机关提交检查证明。在婚检制度实施过程中,《婚姻法》规定的"医学上不应当结婚的疾病"一直未能明确,这就带来了两方面的问题:一是婚姻登记机关根据婚检机构出具的检查结果无法认定当事人是否患有不应当结婚的疾病,是否可以办理婚姻登记;二是检查没有针对性,一些地方婚检中存在检查项目多、收费高等问题,群众反映强烈。新条例针对这一情况,取消了要求申请结婚的当事人提交婚前医学检查证明的规定。婚前医学检查不再是对申请结婚的当事人的强制性要求,当事人可以自己决定是否进行婚前医学检查。

此外,新条例还在许多方面作了改进和完善。例如,为保障修改后《婚姻法》的实施,增设了关于补办结婚登记和撤销婚姻的程序性规定;为从体制上解决农村婚姻登记长期存在的"搭车收费"、违法登记等问题,进一步规范婚姻登记工作,规定了可以按照便民原则确定农村居民办理婚姻登记的具体机关;针对有关婚姻登记的规定过于分散,中国公民、外国人、华侨、港澳同胞等不同主体的婚姻登记适用不同的规定、办法的情况,在对原规定进行合并的基础上,形成了可以统一适用的规定。

三、我国现行的结婚程序

我国《婚姻法》第8条规定:"要求结婚的男女双方必须亲自到婚姻登记机关进行结婚登记。符合本法规定的,予以登记,发给结婚证。取得结婚证,即确立夫妻关系。未办理结婚登记的,应当补办登记。"这一规定表明,我国的结婚程序采用登记制。

我国关于结婚形式的立法经历了从仪式制向登记制转化的过程。聘娶婚是我国封建社会占主导地位的结婚形式。《中华民国民法典·亲属编》也规定,结婚须有公开仪式及证人。可以说,仪式婚是我国历史上沿用最久的结婚形式。中华人民共和国成立后,沿用革命根据地时期的立法,坚持采用登记制,其主要目的在于“保障婚姻自由、一夫一妻、男女平等的婚姻制度的实施,保护婚姻当事人的合法权益”[①]。

(一) 结婚登记的机关

《婚姻登记条例》第 2 条第 1 款规定:“内地居民办理婚姻登记的机关是县级人民政府民政部门或者乡(镇)人民政府,省、自治区、直辖市人民政府可以按照便民原则确定农村居民办理婚姻登记的具体机关。”第 4 条第 1 款规定:“内地居民结婚,男女双方应当共同到一方当事人常住户口所在地的婚姻登记机关办理结婚登记。”

民政部 2015 年 12 月 8 日发布的《婚姻登记工作规范》规定,婚姻登记管辖按照行政区域划分。县、不设区的市、市辖区人民政府民政部门办理双方或者一方常住户口在本行政区域内的内地居民之间的婚姻登记。省级人民政府可以根据实际情况,规定乡(镇)人民政府办理双方或一方常住户口在本乡(镇)的内地居民之间的婚姻登记。

(二) 结婚登记的程序[②]

结婚登记分为申请、审查、登记三个环节。

1. 申请

当事人双方必须亲自到一方当事人常住户口所在地的婚姻登记机关提出结婚登记申请,该申请不得采取委托代理形式或者用书面意见代替本人亲自到场。

申请时,申请人应当持下列证件和证明材料:(1) 本人的户口簿、身份证;(2) 本人无配偶以及与对方当事人没有直系血亲和三代以内旁系血亲关系的签字声明。

婚姻登记机关受理结婚登记申请的条件主要是:(1) 婚姻登记处具有管辖权;(2) 要求结婚的男女双方共同到婚姻登记处提出申请;(3) 当事人男年满 22 周岁,女年满 20 周岁;(4) 当事人双方均无配偶(未婚、离婚、丧偶);(5) 双方自愿结婚;(6) 当事人持有规定的证件等。

2. 审查

婚姻登记机关依法对当事人的结婚登记申请进行审核与查证。因当事人不符合结婚条件而不予登记的,应当向当事人说明理由。

《婚姻登记条例》第 6 条规定:“办理结婚登记的当事人有下列情形之一的,婚

---

① 《婚姻登记条例》第 1 条。

② 参见《婚姻登记条例》和《婚姻登记工作规范》的相关规定。

姻登记机关不予登记:(一)未到法定结婚年龄的;(二)非双方自愿的;(三)一方或者双方已有配偶的;(四)属于直系血亲或者三代以内旁系血亲的;(五)患有医学上认为不应当结婚的疾病的。”

3. 登记

婚姻登记机关应当对结婚登记当事人出具的证件、证明材料进行审查并询问相关情况。

当事人符合结婚条件的,婚姻登记机关应当当场予以登记,发给结婚证。婚姻登记机关颁发结婚证,应当在当事人双方均在场时进行:首先,核实当事人双方姓名、出生日期、结婚意愿;其次,告知当事人双方领取结婚证后的法律关系以及夫妻间的权利和义务;最后,分别颁发结婚证,向当事人双方宣布:取得结婚证,确立夫妻关系。

关于复婚问题,我国《婚姻法》第35条规定:“离婚后,男女双方自愿恢复夫妻关系的,必须到婚姻登记机关进行复婚登记。”复婚登记适用结婚登记的一般程序。

当事人遗失、损毁婚姻证件,可以向原办理该婚姻登记的机关或者一方常住户口所在地的婚姻登记机关申请补领。婚姻登记机关受理补领结婚证、离婚证申请的条件是:(1)婚姻登记处具有管辖权;(2)当事人依法登记结婚或者离婚,现今依然维持该状况;(3)当事人持有规定的身份证件;(4)当事人亲自到婚姻登记机关提出申请,填写《申请补领婚姻登记证声明书》。

当事人因故不能到婚姻登记处申请补领婚姻登记证的,可以委托他人办理。委托书应当写明当事人姓名和身份证号码、办理婚姻登记的时间及承办机关、目前的婚姻状况、委托事由、受委托人的姓名和身份证件号码。受委托人应当同时提交本人的身份证件。

婚姻登记档案遗失的,当事人应当提交能够证明其婚姻状况的证明。户口簿上夫妻关系的记载,单位、村(居)民委员会或者近亲属出具的申请人婚姻状况证明,可以作为申请人婚姻状况证明使用。

婚姻登记机关对不具备补发结婚证、离婚证受理条件的申请,不予受理,但应当为当事人提供有关法律咨询服务。当事人办理过结婚或者离婚登记,申请补领时的婚姻状况因离婚、丧偶或者复婚发生改变的,不予补发婚姻登记证,但可由婚姻登记机关出具婚姻登记记录证明。

四、结婚登记的效力

我国《婚姻法》第8条规定,取得结婚证,即确立夫妻关系。这一规定表明,结婚证是已经办理结婚登记的证明性文件,而办理结婚登记是取得配偶身份的唯一途径。

此外,《婚姻法》第9条规定:"登记结婚后,根据男女双方约定,女方可以成为男方家庭的成员,男方可以成为女方家庭的成员。"这一规定本身并没有给婚姻当事人设定权利和义务,其立法目的是消除歧视入赘男性的传统婚俗,提倡和鼓励男方成为女方家庭的成员。

在以男子为中心的封建宗法制度下,历来实行男娶女嫁、女到男家的习俗。现在男到女家,成为女方家庭成员,是建立在男女平等原则基础上的,根本不同于旧时的入赘婚,男方不丧失任何人身权利和财产权利,保有自己的独立人格。另外,一方成为对方家庭成员后,有一个户籍变更问题。对此,《婚姻法》未作规定,应依据我国有关户籍管理的规定另行办理。

五、结婚登记程序存在瑕疵的处理

结婚登记程序瑕疵是指在结婚登记中存在程序违法或欠缺必要形式条件等缺陷。这在现实生活中往往表现为:一方或双方当事人未亲自到婚姻登记机关办理登记(他人代办或代领结婚证)、借用或冒用他人身份证明进行登记、用虚假身份证明办理结婚登记、婚姻登记机关越权管辖、当事人提交的婚姻登记材料有瑕疵等。

结婚为要式法律行为,结婚登记程序存在瑕疵,属于形式违法。由于我国《婚姻法》规定的婚姻无效和撤销的法定事由中不包括形式违法,因此在相当长一段时期内,学术界对结婚登记程序存在瑕疵的婚姻效力问题存在争议,司法实务中对此类纠纷的处理方式也不一致。

2011年8月颁布实施的《解释(三)》第1条规定:"当事人以婚姻法第十条规定以外的情形申请宣告婚姻无效的,人民法院应当驳回当事人的申请。当事人以结婚登记程序存在瑕疵为由提起民事诉讼,主张撤销婚姻登记的,告知其可以依法申请行政复议或者提起行政诉讼。"这一规定明确了结婚登记程序瑕疵的性质及处理路径。

准确理解这一规定,应注意以下几点:(1)在民事诉讼中,当事人申请宣告婚姻无效,如所持理由不属于《婚姻法》第10条规定的无效婚姻的四种情形,人民法院应当以判决的形式驳回当事人的申请。(2)婚姻登记机关是政府的民政部门,办理结婚登记是行政行为。在离婚诉讼或其他民事诉讼中,当事人以结婚登记程序存在瑕疵为由否认婚姻关系存在的,不属于民事案件的审查范围。(3)对结婚登记程序存在瑕疵的相关当事人的救济途径应当是启动行政程序,即当事人可以就登记效力问题申请行政复议,也可以直接提起行政诉讼。

在行政法中,对违法或明显不当的行政行为,有权机关可以取消其效力,即撤销该行政行为。结婚登记行为一旦被撤销，其后果等同于没有登记，当事人的婚姻关系不成立，彼此之间不具有夫妻的权利和义务。可见，撤销婚姻登记事关重大。在现实生活中，结婚登记程序瑕疵的表现形式多样，不能一律予以撤销，而应根据存在瑕疵的具体情况予以处理。一般情况下，若瑕疵不仅严重违反结婚程序，也违背当事人的结婚意志，如假冒他人名义登记，或当事人持虚假身份证登记，一般可以撤销该婚姻登记；若系单纯的程序瑕疵，一般不宜予以撤销。

六、事实婚姻问题

（一）事实婚姻概述

“事实婚姻”这一概念通常在两种意义上使用。在婚姻法学中，“事实婚姻”是“法律婚姻”的对称，一般泛指当事人未履行法定结婚程序但又以夫妻身份公开同居生活的一种准婚姻关系。在我国司法实践中，事实婚姻是指法律承认其具有婚姻效力的未办理登记手续的同居关系。为加以区分，我们将前者称为“学理上的事实婚姻”，将后者称为“我国司法上的事实婚姻”。

学理上的事实婚姻在不同时期、不同国家都存在，但具体名称、法律后果不尽相同。在采用形式婚立法主义的国家，欠缺结婚形式要件的两性结合一般被视为婚姻不成立或婚姻无效。但是，由于此类结合存在共同生活的事实，客观上已经形成了“夫妻”关系，并组建了家庭，完全否认它的法律效力对当事人及其子女的保护显然不周。正因为如此，各国往往根据本国的具体情况，赋予当事人一定的类似于婚姻当事人的权利和义务。例如，在法国，这种情况被归于“不存在的婚姻”，但对具有有效婚姻外表的此类结合，其解除须经法院作出判决，且善意的当事人可以主张“公认的婚姻”的效力。所谓“公认的婚姻”的效力，是指同居一方或双方的权利和义务与离婚当事人双方相同，在婚姻财产清算方面的权利和义务尤其如此。[①]

我国虽然采用严格的婚姻登记制度，但在现实生活中，男女双方未办理结婚登记而共同生活的情况仍时有发生。根据当事人婚姻状况的不同，同居情况可以分为两种：第一，已有配偶的人又与配偶以外的异性同居生活。这种同居行为属于《婚姻法》明文禁止的行为，当事人要承担一定的民事责任；如公开以夫妻名义同居，还会构成重婚。这种同居情形不属于本节的讨论范围。第二，没有配偶的人与异性同居生活。这又可分为两种情况：一是无配偶的男女不以婚姻为目的而同居，通常称为“非婚同居”。非婚同居行为是当事人选择的生活方式，并不具有违法性，当事人之间一般不产生权利义务关系。这种同居也不属于本节的讨论范围。二是

---

① 参见张学军：《事实婚姻的效力》，载《法学研究》2002年第1期。

无配偶的男女以夫妻名义共同生活。当事人有缔结婚姻关系的意思，也有共同生活的事实，但未履行结婚登记手续。学理上的事实婚姻即指这种情况。

在我国，学理上的事实婚姻被定义为："没有配偶的男女，未进行结婚登记，以夫妻关系同居生活，群众也认为是夫妻关系的。"[①]据此，学理上的事实婚姻应具备以下特征：(1) 当事人必须是无配偶的男女；(2) 当事人以夫妻名义同居生活，对外以夫妻相待，具有创设夫妻关系的目的性和公开性；(3) 当事人未办理结婚登记。需要说明的是，我国司法上的事实婚姻也必须具备上述特征，但具备上述特征的并不都属于司法实务中认可的事实婚姻。

在我国的司法实务中，一般将学理上的事实婚姻称为"以夫妻名义公开的同居关系"[②]。

（二）我国事实婚姻立法的演变

我国1950年和1980年《婚姻法》都只规定了结婚登记是婚姻成立的唯一途径，并没有明确欠缺结婚登记的法律后果，也没有出现"事实婚姻"这一概念。有关事实婚姻的认定及其后果，多见于最高人民法院的司法解释。[③]

在相当长一段时期内，司法实践中对"以夫妻名义公开的同居关系"采有条件承认的态度，即认定符合一定条件的同居关系为事实婚姻，赋予其婚姻效力。

1979年2月2日最高人民法院发布的《关于贯彻执行民事政策法律的意见》中第一次规定了对"以夫妻名义公开的同居关系"的处理原则："人民法院审理这类案件，要坚持结婚必须进行登记的规定，不登记是不合法的，要进行批评教育。处理具体案件要根据党的政策和婚姻法的有关规定，从实际情况出发，实事求是地解决。双方或一方不满婚姻法结婚年龄的婚姻纠纷，如未生育子女，在做好工作的基础上，应解除其非法的婚姻关系。如已生有子女等特殊情况，应根据婚姻法的有关规定，对于女方及子女利益给予照顾。对双方已满婚姻法结婚年龄的事实婚姻纠纷，应按一般的婚姻案件处理。"据此，凡符合结婚实质要件的，"以夫妻名义公开的同居关系"均属于事实婚姻，具有婚姻效力。

1989年12月13日，最高人民法院发布《关于人民法院审理未办结婚登记而以

---

① 参见1979年2月2日发布的最高人民法院《关于贯彻执行民事政策法律的意见》。

② 为避免混淆，后文均以"以夫妻名义公开的同居关系"代替"学理上的事实婚姻"这一概念。此后的事实婚姻均指"我国司法上的事实婚姻"。

③ 有关事实婚姻的司法解释较多，其中比较重要的有1979年2月2日发布的最高人民法院《关于贯彻执行民事政策法律的意见》、1989年12月13日发布的最高人民法院《关于人民法院审理未办结婚登记而以夫妻名义同居生活案件的若干意见》、1994年2月1日发布的民政部《婚姻登记管理条例》、1994年4月4日发布的最高人民法院《关于适用新的〈婚姻登记管理条例〉的通知》等。《解释(一)》中再次规定了事实婚姻，是现行司法实务中界定事实婚姻的依据。

夫妻名义同居生活案件的若干意见》,对"以夫妻名义公开的同居关系"有了更为具体的规定:"1986 年 3 月 15 日《婚姻登记办法》施行之前,未办结婚登记手续即以夫妻名义同居生活,群众也认为是夫妻关系的,一方向人民法院起诉'离婚',如起诉时双方均符合结婚的法定条件,可认定为事实婚姻关系;如起诉时一方或双方不符合结婚的法定条件,应认定为非法同居关系。1986 年 3 月 15 日《婚姻登记办法》施行之后,未办结婚登记手续即以夫妻名义同居生活,群众也认为是夫妻关系的,一方向人民法院起诉'离婚',如同居时双方均符合结婚的法定条件,可认定为事实婚姻关系;如同居时一方或双方不符合结婚的法定条件,应认定为非法同居关系。"这一解释同样是将符合条件的同居关系认定为事实婚姻,赋予其与登记婚姻相同的法律效力,只是条件较之前更具体、细致。

1994 年颁布实施的《婚姻登记管理条例》对"以夫妻名义公开的同居关系"的态度有所改变。该条例第 24 条规定:"未到法定结婚年龄的公民以夫妻名义同居的,或者符合结婚条件的当事人未经结婚登记以夫妻名义同居的,其婚姻关系无效,不受法律保护。"可见,《婚姻登记管理条例》对"以夫妻名义公开的同居关系"持否定态度,将未办理结婚登记的同居关系认定为无效婚姻。由于《婚姻登记管理条例》没有溯及力,因此在此之前已经形成的同居关系仍应适用原来的司法解释。

(三)我国现行司法实务中的事实婚姻

在 2001 年《婚姻法》修改过程中,法学界和司法部门对是否承认"以夫妻名义公开的同居关系"的效力存在较大争议。立法机关考虑到"目前没有配偶的男女未办理结婚登记而以夫妻名义同居生活的为数不少。未办登记的原因不一,有些是不符合结婚条件,尤其是未达到法定结婚年龄;有些是登记不方便;也有些是符合结婚条件,但因某些登记部门未按规定办理,收费名目过高而未办理登记。对于违反结婚实质条件的男女结合,可作为无效婚姻处理;对符合结婚实质条件,只是未办理登记手续的,如果一律作为无效婚姻处理,不利于妇女权益的保护"[①]。因此,《婚姻法》第 8 条规定,未办理结婚登记的,应当补办登记。从这一规定来看,未办结婚登记的同居关系不再属于无效婚姻,而是应当补办登记。但是,《婚姻法》没作进一步的规定。

此后,《解释(一)》第 5 条规定,未办理结婚登记而以夫妻名义共同生活的男女,起诉到人民法院要求离婚的,应当区别对待:1994 年 2 月 1 日民政部《婚姻登记管理条例》公布实施以前,男女双方已经符合结婚实质的,按事实婚姻处理。1994 年 2 月 1 日民政部《婚姻登记管理条例》公布实施以后,男女双方符合结婚实质要

---

① 姚红、王瑞娣、段京连、郝作成编著:《中华人民共和国婚姻法释解》,群众出版社 2001 年版,第 48 页。

件的，人民法院应当告知其在案件受理前补办登记；未补办结婚登记的，按解除同居关系对待。根据这一规定，司法实务中对“以夫妻名义公开的同居关系”的处理原则为：

第一，1994年2月1日前确立同居关系并符合结婚实质条件的，仍可认定为事实婚姻。据此，司法实务中被认定为事实婚姻需具备以下条件：(1) 男女双方以夫妻名义公开同居生活，为周围人所知晓；(2) 男女双方的同居时间为1994年2月1日之前；(3) 男女双方符合结婚的实质要件；(4) 男女双方未办理结婚登记。

被认定为事实婚姻的，当事人之间形成夫妻关系。一方起诉离婚的，按照离婚案件受理；当事人同居期间的财产关系适用《婚姻法》关于夫妻财产关系的规定；一方在同居期间死亡的，另一方有权以配偶身份继承；当事人同居期间所生子女属于婚生子女。

第二，1994年2月1日后形成的同居关系，可以通过补办婚姻登记确立婚姻关系，即给同居当事人提供弥补结婚形式瑕疵的机会。

男女双方补办结婚登记的，适用《婚姻登记管理条例》中有关结婚登记的规定。补办结婚登记后，其婚姻关系的效力从双方均符合《婚姻法》规定的结婚实质要件时起算，即补办结婚登记的效力具有溯及力。

第三，1994年2月1日后形成的同居关系，如未补办结婚登记，性质上属于同居关系。当事人起诉要求解除同居关系的，人民法院不予受理。但是，因同居引起财产分割与子女抚养纠纷而起诉的，人民法院应当受理。被认定为同居关系的，当事人之间不形成夫妻关系。同居期间因共同生活而形成的财产关系，按照一般共有关系处理。同居期间一方死亡的，另一方不能以配偶身份继承；符合适当分得遗产条件的，可以要求分得部分遗产。同居期间所生子女属于非婚生子女，但法律地位与婚生子女相同，当事人双方均具有抚养的权利和义务。

第五节 婚姻的无效和撤销

一、婚姻无效和撤销概述

婚姻无效和撤销制度是规定违法婚姻的法律后果，调整因违法婚姻而形成的各种社会关系的一种法律制度，是结婚制度的重要组成部分。结婚行为必须符合法律规定的条件并履行相应的程序，才能在当事人之间形成夫妻关系。欠缺婚姻成立要件的违法结合，应依法认定其无效或予以撤销。无效婚姻依法不具有婚姻的法律效力；可撤销婚姻经撤销请求权人申请，依法撤销后也不具有婚姻的法律效力。

从历史上看，无效婚姻制度是一项古老的制度。早在古巴比伦王国，《汉穆拉比法典》就将事先未订立婚约的结合视为无效婚姻。在罗马市民法中，不承认欠缺结婚必备条件和违反婚姻禁例的结合为正式婚姻。我国历代法律均有关于“违律嫁娶”的规定，不仅否定其婚姻效力，而且对有责者处以刑罚。例如，《唐律疏议·户婚》对同姓为婚、有妻更娶、奴娶良人为妻等都有相应的处罚规定。

根据亲属法学界的通说，无效婚姻制度滥觞于欧洲中世纪寺院法全盛时代。由于当时基督教奉行禁止离婚主义，因此无法共同生活的婚姻当事人只能基于一定的理由，请求教会当局宣告其婚姻无效。从这个意义上讲，无效婚姻制度与别居制度一样，都曾经是禁止离婚立法的救济手段。

近代资本主义国家将结婚视为民事法律行为，对欠缺结婚要件的行为均有规定，且基于历史传统和本国具体情况形成了自己的特点。概括而言，主要有两种立法模式，即单轨制和双轨制。单轨制指只设立无效婚姻制度或只设立可撤销婚姻制度。例如，瑞士只有无效婚姻制度，[①]《美国统一结婚离婚法》中也采用单一的无效婚姻制度；而有些国家则取消无效婚姻制度，单设可撤销婚姻制度，如德国（德国曾采用双轨制，1998 年 5 月通过的《重新规范结婚法的法律》在有关欠缺结婚要件婚姻的规定中，不设无效婚姻制度，仅设可废止婚姻制度）。[②] 双轨制指同时采用无效婚姻制度和可撤销婚姻制度，如日本、英国等。在采用双轨制的国家，违法婚姻因为违反婚姻要件的性质、程度不同，所以在后果上也有区别。一般而言，违反公益要件的婚姻被认定为无效婚姻，违反私益要件的婚姻属于可撤销婚姻。但是，各国对婚姻要件性质的认定并不相同，在一国被认定为无效婚姻的，在另一国则可能属于可撤销婚姻。所以，无效婚姻和可撤销婚姻在亲属法领域内是比较复杂的。

随着社会的发展、婚姻观念的变化，当代各国在婚姻无效和可撤销制度上出现了新的趋势，主要表现在：(1) 在立法理念上，开始摒弃传统立法对无效婚姻单纯进行制裁的做法，更加注重对当事人和子女利益的保护。这具体表现为，扩大了可撤销婚姻的范围，准许无效婚姻向合法婚姻转化等。此外，对于在无效婚姻中出生的子女，一般都采取“婚姻无效，子女合法”的态度，赋予子女以婚生子女的地位。(2) 在婚姻无效和可撤销的法律后果上，不再坚持传统法上一律自始无效的做法，而是作出灵活的规定。例如，英国法规定可撤销婚姻的判决没有溯及力；《美国统一结婚离婚法》则赋予法官一定的自由裁量权，他们可以基于“公正”的理由，对案

---

① 瑞士本采用无效和撤销双轨制，后修改为采用单一的无效制。

② 参见陈苇主编：《结婚与婚姻无效纠纷的处置》，法律出版社 2001 年版，第 46 页。

件作出无溯及力的判决。[①]

我国1950年和1980年《婚姻法》均未设置无效婚姻和可撤销婚姻制度。民政部1986年3月15日发布的《婚姻登记办法》第9条第2款规定:“婚姻登记机关发现婚姻当事人有违反婚姻法行为,或在登记时弄虚作假、骗取结婚证的,应宣布该婚姻无效,收回已骗取的结婚证……”这里的无效婚姻主要指以欺骗行为获取结婚证的情形。民政部1994年2月1日发布的《婚姻登记管理条例》第24条规定:“未到法定结婚年龄的公民以夫妻名义同居的,或者符合结婚条件的当事人未经结婚登记以夫妻名义同居的,其婚姻关系无效,不受法律保护。”这一规定除了沿袭1986年的规定外,特别规定了未达婚龄的婚姻为无效婚姻。这两次规定虽然涉及无效婚姻问题,但关于无效婚姻的规定相当简单,特别是没有规定无效婚姻的民事后果。所以,理论界一般认为当时我国还没有建立起无效婚姻制度。

2001年《婚姻法》修正案增设了无效婚姻制度,采用了无效婚姻和可撤销婚姻并存的双轨制,具体规定了婚姻无效婚姻和可撤销的原因、确认程序和法律后果。由于我国《婚姻法》中并没有区分婚姻的成立与生效,对已经履行结婚登记手续但欠缺婚姻实质要件的,或未履行结婚登记手续而以夫妻名义共同生活的,司法实务中往往统称为“违法婚姻”。根据有关司法解释,未履行结婚登记手续而以夫妻名义共同生活的,可以认定为事实婚姻或同居关系。所以,我国的无效婚姻或可撤销婚姻专指已经办理结婚登记但欠缺一定结婚实质要件的违法婚姻。

二、婚姻的无效

(一) 婚姻无效的原因

我国《婚姻法》第10条规定:“有下列情形之一的,婚姻无效:(一) 重婚的;(二) 有禁止结婚的亲属关系的;(三) 婚前患有医学上认为不应当结婚的疾病,婚后尚未治愈的;(四) 未到法定婚龄的。”

认定婚姻无效,必须以无效原因的现实存在为前提。当事人在缔结婚姻关系时欠缺婚姻要件,但事后无效原因消灭的,一般不得再宣告该婚姻无效。这种情况在传统亲属法学中被称为“无效的原因已治愈”。

《解释(一)》第8条规定:“当事人依据婚姻法第十条规定向人民法院申请宣告婚姻无效的,申请时,法定的无效婚姻情形已消失的,人民法院不予支持。”例如,当事人双方或一方在结婚时虽未达法定婚龄,但随着时间的推移,已达到法定婚龄,

① 参见薛宁兰:《婚姻无效制度论——从英美法到中国法》,载《环球法律评论》2001年第2期,第209—219页。

则不能主张婚姻无效。由于身份关系具有不可回复性,允许无效婚姻治愈,有利于稳定已形成的身份关系,保护当事人的婚姻权益。值得注意的是,对重婚关系是否适用无效婚姻治愈的规定存在不同观点。重婚是有配偶者又与他人以夫妻名义公开同居的行为,如果当事人在重婚时有配偶,事后配偶死亡或离婚,则已经形成的重婚关系是否可以转为有效婚姻?持支持观点者认为,重婚关系同样可以治愈,自配偶死亡或离婚时起,重婚关系即转为合法婚姻。持反对观点者认为,重婚行为违反的是一夫一妻这一根本的婚姻制度,刑法对重婚行为也有相应的处罚,如果允许重婚关系治愈,不仅不能体现法律对这种严重违法行为的否定,还会出现刑法中认定当事人构成重婚罪,民法中却认定其重婚关系有效的冲突。近年来,司法实务倾向于采纳前一种观点,即支持重婚关系可以治愈。(参见典型案例分析)

(二) 婚姻无效的程序

从理论上讲,无效的民事行为当然无效,无须宣告。但是,对婚姻无效问题,向来有当然无效与宣告无效之分。我国《婚姻法》第 12 条规定"无效或被撤销的婚姻,自始无效",但没有规定婚姻无效的程序。《解释(一)》第 13 条规定:"婚姻法第十二条所规定的自始无效,是指无效或者可撤销婚姻在依法被宣告无效或被撤销时,才确定该婚姻自始不受法律保护。"据此,一般认为,我国采用的是宣告无效制度,应经司法机关依诉讼程序办理。具体而言,应注意以下几点:

第一,有权依法请求宣告婚姻无效的,应为婚姻当事人和利害关系人。以利害关系人为请求权人,其范围应当适度,过窄不利于防治违法婚姻,过宽不利于婚姻关系的稳定。《解释(一)》第 7 条规定,有权根据《婚姻法》第 10 条向人民法院就已办理结婚登记的婚姻申请宣告婚姻无效的主体,包括婚姻当事人和利害关系人。利害关系人包括:(1) 以重婚为由申请宣告婚姻无效的,为当事人的近亲属及基层组织;(2) 以未到法定婚龄为由申请宣告婚姻无效的,为未到法定婚龄者的近亲属;(3) 以有禁止结婚的近亲属为由申请宣告婚姻无效的,为当事人的近亲属;(4) 以婚前患有医学上认为不应当结婚的疾病、婚后尚未治愈为由申请宣告婚姻无效的,为与患病者共同生活的近亲属。利害关系人作为申请人的,婚姻当事人双方均为被申请人。夫妻一方死亡的,生存一方为被申请人。夫妻均死亡的,不列被申请人。

第二,有权宣告婚姻无效的机关只能是人民法院。1994 年《婚姻登记管理条例》规定,申请婚姻登记的当事人弄虚作假,骗取结婚登记的,婚姻登记机关应当撤销婚姻登记,对结婚、复婚当事人宣布其婚姻关系无效,并收回结婚证。从这一规定可以看出,婚姻登记机关有权按照行政程序宣告婚姻无效。所以,一般认为,此时我国有权宣告婚姻无效的机关有两个,即人民法院和婚姻登记机关。2003 年

《婚姻登记条例》取消了相关规定,婚姻登记机关不再享有宣告婚姻无效的职权。

第三,审理有关婚姻效力的案件不适用调解,只能以判决方式结案。有关婚姻无效的法律规定是强制性规定,只能依据客观事实依法认定,并不取决于案件当事人的主观意愿。人民法院受理申请宣告婚姻无效的案件后,经审查确属无效婚姻的,应当依法作出宣告婚姻无效的判决。原告申请撤诉的,不予准许。有关婚姻效力的判决一经作出,即发生效力。

第四,人民法院受理离婚案件后,经审查确属无效婚姻的,应将婚姻无效的情形告知当事人,并依法作出宣告婚姻无效的判决。人民法院就同一婚姻关系分别受理了离婚和申请宣告婚姻无效案件的,对于离婚案件的审理,应当待申请宣告婚姻无效案件作出判决后进行。[①]

第五,宣告婚姻无效案件所涉及的子女和财产问题,不同于婚姻效力问题。人民法院在审理中既可以调解的方式结案,也可以判决的方式结案,并且不适用一审终审的规定。对涉及财产分割和子女抚养的判决不服的,当事人可以上诉。

三、婚姻的撤销

(一) 婚姻可撤销的法定原因

我国《婚姻法》第 11 条规定:"因胁迫结婚的,受胁迫的一方可以向婚姻登记机关或人民法院请求撤销该婚姻。……"据此,可撤销婚姻的法定理由是受胁迫而结婚。

所谓胁迫,是指"行为人以给另一方当事人或者其近亲属的生命、身体健康、名誉、财产等方面造成损害为要挟,迫使另一方当事人违反真实意愿结婚的情况"[②]。胁迫婚姻欠缺婚姻当事人的合意,因而允许受胁迫的当事人请求撤销。但是,司法解释对"胁迫"的定义过窄。在现实生活中,胁迫成婚并不限于结婚当事人一方对另一方的胁迫,也有双方均受第三人胁迫而结婚的情形。此外,存在意思表示瑕疵也不仅限于胁迫婚姻,受欺诈而缔结的婚姻、出于某种目的而缔结的虚假婚姻等也属于存在意思表示瑕疵的情形。但是,我国立法并没有将其列入可撤销婚姻的范围。目前,学术界多认为我国可撤销婚姻的范围过窄,需要进一步完善。

(二) 撤销婚姻的程序

1. 撤销婚姻的请求权人

根据我国《婚姻法》的规定,撤销婚姻的请求权应属于受胁迫的婚姻当事人一

① 参见《解释(二)》第 7 条。
② 《解释(一)》第 10 条。

方,其他单位或个人均无此权利。受胁迫方是否请求撤销婚姻,由其本人决定。允许撤销受胁迫的婚姻主要是因为受胁迫方欠缺婚姻合意,但如婚后受胁迫方愿意保持婚姻关系,则其意思表示瑕疵便得以弥补。

受胁迫方行使撤销权的法定期限为一年,从婚姻登记时起算;在受胁迫方的人身自由受到限制的情况下,该期限自其恢复人身自由之日起算。逾期不行使的,撤销权消灭。法律规定的撤销权行使的期间属于除斥期间,不适用诉讼时效中止、中断或延长的规定。[①]

2. 撤销婚姻的机关

有权撤销婚姻的机关是婚姻登记机关和人民法院。2003 年《婚姻登记条例》第 9 条规定:"因胁迫结婚的,受胁迫的当事人依据婚姻法第十一条的规定向婚姻登记机关请求撤销其婚姻的,应当出具下列证明材料:(一) 本人的身份证、结婚证;(二) 能够证明受胁迫结婚的证明材料。婚姻登记机关经审查认为受胁迫结婚的情况属实且不涉及子女抚养、财产及债务问题的,应当撤销该婚姻,宣告结婚证作废。"据此,胁迫婚姻涉及财产、子女问题的,应经过诉讼程序撤销。

四、婚姻无效和被撤销的法律后果

我国《婚姻法》第 12 条规定:"无效或被撤销的婚姻,自始无效。当事人不具有夫妻的权利和义务。同居期间所得的财产,由当事人协议处理;协议不成时,由人民法院根据照顾无过错方的原则判决。对重婚导致的婚姻无效的财产处理,不得侵害合法婚姻当事人的财产权益。当事人所生的子女,适用本法有关父母子女的规定。"

根据上述规定,我国的婚姻无效和被撤销的法律后果是一样的,具体阐述如下:

(一) 当事人不具有夫妻的权利和义务

被宣告无效或撤销的婚姻,当事人之间自始不产生婚姻效力,不适用《婚姻法》有关夫妻人身关系和财产关系的规定。在人身方面,当事人不具有夫妻的身份和称谓,一方与另一方的近亲属之间也不形成姻亲关系;在财产方面,当事人不承担夫妻间的扶养义务,不享有夫妻间的继承权,不适用夫妻财产制度。

当事人在同居期间所得的财产,在婚姻被宣告无效或撤销时,首先由当事人协议处理;协议不成时,由人民法院根据照顾无过错方的原则判决。根据《解释(一)》第 15 条,被宣告无效或被撤销的婚姻,当事人同居期间所得的财产,按共同共有处

---

① 参见《解释(一)》第 11、12 条。

理,有证据证明为当事人一方所有的除外。但是,对于如何界定同居期间所得的财产(与婚姻存续期间所得的财产有何区别),哪些财产可以被认定为有证据证明属于一方所有的财产,司法解释并没有予以进一步明确。

因重婚而被宣告婚姻无效的,财产的处理往往会涉及第三方的利益,即重婚当事人原配偶的利益。《婚姻法》第12条规定,对重婚导致的婚姻无效的财产处理,不得侵害合法婚姻当事人的财产权益。在重婚的情况下,重婚当事人基于合法婚姻关系,与原配偶之间会形成夫妻共同财产;基于重婚期间共同生活的事实,又会与重婚配偶之间形成财产共有关系。界定重婚当事人共有财产的范围,不得侵害原配偶的财产权利,能够作为同居财产分割的,应限于重婚者的个人财产。为使合法婚姻当事人的权益得到保护,《解释(一)》第16条特别规定,人民法院审理重婚导致的无效婚姻案件时,涉及财产处理的,应当准许合法婚姻当事人作为有独立请求权的第三人参加诉讼。

(二)当事人所生子女适用《婚姻法》有关父母子女的规定

婚姻无效或被撤销,当事人之间自始不存在婚姻关系,所生子女为非婚生子女。我国《婚姻法》规定,非婚生子女同样适用有关父母子女的规定,任何人不得加以危害和歧视。无论非婚生子女由哪一方抚养,另一方都不能以任何理由拒绝承担法定的抚养义务。

此外,离婚当事人可以主张的离婚时的经济帮助、经济补偿以及离婚损害赔偿,无效婚姻和可撤销婚姻的当事人原则上不得主张。

♂♀ 典型案例

高某诉孙某彩礼返还纠纷案

【案情简介】[①]

原告高某(男)与孙某(女)2016年5月经人介绍相识,不久确立了恋爱关系。同年10月,双方举办了订婚仪式,此后孙某便居住在高某家中。2017年1月,高某突然将孙某的生活用品及衣物等送回至孙某家中。不久,高某父亲转告孙某父亲,要求解除高某与孙某之间的婚约,并要求孙某父亲退还彩礼6万元及首饰等财物。孙某父亲认为,高某与孙某已订立婚约,且高某本人至今未就婚约问题同孙某及家

① (2017)苏0585民初1820号。

人交换过任何意见，因此婚约尚未解除。此外，孙某父亲坚称自己并未收到高某家里的彩礼。双方争执不下，无法就返还财物问题达成协议。高某遂诉至法院，要求孙某返还彩礼。

为证明给付孙某彩礼的事实，高某向法庭提供了首饰的购买发票、6万元现金的银行取款记录以及介绍人和见证人的证言作为证据。

受理法院认为，婚约的解除无须经过法律程序，双方合意或者单方提出均可解除。高某与孙某已订立婚约，依据传统风俗习惯分析，高某主张给付孙某彩礼的事实具有较高的可信度。此外，高某提供的证据也可证明其给付孙某6万元现金及首饰作为彩礼。法院考虑到彩礼数额、双方已经同居生活、高某主动解除婚约以及孙某在婚约解除上没有明显过错等因素，判决孙某返还高某3.5万元。

【评析】

本案系彩礼返还纠纷。

本案的争议点主要有给付彩礼的事实是否存在、已经给付的彩礼能否要求返还以及返还的具体数额等。受理法院的判决表明，当地婚约习俗以及民众对婚约解除的一般认知是彩礼返还纠纷案件审理中需要考量的重要因素。

在判断给付彩礼事实是否存在的问题上，除依据当事人提供的证据外，判决理由中特别说明：依据习俗分析，因高某与孙某已经订婚，故高某主张给付孙某彩礼的事实的可信度较高。

在返还请求权的认定方面，依据《解释二》第10条的规定，没有登记结婚的，给付方可以请求返还。即返还请求权的行使并无其他条件限制，只要未登记结婚，无论当事人是否同居生活、当事人对解除婚约是否存在"过错"，均不影响给付方返还请求权的行使。至于返还数额，司法解释中并未涉及，依据文义分析，"给付方可以请求返还"一般应理解为全部返还。

但是，在现实生活中，从民众的一般观念和传统习俗角度看，婚约不能履行的"过错"以及是否同居生活都应该对彩礼是否需要返还、返还多少产生影响。审判实务中，如果不顾及上述因素，机械地适用司法解释的规定，判决结果可能会与民众的一般价值判断相悖。正因如此，本案在判决中虽然支持了给付方的返还请求，但同时释明："考虑到彩礼数额、双方已经同居生活、高某主动解除婚约以及孙某在婚约解除上没有明显过错等因素，判决孙某返还高某3.5万元。"即判决并未支持原告返还全部彩礼的请求，在考虑了同居生活、解除婚约的"过错"等因素的情况下，酌情减少了返还数额。这一判决结果体现了习俗对家事案件审判的影响。

孙某某、胡某某诉某市芙蓉区民政局婚姻登记行政纠纷上诉案

【案情简介】[①]

孙某某、胡某某均为男性。2015年6月23日,孙某某、胡某某到某市芙蓉区民政局要求办理结婚登记。芙蓉区民政局工作人员在审查后认为,孙某某、胡某某均为男性,其结婚登记申请不符合《婚姻法》和《婚姻登记条例》关于结婚当事人必须是男女双方的规定,决定对孙某某、胡某某的结婚登记申请不予办理,并当场告知孙某某、胡某某不予办理结婚登记的理由和结果。孙某某、胡某某不服,诉至法院,请求判令芙蓉区民政局为其办理结婚登记。

受理法院判决认定,芙蓉区民政局对孙某某、胡某某的结婚登记申请作出不予办理结婚登记的行政行为符合法律、行政法规的规定,驳回了孙某某、胡某某的诉讼请求。

【评析】

本案涉及同性结婚问题。

我国《婚姻法》虽未明确规定结婚当事人必须是异性,但其第5条、第6条以及第8条分别规定了"结婚必须男女双方自愿";"结婚年龄,男不得早于二十二周岁,女不得早于二十周岁";"要求结婚的男女双方必须亲自到婚姻登记机关进行结婚登记"。这些条款中都隐含结婚当事人应为男女双方的规定,即《婚姻法》只认可异性婚姻,不承认同性可以缔结法律意义上的婚姻。办理结婚登记必须符合《婚姻法》和《婚姻登记条例》的规定。据此,法院驳回了当事人的诉请。

在比较法上,对待同性关系的态度主要有三种:一是承认同性可以缔结与异性相同的婚姻关系,即承认同性婚姻,如挪威、丹麦等国。二是单独制定同性伴侣法,将同性伴侣制度与婚姻制度并列,同性伴侣之间的权利义务,尤其是人身方面的权利义务,弱于夫妻之间的权利义务,如法国。三是对同性关系不予以规范,既不允许同性结婚,也不单独立法,如我国。从发展趋势来看,承认同性伴侣或同性婚姻的国家越来越多。在我国《婚姻法》的修正中,对是否规制同性关系、如何规制尚存在较大争议。

---

① (2016)湘01行终452号。

左某某诉某县民政局婚姻登记纠纷案

【案情简介】[①]

原告左某某的妹妹左某与第三人周某某(聋哑人)的弟弟周某因未达到法定婚龄,于2004年4月7日分别持照片为本人但身份证号码为原告和第三人的身份证到被告某县民政局处申请结婚登记,领取了结婚证。2008年5月,原告到婚姻登记处申请登记时,被告知其已登记结婚,无法对其进行婚姻登记。经原告交涉,左某与周某于2008年5月21日以其本人的身份证重新进行了婚姻登记,原告遂要求被告撤销其与周某某的婚姻登记,而被告以原告的请求不符合法律规定、不能撤销为由予以拒绝。原告于2008年5月26日向某县人民法院提起行政诉讼,请求法院判令被告撤销原告与周某某的婚姻登记。

在案件审理过程中,被告某县民政局主动撤销了其2004年4月7日第401762号结婚登记。原告撤诉。

【评析】

本案系因持他人身份证件办理结婚登记而引发的纠纷,通常也称"冒名结婚登记纠纷"。

依据《婚姻法》和《婚姻登记条例》的相关规定,要求结婚的当事人需持本人身份证件亲自到婚姻登记机关办理结婚登记手续。在现实生活中,由于种种原因,当事人持他人身份证件或虚假身份证件办理结婚登记的情况时有发生,婚姻登记机关并不能完全识别,由此引发关于冒名登记行为效力的纠纷。

婚姻登记系行政行为。依据《解释(三)》第1条的规定,当事人以《婚姻法》第10条规定以外的情形申请宣告婚姻无效的,人民法院应当判决驳回当事人的申请。当事人因登记瑕疵而主张撤销结婚登记的,可依法申请行政复议或提起行政诉讼。据此,程序瑕疵不属于婚姻无效事由,但可以通过行政复议或行政诉讼方式撤销婚姻登记行为。至于能否撤销,则要根据瑕疵的具体情形,尤其是瑕疵是否足以影响婚姻关系的成立加以考量。

本案系当事人冒用他人身份证件办理结婚登记,被冒用的当事人既没有结婚的意思,也没有亲自办理结婚登记,婚姻关系不能成立。婚姻登记机关未能审查出申请人所持身份证件非其本人所有,程序上存在瑕疵,且该瑕疵足以影响婚姻关系

① (2008)南行初字第0015号。

的成立,故应将婚姻登记行为予以撤销。

黄某诉黄某某与程某某婚姻无效纠纷案

【案情简介】[①]

周某某与黄某某于1962年起开始共同生活,并生育子女4人,但未办理结婚登记。2008年,两人居住的房屋拆迁,周某某即与子女共同居住,黄某某则独自居住。2009年12月17日,黄某某与程某某登记结婚。2015年4月12日,黄某某去世。不久,黄某某与周某某所生之子黄某向法院提起诉讼,主张黄某某与程某某构成重婚,请求宣告两人的婚姻无效。

一审法院认为,黄某某与周某某虽然构成事实婚姻,但未依据《婚姻法》第8条的规定补办结婚登记,且两人已经于2008年分居。现黄某某已经死亡,黄某某与程某某之间的婚姻登记合法有效,法院判决驳回申请人黄某的诉请。

黄某提出申诉。再审法院认定,周某某与黄某某于1962年开始以夫妻名义共同生活,虽未办理结婚登记,但没有证据表明两人共同生活时不符合结婚的实质要件,因此应认定两人形成事实婚姻。事实婚姻受法律保护,非经法定程序不能解除,当事人的主观愿望及是否分居不影响婚姻关系的存在。因此,黄某某在有配偶的情况下与程某某登记结婚,构成重婚。法院判决宣告黄某某与程某某的婚姻无效。

【评析】

本案涉及事实婚姻的认定及效力问题。

一审法院认为当事人虽构成事实婚姻,但仍需要补办结婚登记才能具备婚姻效力,对事实婚姻性质的理解有误。依据相关司法解释,认定事实婚姻是否成立主要有两方面的条件:一是当事人以夫妻名义公开同居生活,且同居的时间在1994年2月1日之前;二是当事人符合结婚的实质要件。符合这两个条件的,即认定事实婚姻成立。一旦事实婚姻成立,无须补办结婚登记即产生婚姻效力。如果当事人于1994年2月1日之后以夫妻名义公开同居生活,则必须补办结婚登记才能产生婚姻效力。

事实婚姻的当事人在婚姻出现问题时,因之前未办理结婚登记,常常会出现直接通过协议解除婚姻关系的情形。但是,事实婚姻已经产生了与登记婚姻相同的

---

① (2016)川01民再80号。

法律效力，即使有当事人的离婚协议或分居生活的事实，也不能产生解除婚姻关系的后果。当事人未履行法定的解除婚姻程序就再婚的，构成重婚。本案中，当事人虽然已经分居较长时间，但婚姻关系并未解除，一方再与他人登记结婚，构成重婚。因此，再审法院支持申请人提出的婚姻无效的主张。

鉴于目前司法解释将事实婚姻形成的时间限定在1994年2月1日之前，故随着时间的推移，具有与登记婚姻相同效力的事实婚姻会越来越少，相关纠纷也会减少。但是，不能忽视的是，现实生活中仍存在而且还会不断出现未办理结婚登记而以夫妻名义公开同居生活的现象，是否赋予这类同居关系当事人以法定权利义务、赋予其怎样的权利义务，在《婚姻法》修正过程中存在较大争议。

张某等诉赵某与张某某婚姻无效纠纷案

【案情简介】[①]

申请人张某系张某某之子。2008年6月20日，经婚姻介绍所介绍，张某某与赵某相识，双方于2008年8月18日登记结婚。同年11月21日，张某某与赵某以两人名义购买了位于重庆市某区房屋一套，共同居住。2010年11月7日，张某某在医院病故。不久，张某向人民法院申请宣告赵某与张某某的婚姻无效。

张某申请的理由是：(1) 其父张某某与赵某进行结婚登记时，不具备表达结婚意思的能力。根据张某某的病情，结合医院对该疾病的临床陈述，可以认定张某某在登记结婚时意识明显受限，不可能真实表达出自愿结婚的意思，不能认识到结婚的意义和产生的后果。(2) 张某某患有器质性精神障碍、代谢性脑病、高血压脑病、脑梗死、脑萎缩等疾病，表现为意识错乱、神志不清、幻听幻觉、智能低下、记忆衰退、情感障碍等，属于医学上认为不应该结婚的疾病。

受理法院认为，本案双方当事人诉争焦点是：(1) 张某某婚前是否患有医学上认为不应当结婚的疾病。根据1994年《母婴保健法》第8条、第9条、第10条、第38条之规定，医学上认为不应当结婚的疾病主要包括三类：一是指定传染病，即《传染病防治法》中规定的艾滋病、淋病、梅毒、麻风病以及医学上认为影响结婚和生育的其他传染病；二是严重遗传性疾病，指由于遗传因素先天形成，患者全部或者部分丧失自主生活能力，后代再现风险高，医学上认为不宜生育的遗传性疾病；三是有关精神病，指精神分裂症、躁狂抑郁型精神病以及其他重型精神病。本案中，张某某被诊断为患有慢性肾功能不全尿毒症期、慢性肾小球肾炎、代谢性脑病、

① (2010)南法民初字第191号。

多发性肾囊肿、器质性精神障碍,不属于上述法律规定的三种类型,故并不导致婚姻无效。(2)张某某与赵某结婚的意思表示是否真实。经西南政法大学司法鉴定中心鉴定,张某某登记结婚时在"申请结婚登记声明书"和"结婚登记审查处理表"上的签名和捺印均系其本人的签名和捺印。法庭调取的医院病程记录和护理记录显示,张某某在结婚前后几天,神志清楚,精神状态较好。证据之间能相互印证,形成证据锁链,故对于张某提出的张某某结婚时已失去意思表示能力、不是自愿结婚的理由,法庭不予采信。法院最后驳回了张某的申请。

【评析】

本案系疾病婚认定纠纷。

疾病婚属于我国《婚姻法》规定的无效婚姻范畴。禁止特定疾病患者结婚,是基于保护当事人权益、提高人口素质的目的。随着现代医学科技的发展,原来被认为对婚姻生活有极大影响的疾病现在已经能够治愈,但同时又出现了一些新的重大疾病。所以,立法很难对禁止结婚的疾病加以列举,在司法实务中认定也存在争议。

认定哪些疾病属于《婚姻法》中规定的"医学上认为不应当结婚的疾病",在司法实务中一般是根据《母婴保健法》关于婚前医学检查的规定,主要涉及三类疾病,即严重遗传性疾病、指定传染病和有关精神病。具体而言,重度智力低下、重度精神病且在发病期内的,应属于禁止结婚的疾病。结婚行为属于创设身份的法律行为,故结婚当事人必须具有婚姻意思能力。因疾病导致当事人无婚姻意思能力的,应该不能缔结有效婚姻。这不仅是因为存在疾病婚障碍,也是因为欠缺"结婚需自愿"这一要件。患有重度传染性疾病的当事人,应暂缓结婚。如在发病期内结婚,婚后未能治愈的,亦属于疾病婚范畴,可能影响婚姻效力。至于严重的遗传性疾病,婚检报告给出的建议多是不宜生育,一般不影响婚姻效力。由于这三类疾病的范围非常宽泛,严重程度不一,因此在司法实务中需要根据个案情况加以判断,并无统一标准。

就本案而言,申请人张某之父张某某虽然患有多种疾病,且在婚后两年即因病去世,但相关证据显示,张某某所患疾病并不属于"医学上认为不应当结婚的疾病",也未因疾病而失去婚姻意思能力,故法院判决驳回无效申请。

从比较法的角度看,多数国家都将当事人患有影响婚姻生活的重大疾病作为婚姻可撤销的事由,如患有疾病一方隐瞒患病事实,则另一方可以提出撤销婚姻。如前所述,我国将疾病婚纳入无效婚姻范畴,主要是基于保护当事人权益、提高人口素质的目的。但是,在当今社会,生育行为与婚姻并无当然联系,且婚姻登记中已经取消了强制婚检程序，故在《婚姻法》修正中将疾病婚纳入可撤销婚姻范畴的呼声很高。

王某某诉李某某与赵某某婚姻无效纠纷案

【案情简介】①

王某某与李某某于2003年9月结婚，并生育了子女。因李某某去外地做生意，与王某某两地分居，夫妻感情出现问题。李某某于2008年7月向人民法院提起离婚诉讼，法院于同年12月判决解除两人婚姻关系。离婚后不久，王某某得知李某某竟然于2006年2月就在外地与赵某某登记结婚。王某某认为，李某某与赵某某登记结婚时，还与自己存在合法有效的婚姻关系，故向人民法院主张：李某某与赵某某的婚姻构成重婚，应当宣告婚姻无效。

法院经审理后认为，王某某到法院申请宣告李某某与赵某某的婚姻无效时，她已经与李某某离婚，此时李某某只有一个婚姻，并非同时存在两个或两个以上的婚姻。《解释(一)》第8条规定："当事人依据婚姻法第十条规定向人民法院申请宣告婚姻无效的，申请时，法定的无效婚姻情形已经消失的，人民法院不予支持。"据此，法院判决驳回了王某某的申请。

【评析】

本案涉及的是无效婚姻的治愈问题。

依据《解释(一)》第8条，申请时，无效事由已经消失的，人民法院不予支持。即无效婚姻可因法定事由的消灭而治愈。这一规定对无效婚姻的类型并无限制。因此，即使是重婚关系，如当事人一方死亡或已经解除前婚，也可治愈。但是，因重婚违反了一夫一妻制，当事人可能受到刑事处罚，是否适用无效婚姻的治愈规定存在争议。

在我国无效婚姻制度确立初期，司法实务中倾向于区分对待不同类型的无效婚姻。对因重婚而被申请宣告婚姻无效的，即使无效事由已不存在，也不认可重婚关系的效力，即不允许其治愈。近年来，这一看法有所改变，更多的判决倾向于允许重婚关系治愈。本案即是如此。

允许重婚治愈可能存在的障碍是：无效婚姻一旦治愈，不得再申请宣告婚姻无效，婚姻应自成立时生效。但是，因有前婚存在，故重婚一经治愈，只能自前婚消

① 参见杜万华主编：《民事审判指导与参考》(2017年第1辑)，人民法院出版社2017年版。有删节。

灭之日起生效。这与其他类型的无效婚姻存在差异,也不符合《婚姻法》中关于婚姻效力的一般规定。因此,是否应该允许重婚治愈仍有讨论余地。

思考题

1. 简述结婚行为的法律特征。
2. 我国立法是否应该承认婚约的效力?
3. 我国法律对结婚的实质要件有哪些规定?
4. 试评析我国关于事实婚姻的立法。
5. 简述我国婚姻无效和被撤销的原因。
6. 简述我国婚姻无效和被撤销的法律后果。

第四章　夫妻关系

第一节　夫妻关系概述

一、婚姻的效力与夫妻关系

婚姻的效力是指因婚姻关系成立而产生的法律后果。婚姻的效力有广义、狭义之分。从广义上理解，婚姻的效力指因婚姻关系的成立而在民法、刑法、劳动法、诉讼法、婚姻法等相关部门法中产生的法律后果，如民法中监护人资格的产生、申请宣告失踪或死亡资格的产生、继承人资格的产生等后果。从狭义上理解，婚姻的效力一般指因婚姻成立而在婚姻法中产生的后果，其中又有不及于第三人的效力和及于第三人的效力之分。前者也称“婚姻的直接效力”，限于对婚姻当事人本人产生的效力；后者也称“婚姻的间接效力”，指对婚姻当事人以外的其他人产生的后果，如姻亲关系的产生、非婚生子女的准正等。一般情况下，无论是在立法还是研究领域，所涉及的婚姻效力均指婚姻的直接效力。

在大陆法系，有关婚姻效力的立法例有两种：一种以《法国民法典》为代表，将“夫妻相互的权利和义务”规定于“人法编”中，有关夫妻财产方面的内容则主要规定于物法编中；另一种以《德国民法典》为代表，在“亲属编”中分节规定“婚姻的普通效力”和“夫妻财产制度”。

我国婚姻立法中没有采用“婚姻的效力”这一概念，而是将婚姻的直接效力表述为“夫妻的权利和义务”。1950 年《婚姻法》用独立的一章（第三章）规定“夫妻间的权利和义务”，在另一章（第四章）规定“父母子女间的关系”。1980 年《婚姻法》将这两章内容合并，并补充了其他近亲属的权利义务，统称为“家庭关系”。这样的立法在内容上较为明确，但未能表明其作为婚姻关系成立后果的性质。针对这种立法体例，有学者提出质疑，认为：(1) 将近亲属之间的权利义务统称为“家庭关系”并不准确。在现实生活中，近亲属可能是家庭成员，也可能不是家庭成员。即使不是家庭成员，他们之间也具有相应的权利义务。相反，互相没有权利义务的亲属也可能生活在同一家庭之中，属于家庭成员。[①] (2) 从逻辑上看，夫妻间的权利

---

① 参见巫昌祯、杨大文主编：《走向 21 世纪的中国婚姻家庭》，吉林人民出版社 1995 年版，第 18 页。

和义务作为婚姻关系成立的直接后果,规定于结婚制度之后、离婚制度之前更为妥当。因为从法律关系上分析,结婚意味着婚姻关系的成立,由此产生夫妻间的权利和义务。在婚姻关系不能维系的情况下,当事人可以通过离婚的方式解除、终止夫妻关系。(3) 从内容上看,夫妻之间的人身和财产关系是整个亲属法中至关重要的部分,将其单独列出,不仅能强调其作为婚姻直接效力的性质,也可突出其在婚姻法中的重要地位。

我国婚姻法学中较多沿用了"夫妻关系"这一概念,一般分别以夫妻人身关系和夫妻财产关系为研究对象。本书即采用这一惯例。

二、夫妻关系的立法演变

夫妻关系指夫妻之间的权利义务关系,不仅反映了夫妻在家庭中的地位,同时也在一定程度上反映着男女两性的社会地位。夫妻关系归根结底取决于生产力的发展水平、社会的文明程度和一定的社会制度。夫妻关系在不同时期、不同国家表现出不同特点。从总体上看,夫妻关系的立法发展经历了从夫妻一体主义到夫妻别体主义的演变过程。

(一) 夫妻一体主义

夫妻一体主义(coverture scheme)也称"夫妻同体主义",指夫妻在婚后发生人格的互相吸收,二人合为一体。在早期社会,夫妻关系立法表现为典型的夫妻一体主义。在西方,古罗马法和欧洲中世纪的教会法关于夫妻关系的立法被认为是夫妻一体主义的代表。"罗马法中有夫权的婚姻,如妻在未嫁前为他权人,则摆脱生父的家长权而处于夫权或夫的家长权下;如未嫁前为自权人,则摆脱监护权而处于夫权和夫的家长权下,妻受人格小变更,自权人则变为他权人,脱离原来的家族,消灭一切家祀、继承、监护等法定关系,而加入丈夫的家族,成为夫家宗亲的亲族,从丈夫的姓氏。妻在家中处于丈夫的女儿的地位。丈夫对妻享有惩戒权。"[①]在东方,古代印度和古代中国被认为是夫妻一体主义的代表。据《摩奴法典》记载,婆罗门曾言:"丈夫与妻子只形成一人。"《白虎通德论·嫁娶》记载:"妻者,齐也,与夫齐体。"《仪礼·丧服》也记载:"夫妻一体也。"

早期社会中的夫妻一体主义立法并不是简单的夫妻人格互相吸收。如果是夫妻人格的互相融合,成为一个新的主体,则意味着夫妻地位是相同的。在整个古代社会,"以男为贵,男尊女卑"是两性关系的真实写照,并为当时的立法所充分肯定。夫妻人格的吸收则表现为妻子的人格被丈夫的人格吸收,妻子在婚后不再是具有

① 周枬:《罗马法原论》,商务印书馆 1994 年版,第 195—196 页。

完全民事行为能力的主体，在人身和财产方面都依附于丈夫。《白虎通德论·嫁娶》记载："妇者，服也，服于家事，事人者也。"夫妻地位的不平等是早期社会婚姻立法的通例，这种立法一直延续到资本主义社会初期。在法国、德国、日本等国早期的民法典中，"妻从夫姓""妻从夫居"的规定并不少见。夫妻一体主义的立法本质上确立了夫对妻的人身和财产的全面支配权。

（二）夫妻别体主义

夫妻别体主义（separate exitence scheme）也称"夫妻异体主义"，指夫妻在婚后仍然保持各自独立的人格，彼此不发生人格吸收，但相互之间形成一定的权利义务。

一般认为，夫妻别体主义的立法源于后期罗马法。在根据罗马万民法成立的"略式婚"即"无夫权婚姻"中，"由于丈夫对妻子没有夫权，所以妻子的法律地位与未结婚前一样。这种婚姻对女子相当有利，因为她可以继续受到家长或监护人的保护，防止夫家的虐待，如偶为侵权行为，则可仍由家长或本人赔偿，以免委付的危险"[①]。在夫妻别体主义的立法中，妻子没有绝对服从丈夫的义务，双方的财产原则上已经分开，妻子的财产不问婚前或婚后所得而均属其个人所有。罗马法中之所以出现夫妻别体主义立法，与当时简单商品经济的迅速发展关系密切，表明经济关系对婚姻家庭制度有重大影响。但是，罗马法时期的夫妻别体主义不可能脱离它所处的时代，处于奴隶制时代的古罗马立法不可能完全清除父权和夫权的影响，所谓的"夫妻别体"具有很大的局限性，如"家庭财产混合不能辨别是夫或妻时，推定财产为夫所有"[②]。

夫妻别体主义立法与近代资产阶级倡导的"婚姻契约论"相吻合。婚姻契约论认为，婚姻是一男一女自愿缔结的以永久共同生活为内容的契约。基于这一理论，男女双方在婚姻中的地位是平等的，不因结婚而发生人格吸收的后果，也不产生夫权。以英国为例，1882 年《已婚妇女财产法》肯定了夫妻分别财产制，规定已婚妇女可以独立享有一系列的财产权利；1907 年，法律又规定妻子无须丈夫同意即可转让个人财产。[③] 夫妻别体主义立法较夫妻一体主义立法无疑是一个历史性进步。但是，在早期资本主义立法中，还残存着许多夫妻地位不平等的规定。

婚姻家庭是受传统影响很深的一个领域，特别是在宗教势力强大的国家，封建观念更是根深蒂固。所以，资本主义婚姻家庭制度，包括夫妻关系法律的改革相当

---

① 周枏：《罗马法原论》，商务印书馆 1994 年版，第 196—197 页。

② 同上书，第 199 页。

③ 参见杨大文主编：《亲属法（第四版）》，法律出版社 2004 年版，第 108 页。

缓慢。第二次世界大战(以下简称“二战”)以后,随着科学技术的发展、产业结构的调整,越来越多的女性走出家庭,参加社会工作,其经济地位有了很大提高。与此相适应,提高妇女地位、实现妇女解放受到社会的广泛关注,西方主要资本主义国家都加快了夫妻关系法律改革的步伐,妻子的家庭地位得到进一步改善。例如,德国于1976年通过法律,取消了丈夫在婚姻生活中的特权,由夫妻双方共同决定家庭中的一切事务。1979年12月18日,联合国通过《消除对妇女一切形式歧视公约》。该公约要求各缔约国给予男女在法律面前平等的地位,并特别强调“应采取一切适当措施,消除在有关婚姻和家庭关系的一切事务上对妇女的歧视”,包括确立在婚姻存续期间夫妻“有相同的权利和义务”的原则。该公约对缔约国赋予夫妻平等法律地位无疑起到了促进作用。当然,夫妻法律地位的平等与实际地位的平等还是有距离的。

三、我国夫妻关系立法

我国夫妻关系立法同样经历了从夫妻地位不平等向夫妻地位平等的发展过程。

在奴隶社会和封建社会时期,男女两性的社会地位极不平等,以男性为中心的封建宗法制度必然反映到婚姻关系中。“夫为妻纲”是封建伦理纲常之一,表明了妻子对丈夫的人身依附关系。已婚妇女的法律地位十分低下。以夫妻相犯为例,夫犯妻依法减刑,妻犯夫则加刑。《唐律疏议》规定,“夫殴伤杀妻”者,“减凡人二等,死者以凡人论”。反之,“妻殴夫徒一年,若殴伤重者,加凡斗伤三等,死者斩。”明、清律也有此类规定。此外,已婚妇女的财产权利也受到各种限制和剥夺,夫妻财产实际上由丈夫全权支配。如《元典章》规定:“应嫁妇人,不问生前离异、夫死寡居,但欲再适他人,其原随嫁妆奁财产等物,并听前夫之家为主。”

我国法制近代化的历程始自清末修律。辛亥革命胜利后,新法制的建设未能跟上政权变革的步伐,清末法律被有条件地加以援用。由于《大清民律草案》(即“第一民律草案”)未能公布而不能援用,民事方面适用的是1910年5月公布实施的《大清现行刑律》,该法一直适用至《中华民国民法典》公布施行为止,成为民国前期的实质民法。《大清现行刑律》是民刑混合的法律,其夫妻关系法继承了古代法的传统,维护着男尊女卑的制度。1926年,国民党第二次全国代表大会通过的《妇女运动决议案》提出了有关婚姻立法的一些原则,其中重要的一项就是“制定男女平等的法律”。1930年,国民政府颁布了《中华民国民法典·亲属编》,在立法中确立了男女平等原则。但是,由于所处时代固有的局限性,该“亲属编”有关夫妻关系的部分仍有夫妻不平等的规定,具体表现在夫妻姓氏、婚姻住所、夫妻财产等诸多方面。“然为夫妻关系之协调,不仅仅于形式上之平等,于平等原则之外,并注意于共同体之保持,盖采用二元主义也。”①

中华人民共和国成立后颁布的1950年《婚姻法》和1980年《婚姻法》都将男女平等规定为基本原则,有关夫妻人身关系和财产关系的规定也坚持了这一原则。从条文上看,夫妻关系是完全平等的。

2001年修订的《婚姻法》第13条规定:“夫妻在家庭中地位平等。”这是男女平等原则在夫妻关系中的体现,也是《婚姻法》对夫妻关系的原则性规定。这一原则是确定夫妻间权利义务的基础,也是处理夫妻间一切问题的基本依据。根据这一规定,夫妻在人身关系和财产关系两方面都是平等的。总之,我国现行的婚姻立法坚持夫妻别体主义,为妻子在婚后保持独立的人格提供了法律保障。

当然,也应该看到,在现实生活中,夫妻关系的实际状况与法律规定尚存在一定差距,夫妻不平等现象至今仍不同程度地存在。究其原因,一方面是由于我国现有生产力发展水平和社会就业面的限制,使女性在社会和家庭中的经济地位相对处于劣势;另一方面则是由于长期以来受男尊女卑、夫权思想的影响,“男主外、女主内”的婚姻模式仍占有一定地位。可以说,夫妻关系从形式平等到事实平等还要经历相当长的一段时间。

第二节　夫妻人身关系

一、夫妻人身关系概述

夫妻人身关系是指基于夫妻身份而在夫妻之间当然产生的、没有直接经济内容的权利义务关系,也称“婚姻的普通效力”。

夫妻人身关系具有以下特征:(1) 发生在合法夫妻之间。夫妻人身关系以当事人之间婚姻关系有效成立为前提,婚姻不成立或无效婚姻的当事人均不享有夫妻人身关系。夫妻人身关系因婚姻关系消灭而消灭。(2) 夫妻人身关系对夫妻双方而言,既是权利又是义务,一方的权利就是对方的义务,反之亦然。夫妻双方的权利义务是对等的。(3) 夫妻人身关系由法律直接规定,当事人不能通过约定加以变更或消灭。

从本质上看,夫妻人身关系是因婚姻而使夫妻双方在人身自由方面受到的一

① 史尚宽:《亲属法论》,中国政法大学出版社2000年版,第290页。“二元主义”即兼采“夫妻一体”与“夫妻别体”两种立法主义。

定限制或享有的一定权利,其目的是维系婚姻共同体。

二、我国现行的夫妻人身关系

我国《婚姻法》第14条规定:“夫妻双方都有各用自己姓名的权利。”第15条规定:“夫妻双方都有参加生产、工作、学习和社会活动的自由,一方不得对他方加以限制或干涉。”第16条规定:“夫妻双方都有实行计划生育的义务。”上述三条是《婚姻法》关于夫妻人身关系的内容,分述如下:

(一)夫妻的姓名权

姓名是每个人固有的并同其他人区别开来的特定标志。姓名权是公民依法享有的决定、使用、改变自己姓名,并排除他人侵害的权利。[①] 姓名权是一项重要的人格权,有无独立的姓名权往往是有无独立人格的一种标志。

我国古代婚姻立法采夫妻一体主义,在夫妻姓氏上坚持妻以夫姓冠己姓的原则。其主要原因在于,妻子婚后归属于夫的宗室,受夫权支配,故从夫姓。此外,妻冠夫姓还有祭祀上的原因。“中国古代素重血缘,亦重祭祀。同宗则同姓,姓在表示各个人对于宗之所属关系上,具有重要之意义。”[②]妻只有与夫同姓才能共同祭祀夫之祖先,也才能在死后接受子孙之祭祀。[③] 妻冠夫姓原则在我国施行多年,已成为古代社会两性地位不平等的标志。《中华民国民法典·亲属编》第1000条规定:“妻以本姓冠以夫姓,赘夫以其本姓冠以妻姓,但当事人另有约定者,不在此限。”这里虽然有但书规定,但仍带有明显的封建残余。

1950年和1980年《婚姻法》均规定:“夫妻双方都有各用自己姓名的权利。”《民法总则》第110条第1款规定:“自然人享有生命权、身体权、健康权、姓名权、肖像权、名誉权、荣誉权、隐私权、婚姻自主权等权利。”上述规定表明,夫妻双方不再因婚姻关系而发生姓氏的变化,夫妻任何一方都不因配偶身份而享有改变他方姓氏的权利。当然,如夫妻一方自愿改变姓氏,法律也不禁止。在我国现实生活中,夫妻的姓名权得到充分保障,妻冠夫姓的习俗在大陆地区已不再存在。

在我国,夫妻享有独立的姓名权还表现在确定子女姓氏上。《婚姻法》第22条规定:“子女可以随父姓,可以随母姓。”这一规定主要针对子女只能随父姓的传统。夫妻双方不仅在婚后有保持使用自己姓氏的权利,在确定子女姓氏方面的权利也是平等的。

---

① 参见彭万林主编:《民法学》,中国政法大学出版社1999年版,第204页。
② 林秀雄:《婚姻家庭法之研究》,中国政法大学出版社2001年版,第267页。
③ 同上。

纵观各国关于夫妻姓氏的立法，主要经历了妻从夫姓、夫妻约定选择婚姻姓氏以及夫妻婚后保持原有姓氏的演变。由于现代婚姻立法以男女平等、夫妻人格独立为基础，如规定夫妻必须同姓，则即使允许夫妻约定选择婚姻姓氏，在夫妻不能协商一致的情况下，无论法律规定以夫或妻的姓氏为婚姻姓氏，都会涉及男女法律地位平等问题，因此越来越多的国家对夫妻姓名权（夫妻同姓或婚姻姓氏）不再作强制性规定，而改为由夫妻双方自由选择保留各自原姓氏或以一方姓氏为婚姻姓氏。[①]

（二）夫妻的人身自由权

人身自由权是每个公民的基本权利，也是公民正常生活、工作的先决条件。公民的人身自由权不因结婚而受到限制，是夫妻人格独立的具体表现。

有无人身自由权，是夫妻家庭地位是否平等的重要标志。在夫妻一体主义立法之下，受夫权支配的妻子没有完全民事行为能力，不能以自己的名义独立对外从事民事活动，选择职业、参与社会活动的权利均受到限制，形成了“男主外、女主内”的婚姻生活模式。针对这一传统模式，我国《婚姻法》特别强调夫妻都拥有参加生产、工作、学习和社会活动的自由。这一规定虽然平等地适用于夫妻双方，但其立法目的显然是重在保护已婚妇女的上述权利，禁止丈夫对妻子的人身自由加以限制。

妇女自由参加社会生产劳动是妇女解放的基础和条件。已婚妇女有自己独立的收入和财产，才能摆脱对丈夫的经济依赖，并最终摆脱对丈夫的人身依附，真正实现夫妻平等。

（三）夫妻的计划生育义务

计划生育是我国的基本国策，是公民应尽的义务。我国《人口与计划生育法》第 17 条明文规定：“公民有生育的权利，也有依法实行计划生育的义务，夫妻双方在实行计划生育中负有共同的责任。”由于生育是家庭的重要职能之一，《婚姻法》将计划生育义务进一步明确规定为婚姻当事人的义务。

《婚姻法》规定夫妻都有实行计划生育的义务，看似强调这一义务的承担者为男女双方，但其立法目的主要在于改变将生育仅视为女性义务的传统观点，强调男性在计划生育问题上的责任。

近年来，审判实践中出现了不少生育权纠纷。由于职场竞争压力的增大、价值

---

① 目前只有少数国家仍保留夫妻同姓的规定，如日本。近年来，日本民众要求修改夫妻同姓立法的呼声不断，更有不少女性因为婚后继续工作，为避免改姓带来的不便，会选择仅在户籍登记中改姓，在工作及其他社交场合仍采原姓氏的做法。

观的多元化以及对婚姻和前途缺乏充分信心等原因,一些女性不愿生育,或在怀孕后未经丈夫同意而自主中止妊娠,由此引发纠纷。男方在提起离婚诉讼时,往往还会以生育权受侵害为由要求损害赔偿。对此类案件,各地法院的判决并不相同,理论界也有不同观点。一种观点认为,我国《人口与计划生育法》第 17 条规定“公民有生育的权利”,因此公民不分性别都享有生育权,夫妻在是否生育子女的问题上享有平等的权利,生育权应由夫妻双方共同行使。女方未经丈夫同意而自主中止妊娠,必定给男方造成精神上的伤害,应构成对丈夫生育权的侵害。另一种观点则认为,我国《妇女权益保障法》第 51 条规定“妇女有按照国家有关规定生育子女的权利,也有不生育的自由”,虽然夫妻双方享有平等的生育权,但由于男女两性生理上的差异,在生育方面女性有着男性所不能替代的作用。女性的生育行为与其对自己身体的支配密不可分,在对生育问题不能协商一致的情况下,应保障女方的生育自主权。因此,妻子可以自主中止妊娠而无须丈夫同意。妻子自主中止妊娠不构成对丈夫生育权的侵犯。

《解释(三)》采纳了第二种观点,其第 9 条规定:“夫以妻擅自中止妊娠侵犯其生育权为由请求损害赔偿的,人民法院不予支持;夫妻双方因是否生育发生纠纷,致使感情确已破裂,一方请求离婚的,人民法院经调解无效,应依照婚姻法第三十二条第三款第(五)项的规定处理。”要准确理解这一规定,应把握以下几点:(1) 妻子未经丈夫同意而中止妊娠,不构成侵权,丈夫不能据此要求损害赔偿;(2) 夫妻双方因是否生育问题不能协商一致,一方提出离婚的,如调解无效,可以认定为夫妻感情确已破裂,准予离婚;(3) 当事人一方因生理原因不能生育,不属于该条所称“生育纠纷”。

上述三方面是我国《婚姻法》关于夫妻人身关系的规定。可以看出,《婚姻法》对夫妻人身关系的规定比较简单,其立法目的主要是改变传统夫权统治下夫妻地位不平等的状况,在内容上强调妻子不因婚姻关系的成立而影响其独立主体资格。这些规定对消除夫妻地位不平等现象起到了积极的作用。但是,现有的关于夫妻人身关系的立法并没有明确双方基于夫妻身份具体享有的特殊的人身权利。姓名权和人身自由权都是公民当然享有的人格权,与夫妻身份无关。《婚姻法》的规定只不过明确了夫妻双方,特别是妻子的这些权利不因婚姻关系而受到限制。可以说,《婚姻法》关于夫妻人身关系的规定是不完善的。

三、国外立法中的夫妻人身关系

在现代社会,当事人享有婚姻自主权,但因婚姻而产生的夫妻间的权利义务却是由法律直接规定的。各国对夫妻人身关系的规定并不完全相同,主要包括以下内容:

（一）同居义务[①]

同居义务是指夫妻双方负有的共同生活的义务。“同居”的含义广泛，其中夫妻性生活是重要内容，但并非唯一的内容。“谓婚姻上之同居，非仅为场所上之意义，同在一屋如设障壁而分别生活，非为同居。场所虽有多少之间隔，亦得成立同居。”[②]婚姻是男女两性物质生活、精神生活和性生活的共同体，其中以性生活为主要内容的同居是婚姻关系的自然基础，应得到法律的确认和保护。夫妻双方长期不同居，或者一方长期拒绝同居，婚姻就失去存在的意义。规定夫妻同居的权利和义务，将人的本能需求合理地置于婚姻制度的保护之下，是顺应婚姻本性、符合当事人意愿的，有助于婚姻关系的稳定。

在早期社会，同居权是夫权的重要内容。丈夫基于夫权而享有要求妻子与自己同居的权利，妻子须服从夫权而负有同居义务。在现代社会，同居义务往往被规定为夫妻双方互负的义务。例如，《德国民法典》第1353条规定：“结婚以终身生活为目的。夫妻互负婚姻共同生活之义务，并相互负责。”《法国民法典》第215条规定：“夫妻双方相互负有在一起共同生活的义务。”《日本民法典》第752条规定：“夫妻应同居，相互协力，相互扶助。”我国台湾地区“民法・亲属编”第1001条规定：“夫妻互负同居之义务。但有不能同居之正当理由者，不在此限。”可以看出，不同国家或地区对夫妻同居义务的内容规定不完全一致，但都不仅限于夫妻性生活，还包括夫妻之间的相互协力、相互扶助。

夫妻一方不履行同居义务的，另一方不得以暴力或威胁手段强迫对方同居，也不得请求法院强制义务人履行义务。但是，不履行义务可能产生以下后果：(1) 作为起诉离婚的法定理由；(2) 权利方可免除或部分免除对违反义务一方的扶助义务；(3) 权利方可要求对方予以适当的精神损害赔偿。关于法律责任问题，不少国家都有明文规定。例如，《法国民法典》第214条第4款规定：“如夫妻一方不履行其义务时，他方得依民事诉讼法规定的方式迫使其履行。”《法国民事诉讼法》第864条规定：“夫妻无正当理由不与对方同居时，得拒绝支付其生活费用；也可申请扣押其收入或赔偿精神损失。”英国则将无正当理由拒不履行同居义务视为遗弃行为，并作为“司法别居”的一个法定理由。

夫妻同居义务可因一定的原因而中止。各国关于中止同居义务的规定主要有两种情况：(1) 因正当理由而暂时中止同居义务。例如，一方因处理公私事务的需

① 也可称“同居权利”。由于夫妻一方享有的权利就是对方的义务，反之亦然，因此，在分析夫妻人身关系时既可以采用权利角度，也可以采用义务角度。本书采用义务角度，下同。

② 史尚宽：《亲属法论》，中国政法大学出版社2000年版，第292页。

要而在较长时间内合理离家，一方因生理原因而无法同居等。这种中止原因一般对夫妻关系不产生实质性影响，当一定的条件消失后，夫妻同居义务自然恢复。(2)因非正当事由而导致同居义务中止。例如，一方起诉离婚或分居，一方滥用权利危及对方生命健康等。

我国现行立法没有关于夫妻同居义务的规定，对是否增设夫妻同居义务在理论界还存在争议。

(二) 住所决定权

住所决定权是指夫妻有选定婚后共同居住、生活的住所的权利。住所决定权与同居权密切相关，夫妻有共同生活的义务，当然需要共同居住的场所。

各国早期婚姻立法多规定住所决定权由丈夫单方面享有，既是丈夫的权利，也是丈夫的义务，丈夫负有提供婚姻住所的义务，妻子应服从丈夫的住所决定权。在现代社会，越来越多的国家抛弃了丈夫单方面享有住所决定权的规定，改由夫妻双方享有。例如，《瑞士民法典》第162条规定："配偶双方共同决定其婚姻住宅。"《法国民法典》第215条第2款规定："家庭住所应在夫妻一致同意选定的住所。"

在我国古代社会宗法家族制度之下，妻子婚后加入丈夫的宗族，自然适用妻从夫居(赘婿从妻居)的婚姻住所模式。直至1930年，《中华民国民法典》还规定，妻以夫之住所为住所，赘夫以妻之住所为住所。中华人民共和国成立后，《婚姻法》中没有关于婚姻住所的具体规定。但是，基于夫妻家庭地位平等这一基本原则，婚姻当事人在住所决定权上应该也是平等的，婚姻住所应由夫妻协商确定。《婚姻法》第9条的内容也体现了这一点，即"登记结婚后，根据男女双方约定，女方可以成为男方家庭的成员，男方可以成为女方家庭的成员"。这一规定虽然没有明确夫妻的住所决定权，但其立法宗旨显然在于破除传统的妻从夫居习俗。

在夫妻地位平等的现代婚姻立法中，确定婚姻住所仍具有重要意义。基于对夫妻共同生活和扶养义务的考量，部分国家对婚姻住所予以特别保护。例如，《法国民法典》第215条第2、3款分别规定："家庭住所应在夫妻一致同意选定的住所。""未经他方同意，夫妻任何一方均不得擅自处分据以保障家庭住宅的权利，也不得处分住宅内配备的动产家具。对处分行为没有表示同意的配偶一方得请求撤销所作的处分。"

(三) 忠实义务

忠实义务也称"贞操义务"，一般指夫妻婚后应负有保持性行为专一的义务。广义的解释还包括不得恶意遗弃配偶，以及不得为第三人的利益而损害或牺牲配偶的利益。本书对忠实义务作狭义上的理解。

贞操作为人类两性关系的行为规范，在不同时期有着不同要求。在封建社会，贞操义务主要是针对妻子的。资本主义国家的早期婚姻立法也是片面强调妻子的贞操义务，夫妻违反贞操义务的后果并不相同，对妻严，对夫宽。例如，1804年《拿破仑法典》第229、230条规定，夫得以妻与他人通奸为由诉请离婚，而妻只能以夫与他人通奸并在婚姻住所姘居为由诉请离婚。在当代社会，各国法律对夫妻贞操问题的规定均坚持男女平等原则，以互负贞操义务为内容。例如，《法国民法典》第212条规定："夫妻双方应互相尊重、忠诚、救助与扶助。"

由于违反忠实义务的行为涉及第三人，因此而产生的法律后果比较复杂。就夫妻双方而言，一般国家都规定无过错的一方有权据此提起离婚诉讼，并可主张过错方予以精神损害赔偿。但是，也有国家已不再承认违反忠实义务要承担法律责任，如英国。至于第三方的责任，各国立法规定并不相同。例如，日本判例认为，第三人与有配偶者通奸或姘居，属对配偶他方的侵权行为，允许无过错的受害配偶向第三人请求损害赔偿。我国司法解释对无过错配偶向第三人主张损害赔偿持否定态度。①

我国《婚姻法》第4条规定"夫妻应当互相忠实，互相尊重"，但是否可以据此认为我国立法已确立了夫妻忠实义务在理论界存在争议。因为该规定被置于总则之中，其内容表述具有明显的倡导性，而《婚姻法》中夫妻关系部分并没有涉及忠实义务的内容，法律责任部分也没有规定违反忠实义务所应承担的法律责任。对此，《解释(一)》第3条规定："当事人仅以婚姻法第四条为依据提起诉讼的，人民法院不予受理；已经受理的，裁定驳回起诉。"从我国现行立法来看，只有重婚、有配偶者又与配偶以外的第三人同居才属于法律明文禁止的行为，实施相关行为的当事人才构成离婚中的过错方。所以，可以认定我国现行立法中尚无夫妻忠实义务的具体规定。

（四）家事代理权

家事代理权也称"日常家事代理权"，是夫妻一方因家庭日常生活需要而享有的代另一方为一定法律行为的当然代理权，被代理的另一方对该行为的后果承担连带责任。

通说认为，家事代理权渊源于罗马法中的妻之理家权或锁钥权。古罗马社会是典型的夫权社会，丈夫作为家长，拥有对家财的所有权；妻子在家中的地位与"家子"同，不具有完全行为能力，不能对外缔约，也无治理家务之权。随着经济的发展，这种制度越来越不适应现实生活的要求。于是，在共和国后期，大法官创设了各种诉权，使这种制度得以改变。其中，奉命诉权是指凡家属或奴隶奉家长或家主

① 参见《解释(一)》第29条。

之命与人订约的,家长或家主应与其奴隶或家属共同对第三人负连带责任。据此,妻子也在丈夫的委任之下取得了一定的行为能力,家事代理权也包含在内。然而,这种家事代理权是片面的,即只有妻子对丈夫的单方代理权,丈夫因其家长地位而当然享有处理家事的权利。

近代资本主义国家的立法也多规定了家事代理权,但与夫权之下的家事代理权有所不同:首先,立法目的不同。在近代婚姻立法中,夫妻人格独立,任何一方都有权以自己的名义实施法律行为。但是,在日常生活中,夫妻双方有许多共同事务,如果都需要协商一致才能处理,不符合生活常理;如果允许一方处理双方的事务,又容易侵犯配偶的利益。设立家事代理权的目的就是解决配偶权利保护与交易安全之间可能发生的冲突。其次,权利主体不同。近代立法一般都规定夫妻得互为家事代理,即夫妻双方享有平等的家事代理权。例如,《法国民法典》第 220 条规定:"夫妻各方均有权单独订立旨在维持家庭日常生活与教育子女的合同。夫妻一方依此缔结的债务对另一方具有连带约束力。但是,视家庭生活状况,视所进行的活动是否有益以及缔结合同的第三人是善意还是恶意,对明显过分的开支,不发生此种连带责任。"《瑞士民法典》第 166 条规定:"配偶双方中任何一方,于共同生活期间,代表婚姻共同生活处理家庭日常事务。"

关于家事代理权的性质,有委任说和婚姻当然效力说。委任说源于罗马法,认为家事代理权系由丈夫委任而产生,法国法就是继受了罗马法的理念(从主张家事委任、默示委任到法定委任)。婚姻当然效力说源于日耳曼法,认为家事代理是婚姻的一种当然效力。这一立法后为德国、瑞士民法所继受,不过二者还是有所区别,前者认为家事代理是一种法定代理权,而后者认为家事代理是一种法定婚姻团体代表权。

家事代理权虽然由法律直接规定而产生,但却不同于一般意义上的法定代理权。二者的区别在于:(1) 家事代理权的权利主体限于夫妻双方;而法定代理权的权利主体一般是法定监护人,范围较广。(2) 家事代理权的范围限于日常家事;而法定代理权的范围较广,凡法律未特别规定须由当事人亲自实施的,都可以适用代理。(3) 家事代理的后果由夫妻双方共同承担,对外负连带责任;而法定代理的后果由被代理人承担,代理人对外不承担代理行为的后果。(4) 家事代理权与夫妻身份并存,只有在夫妻关系消灭的情况下,家事代理权才消灭;而法定代理权的消灭原因很多,其中以被代理人取得行为能力最为常见。

家事代理权制度中最为重要的是界定日常家事的范围。各国立法一般对日常家事的范围没有明确规定,通常认为日常家事包括:"为夫妻共同生活通常必要的一切事项,一家之食物、光热、衣着等之购买,保健(正当)、娱乐、医疗,子女之教养,家具及日常用品之购置，女仆、家庭教师之雇用，亲友之馈赠，报纸、杂志之订购等。其范围不独依夫妻共同生活之社会地位、职业、资产、收入等有不同，而依该共同生活所在的地区之习惯，亦有异。”①可以说，日常家事的范围因不同地区、经济地位等而有所区别。属于日常家事范围的，夫妻任何一方均有权单独实施，其后果由夫妻双方共同承担。超出家事代理范围的行为，由行为人自己承担责任，但第三人有理由相信行为人有代理权的，可以适用表见代理。

我国现行立法中并没有直接规定家事代理权。但是，《解释（一）》第17条规定，夫或妻在处理夫妻共同财产上的权利是平等的。因日常生活需要而处理夫妻共同财产的，任何一方均有权决定。夫或妻非因日常生活需要对夫妻共同财产作重要处理决定，夫妻双方应当平等协商，取得一致意见。他人有理由相信其为夫妻双方共同意思表示的，另一方不得以不同意或不知道为由对抗善意第三人。一般认为，这一解释即是关于家事代理制度的规定，但从内容上看过于简单。家事代理制度是平衡配偶权利保护与交易安全冲突的重要手段，我国有必要在借鉴其他国家立法的基础上，结合本国现状，进一步完善这一制度。

第三节　夫妻财产关系

夫妻财产关系是指基于夫妻身份而产生的以财产为内容的权利义务关系。它是夫妻共同生活的重要内容，也是实现家庭经济职能的基础，一般包括夫妻财产制度、夫妻间的扶养、夫妻间的继承。

一、夫妻财产制度

（一）夫妻财产制度的概念及演变

夫妻财产制度（matrimonial regime）也称“婚姻财产制度”。广义的夫妻财产制度是关于夫妻婚前财产和婚后所得财产的归属、管理、使用、收益、处分，夫妻债务的清偿，以及夫妻关系终止时的财产清算等方面的法律规定的总和；狭义的婚姻财产制度一般不包括夫妻关系终止时的财产清算。我国《婚姻法》中规定的夫妻财产制度是狭义的，有关夫妻关系终止时的财产清算被规定在离婚制度中。

夫妻财产制度是婚姻家庭制度的重要组成部分，其性质和特点取决于一定的社会生产关系，同时也受到文化传统、风俗习惯等因素的影响。因此，不同国家、不同时期的夫妻财产制度存在着一定的差别。从整体上看，夫妻财产制度的演变过

---

① 史尚宽：《亲属法论》，中国政法大学出版社2000年版，第316页。

程体现了夫妻法律地位的变化。

在古代社会，与男女地位不平等、夫权至上相适应的夫妻财产制度主要是家庭财产或家族财产共有制，并没有现代意义的夫妻财产制度，妻子对家庭财产不享有独立的权利，也没有个人财产。早期社会的夫妻财产关系往往被称为“吸收财产制”，即夫妻结婚之后，丈夫的财产仍归其本人所有，而妻子携入的财产以及婚后所得的财产同样归属于丈夫。古巴比伦、古印度和古罗马前期以及中世纪的欧洲国家等都存在过类似的夫妻财产制度。

在资本主义社会初期，出现过统一财产制。其基本内容是：夫妻结婚后，除法律规定的特有财产外，将妻子的婚前财产估定价额，转归丈夫所有，妻子保留对估定价额的返还请求权；在婚姻关系终止时，妻子或妻子的继承人有权要求返还财产或估定的财产价额。这种财产制度对妻子的财产权利有所保护，与吸收财产制相比有一定的进步。但是，它仍然建立在夫妻一体主义的基础之上，将妻子的财产所有权转变为对丈夫的债权，且这种债权只能在婚姻关系终止时才可以行使，带有浓厚的夫权色彩，仅为资本主义国家早期立法所采用，已为近现代立法所摈弃。

至近代社会，随着夫妻别体主义的确立，各国选择的法定夫妻财产制度主要为管理共同制、分别财产制、共同财产制等。这些财产制度的内容虽各不相同，但从性质上看，都体现了男女平等、夫妻人格独立的理念。20 世纪 80 年代以来，为弥补分别财产制之不足，一些国家选择了剩余财产分配请求制或延迟的夫妻财产共有制。

（二）夫妻财产制度的类型

夫妻财产制度从不同角度可作不同分类。

1. 从夫妻财产制度的适用依据分类

根据夫妻财产制度适用依据的不同，可将夫妻财产制度分为法定夫妻财产制度与约定夫妻财产制度。

法定夫妻财产制度是在夫妻双方没有特别约定的情况下，依据法律规定当然适用的财产制度，其具体内容由法律直接规定。法定夫妻财产制度又可分为通常法定夫妻财产制度和非常法定夫妻财产制度。

通常法定夫妻财产制度是指在正常情况下，当事人未订立财产契约或财产契约无效，当然适用的夫妻财产制度。

非常法定夫妻财产制度，也称“特别夫妻财产制”，是指在当事人适用夫妻共有财产制或管理共同制的情况下，如有足以影响夫妻财产权益的情事发生，使原有财产制无法持续或不宜持续，则以其他财产制（通常为分别财产制）加以替代的一种财产制度。非常法定夫妻财产制度依据产生的程序不同，又可分为当然的非常法定夫妻财产制度和宣告的非常法定夫妻财产制度。例如,《瑞士民法典》第 188 条规定:“共同财产制的夫妻一方被宣告破产时,当然发生夫妻分别财产制。”此即当然的非常法定夫妻财产制度。该民法典第 185 条规定:“有重大原因时,法院得依夫妻一方的申请,命令采用分别财产制。”此即宣告的非常法定夫妻财产制度。以下事由通常被认为属重大原因:配偶他方的财产不足以清偿债务或其共同财产中的应有部分已被扣押;配偶他方危害到申请人或婚姻共同生活的利益;配偶他方以无理方式拒绝给予处分共同财产之必要同意;配偶他方拒绝向申请人报告其收入、财产及债务或共同财产状况;配偶他方继续性无判断能力等。非常法定夫妻财产制度是解决夫妻财产共有制度僵局的有效途径。

约定夫妻财产制度是指法律允许婚姻当事人以协议的方式对夫妻财产的归属、使用、收益、处分等具体内容加以约定。约定夫妻财产制度的效力优先于法定夫妻财产制度。

在现代社会,约定夫妻财产制度主要起着修正法定夫妻财产制度的功能。“无论确定什么样的法定财产制,无论这种法定财产制多么合理、完善,都无法满足观念与价值标准多样的婚姻主体处理其财产的需求。社会观念是多元的,持不同观念的婚姻当事人的价值标准不可能完全一致,这就需要约定财产制作为备用的财产制度以满足当事人的不同需求。同时,随着社会的不断发展,原来比较适合社会需要的成文法也要不断地被修改。这样,当法定财产制不能及时被修正以适应社会新的需要时,人们又会重新运用夫妻财产契约或约定财产制的修正功能以满足其需要。”①

约定夫妻财产制度的立法模式主要有两种:一种是自由约定模式,即法律不限制婚姻当事人约定的财产制度类型,当事人可以根据自己的具体情况任意约定夫妻财产的具体内容。这种模式给予当事人较大的自由,也称“独创式的夫妻财产契约”。日本、英国等国采用这种模式。另一种是选择约定模式,即由法律规定当事人可以约定的夫妻财产制度的具体类型,当事人只能在法律明文规定的财产类型中加以选择。这种模式给予当事人的自由度较小。德国、瑞士等国采用这种模式。

2. 从夫妻财产制度的内容分类

依据夫妻财产制度的具体内容不同,近现代的夫妻财产制度主要有以下几种类型:

(1) 联合财产制

联合财产制又称“管理共同制”,是指将夫妻财产(特有财产除外)统一成一个

---

① 马忆南:《婚姻法修改中几个争议问题的探讨》,载《中国法学》2001 年第 1 期。

单位，原则上由丈夫行使管理权。联合财产制起源于中世纪的日耳曼法，当时由于丈夫对妻子享有监护权，从而也对妻子的财产有管理收益的权利。在联合财产制下，夫妻各自的财产并不发生权属变动，而是作为一个整体由夫妻一方（主要是丈夫）行使管理权。

联合财产制曾被德国作为法定夫妻财产制度，并影响到其他国家和地区的立法，如瑞士、波兰、日本、韩国等。二战后，随着男女平权运动的兴起，联合财产制因为在夫妻财产管理权上带有明显的男女不平等色彩而受到质疑，有些国家将原归属于丈夫的管理权修改为：由夫妻双方协议确定管理人；在无协议时，由丈夫享有管理权。更多国家和地区则直接废除了联合财产制，代之以更能体现男女平等的分别财产制。《中华民国民法典》即以联合财产制作为法定夫妻财产制度，这一制度后来在我国台湾地区一直沿用至 2002 年。

（2）分别财产制

分别财产制是指夫妻双方婚前、婚后的财产仍归各自所有，并且各自独立行使管理、使用和收益等权利，不受对方的干涉和支配。分别财产制并不排除夫妻双方拥有部分共同财产或约定将财产管理权转移给对方。

一般认为，分别财产制最早出现在罗马法中。在依据万民法确立的“无夫权婚姻”中，夫妻保持独立的人格，双方的财产所有权也因此而分离。这种制度在夫权至上的中世纪完全湮灭。只是到了近代，随着夫妻别体主义的确立，一些资本主义国家将这一制度在修改的基础上予以采纳，很多英美法系国家将其规定为法定夫妻财产制度。以英国为例，1882 年《已婚妇女财产法》规定，凡 1883 年 1 月 1 日后结婚的妇女，有权以其婚前所有或婚后所得的动产及不动产作为分别财产，单独行使所有权及处分权。二战后，日本也以夫妻分别所有、分别管理的法定夫妻财产制度替代了旧法中分别财产由丈夫管理并获得收益的规定。

（3）共同财产制

共同财产制是指夫妻双方财产的部分或全部依法合并为共同共有财产，按共同共有原则行使各种权利并承担相应的义务，婚姻关系终止时再加以分割。

因共有的范围不同，共同财产制又可分为以下几种形式：① 一般共同制，即无论是夫妻婚前还是婚后所得的财产，除法律特别规定外，一律属于夫妻共同财产。② 婚后所得共同制，即夫妻婚姻关系存续期间所得的财产，除法律特别规定外，一律属于夫妻共同财产。③ 婚后劳动所得共同制，即夫妻在婚姻存续期间通过劳动所得的财产为夫妻共同财产，非通过劳动所得的财产，如继承、受赠获得的财产，则属于个人财产。

(4) 剩余共同制

剩余共同制,也称“净益共同制”“剩余财产分配请求制”“延迟的共有制”等,是指夫妻各自婚前或婚后所得的财产分别属于个人所有及管理,但在婚姻关系终止时须计算结婚时与婚姻终止时的财产差额(即净益),差额较少的配偶一方可以向对方请求分配多出差额的一半。剩余共同制本质上属于分别财产制,但在婚姻终止时会发生清算和净益补偿请求权。德国即以此为法定夫妻财产制度。

上述四类夫妻财产制度中,联合财产制因管理权的归属而不可避免地涉及两性平等问题,已经为许多国家所抛弃。可以说,现代各国规定的夫妻财产制度主要就是分别财产制和共同财产制。一般认为,这两种制度各有利弊。分别财产制的优点在于,它完全体现了夫妻人格独立这一现代婚姻立法理念,保证了男女两性的形式平等,同时也能满足交易的安全、迅捷要求。其弊端在于,它往往与婚姻生活常态不一致。在现实生活中,由于男女两性的经济地位客观上存在差异,女性在生育和家务劳动方面承担了更多的义务,分别财产制不可避免地造成实际上的不平等。共同财产制的优点在于,它更能反映夫妻关系的本质和特征,鼓励夫妻相互协力,更能体现婚姻作为夫妻生活共同体的伦理性,有助于实现男女两性的实质平等,更好地发挥家庭的各项社会功能。其不足之处在于,它与夫妻人格独立这一现代婚姻立法的根本理念有所偏离,客观上造成夫妻一体,对交易的安全、迅捷也有一定的影响。近年来,采用分别财产制和共同财产制的国家都对现有的制度作了修改,主要的措施有:以延迟的共有制或增设剩余财产分配请求权的方式弥补分别财产制的不足;以适当缩小共有财产范围、细化夫妻共有财产管理权的方式完善共同财产制。

(三) 我国夫妻财产制度的立法演变

我国古代社会通行“同居共财”,只有家庭共有财产,且男性尊长对该共有财产享有绝对的支配权,并无独立的夫妻财产制度。进入近代社会后,1930 年《中华民国民法典》以联合财产制为法定夫妻财产制度,规定丈夫对妻子的财产享有管理、收益权,为管理上的必要,可以处分妻子的财产。

中华人民共和国成立后,1950 年《婚姻法》第 10 条规定:“夫妻双方对于家庭财产有平等的所有权与处理权。”关于“家庭财产”的内容,当时中央人民政府法制委员会所作的解释是:“家庭财产主要不外下列三种:(1) 男女婚前财产;(2) 夫妻共同生活时所得的财产或赠与的财产;(3) 未成年子女的财产(如土地改革中子女所得的土地及其他财产等)。”关于这些财产的权利归属及行使,立法解释为:“使夫妻间无论在形式上或实际上都能真正平等地共同所有与处理第一和第二两种家庭财产以及共同管理第三种家庭财产。”[①]从这一规定可以看出，当时我国《婚姻法》规定的法定夫妻财产制度是一般共有制，即夫妻婚前、婚后的财产都归双方共有，明确了对未成年子女财产的平等管理权，但没有涉及约定夫妻财产的内容。

我国1980年《婚姻法》对夫妻财产制度有所调整，其第13条规定：“夫妻在婚姻关系存续期间所得的财产，归夫妻共同所有，双方另有约定的除外。夫妻对共同所有的财产，有平等的处理权。”从这一规定可以看出，夫妻财产制度包括约定和法定两种，约定的效力高于法定；法定夫妻财产制从一般共有制改为婚后所得共同制，缩小了共同财产的范围。1980年《婚姻法》坚持将共有制作为法定夫妻财产制度，同时对婚前、婚后财产加以区分，体现了对个人财产所有权的尊重与保护。此外，该法还对夫妻共有财产作了明确的界定，改变了家庭财产与夫妻财产界限不明的状态。多年的司法实践证明，1980年《婚姻法》规定的夫妻财产制度比较符合我国国情，对保障男女平等、保护女性权益、维系婚姻和睦都起到了良好的作用。

改革开放四十多年来，我国的政治、经济、文化等各方面都发生了重大变化，特别是经济的发展提高了人民的生活水平，夫妻财产关系也表现出复杂化和多元化的特征，原有的夫妻财产制度已经很难适应新形势的要求。2001年，我国《婚姻法》有了较大修改，其中包括夫妻财产制度。修改后的夫妻财产制度仍采用约定财产制与法定财产制并存、约定的效力高于法定的立法模式，仍坚持以婚后所得共同制为法定夫妻财产制度的主要架构，但采用例示的方式明确了夫妻共有财产和夫妻个人财产的类型，并对约定财产制的内容和形式有所完善。

（四）我国现行的法定夫妻财产制度

我国《婚姻法》第17条和第18条是关于法定夫妻财产制度的规定。第17条规定：“夫妻在婚姻关系存续期间所得的下列财产，归夫妻共同所有：（一）工资、奖金；（二）生产、经营的收益；（三）知识产权的收益；（四）继承或赠与所得的财产，但本法第十八条第三项规定的除外；（五）其他应当归共同所有的财产。夫妻对共同所有的财产，有平等的处理权。”第18条规定：“有下列情形之一的，为夫妻一方的财产：（一）一方的婚前财产；（二）一方因身体受到伤害获得的医疗费、残疾人生活补助费等费用；（三）遗嘱或赠与合同中确定只归夫或妻一方的财产；（四）一方专用的生活用品；（五）其他应当归一方的财产。”上述规定表明，2001年修改后的《婚姻法》不仅对婚前个人财产和婚后所得的财产加以区分，还特别将婚后所得的财产分为共有和个人所有两部分，实际上是确立了“限定的婚后所得共同制”。婚

---

① 中央人民政府法制委员会1950年4月14日所作的《关于中华人民共和国婚姻法起草经过和起草理由的报告》。

姻当事人在没有特别约定的情况下，其财产有夫妻共有财产和夫妻个人财产两类。

1. 法定夫妻共有财产

(1) 法定夫妻共有财产的范围

根据我国现行《婚姻法》和相关理论，认定夫妻共有财产应该注意以下几个问题：第一，必须是在婚姻关系存续期间取得的财产。属于夫妻共有财产的，除了当事人特别约定之外，取得时间应该在婚姻关系存续期间，如当事人之间婚姻关系不成立、婚姻无效或可撤销以及婚姻关系终止后，均不能形成夫妻共同财产。第二，婚后所得是指财产权利的取得，而非对财产的实际占有。例如，因继承所得财产会出现继承权取得时间与遗产分割时间不一致的情况。在这种情况下，判断是否属于婚后所得的财产应该依据被继承人死亡时间，而不能依据遗产分割时间。第三，婚后所得的财产不属于《婚姻法》第 18 条规定的夫妻个人财产。

《婚姻法》第 17 条对夫妻共有财产的规定采取了列举和概括相结合的方式。列举的夫妻共有财产包括：

第一，工资、奖金。这是指一切为国家机关、企事业单位、社会团体和他人付出劳动而获取的收入。对工资、奖金应作广义的理解，既包括固定的各类工资性收入，也包括不定期、不定额的其他奖励和实物，还包括其他一些临时性的劳务收入。以上述各类收入购置的物品，无论是动产还是不动产，都应属于夫妻共有财产。司法实践中，对因荣誉而获得的奖金的性质存在争议，主要有两种观点：一种观点认为，因荣誉而获得的奖金与特定的身份相关，具有专属性，应归一方所有；另一种观点认为，奖金本身是财产，取得财产的途径即使与特定的身份相关，也不影响其性质，仍应属于夫妻共有财产。本书持后一种观点。

第二，生产、经营的收益。生产、经营行为是人们获取财产的重要途径，既包括个体生产劳动，也包括在工业、农业、服务业、金融业等领域中从事管理、租赁、承包等活动。生产、经营的收益是指从事上述活动所得的收益。夫妻一方在婚后从事生产、经营活动，无论对方是否参与，其获得的收入均属于夫妻共有财产。夫妻一方从事生产、经营活动往往需要一定的资金或生产资料，如一方利用个人所有的资金或生产资料，于婚姻关系存续期间从事生产、经营活动，其收益也应属于夫妻共有财产。但是，夫妻一方用于生产、经营活动的个人所有的资金、生产资料仍属于个人所有，不因生产、经营行为而改变。

第三，知识产权的收益。知识产权是指人们依法就其智力创造的成果享有的专有权利。知识产权本身具有人身和财产双重属性。其中，人身权具有专属性，只能属于权利人个人所有，不能共有。但是，一方因知识产权而带来的财产性收益不具有人身属性，属于夫妻共有财产。根据《解释(二)》第 12 条的规定，“知识产权的收益”是指婚姻关系存续期间,“实际取得或者已经明确可以取得的财产性收益”。实际取得的收益在实务中不存在争议,但对如何理解“已经明确可以取得的财产性收益”,存在不同观点。相关释义将其界定为:“智力成果只有在转化为具体的有形财产”时,才属于夫妻共有财产。例如,一方在婚姻关系存续期间已经和出版社签订了出版合同,明确了稿酬的具体数额,即使在离婚时稿酬尚未取得,也属于“明确可以取得的财产性收益”;而婚姻关系终止时尚未取得或未明确可以取得的知识产权,应属于权利人个人所有。

第四,继承或赠与所得的财产。此类财产属于无偿取得的财产,出于对财产所有人意愿的尊重,法律特别规定:如被继承人立遗嘱指明遗产留给夫妻一方或赠与合同指明是送给一方的,则该继承或受赠的财产属于夫妻一方的个人财产。如没有特别指明,则婚后因继承或受赠所得的财产仍然属于夫妻共有财产。

此外,第17条还有概括性的规定,即其他属于夫妻共有的财产。根据《解释(二)》第11条,“其他应当归共同所有的财产”包括:婚姻关系存续期间一方以个人财产投资取得的收益;男女双方实际取得或者应当取得的住房补贴、住房公积金;男女双方实际取得或者应当取得的养老保险金、破产安置补偿费等。

另有一类比较特殊的财产,即军人的复员费、自主择业费。军人退役包括两大类:复员和转业。因退役而获得的补偿费用统称为“复员费”。自主择业费是军人放弃国家安置工作的机会而获得的就业补偿。关于复员费、自主择业费的归属,《解释(二)》第14条特别规定:“人民法院审理离婚案件,涉及分割发放到军人名下的复员费、自主择业费等一次性费用的,以夫妻婚姻关系存续年限乘以年平均值,所得数额为夫妻共同财产。前款所称年平均值,是指将发放到军人名下的上述费用总额按具体年限均分得出的数额。其具体年限为人均寿命七十岁与军人入伍时实际年龄的差额。”可见,夫妻一方取得的复员费、自主择业费一部分属于夫妻共有,一部分属于军人个人所有,其比例主要依据双方结婚时间的长短,目的是综合平衡军人及其配偶的利益。在司法实务中还需注意,军人离婚与退役往往不是在同一时间。如军人离婚时尚未退役,则不可能实际取得复员费、自主择业费,也无法明确将来可以实际取得的具体数额。所以,军人的配偶不能在离婚时对这两类财产主张权利,但可以在军人退役后再请求分割。

(2) 夫妻共有财产权的行使

夫妻共有财产在性质上为共同共有,双方应协商行使管理、处分权。对夫妻共有财产,不仅要准确界定其范围,还应注意以下问题:

首先,在婚姻关系存续期间,夫妻共有财产是一个不分份额的整体。与夫妻身份相关的财产共有权是一种共同共有关系,共有人不享有份额权。无论财产的具体来源如何，夫妻双方对共有财产的权利都是平等的。因夫妻共有财产而发生的债务，属于夫妻共同债务，夫妻双方对外负有连带责任。

其次，夫妻对共有财产享有平等的管理、处分权，对共有财产的管理、处分应当协商一致。平等处理权主要表现在以下两方面：第一，夫或妻因日常生活需要而处理夫妻共同财产时，任何一方均有权决定。基于共同生活的特点，夫妻一方在日常生活中经常涉及财产处分行为，如果要求当事人事无巨细都必须协商一致，显然不合情理。所以，认可夫妻一方因日常生活需要而对共有财产享有独立的处分权是必要的。对此，一些国家特别规定了夫妻之间的家事代理权。我国《婚姻法》及相关司法解释中虽然没有明确规定家事代理权，但相关规定实际上也是认可的。第二，夫或妻非因日常生活需要而对共同财产作出重大处分决定时，双方应当协商一致。一方未经对方同意而擅自作出的处分行为，另一方可以侵犯财产共有权为由主张处分行为无效。但是，处分行为的相对人有理由相信其为夫妻双方共同意思表示的，则另一方不得以不同意或不知道为由对抗善意第三人。① 这是民法表见代理制度在婚姻法中的具体适用。如第三人善意且有偿取得了夫妻一方擅自处分的财产，另一方不得要求返还财产，但可以在离婚时要求处分者承担侵权损害赔偿责任。② 这是民法善意取得制度在婚姻法中的具体适用。

最后，在婚姻关系存续期间，夫妻双方对共有财产的管理和处分不能协商一致，一方要求分割夫妻共有财产的，原则上不予支持，但有特殊情况的除外。夫妻共同共有财产是夫妻共同生活的物质基础，为维系夫妻关系，法律不支持婚内析产的主张。但是，在现实生活中，夫妻一方利用管理（占有）夫妻共同财产的便利，排除另一方对财产的支配权，甚至以各种手段侵害另一方的共同财产权的情形时有发生。针对此类情形，《解释（三）》第 4 条明确规定："婚姻关系存续期间，夫妻一方请求分割共同财产的，人民法院不予支持，但有下列重大理由且不损害债权人利益的除外：（一）一方有隐藏、转移、变卖、毁损、挥霍夫妻共同财产或者伪造夫妻共同债务等严重损害夫妻共同财产利益行为的；（二）一方负有法定扶养义务的人患重大疾病需要医治，另一方不同意支付相关医疗费用的。"

2. 法定夫妻个人财产

（1）法定夫妻个人财产的范围

夫妻个人财产是相对于夫妻共有财产而言的，是指在适用夫妻共同财产制度

① 参见《解释（一）》第 17 条。

② 参见《解释（三）》第 11 条："一方未经另一方同意出售夫妻共同共有的房屋，第三人善意购买、支付合理对价并办理产权登记手续，另一方主张追回该房屋的，人民法院不予支持。夫妻一方擅自处分共同共有的房屋造成另一方损失，离婚时另一方请求赔偿损失的，人民法院应予支持。"

的情况下,依据法律规定或当事人约定,各自仍保留一定范围内的财产为个人所有。此处提到的个人财产,特指依据法律规定属于个人所有的财产。根据《婚姻法》第18条,夫妻个人财产包括:

第一,一方的婚前财产。一方婚前拥有的财产不因婚姻关系成立而发生改变,也不因婚姻存续而转化,这是修改后的《婚姻法》确立的一项重要原则。[①] 判断是否属于婚前财产,同样应根据财产的取得时间而非实际占有财产的时间。因此,在司法实践中,确定财产的取得时间非常重要。当事人双方都不能证明财产取得时间的,应推定为婚后取得财产。值得注意的是,由于一方婚前财产的形态并不会保持一成不变,因此,对现有财产的性质产生争议的,应采用"溯源"的方式,而不能拘泥于现有形态财产的取得时间。例如,一方将婚前个人所有的房屋于婚姻关系存续期间变卖而获得的金钱,仍应属于一方的婚前财产。

第二,一方因身体受到伤害获得的医疗费、残疾人生活补助费等费用。此类费用具有相当强的人身专属性,直接关系到受害者的生命健康权。所以,即使取得时间在婚姻关系存续期间,也属于夫妻一方的财产,对方不得分享。至于这些费用的具体范围,应当参照有关人身损害赔偿的规定。

第三,遗嘱或赠与合同中确定只归夫或妻一方的财产。财产权利人对自己的财产享有处分权,订立遗嘱或赠与合同都属于处分财产的行为,应该受到法律的保护。如果遗嘱中特别指明只给夫妻一方或赠与合同的受赠人只是夫妻一方,则应该认定该财产属于接受财产方的个人财产。从立法本意来看,对婚姻存续期间取得的财产,无论是继承所得还是接受赠与所得,如当事人主张属于个人财产,就负有举证责任,即证明原财产所有人移转财产给一方的意思表示;不能证明的,应认定为共有财产。《解释(二)》第22条也明确规定:"当事人结婚前,父母为双方购置房屋出资的,该出资应当认定为对自己子女的个人赠与,但父母明确表示赠与双方的除外。当事人结婚后,父母为双方购置房屋出资的,该出资应当认定为对夫妻双方的赠与,但父母明确表示赠与一方的除外。"

近年来,父母出资为子女购买房屋的情形十分普遍,由此引发的房屋产权纠纷案件较多。由于父母出资时一般不会与子女签订书面赠与合同,更不会明示将财产只赠与自己子女一方,如将婚后父母为子女购房的出资一律认定为夫妻共有财产,可能有违赠与方的本意。针对这种情形,《解释(三)》第7条规定:"婚后由一方

---

① 最高人民法院《关于人民法院审理离婚案件处理财产分割问题的若干具体意见》中规定:"一方婚前个人所有的财产,婚后由双方共同使用、经营、管理的,房屋和其他价值较大的生产资料经过8年,贵重的生活资料经过4年,可视为夫妻共同财产。"《解释(一)》第19条则明确规定:"婚姻法第十八条规定为夫妻一方所有的财产,不因婚姻关系的延续而转化为夫妻共同财产。但当事人另有约定的除外。"

父母出资为子女购买的不动产，产权登记在出资人子女名下的，可以按照婚姻法第十八条第（三）项的规定，视为只对自己子女一方的赠与，该不动产应认定为夫妻一方的个人财产。由双方父母出资购买的不动产，产权登记在一方子女名下的，该不动产可认定为双方按照各自父母的出资份额按份共有，但当事人另有约定的除外。”据此，如符合父母出资、所购不动产登记在出资人子女名下两个条件，应推定赠与人作出了赠与自己子女一方的意思表示，该不动产属于受赠方的个人财产。

第四，一方专用的生活用品。这主要指个人专用的衣物、日常生活用具等。此类财产主要有两个要素：一是专用，排除了日常生活中可以共用的一些物品，如家用电器、家具等；二是生活用品，强调为日常生活所需，不包括因职业、爱好需要而购置的物品，也不包括一方因从事生产而专门使用的物品。一方专用的生活用品的价值通常不大且不容易估算，在用途上又具有专属性，将其规定为个人所有符合生活现实，一般不会发生争议。

此外，《婚姻法》第 18 条第 5 款同样有概括性的规定，即其他应当归一方的财产。根据《解释（二）》第 13 条的规定，军人的伤亡保险金、伤残补助金、医药生活补助费等也属于个人财产。

至于个人财产在婚姻关系存续期间所产生收益的归属，应区分不同情形。《解释（三）》第 5 条规定：“夫妻一方个人财产在婚后产生的收益，除孳息和自然增值外，应认定为夫妻共同财产。”一般情况下，个人财产所得收益往往与生产、经营、投资等行为不可分，此类婚后所得收益应视为夫妻共有财产。但是，如果个人财产所得收益与上述行为无关，则应视为资本带来的收益，归原财产所有人个人所有，如存款获得的利息、个人财产因市场原因发生的价值增长等。

（2）夫妻个人财产权的行使

我国《婚姻法》对夫妻个人财产权的行使未作特别规定。从法理上分析，对属于个人所有的财产，原则上财产所有人享有独立的管理权和处分权，不受他方的限制。但是，如果一方的个人财产用于婚后的共同生活，并且该财产为共同生活所必需，则财产所有人在处理财产时应该以不妨碍共同生活为前提。例如，一方婚前所有的房屋已经用作婚姻住所的，如果婚姻当事人无其他住所，则房屋所有人在婚姻关系存续期间不得擅自处分，这是婚姻共同生活的要求。

我国《婚姻法》对夫妻共有财产和个人财产都有概括性的规定，如果婚后取得的财产既不属于列举的共有财产范围，也不属于列举的个人财产范围，如何判断其性质就容易产生争议。认定此类财产的归属应注意以下几点：

首先，要从我国法定夫妻财产制度的性质着手。我国法定夫妻财产制度是婚后所得共有制，这意味着婚后取得的财产以共有为原则，以个人所有为例外。当事人不能证明具有个人财产属性的,应认定为夫妻共有财产。判断是否具有个人财产属性,主要看该财产是否与特定的人身相关联而具有专属性。例如,司法解释中将军人的伤亡保险金规定为个人财产就是考虑到其具有专属性。

其次,要把握婚后所得共有制的基础。立法之所以确立婚后所得共有制,主要是基于这样一种理念,即夫妻一方在婚后通过自己的行为获取财产,与配偶的协力不可分,无论配偶是否直接参与该财产的取得行为,对财产的取得都被认为是有贡献的,所以可以成为财产的共有人。同样基于这一理念,如婚后所得的财产与个人行为无关,则取得的财产应属于一方的个人财产;如一方婚前财产在婚后自然升值,其升值部分仍应属于原所有人。

最后,要考虑现实生活的复杂性。夫妻财产纠纷不同于一般的经济纠纷,对具体案件的处理应全面考虑财产的来源、时间、是否支付对价、是否与人身不可分离等各种因素,以最大限度地保证公平。

(五)我国现行的约定夫妻财产制度

我国《婚姻法》第19条规定:"夫妻可以约定婚姻关系存续期间所得的财产以及婚前财产归各自所有、共同所有或部分各自所有、部分共同所有。约定应当采用书面形式。没有约定或约定不明确的,适用本法第十七条、第十八条的规定。夫妻对婚姻关系存续期间所得的财产以及婚前财产的约定,对双方具有约束力。夫妻对婚姻关系存续期间所得的财产约定归各自所有的,夫或妻一方对外所负的债务,第三人知道该约定的,以夫或妻一方所有的财产清偿。"这是《婚姻法》对约定夫妻财产制度的规定。要准确把握约定夫妻财产制度,应注意以下几点:

1. 约定的类型及时间

对我国约定夫妻财产制度的类型为选择模式还是任意模式,学界存在争议。本书持任意模式的观点,即法律没有限定当事人可以约定的财产制度的类型,也没有限制当事人约定财产的范围。当事人可以约定婚后财产的归属,也可以约定婚前财产的归属;可以约定分别所有,也可以约定共同所有;可以约定财产的归属,也可以对财产的管理、使用加以约定。夫妻财产约定的时间亦不受限制,即婚前或婚后约定均可。

2. 约定的形式

约定夫妻财产应当采用书面形式。夫妻财产契约与一般财产契约有所区别,各国立法多采要式主义。理由主要是:夫妻财产契约事关婚姻存续期间夫妻财产之归属,意义重大。因有婚姻关系的存在,故当事人基于情感因素容易草率行事,进而影响意思表示的真实性。采要式主义更能促使当事人谨慎决定。

3. 约定的有效条件

夫妻财产约定行为属于双方民事法律行为,必须符合以下条件才能产生当事人追求的法律效力:(1) 约定的主体是具备完全民事行为能力的夫妻双方。首先,夫妻财产约定的主体必须是完全民事行为能力人。夫妻财产约定虽然与夫妻身份相关,但它也是关于财产的约定,当事人必须具有财产法上的行为能力。由于我国法律规定的结婚年龄高于成年年龄,因此不存在未成年人订立夫妻财产约定的情况。但是,如果夫妻一方存在精神或智力上的缺陷,被认定为无行为能力或限制行为能力,则不具备约定夫妻财产的能力。其次,夫妻财产约定的主体只能是夫妻双方。如当事人之间不存在合法的婚姻关系,则对财产的约定不能属于夫妻财产约定。(2) 关于约定的意思表示必须真实。首先,夫妻双方对财产的约定是自愿的。其次,约定的意思表示必须是真实的。意思表示存在瑕疵的约定可能会被认定为无效或可撤销行为。(3) 约定的内容必须合法。夫妻财产约定不能违反法律的强制性规定。例如,约定免除当事人相互之间的法定扶养义务的,应属无效。同时,约定也不能违反公序良俗。

4. 约定的法律效力

夫妻财产约定的法律效力主要表现为:(1) 夫妻财产约定可以排除法定夫妻财产制度的适用。在当事人有夫妻财产约定的情况下,法定财产制度不适用,即约定的效力高于法定。当事人只对部分财产加以约定的,没有约定的部分仍然适用法定财产制度的规定。(2) 夫妻财产约定对双方具有拘束力。在婚姻关系存续期间,双方应按约定内容享有权利、承担义务;在婚姻关系终止时,对夫妻财产按照约定加以分割。(3) 夫妻财产约定不能当然对抗第三人。由于夫妻财产约定不一定为他人所知,在涉及债权、债务关系时,夫妻双方或一方不得以约定内容对抗第三人的主张,但能够证明第三人知道约定内容的除外。证明第三人知道夫妻财产约定内容的举证责任在夫妻一方。

夫妻财产约定的对外效力是约定财产制度的重要内容。各国关于夫妻财产约定对外产生效力的条件之规定不完全一致,一般是须履行登记手续或已为第三人知晓。例如,《日本民法典》第 756 条规定:"夫妻订有同法定财产制相异的契约时,除非于婚姻申报前进行登记,不得以之对抗夫妻的承受人及第三人。"《德国民法典》第 1412 条规定:"(1) 如果婚姻一方排除或变更法定婚姻财产制,则对于婚姻一方与第三人之间所采取的法律行为,只在婚姻合同在采取上述法律行为时已在主管的初级法院的婚姻财产制登记簿上登记或已为该第三人所知的情形,婚姻双方得以此针对第三人对该法律行为提出异议;对于对婚姻一方与第三人之间的争议所作的已发生法律效力的判决，只在该法律争议进入诉讼程序时婚姻合同已经登记或者已为该第三人所知的情形，方允许提出异议。(2) 此规定同样适用于婚姻双方以婚姻合同对一项已经登记在婚姻财产登记簿上的有关婚姻财产关系的规定所作的撤销或变更。”由于我国现阶段并没有与婚姻财产登记相关的制度和机构，因此以第三人知道该约定为对抗要件不失为明智之选。

在我国，虽然夫妻财产约定的效力高于法定，但在现实生活中，法定夫妻财产制度一直占主导地位。根据有关调查资料，在离婚案件中，绝大多数夫妻对财产未作任何约定，当然适用法定的婚后所得共同财产制度。这种情况一方面表明，受传统思想影响，一般人还不太习惯对夫妻财产加以约定；另一方面也说明，法定夫妻财产制度符合我国国情，是能够为人们所普遍接受的。

二、夫妻间的扶养

夫妻间的扶养是指夫妻在经济上相互扶助、相互供养的权利和义务。在国外的立法中，扶养义务也称“生活保障义务”或“生活保持义务”。夫妻是共同生活的伴侣，相互扶养是婚姻关系的必然要求。

在资本主义国家的早期立法中，一般均规定扶养义务由丈夫承担，妻子是扶养权利人，只有在丈夫确有受扶养必要的时候，妻子才承担扶养义务。在现代社会，绝大多数国家都规定夫妻双方有互相扶养的权利和义务。扶养的具体方式一般有两种：一是共同生活扶养，即扶养义务人与扶养权利人同住，在共同生活中实现扶养；二是定期支付扶养费、探视和提供扶助。

我国《婚姻法》第 20 条规定：“夫妻有互相扶养的义务。一方不履行扶养义务时，需要扶养的一方，有要求对方付给扶养费的权利。”夫妻扶养义务具有以下特点：

第一，夫妻间的互相扶养既是义务又是权利。在现代社会，夫妻双方在扶养方面的权利和义务是平等的，夫妻均是扶养权利人和扶养义务人。但是，从我国婚姻立法的本意以及实际需要来看，重点更在于保护已婚妇女的受扶养权。

第二，夫妻间的扶养义务虽然基于身份产生，但在性质上属于财产关系。夫妻之间的扶养义务不同于扶助义务，扶助义务是人身义务，强调夫妻在共同生活中有互相协力、帮助的权利和义务；而夫妻扶养义务则是指经济方面的扶助，即互相有经济供养的义务。夫妻一方不自觉履行扶养义务的，需要扶养的一方可以要求对方给付生活费。

第三，夫妻间的扶养义务是法定义务，具有强制性。扶养义务本身是婚姻关系的必然要求，法律亦有明文规定，当事人不能通过事先约定的方式予以免除。如当事人订有免除互相扶养义务的协议，则该协议无效。一方拒不履行扶养义务，情节严重的，可以构成遗弃罪。

三、夫妻间的继承

夫妻遗产继承权是指夫妻一方基于夫妻身份而享有的承受另一方遗产的权利。夫妻遗产继承权在性质上属于财产权，但又以特定的身份为基础。

夫妻遗产继承权是继承制度的重要内容。在不同时期、不同社会制度下，夫妻遗产继承权表现出不同的特点。在我国古代社会，以男性为本位的宗祧继承占主导地位，其基本特征是：父传子继，嫡长继承，妇女不享有继承权。古巴比伦和古印度的法律也不承认妻子对丈夫遗产的继承权。中世纪的欧洲各国同样奉行男尊女卑的立法原则，配偶双方的继承权是不平等的。

在现代社会，随着男女平等原则的确立，配偶继承权立法日益完善，法律赋予夫妻平等的继承权。关于配偶的继承顺序，大致有两种立法体例：一种是固定主义，将配偶列入固定的继承顺序。这种体例为俄罗斯、加拿大、英国等国所采用。另一种是非固定主义，配偶没有固定的继承顺序，可与任何顺序的继承人共同继承，应继份额视其参与的继承顺序而定。这种体例为德国、日本、瑞士、意大利等国和我国台湾地区所采用。

我国1950年和1980年《婚姻法》都规定了夫妻之间的遗产继承权。现行《婚姻法》第24条规定："夫妻有相互继承遗产的权利。……"结合相关民事立法，要准确把握夫妻之间的相互继承权，应注意以下问题：

(1) 夫妻均为第一顺序继承人。我国采用固定主义的立法体例，夫妻都属于第一顺序继承人，具体继承份额应根据《继承法》的相关原则确定。

(2) 夫妻之间的继承权，因结婚而发生，因离婚而消灭。不过，夫妻一方在离婚诉讼期间死亡的，另一方仍享有继承权。

(3) 根据我国《婚姻法》，被认定为事实婚姻的当事人之间享有夫妻间的遗产继承权，但被认定为同居关系的当事人之间因不具备配偶身份而不得享有。

(4) 1950年《婚姻法》颁布实施之前被继承人所纳之妾，如果多年来一直与被继承人共同生活，则当被继承人死亡时，她可以享有与妻子同等的继承权。

♂♀ 典型案例

王某诉赵某夫妻忠实协议纠纷案

【案情简介】[①]

原告(反诉被告)王某与被告(反诉原告)赵某1999年8月11日在某市民政局办理结婚登记手续。2001年4月30日,赵某生育一子,取名王某某。双方婚前感情较好,婚后感情一般。2001年1月1日,王某与赵某签订协议一份,协议约定:夫妻之间应相互尊重,相互帮助,爱护对方,彼此忠诚对待。如一方道德品质出现问题,向对方提出离婚,必须赔偿对方精神损失费和青春损失费共计30万元。2004年秋,因家务琐事生气,王某离家在外租房居住,双方分居。分居期间,赵某发现王某与一女子有婚外情,并提供了照片和录音资料等证据予以证实。

2005年3月21日,王某提起诉讼,要求与赵某离婚。受理法院判决不准离婚。当年12月20日,王某再次提起离婚诉讼。在诉讼过程中,赵某提起反诉,要求王某赔偿精神损失费15万元。后王某提出撤诉申请,法院准予王某撤诉,并以双方婚姻关系未解除,对在双方婚姻关系存续期间赵某提起损害赔偿请求不能支持为由,驳回了赵某的反诉请求。

2007年,王某再次提起离婚诉讼。赵某提起反诉,要求王某支付违反忠实协议的违约金(即双方约定的精神损失费)15万元。

一审法院认定:双方感情已经破裂,应准予双方离婚为宜。王某在与赵某婚姻关系存续期间与他人同居,使赵某在精神上遭受本不需要其承担的烦恼和伤害,赵某作为无过错方,有权请求损害赔偿。结合本案实际情况及本地经济发展水平,精神损失费酌定为3万元。法院驳回了反诉原告赵某的其他诉讼请求。

宣判后,赵某不服一审判决,向某市中级人民法院提起上诉。二审法院经审理认为:原判决认定事实不清,程序有误,裁定撤销一审判决,发回原法院重审。

重审期间,反诉原告赵某变更诉讼请求为:王某依约定应支付其精神损失费30万元。王某辩称,同意离婚,但忠实协议不合法,不应支持。

法院经重审认为,一审认定事实清楚,财产分割正确,忠实协议系原、被告双方在婚姻关系存续期间为了实现相互尊重、相互帮助、爱护对方、彼此忠诚对待的目的签订的,该协议系双方真实的意思表示,且不违反法律规定,应当认定有效。双

---

① (2007)新民初字第627号、(2008)郑民二终字第60号、(2008)新民初字第1600号。

方分居期间，王某与他人同居，导致夫妻感情破裂，使赵某遭受精神伤害。王某违反协议约定，亦违反夫妻应当互相忠实的法律规定，应当按照协议的约定对无过错方赵某予以赔偿。但是，赵某主张青春损失费不符合法律规定，不予支持。结合本案的实际情况以及王某收入状况和本地的生活水平，精神损失费酌情认定为 15 万元。

【评析】

本案涉及夫妻忠实协议的效力问题。

夫妻忠实协议泛指夫妻双方达成的，如一方违反忠实义务，应当承担法律责任的协议。在现实生活中，夫妻双方签订的此类协议的内容不一。就协议约定的责任类型而言，既有人身方面的，如必须同意离婚或放弃未成年子女抚养权等；也有财产方面的，如放弃对共有财产的权利（所谓的“净身出户”）或给予对方一定数额财产的赔偿（如本案）。忠实协议涉及人身权利限制的，通常被认定为无效，基本没有异议；涉及财产责任的，其性质和效力在理论界和审判实务中均有争议。

本案一审判决回避了忠实协议的效力，但依据《婚姻法》第 46 条的规定，以王某有婚外同居行为为由，判决其赔偿赵某精神损失费 3 万元。二审裁定发回重审后，法院对王某与赵某之间所作约定的性质进行了界定，分为违反忠实义务的赔偿和弥补青春损失的赔偿，进而认定前者符合法律关于夫妻应当互相忠实的规定，应认定为有效并予以支持；后者缺乏法律依据，不予支持。可见，针对同样的事实，一审和重审中对忠实协议的态度存在差异。

学界对忠实协议的效力也存在肯定与否定两种对立的观点。

肯定忠实协议效力的主要理由有：(1)忠实协议符合契约自由原则。忠实协议系夫妻双方实施的民事法律行为，符合法律行为的有效要件，应该产生当事人追求的法律后果。即忠实协议的双方当事人具有订立协议的能力，其意思表示真实，追求的后果合法。(2)承认忠实协议的效力具有积极作用。夫妻互相忠实不仅是道德的要求，也是法律的要求。我国《婚姻法》中关于离婚损害赔偿的规定限制较多，当事人通过协议约定违反忠实义务的责任可以在一定程度上弥补离婚损害赔偿制度之不足，而且对可能发生的不忠实行为有一定的抑制作用。

否定夫妻忠实协议效力的主要理由有：(1) 忠实协议限制了当事人的人身自由，而人身自由的限制只能法定，不能意定。(2) 即使法律规定了夫妻忠实义务（依据《婚姻法》第 4 条），事先约定违反法定义务的法律后果（损害赔偿金）也与法理相悖。(3) 承认忠实协议的效力可能导致不良社会后果，容易引发隐私权侵权纠纷。[①]

最高人民法院的《解释(三)》(草案)中曾规定忠实协议有效,但因忠实协议的内涵不易确定,学界及实务部门的争议较大,最终出台的《解释(三)》取消了关于忠实协议效力的条款。正因如此,目前审判实务中关于忠实协议效力的个案判决之间仍存在差异。

孙某某诉申某某夫妻财产约定纠纷案

【案情简介】[②]

原告孙某某、被告申某某2013年7月经人介绍相识,2014年3月28日登记结婚。登记结婚的当天下午,原、被告就原告婚前按揭贷款购买的楼房签署了房屋产权共有协议书。协议书写明:甲(孙某某)、乙(申某某)双方系夫妻关系,双方经充分协商,就甲方先予出资购买的某小区面积为87.47平方米房屋的产权归属事宜,依据《婚姻法》第19条达成如下协议,以便双方共同遵守:一、双方现协商共有的上述楼房为按揭贷款购买的楼房,尚有14年的贷款未还,双方同意对余下未还的贷款共同偿还。二、该楼房所有权为甲、乙双方共同拥有,且各享有50%的产权,双方对于该楼房享有共同的使用及处分权。三、待该楼房的银行贷款偿还完毕时,双方共同到房屋管理机关办理甲、乙双方对该楼房产权共有登记。四、未经甲、乙双方协商一致,本协议不得变更或解除。本协议正本一式两份,各份具有同等法律效力。本协议自甲、乙双方签字时起生效。

2014年9月4日,申某某以夫妻感情已破裂为由起诉至法院,要求与孙某某离婚。在离婚案件审理中,孙某某以双方签订的房屋产权共有协议书是赠与合同为由,另行起诉至法院,要求撤销原、被告于2014年3月28日签订的房屋产权共有协议书。

一审法院认为,原、被告双方都具有民事行为能力,是在自愿、并未违背真实意思的情况下进行的财产约定,该约定符合法律规定,合法有效,对双方具有约束力。离婚时,双方应按约定处理。根据双方签订的房屋产权共有协议书的内容,该协议并不是赠与合同,原告的诉求不适用《解释(三)》第6条的规定。故法院判决驳回了原告孙某某的诉讼请求。

---

① 参见朱凡:《夫妻"忠实协议效力"研究》,载陈苇主编:《家事法研究(2005年卷)》,群众出版社2006年版,第77—79页。

② (2015)肇东民初字第22号。

【评析】

本案系夫妻财产约定纠纷。

依据《婚姻法》第19条的规定，夫妻可以对婚前、婚后财产之归属加以约定，夫妻财产约定可以排除法定夫妻财产制度的适用。在现实生活中，最常见的夫妻财产约定是夫妻房产约定，即约定夫妻一方所有的房产归夫妻共有，或夫妻共有的房产归另一方所有；也有约定夫妻一方所有的房产归另一方所有的。在约定符合法律行为有效要件的情况下，审判实务中存在争议的问题主要有：(1)对特定房屋产权的约定是夫妻财产约定还是夫妻赠与合同；(2)夫妻对房产归属的约定，在未办理变更登记之前，一方能否主张撤销。

针对夫妻房产约定纠纷，《解释(三)》第6条规定："婚前或者婚姻关系存续期间，当事人约定将一方所有的房产赠与另一方，赠与方在赠与房产变更登记之前撤销赠与，另一方请求判令继续履行的，人民法院可以按照合同法第一百八十六条的规定处理。"针对这一条款，最高人民法院法官在答记者问中有如下解释："我国《婚姻法》规定了三种夫妻财产约定的模式，即分别所有、共同所有和部分共同共有，并不包括将一方所有的财产约定为另一方所有的情形。将一方所有的财产约定为另一方所有，也就是夫妻之间的赠与行为，虽然双方达成了有效的协议，但因未办理房产变更登记手续，依照《物权法》的规定，房产所有权尚未转移，而依照《合同法》关于赠与一节的规定，赠与房产的一方可以撤销赠与。"[①]据此，如夫妻约定婚后一方所有的房产归另一方所有，应属于《解释(三)》第6条规定的赠与行为；在未办理变更登记的情况下，允许所有人撤销赠与。但是，这一规定并未明确"将一方所有的房产约定为共有，或将共有房产约定为一方所有"是否属于夫妻之间的赠与行为，即没有解决"夫妻之间对特定财产的约定是否属于夫妻财产制约定、是否适用《婚姻法》第19条的规定"这一争议问题。

就本案而言，当事人双方将一方婚前按揭房产约定为夫妻共有，且明确双方的约定是依据《婚姻法》第19条作出的，显然是出于排除《解释(三)》第6条适用的考量。一审法院对此持肯定态度。但是，在多数情况下，当事人的协议并不会涉及约定所依据的法律，故审判实务中对这两类房产约定(个人所有约定为共有、共有约定为个人所有)，既有认定为夫妻财产约定，适用《婚姻法》第19条的；也有认定为赠与合同，适用《解释(三)》第6条的。学界对这一问题也未能达成共识。

在认定为夫妻财产约定并适用《婚姻法》第19条的情况下，还存在另一个争议

① 最高人民法院民事审判第一庭编著：《最高人民法院婚姻法司法解释(三)理解与适用》，人民法院出版社2011年版，第13页。

问题:如何理解约定“对双方具有拘束力”? 在审判实务中,法院认定当事人之间所订立的协议属于夫妻财产约定并适用《婚姻法》第19条,登记房产所有人一方主张撤销的,一般情况下,法院均依据约定“对双方具有拘束力”的规定予以驳回,即不允许撤销。但是,对该“拘束力”的理解,即夫妻约定究竟是直接产生约定房屋的产权变动效力,还是只产生约定双方的债权债务关系,目前在学术界和审判实务中仍有较大争议。

瞿某某诉姚某某离婚后财产纠纷案

【案情简介】[①]

瞿某某(女)与姚某某(男)2003年2月登记结婚。瞿某某于2001年6月购买某小区房产一套,房产价款45.7万元。除首付款外,瞿某某申请了商业贷款计26.5万元、公积金贷款计10万元,主贷人为瞿某某,产权登记在瞿某某名下。

在婚姻关系存续期间(2003年2月至2009年10月,此后两人处于分居状态,直至离婚),瞿某某与姚某某共计偿还商业贷款本金78303.83元,支付利息77943.72元;共计偿还公积金贷款本金77394.95元,支付利息11187.53元。

2009年11月2日,瞿某某母亲以转账方式向瞿某某账户汇入17.1万元。同月10日,瞿某某使用该款提前清偿了剩余的所有贷款本金及利息。

2011年12月23日,法院一审判决双方离婚。2012年7月20日,法院终审判决双方离婚。

2012年9月,姚某某向法院起诉,要求对双方婚后共同还贷支付的款项及其相对应的房产增值部分予以对半分割。一审中,经姚某某申请,某评估公司对系争房产作出估价报告书:2003年2月,系争房产总价格为72万元;2011年12月,系争房产总价格为270万元。

一审法院经审理后认为,系争房产系瞿某某婚前购置,但双方婚后共同还贷支付的款项及其相对应的房产增值部分,离婚时应根据有关规定,由产权登记一方(瞿某某)对另一方(姚某某)进行补偿。现双方就瞿某某以其母亲的汇款17.1万元用于提前还贷的性质存在争议。对此,法院认为,瞿某某母亲在瞿某某婚姻关系存续期间将钱款汇入瞿某某银行账户内,并由其用于提前清偿房贷,应适用《婚姻法》第17条的规定,即认定为向姚某某、瞿某某的共同赠与。据此,在婚姻关系存续期间,姚某某某与瞿某某共同还贷本息414887.01元,瞿某某应支付姚某某其中

① (2014)沪二中民一(民)终字第168号。

的1/2;加上共同还贷对应的房产增值部分,瞿某某也应支付姚某某其中的1/2。最终,法院判决瞿某某支付姚某某912046元。

一审判决后,瞿某某不服,提起上诉,认为上诉人母亲的汇款17.1万元不是对本案双方的赠与,而系上诉人母亲购买系争房产1/2份额的对价。

二审法院认为,本案的争议焦点是上诉人母亲支付的17.1万元钱款的性质。依据《婚姻法》的规定,夫妻婚姻关系存续期间所获财产原则上为夫妻共同财产。上述系争钱款获得于本案双方婚姻关系存续期间,故该钱款原则上应认定为夫妻共同财产。但是,瞿母向瞿某某支付上述钱款时,瞿某某与姚某某已处于分居状态,故在处理该系争钱款时,应综合考虑瞿母支付该钱款的动机、本案双方当事人当时的夫妻关系状态等。在确认姚某某所应获得的钱款数额时,应结合双方共同还贷的数额、系争房产的增值幅度以及双方对系争房产还贷的贡献大小等因素,一审法院所确定的折价款数额未充分考虑上述因素,其所作判决确有不当,应予以酌情调整。最终,二审法院判决瞿某某支付姚某某补偿款70万元。

【评析】

本案涉及父母为子女购房出资的性质认定以及在离婚时的分割问题。

系争房产为瞿某某婚前按揭购买,产权登记在瞿某某名下,婚后由瞿某某与姚某某共同还贷,符合《解释(三)》第10条规定的情形。① 离婚时,应将房产判归瞿某某所有,但瞿某某需要补偿姚某某共同还贷部分及对应的房产增值部分。本案的争议点是:在婚姻关系存续期间,瞿母汇款17.1万元至瞿某某账户,瞿某某用其归还了房屋贷款,这笔款项是否属于夫妻共同财产?

一审法院直接援用了《婚姻法》第17条第4项的规定,在瞿母没有明确表示赠与瞿某某个人的情况下,认定这笔款项系向瞿某某与姚某某夫妻双方的赠与,故属于共同还贷款项。二审法院认为,这笔款项虽然在婚姻关系存续期间取得,原则上属于夫妻共同财产,但瞿母给付款项时,瞿某某与姚某某已处于分居状态,依常理推断瞿母的主观心理状态,不可能向瞿某某与姚某某夫妻双方为赠与行为。二审判决书中虽未直接推定这笔款项系对瞿某某个人的赠与,但在分割时充分考虑了这一因素,减少了一审法院认定的补偿款数额。

父母为子女购房出资,是我国现实生活中极为普遍的现象,由此引发的纠纷也

① 参见《解释(三)》第10条:"夫妻一方婚前签订不动产买卖合同,以个人财产支付首付款并在银行贷款,婚后用夫妻共同财产还贷,不动产登记于首付款支付方名下的,离婚时该不动产由双方协议处理。依前款规定不能达成协议的,人民法院可以判决该不动产归产权登记一方,尚未归还的贷款为产权登记一方的个人债务。双方婚后共同还贷支付的款项及其相对应财产增值部分,离婚时应根据婚姻法第三十九条第一款规定的原则,由产权登记一方对另一方进行补偿。"

很突出。因父母为子女购房出资而引发的纠纷，其争议主要集中在以下两方面：一是出资行为是借贷还是赠与；二是在出资被认定为赠与行为的情况下，是赠与夫妻一方还是双方。一般认为，就出资行为性质发生争议的，主张借贷的父母方负有举证责任，不能证明借贷的，应认定为赠与行为。[①] 至于赠与夫妻一方还是双方，依据《婚姻法》第 17 条第 4 项的规定，也应该由主张赠与的一方举证。现实生活中，父母为子女购房出资，极少有明确的意思表示。因此，在司法实务中，父母的出资行为只要发生在子女婚姻关系存续期间，多数被认定为赠与行为，且是向夫妻双方的赠与。

鉴于当今社会婚姻关系的稳定性较差，婚姻存续时间较短，如果将父母出资行为（一般涉及房产购置，故数额较大）均认定为向夫妻双方的赠与行为，会导致夫妻一方家庭财产遭受较大减损，甚至会影响作为出资人的父母的晚年生活。鉴于这一原因，《解释（三）》第 7 条第 1 款特别规定："婚后由一方父母出资为子女购买的不动产，产权登记在出资人子女名下的，可按照婚姻法第十八条第（三）项的规定，视为只对自己子女一方的赠与，该不动产应认定为夫妻一方的个人财产。"这一规定主要是针对父母出资意思表示不明确的情形，从民众的一般心理考虑，以产权登记推定父母出资的意思表示。但是，这一条款的规定将"出资"和"产权"等同，相关释义和审判实务中均认为此处的"出资"应作限缩解释，即"全额出资"，因为只有在全额出资的情况下，"出资"才能等同于"不动产"。因此，这一条款的适用受到限制，只解决了父母全额出资为子女购房时的意思表示认定问题，对父母部分出资时的性质认定，目前仍然存在较大争议。本案二审法院就变相否定了一审法院对父母出资行为的认定。

此外，本案一审法院和二审法院在确定登记产权人给予另一方共同还贷及房产增值部分的补偿款数额上也存在差异。一审法院严格依据共同还贷数额及其相对应的房产增值部分确定补偿款数额，故补偿款数额精确到个位数。二审法院在补偿款数额方面不仅依据共同还贷的具体数额，还斟酌考量了房产的增值幅度以及双方对还贷的贡献大小等因素，故其确定的补偿款数额为整数，而不是依据公式直接计算得出的。这两种处理方式也显示了不同法院在处理婚姻财产纠纷的理念上的差异。

---

① 本案中，产权登记人瞿某某主张其母汇款系购买该房产 1/2 份额的对价，未得到法院认可。

陈某某诉曹某某、曹某返还财产纠纷案

【案情简介】[①]

原告陈某某和被告曹某某系夫妻关系，二人于1977年收养养子曹某。曹某成年后因诈骗他人钱财而连累养父母。2007年1月，曹某某、陈某某夫妇经法院调解，解除了与曹某的养父母和养子女关系。之后不久，曹某又因诈骗犯罪案发被法院判处有期徒刑。曹某出狱后从事个体经营。虽然养父子关系已解除，但曹某某仍对曹某有感情。自2012年2月至11月，曹某某瞒着妻子，分6次从自己的银行卡转款至曹某的银行卡共计203万元。2013年5月，曹某某突发脑出血昏迷，手术治疗后仍未清醒。陈某某用丈夫的银行卡取钱为其看病时，发现丈夫已将卡上的203万元转入曹某的银行账户。

陈某某认为丈夫无权单独将203万元夫妻共同财产赠与曹某，便找曹某讨要这笔款项，但遭到曹某拒绝。于是，陈某某以丈夫曹某某和曹某为被告，起诉要求曹某返还夫妻共同财产203万元。

案件审理中，被告曹某认可分6次收到被告曹某某转来的203万元，但主张这203万元系被告曹某某赠与，被告曹某某的赠与行为也是原告陈某某的共同意思表示，应属有效。但是，被告曹某未能提供任何证据证明自己的主张，原告陈某某亦不认可。

受理法院认为，被告曹某接受被告曹某某赠与的财产，属于原告陈某某和被告曹某某的夫妻共同财产，该财产在陈某某与曹某某夫妻关系存续期间处于整体存在的状态，其归属具有不可分性，故陈某某要求曹某返还其203万元，有事实和法律依据。法院判决被告曹某某赠与被告曹某203万元的行为无效，被告曹某一次性给付原告陈某某203万元。

【评析】

本案系夫妻一方擅自处分夫妻共有财产引发的纠纷。

夫妻对共有财产有平等的处理权。《解释(一)》第17条对“平等的处理权”的理解是：(1) 夫或妻在处理夫妻共同财产上的权利是平等的。因日常生活需要而处理夫妻共同财产的，任何一方均有权决定。(2) 夫或妻非因日常生活需要对夫妻共同财产作重要处理决定，夫妻双方应当平等协商，取得一致意见。他人有理由

---

① 资料来源：http://www.chinacourt.org/article/detail/2014/12/id/1505586.shtml，2018年8月16日访问。

相信其为夫妻双方共同意思表示的,另一方不得以不同意或不知道为由对抗善意第三人。

本案中,曹某某未经妻子同意,将自己账户中属于夫妻共有财产的款项转给曹某,系无权处分行为。曹某以该赠与行为系曹某某与陈某某的共同意思表示为由抗辩,但未能举证证明陈某某有赠与的意思,故法院认定处分行为无效。

对夫妻一方擅自处分夫妻共有财产的效力,有观点认为,因夫妻双方对共有财产享有平等的处理权,故夫妻一方未经对方同意而为的处分行为应当部分无效,即一方可以处分共有财产中除因日常生活需要之外的属于自己的份额。这一观点不成立。

夫妻共有为共同共有,正如本案判决中所述,"该财产在陈某某与曹某某夫妻关系存续期间处于整体存在的状态,其归属具有不可分性"。在婚姻关系存续期间,夫妻对共有财产并不享有单独的份额权,更不能处分所谓"自己的份额"。夫妻一方对共有财产的处分只有两种情况:一是因日常生活需要而为的处分行为,无须征得对方同意,享有单独处分权;二是重大处分行为必须协商一致,未经对方同意而为的处分行为属于无权处分行为。至于第三人能否取得夫妻一方处分的财产,则应依据民法中关于表见代理或善意取得的规定加以判断。

思考题

1. 何谓"夫妻一体主义"?
2. 简述我国法律关于夫妻人身关系的规定并加以评析。
3. 我国立法应增加有关夫妻同居义务、贞操义务的规定吗?
4. 试述界定夫妻共有财产范围的依据。
5. 简述我国法定个人财产的具体内容。
6. 简述家事代理权的含义和性质。
7. 简述约定夫妻财产的有效条件和效力。
8. 如何理解夫妻扶养义务?

第五章　离婚制度概述

第一节　婚姻的终止

一、婚姻的终止与离婚

婚姻的终止又称“婚姻的消灭”，是指合法有效的婚姻关系因发生一定的法律事实而归于消灭。

纵观现代各国的离婚立法，引起婚姻关系终止的原因基本上有两个，即配偶死亡和双方离婚。

（一）婚姻因配偶死亡而终止

婚姻是配偶双方共同生活的结合体，如果配偶一方死亡，就失去了夫妻共同生活的前提，必然导致这一结合体在事实上的消灭。所以，婚姻因配偶一方死亡而终止是目前世界各国立法的通例。

配偶一方的死亡包括自然死亡和宣告死亡。在配偶一方自然死亡时，婚姻关系主体之一的生命已丧失，死者不再具有民事权利能力，当然也不可能保留婚姻关系主体的资格，婚姻关系自然消灭。有些国家的婚姻家庭法明文规定，婚姻因配偶一方死亡而终止。也有些国家将配偶一方自然死亡视为婚姻关系终止的当然原因，不作明文规定。宣告死亡是在法律上推定失踪人已经死亡，它与自然死亡产生同样的法律效力。其效力之一就是引起被宣告死亡人与其配偶的婚姻关系的终止。不过，关于被宣告死亡人与其配偶婚姻关系的终止的具体时间，各国规定不尽相同，多数国家规定自死亡宣告之日起即告终止，也有的国家规定只有当生存一方再婚时才告终止。

宣告死亡毕竟是法律上的一种推定，被宣告死亡的配偶一方可能已经死亡，也可能仍然生存着。当被宣告死亡的配偶一方重新出现或者确知其并未死亡时，其与原配偶的婚姻关系又将如何呢？我国《民法总则》第 51 条规定：“被宣告死亡的人的婚姻关系，自死亡宣告之日起消灭。死亡宣告被撤销的，婚姻关系自撤销死亡宣告之日起自行恢复，但是其配偶再婚或者向婚姻登记机关书面声明不愿意恢复的除外。”由此可见，在我国，被宣告死亡的配偶一方重新出现或者确知其并未死亡的，首先得由其本人或利害关系人向人民法院提出撤销死亡宣告的申请，在人民法院撤销死亡宣告之后，再根据生存一方的意愿或者有无再婚的情况决定他们的婚姻关系能否恢复。如果生存一方未与人再婚，也未向婚姻登记机关书面声明不愿恢复，则他们的婚姻关系自行恢复。如果生存一方在这期间与人再婚，无论再婚状况如何，他们的婚姻关系都不能自行恢复；如果他们希望重新恢复夫妻关系，则必须办理复婚登记。

配偶一方的死亡宣告被撤销的，生存一方与他方在其被宣告死亡期间形成的再婚的效力是否受此影响？关于这个问题，国外法律的规定不尽相同。有些国家规定，如果再婚的当事人双方为善意的，即他们在死亡宣告或再婚时不知道被宣告死亡的人实际上并没有死亡的，则该婚姻不受撤销死亡宣告的影响，即后婚继续有效，前婚不得恢复；不然，则为恶意，再婚无效。例如，《德国民法典》第 1319 条规定，倘若再婚的当事人在再婚时知道被宣告死亡的人实际上并没有死亡的，则后婚为重婚，得依法予以废止。《日本民法典》虽未明确规定，但从其第 32 条的规定可以推知，该法对这个问题也是持上述态度。

（二）婚姻因离婚而终止

1. 离婚的概念

离婚又称“婚姻的解除”，是婚姻关系当事人在生存期间解除婚姻关系的法律行为，是终止婚姻关系的人为手段。

概括而言，离婚有如下法律特征：

（1）离婚必须以有效婚姻关系的存在为前提。当事人离婚的目的是消灭婚姻的效力，如果婚姻是无效的，就无所谓婚姻的效力，也就没有离婚的必要；如果婚姻的一方当事人已经死亡，婚姻的效力已经终止，同样没有离婚的可能。所以，离婚行为只能在有效婚姻关系存续期间进行。

（2）离婚原则上不得代理。一旦离婚，当事人之间的夫妻身份消灭，财产关系也将随之发生重大变更。即离婚是涉及当事人切身利益的身份法律行为，必须体现当事人的真实意思。因此，离婚的意思表示通常只能由当事人本人作出，其他人不得代理。但是，考虑到现实生活中存在婚姻的维系对丧失行为能力的一方当事人非常不利的情况，从保护无行为能力的当事人权益角度出发，《解释（三）》第 8 条规定：“无民事行为能力人的配偶有虐待、遗弃等严重损害无民事行为能力一方的人身权利或者财产权益行为，其他有监护资格的人可以依照特别程序要求变更监护关系；变更后的监护人代理无民事行为能力一方提起离婚诉讼的，人民法院应予受理。”

（3）离婚是要式法律行为。离婚是一个婚姻共同体的解体，不仅事关当事人的切身利益，也将影响家庭的稳定和社会的安宁。因此，法律不可能听任当事人随意为之，必然会对离婚行为作出各种限制。这些限制一部分是对离婚条件的实质限制，另一部分是对离婚程序的形式限制，以使离婚行为既受到公权力的必要监督，又能公示于众。

2. 离婚的分类

从当代各国的立法例来看，离婚可以分为以下几类：

（1）双方自愿离婚和一方要求离婚。这是按照当事人双方对离婚问题所持的态度区分的。

（2）依行政程序离婚和依诉讼程序离婚。这是按照处理离婚问题的法定程序区分的。

（3）协议离婚和判决离婚。这是按照解除婚姻关系的方式区分的。

上述分类所持的标准都是单一的，每种分类只着眼于某一个方面，如果将这些标准综合起来判断，那么一个离婚行为就具有多重性。例如，双方自愿离婚的，当事人往往选择协议离婚的方式，依行政程序办理离婚。

3. 离婚与婚姻无效、婚姻被撤销的区别

在形式上，离婚与婚姻无效、婚姻被撤销很难区分。但是，离婚与后两者有本质的不同，具体表现在：

（1）离婚以合法婚姻为对象，目的是解除合法婚姻的效力；婚姻无效、婚姻被撤销以欠缺法定要件的违法婚姻为对象，目的是否认婚姻的效力。

（2）离婚的原因多发生于婚姻成立之后，婚姻无效、婚姻被撤销的原因存在于婚姻成立之时。

（3）离婚请求权人仅限于婚姻当事人；婚姻无效、婚姻被撤销的请求权除了当事人可行使外，有利害关系的第三人或有关机关也可依法行使。我国《婚姻法》规定，申请撤销婚姻的请求权人只限于无过错的一方当事人。

（4）离婚只能发生在配偶双方生存期间，婚姻无效、婚姻被撤销即使在配偶一方死亡之后仍然可以依法进行。不过，如果请求权人错过了法定期间，将不得再作出婚姻无效、婚姻被撤销的宣告。

（5）离婚自确定之日起解除婚姻关系，没有溯及力；婚姻无效的宣告具有溯及力，为自始无效；婚姻被撤销的宣告在国外一般不具有溯及力，自撤销时起无效。不过，我国《婚姻法》规定，婚姻被撤销的宣告也具有溯及力，为自始无效。

4. 离婚与别居

别居是在保持婚姻关系的前提下免除配偶双方同居义务的法律制度。别居制度产生于中世纪的欧洲，是基督教禁止离婚主义的产物。基督教教义认为婚姻是上帝使双方结合在一起，不可人为拆散，因此禁止离婚。于是，对于事实上存在的夫妻不堪同居的现象，只能创设出其他的理论和制度来调整，以缓和法律与现实之间的矛盾。所以，别居制度最初是作为禁止离婚主义的救济措施产生的。发展到现在，自由离婚主义已经普遍确立，而别居制度则已经失去其最初的意义和作用。但是，西方一些国家至今仍然保留着别居制度，将它作为离婚制度的一种补充，给那些婚姻触礁的夫妻提供一个法律上的缓冲地带。

别居大致有以下两类：(1) 就期限而言，可以分为永久别居和暂时别居。按中世纪教会法的规定，配偶一方通奸是永久别居的理由。但是，对方对配偶的通奸行为表示宽恕的，则无权要求别居。申请暂时别居的理由既可以是一方对子女进行反宗教性质的教育，也可以是配偶实施了伤害其身心健康的行为，致其不堪同居等。当代各国大多采取暂时别居，且规定别居期限为 1—3 年。(2) 就程序而言，可以分为司法别居和协议别居。司法别居是指经当事人一方申请，由法院判决成立的别居。司法别居的理由一般与离婚的理由相同。有些国家允许司法裁判别居，如法国、葡萄牙等。协议别居是指当事人双方通过订立别居协议而形成的别居。不过，协议别居一般也需履行法定程序。例如，《意大利民法典》第 158 条规定："未经法官核准的、以配偶双方的合意达成的分居协议无效。"

离婚与别居既有联系又有区别。两者的区别主要体现在效力上。别居不解除婚姻关系，除免除双方同居义务以及实行分别财产制外，夫妻间的其他权利和义务关系仍然存在。因此，别居期间，夫妻双方仍有互守贞操的义务，均不能再婚，否则构成重婚。离婚是夫妻间权利和义务关系的完全解除，双方不再有互守贞操的义务，均享有再婚的自由和权利。两者的联系主要体现为，当代的别居在很多时候是离婚的一种缓冲或过渡，相当多的国家把一定期间的别居作为离婚的一个法定理由。别居后，夫妻双方的关系如没有根本的改善，就可考虑是否允许离婚。例如，《法国民法典》第 307 条规定，各种分居情形均可应夫妻双方的同意转为离婚。《葡萄牙民法典》第 1795-D 条第 1 款规定，分居判决两年后，夫妻双方未和解的，任何一方均可申请将分居转变为离婚。

我国自古至今一直奉行许可离婚主义，无别居制度的立法。但是，在现实生活中，一些感情不和的夫妻出于种种原因不离婚却分开生活的情况是实际存在的。对于这种消极的夫妻分居现象，法律虽不作积极的调整，但也并未视而不见。依照我国现行的有关司法解释，配偶因感情不和分居达一定期限，可作为认定感情确已破裂的标准，若调解不成，应该准予离婚。也有学者提出，别居制度在防止冲动离婚、减少家庭暴力等方面有相当大的作用，建议我国确立这一制度。

二、离婚制度的历史沿革

（一）国外离婚制度的沿革

离婚制度作为婚姻家庭制度的重要组成部分，既受一定时期、一定地域的社会经济基础的制约，也受一定时期、一定地域的政治、宗教、道德、习俗等上层建筑的影响。因此，不同时期、不同地域的离婚制度各有特点。

古代的离婚立法普遍采取专权离婚主义。人类进入父系社会后的相当一段时期，将男尊女卑奉为社会的正统观念，将夫权统治奉为夫妻关系的基本准则。丈夫掌握家庭的财产大权，妻子不仅没有财产权，还被视为丈夫的财产，也没有独立的人格，更不用说与丈夫地位平等了。这反映在离婚制度上，就是片面地赋予丈夫离婚的特权，而妻子在离婚问题上则没有任何发言权，或妻子的离婚权利受到法律上、事实上的严格限制，基本上只能被动地承受被丈夫抛弃的后果。古巴比伦王国的《汉穆拉比法典》规定，丈夫可因妻子通奸、不生育、浪费家财等理由而离弃她，还可以在负债的情况下出卖妻子或把妻子作为债奴交出去。伊斯兰教的《古兰经》规定，丈夫可以休妻。在一些伊斯兰国家，丈夫只要连说三声“我要和你离婚”，就可以口头离婚了。在罗马帝国统治前期，欧洲一直是许可离婚的。古希腊和罗马市民法赋予丈夫离婚的特权，丈夫可以不需要任何理由离弃妻子。上述制度都体现了专权离婚主义的特征，是当时妇女处于附属地位的必然结果。

在中世纪的欧洲，强盛的教会势力使得教会法成了调整婚姻家庭的重要规范。基督教教义宣扬婚姻是神作之合，人不得离之。因此，教会法采取禁止离婚主义，以维护夫妻一体主义。但是，这种违背婚姻本质、禁锢人类本性的制度并不能真正起到维护婚姻关系的作用，反而制造了大量名存实亡的畸形婚姻和普遍化的“情人”现象。教会法于是不得不创设出婚姻无效宣告、别居制度、未完成婚的否定等办法，企图弥补禁止离婚主义的不足，但终究不能从根本上消除禁止离婚主义导致的尴尬局面。

及至16世纪，在宗教改革和婚姻还俗运动的推动下，禁止离婚主义终于开始退出历史舞台，欧洲重新回到许可离婚主义的轨道上。但是，禁止离婚主义的影响延及近代，一些基督教传统较强的资本主义国家在相当长的一段时期内保留着禁止离婚的立法。直到1970年，意大利才颁布了离婚法，规定夫妻共同生活无法维持时，经调解无效，法官可以作出离婚的判决，并列举了数种离婚理由。西班牙、阿根廷的法律到20世纪80年代才废除禁止离婚的规定。直到20世纪90年代初，安道尔、马耳他、菲律宾、巴拉圭、圣马力诺等国的法律仍禁止离婚。爱尔兰在1995年11月举行的全民投票中以微弱多数通过了在法律上允许离婚的决定，此决定于1997年2月1日生效。自此,在爱尔兰施行了数百年的禁止离婚主义终于寿终正寝。

近代资本主义国家将婚姻视为民事契约,视离婚为正常的婚姻契约解除行为,因此采取许可离婚主义。早期的资本主义国家离婚立法采取限制离婚主义,即必须符合法定理由才可诉请离婚。最早规定的离婚理由是夫妻双方或一方有违反婚姻义务和道德准则的过错行为,如通奸、虐待、遗弃、重婚、犯罪等。只有无过错一方才享有请求离婚的权利。因此,学理上称这种立法为“过错离婚主义”或“有责离婚主义”。过错离婚主义反映的是将离婚作为制裁被告过错行为的手段的离婚观念。此后,立法中增加了非属当事人主观过错的离婚理由,如当事人患有精神病、存在生理缺陷、失踪达一定年限等对夫妻关系有直接影响甚至是使其无法维持的情形。在上述两种法定离婚理由中,前一种即可归责于当事人一方的理由占主导地位,体现出法律对离婚加以限制的本意。因此,从实质上说,限制离婚主义是过错离婚主义。

二战后,巨大的社会变动促使人们重新审视传统的价值观念,对于离婚的社会认识也随之发生了根本改变。以往那种将离婚视为制裁、惩罚过错方手段的观念受到了质疑和批判,越来越多的人认识到,将离婚作为惩罚手段并不能起到积极的社会作用,离婚应该是对婚姻关系事实上破裂的确认,是帮助当事人摆脱不幸婚姻的一种救济。基于这一观念的转变,各主要资本主义国家先后对离婚法作了重大修改,从限制离婚主义迈向自由离婚主义。在离婚理由上,一些国家虽然保留着原来的过错原则,但增加了破裂原则,即离婚法既规定了具体的过错离婚理由,也规定了具体的无过错离婚理由,并以抽象的破裂离婚理由加以概括规定。法国、日本等许多国家目前都采用这种兼容的离婚立法。另一些国家则彻底摈弃了原来那些易使当事人陷于相互攻击和敌对之中的过错原因,以婚姻破裂为唯一的理由,完全不追究当事人有无过错。目前,许多欧美国家和地区的离婚法就采用这种彻底的破裂离婚主义。破裂离婚主义不看婚姻破裂的原因,只看婚姻破裂的程度,对那些婚姻关系确实已无可挽回地破裂的夫妻,不管当事人有无过错,都可准予离婚。这体现了对公民人身自由的尊重和对离婚权利的保护。因此,破裂离婚主义实质上就是自由离婚主义。

十月革命胜利以后,苏联作为世界上第一个建立在公有制基础上的社会主义国家,曾全面采用自由离婚主义,在人类离婚制度的改革方面实现了重大突破,为其他社会主义国家的离婚立法提供了一个参考模式。

(二) 我国离婚制度的沿革

1. 我国古代的离婚制度

我国古代虽然在伦理道德上提倡“百年好合”“白头偕老”,但在观念上并不认为不可离异，历代法律都不禁止离婚，甚至在一定情形下还要强制离婚。纵观历代封建法律的有关规定，我国古代的离婚方式主要有以下四种：

(1) 出妻，又称"休妻"，是男子依据"七出"之条离弃妻子的行为。所谓"七出"，是男子弃妻、男家弃妇的一般理由。"七出"之说产生于我国奴隶社会，最初只是礼制上的要求，后为封建法律所援用并固定下来。《大戴礼记·本命》载："妇有七去：……不顺父母去，为其逆德也。无子，为其绝世也。淫，为其乱族也。妒，为其乱家也。有恶疾，为其不可与共粢盛也。口多言，为其离亲也。窃盗，为其反义也。"汉律中就有"七弃"的规定，唐律及以后各代的律例均将"七出"作为离弃妻子的合法理由。

作为例外，我国古代的礼和法以"三不去"对"七出"进行限制。按《春秋公羊传·隐公三年》何休注，"三不去"是指"尝更三年丧不去""贱取贵不去""有所受无所归不去"。《唐律疏议》规定："虽犯七出，有三不去而出之者，杖一百，追还合。"但是，妻子"若犯恶疾及奸者，不用此律"。元、明、清律仅规定犯奸者不受"三不去"的保障。

出妻是丈夫专权离婚的方式，反映了男尊女卑的封建伦理观念，与以夫权为统治的宗法家族制度相适应，是我国古代最主要的离婚方式。

(2) 义绝，这是我国古代特有的一种强制离婚制度。如果夫妻一方与他方的一定亲属间、双方的一定亲属间发生了法律所指明的事件，经官司处断后，夫妻之义当绝，双方必须离异。按照唐律的规定，构成义绝的情形有以下七种：

第一，殴妻之祖父母、父母；

第二，杀妻之外祖父母、伯叔父母、兄弟、姑、姐妹；

第三，夫妻之祖父母、父母、外祖父母、伯叔父母、兄弟、姑、姐妹自相杀；

第四，殴詈夫之祖父母、父母；

第五，杀伤夫之外祖父母、伯叔父母、兄弟、姑、姐妹；

第六，妻与夫之缌麻以上亲奸，夫与妻母奸；

第七，妻欲害夫。

由上可见，义绝的规定对男女双方仍是不平等的。义绝的根本目的是维护封建伦理纲常，巩固宗法等级制度。所以，凡发生法定义绝的情形，夫妻必须离异，没有选择的余地。本应义绝而不绝者，则须依律科刑。例如，《唐律疏议》规定："诸犯义绝者离之，违者徒一年。"元、明、清律则规定，若犯义绝应离而不离者，杖八十。

(3) 和离，又称"两愿离婚"，是允许夫妻通过协议离异的离婚方式。《唐律疏议》规定："若夫妻不相安谐而和离者，不坐。"元、明、清律均有关于"两愿离者，不坐"的规定。和离要求以夫妻双方的离婚合意为要件，类似现在的协议离婚，但实质上徒有其表。因为在男尊女卑、夫权统治的宗法社会里,没有财产权利的妇女只能是婚姻家庭的附庸,她不可能去与其依赖的丈夫平等地商讨离婚问题。所谓的"和离",多是夫家或丈夫一方的意思,妇女只是被迫附和。因此,我国古代的和离只是一种单纯的形式,是丈夫用来遮盖休妻实质、避免家丑外扬的"遮羞布"。

(4) 呈诉离婚,是基于特定的理由,夫妻一方向官府诉请离婚的方式。男方据以诉请离婚的理由有:"妻背夫在逃""男妇虚执翁奸""妻杀妾子""妻魇魅其夫""妻殴夫"等。女方据以诉请离婚的理由有:"夫抑勒或纵容其妻与人通奸""夫逃亡三年不还""夫典雇妻妾""翁欺奸男妇""夫殴妻至折伤以上"等。明、清律规定,受财典雇妻妾与人者,除处以刑罚以外,还要勒令离异。呈诉离婚虽不是义绝,但与义绝相当接近。不过,在程序上,呈诉离婚必须有夫或妻的请求,官府才判决解除婚姻。

2. 我国近代的离婚制度

上述古代的离婚制度直到民国初年仍为北洋军阀政府大理院的判例所沿用。1931 年施行的《中华民国民法典·亲属编》模仿日本、德国等大陆法系国家亲属法的体例,采用两愿离婚和判决离婚两种离婚方式。

(1) 两愿离婚。这是指基于配偶双方的合意,以契约方式终止婚姻关系。《中华民国民法典·亲属编》第 1049 条对两愿离婚的实质要件作了规定:"夫妻两愿离婚者,得自行离婚。但未成年人,应得法定代理人之同意。"第 1050 条对两愿离婚的形式要件作了规定:"两愿离婚应以书面为之,并应有二人以上证人之签名。"我国台湾地区在 1985 年对这一条进行了修改,增加了两愿离婚须向户政机关为离婚之登记。不难看出,两愿离婚的特点在于:法律对离婚的原因不作任何限制,只要配偶双方自愿达成离婚的合意,无须通过诉讼程序即可终止婚姻关系。

(2) 判决离婚。《中华民国民法典·亲属编》第 1052 条对判决离婚的法定理由作了列举性的规定,包括过错原因和无过错原因,共计十项:① 重婚者;② 与人通奸者;③ 夫妻之一方受他方不堪同居之虐待者;④ 妻对于夫之直系尊亲属为虐待,或受夫之直系尊亲属之虐待,致不堪为共同生活者;⑤ 夫妻之一方以恶意遗弃他方在继续状态中者;⑥ 夫妻之一方意图杀害他方者;⑦ 有不治之恶疾者;⑧ 有重大不治之精神病者;⑨ 生死不明已逾三年者;⑩ 被处三年以上之徒刑或因犯不名誉之罪被处徒刑者。只要夫妻一方有上述情形之一,另一方即可向法院提出离婚。1985 年,为顺应社会发展和破裂主义离婚潮流,我国台湾地区修改了这一规定。在对上述十项具体离婚理由进行修改之外,还增加了概括理由,即有其他难以维持婚姻关系的事由的,夫妻一方也可以诉请离婚。这样,关于离婚理由的立法方式也由原来的列举性规定改为例示性规定,使其能够适应复杂的情况,弥补列举的不足。

3. 新中国的离婚制度

新中国的离婚制度早在新民主主义革命时期的革命根据地就初见雏形。本着反对封建婚姻家庭制度的精神，各革命根据地都采取离婚自由的原则，并且根据当时的实际情况，对离婚的条件、程序及后果作了规定，为创建新中国的离婚制度积累了丰富的经验，奠定了良好的基础。

1950年《婚姻法》是新中国制定的第一部法律，它的颁布实施是我国婚姻家庭法制史上一次破旧立新的伟大变革，彻底废除了建立在私有制基础上的以男尊女卑、离婚不自由为特征的封建主义和资本主义的离婚制度，确立了全新的具有鲜明的社会主义特色的离婚制度。该法第五章“离婚”、第六章“离婚后子女的抚养和教育”、第七章“离婚后的财产和生活”，用了三章、近1/3的条文规定离婚制度，构建了比较完整、系统的新民主主义离婚制度。其第17条第1款规定：“男女双方自愿离婚，准予离婚。男女一方坚决要求离婚的，经区人民政府和司法机关调解无效时，亦准予离婚。”这表明，该法已彻底抛弃了以过错原则为实质的限制离婚主义，将自由离婚主义确立为新中国唯一的离婚立法原则。关于离婚的程序，该法确立了登记离婚和诉讼离婚双轨制：男女双方自愿离婚的，双方应向区人民政府登记，领取离婚证；男女一方坚决要求离婚的，在区人民政府调解无效时，应即转报县或市人民法院处理。另外，本着保障男女双方实质平等的精神，该法对离婚后子女的抚养和教育、财产处理和当事人生活安置等问题均作了有利于妇女和子女的规定。特别是在离婚时债务的清偿方面，该法作了照顾女方的规定。即夫妻共同债务，以共同财产偿还；如无共同财产或共同财产不足以清偿时，由男方清偿。这对改善和提高刚从半殖民地半封建的婚姻家庭制度的桎梏中解放出来的妇女的境遇和社会地位无疑有着积极的作用。

1980年，根据社会的改革变迁和法制建设的发展，立法机关制定了新中国第二部《婚姻法》。该法在对1950年《婚姻法》中行之有效的各项规定加以保留和继承的基础上，结合新形势、新需要，对其中有关离婚的内容作了适当的修改、补充和发展。尤其是在裁判离婚的理由上，该法第25条明确规定：“夫妻感情确已破裂，调解无效的，应准予离婚”，进一步明确了我国采用的是破裂离婚主义。2001年4月28日，我国又根据社会发展的需要，对1980年《婚姻法》进行了部分修正，在裁判离婚的理由上，于原来概括性的离婚理由之外，又增加了例示性的规定，使法律规定更具可操作性，也有利于减少法官在自由裁量时的随意性；在离婚后果上，增加了离婚损害赔偿制度和经济补偿制度，使其更有利于平衡和保护当事人的利益。另外，该法还对离婚时的财产分割、债务清偿等内容作了必要的修改和补充。修正后的现行《婚姻法》更显新世纪的特征。

三、我国现行离婚立法的指导思想

"保障离婚自由、反对轻率离婚"是新中国离婚立法一贯坚持的指导思想，现行离婚立法仍然秉承这一基本精神。

(一) 保障离婚自由

离婚自由是婚姻自由的重要组成部分。允许夫妻在感情确已破裂、婚姻关系无法继续维持时，解除这种痛苦的婚姻关系，是对婚姻关系内在规律的遵循，是实事求是的唯物主义作风，不仅符合社会主义法律的本质特征，而且也符合社会主义的婚姻家庭道德。

社会主义的婚姻家庭道德提倡，婚姻应该是男女双方基于爱情的结合，婚姻关系的存续也应该以爱情为基础。如果夫妻感情完全消失，婚姻关系就失去了存续的条件，家庭的社会职能也无法正常地发挥。此时，若不允许离婚，不仅会加重当事人的痛苦，还会危及家庭的幸福和社会的安宁。只有实行离婚自由，通过法定程序解除这种已经死亡的婚姻关系，才能使男女双方从痛苦的婚姻中解脱出来，重新建立起幸福美满的婚姻和家庭，也才能使社会朝着和谐有序的方向发展。

在现阶段，保障离婚自由，首先要从观念上入手，继续肃清残留在人们意识中的封建主义的婚姻家庭伦理纲常，拨正对离婚的偏见，树立起"离婚不可耻、离婚不可怜"的观念，消除离婚者的思想包袱。其次，要从制度上入手，不仅要根据形势的变化不断地完善相关规定，还要保证相关规定能够切实落实。离婚立法的制定者和执行者要尊重公民的离婚权利，依法保障公民行使这一权利。对那些夫妻感情确已破裂、调解无效的婚姻，应依法准予离婚，不能将不准离婚作为惩罚过错一方的手段。

(二) 反对轻率离婚

轻率离婚是指在婚姻关系尚未破裂、尚有挽回余地的情况下，草率地解除婚姻关系的行为。这是对自己、对家庭、对社会都不负责任的冲动行为。夫妻之间发生矛盾是不可避免的，冲突的解决有许多途经，离婚绝不是唯一手段，它只能是最终手段。婚姻非同儿戏，它承载着夫妻双方的幸福，也承载着其他家庭成员的幸福。作为家庭的核心，婚姻还承载着社会的安宁与和谐。婚姻不能听从已婚者的任性，相反地，已婚者的任性应该服从婚姻的本质。所以，在保障离婚自由的同时，也要反对轻率离婚，这是保障离婚自由的必然要求。只有那些按其本质来说已经离异的婚姻，即夫妻感情完全破裂而无和好可能的婚姻，才能允许离婚。如果达不到这一限度，便违背了保障离婚自由的根本目的。

反对轻率离婚，要求我们在处理离婚问题时，必须遵循国家的法律和社会主义道德。对那些夫妻感情尚未完全破裂的婚姻，不能轻易地准予离婚。反对轻率离婚，必须反对借口离婚自由而游戏法律和道德的不良行为。对婚姻当事人在离婚问题上的错误思想和行为，应进行严肃的批评教育，违反法律的要予以制裁，促使其改正错误，以维护婚姻当事人、子女和社会的利益。

总之，保障离婚自由和反对轻率离婚是相辅相成的，不可偏废。我国《婚姻法》中有关离婚程序和离婚条件的规定，既是对离婚自由的保障，也是对轻率离婚的限制。

第二节　登记离婚

一、登记离婚概述

登记离婚是指由婚姻关系双方达成离婚协议，并经婚姻登记机关认可的一种依行政程序解除婚姻关系的离婚方式。由于须以当事人双方的离婚合意为前提，因而在习惯上它又被称为“协议离婚”“自愿离婚”“两愿离婚”。但是，严格而言，登记离婚与协议（自愿）离婚在内涵与外延上都不能完全等同。协议（自愿）离婚着眼于当事人在离婚问题上所持的态度或所用的方法，有广义、狭义之分。广义的协议（自愿）离婚是指最终基于当事人双方自愿达成的离婚协议解除婚姻关系。它不问离婚最初是一方提出还是双方共同提出的，也不看离婚协议是在何时、何种情况下达成的。因此，从程序上看，它包括登记离婚和诉讼调解离婚。狭义的协议（自愿）离婚是指从一开始当事人双方在离婚及相关问题上就已经达成合意。这类协议（自愿）离婚的当事人多选择登记离婚的程序，但也不排除有些当事人还是选择诉讼离婚的程序，因为法律并没有规定此种情况下的当事人只能以登记方式离婚。同时，在实践中，有一些狭义的协议（自愿）离婚依法不能按登记程序办理，如当事人一方或双方在国外。

登记离婚是对当事人双方自愿达成的离婚协议的认可，充分尊重了当事人的意志，体现了婚姻法保障离婚自由的精神。由于有关的离婚事项都是经当事人协商确定的，因此离婚的后果更易被当事人自愿接受和自觉履行。登记离婚避免了当事人在法庭上相互指责，减少了加深双方敌对情绪的机会，创造了好离好散、平静祥和的离婚氛围，也有利于保护当事人的隐私权，减轻离婚给他们带来的心理压力。另外，登记离婚在程序上具有简便、快捷的优势，可以节省当事人在精力、时间、财力等方面的支出。登记离婚的这些优势使得它在实践中被越来越多的离婚者采用。

尽管登记离婚有上述种种优势,但对它的争议一直没有停止。人们担心登记离婚易滋生弊端,尤其是它对当事人离婚协议的倚重和程序的简便,易被一些别有用心的人大加利用,以达到规避法律、逃避法定应尽义务的目的,从而造成对离婚权利的滥用和对相关当事人、未成年子女或社会利益的损害。所以,时至今日,仍然有一些国家和地区没有采纳依行政程序办理登记离婚的方式,而是要求离婚必须按诉讼程序进行。承认登记离婚的国家和地区在登记离婚的条件和程序上也都作了一定的限制,以期杜绝其弊端。

我国自1950年《婚姻法》颁布施行后就确立了登记离婚制度,将登记离婚与诉讼离婚并列确立为两大离婚方式。现行《婚姻法》确立的登记离婚制度在强调当事人双方完全自愿、协商一致、不受外力非法干预的同时,也对其条件和程序作了必要的限制。

二、我国登记离婚的条件和程序

(一)登记离婚的条件

根据我国《婚姻法》《婚姻登记条例》及其他有关规定,登记离婚必须符合如下条件:

1. 双方当事人适格

这里有两层含义:首先,双方当事人必须均为完全民事行为能力人,若一方属于无民事行为能力或者限制民事行为能力的精神病人,则不能适用依行政程序离婚的方式,而只能按诉讼程序处理离婚问题。其次,双方当事人必须具有在中国内地登记的合法的夫妻关系,非婚同居、未经登记的事实婚姻关系或不是在中国内地登记的夫妻关系都不能以登记离婚的方式解除。

2. 双方当事人必须有真实的离婚合意

登记离婚以当事人的自愿离婚为前提,双方当事人对解除婚姻关系的意愿必须是共同的、一致的。一方要求离婚,另一方不同意的,不能适用登记离婚。离婚合意应是双方当事人在平等、自愿的基础上形成的真实意思表示,不能有一方欺骗或胁迫他方的行为,也不得有任何弄虚作假、规避法律的行为。

3. 双方当事人对离婚后的子女抚养、财产分割、债务清偿等问题已达成处理协议

离婚不仅解除当事人的婚姻关系,还会涉及双方财产关系的变动以及子女和其他第三人的利益。这些问题包括:夫妻共同财产如何分割,共同债务如何清偿,一方是否需要对另一方给予经济帮助、经济补偿或损害赔偿,离婚后子女随谁生活,子女的抚养费和教育费如何负担,等等。这些善后问题是当事人在离婚后必然

要面对的,须事先作出合理安排。如果只有离婚的合意,而对离婚的后果有争议,也不能适用登记离婚。

4. 离婚协议的内容必须合法

当事人达成的离婚协议要得到法律的认可,其内容必须符合我国婚姻立法的基本原则和相关规定,同时也必须符合社会主义公序良俗的要求。

（二）登记离婚的程序

登记离婚要求男女双方亲自到婚姻登记机关办理离婚手续。根据我国《婚姻登记条例》的规定,离婚登记必须经过申请、审查、登记三个环节。

1. 申请

男女双方必须同时亲自到一方户口所在地的婚姻登记机关申请离婚登记。申请时,双方应持居民身份证、户口证明、离婚协议书和结婚证。申请离婚登记不得代理。

2. 审查

婚姻登记机关应对当事人的离婚申请依法进行审查。一方面,应审查当事人是否符合登记离婚的法定条件,当事人所持的证件、证明材料是否齐全、真实,离婚协议书的内容有无不真实或违法之处,对离婚后子女抚养问题、财产处理问题的安排是否恰当。如果发现离婚协议书的内容有不恰当之处,应根据法律规定帮助当事人作出调整。另一方面,应根据"保障离婚自由、反对轻率离婚"的指导思想,在自愿、合法的基础上,对当事人进行必要的说服和调解,尽可能避免当事人在冲动情形下的轻率离婚,挽救感情尚未真正破裂的婚姻。

3. 登记

婚姻登记机关经审查,对符合登记离婚条件的,应当予以登记,发给离婚证,注销结婚证。对不符合登记离婚条件的,不予登记,但应当向当事人说明不予登记的理由。

三、与登记离婚相关的几个问题

（一）登记离婚后一方不履行离婚协议的问题

建立在当事人双方真实意思表示基础上的离婚协议,一经婚姻登记机关的认可就发生法律效力,对男女双方均具有法律约束力,当事人应该自觉遵守和履行,没有正当理由不允许反悔。但是,在实践中,有些离婚当事人因为种种原因在登记离婚后反悔,不愿意遵守协议约定的有关财产分割的处理办法,拒绝履行协议中明确的应尽义务。对于这类财产分割纠纷,当事人可以依法向人民法院提起诉讼,人民法院应当受理。人民法院审理后,未发现订立财产分割协议时存在欺诈、胁迫等情形的,应当依法驳回当事人的反悔诉请。

需注意的是,离婚协议中的身份解除协议与财产分割协议在性质和效力上是不同的。一旦取得离婚证,夫妻关系即告解除。如果允许当事人对身份解除协议反悔,易引发许多连锁反应,因此我国目前的司法实践中对此持非常谨慎的态度。

(二)虚假离婚问题

虚假离婚是指夫妻一方或双方并无离婚的真实意思,但出于某种目的,约定暂时离婚,待目的达到后再复婚的行为。虚假离婚既可以发生在登记离婚中,也可以发生在诉讼离婚中,前者为假离婚登记,后者为假离婚调解协议。由于在实际生活中前者居多,因此我们把这个问题放在这里讨论。

就当事人双方对离婚有无真实意思而言,虚假离婚通常可以分为两种情形:

一种是夫妻双方都无离婚的真实意思,但双方为了某个共同目的,串通暂时离婚,约定待目的达到后再复婚。例如,夫妻双方为了逃避债务、计划外多生育、多享受国家有关住房优惠政策等而假意离婚,以规避法律,达到不正当的目的。这类虚假离婚中,双方通常会按约复婚,但也有一部分人弄假成真,不愿复婚,甚至与他人再婚,从而暴露当初虚假离婚的事实,引发纠纷。

另一种是夫妻一方有离婚的真实意思,而另一方无离婚的真实意思。想离婚的一方怕直截了当地提出会使离婚目的难以达到,就采取欺骗的手段,以其他看似对家庭或对方有好处的事由为幌子,向对方许诺将来复婚,以骗取对方同意暂时离婚,从而达到离婚的真正目的。这类虚假离婚的受骗方本以为对方是出于家庭或其利益才将离婚作为一种手段,满心期待着"目的"达到后与对方复婚,殊不知对方所谓的"目的"只是用来掩盖其真实意思的借口,对方追求的真正目的就是离婚,根本没有复婚的意思。因此,这类假中有真的虚假离婚很少有复婚的情况,引发纠纷也更为常见。

虚假离婚的社会危害性不容忽视。首先,它有损国家法制的严肃性和国家机关的权威性。无论上述两种虚假离婚的当事人是否真愿意离婚,有一点是共同的,即在履行离婚程序时,当事人双方故意串通,捏造虚假的离婚理由,共同欺骗婚姻登记机关或人民法院,骗得离婚证或离婚调解书。虚假离婚使我国《婚姻法》确立的夫妻感情确已破裂始得离婚的立法原则不能得到有效的贯彻执行,也干扰了代表国家监督离婚行为的婚姻登记机关或人民法院的正常工作。其次,它有损国家、集体或他人的利益。虚假离婚的当事人在多数情况下是将离婚作为一种获取不正当利益的手段,一旦离婚成功,就可以此为借口,规避国家有关法律和政策,不履行应尽义务或攫取本不该享有的利益,损人利已,从而名正言顺或轻而易举地达到其目的。最后,它有损社会安定。无论是弄假成真的虚假离婚,还是假中有真的虚假离婚，最后都使得当初的复婚承诺成为泡影，而意欲复婚的一方往往不肯善罢甘休，有些甚至采取过激行动，致使双方矛盾加剧，给社会安定带来危害。

那么，对虚假离婚该如何处理？以前，在司法实践中，对于虚假离婚的一方已与他人另行结婚的，一般都承认其婚姻有效，即对虚假离婚行为不再追究；而对双方均未与他人再婚的虚假离婚，在发生纠纷时，区分登记的虚假离婚和诉讼的虚假离婚分别处理。按照之前的有关规定，对登记的虚假离婚引发的纠纷，人民法院不予受理，由当事人向婚姻登记机关申请解决。婚姻登记机关对这种弄虚作假、骗取婚姻登记的虚假离婚，应当对离婚的当事人宣布其解除婚姻关系无效并收回离婚证，并对当事人处以一定的罚款。[①] 对于在人民法院达成调解协议的虚假离婚，引发纠纷时，对于当事人的诉讼请求，人民法院可以按照审判监督程序重新处理。但是，从目前来看，要推翻已生效的虚假离婚的效力，难以找到法律规定的支持，实务中也鲜见这样的操作。

第三节　诉讼离婚

一、诉讼离婚概述

诉讼离婚是指夫妻一方基于法定理由提出诉请，由法院依法通过调解或判决解除婚姻关系的离婚方式。诉讼离婚都是经过法院审理的，虽然有些诉讼离婚经过法院的调解最后以当事人达成离婚协议而结案，不是以判决的方式结案，但这种离婚协议毕竟不同于登记离婚中的协议，它必须经过法院的确认，并且由法院制作成法律文书。因此，诉讼离婚又被称为“裁判离婚”。相对于登记离婚而言，诉讼离婚因为要符合离婚的法定理由，并且要经过法院的审理，所以更能实现对婚姻问题的国家干预和对离婚行为的司法监控，而且对杜绝轻率离婚、虚假离婚，维护婚姻、家庭的稳定和社会的长治久安有着更为有效的作用。因此，诉讼离婚是当代各国通行的离婚方式，在不少国家和地区甚至是唯一的离婚方式。我国婚姻法兼采登记离婚与诉讼离婚，关于诉讼离婚有一套独具中国特色的制度。

根据我国《婚姻法》《婚姻登记条例》的规定，诉讼离婚适用于当事人不能或不愿采用登记离婚的情形。具体说来，大致有：(1) 一方为无民事行为能力或限制民事行为能力的精神病人的离婚；(2) 事实婚姻关系的当事人要求解除婚姻关系的；

---

① 已经废止的 1994 年发布的《婚姻登记管理条例》第 25 条规定，申请婚姻登记的当事人弄虚作假、骗取婚姻登记的，婚姻登记机关应当撤销婚姻登记，对离婚的当事人宣布其解除婚姻关系无效并收回离婚证，并对当事人处以 200 元以下罚款。但是，自 2003 年 10 月 1 日起施行的《婚姻登记条例》取消了这条规定。

(3) 失踪人的配偶要求离婚的；(4) 婚姻不是在中国内地登记的夫妻要求解除婚姻关系的；(5) 当事人对离婚的意愿不一致，即一方要求离婚，另一方不同意的；(6) 双方都愿意离婚，但对离婚后的子女抚养和财产问题不能达成协议的；(7) 当事人达成了离婚协议，但因某种原因无法亲自去办理离婚登记的；(8) 符合登记离婚的条件，但当事人因某种原因不愿意进行离婚登记的。

二、对离婚纠纷的诉讼外调解

"以和为贵"是我国民间自古以来处理矛盾和纠纷的基本指导思想，反映在离婚问题上，就是强调好结好离。所以，对离婚进行调解是我国一贯的传统。从理论上说，除了当事人一方失踪的以外，对其他不能达成离婚协议的离婚纠纷都可以进行调解。我国《婚姻法》第 32 条第 1 款规定："男女一方要求离婚的，可由有关部门进行调解或直接向人民法院提出离婚诉讼。"《婚姻法》之所以这样规定，主要是考虑到实践中大量的离婚纠纷属于一方要求离婚，另一方出于各种原因不同意离婚的情形，并非要将离婚调解的适用限制于一方要求离婚的情形。

有关部门对离婚纠纷的调解又称"诉讼外调解"或"诉讼前调解"，这种案外干预有利于防范和化解纠纷。我国《婚姻法》对"有关部门"未作明文规定，但从实际情况来看，有关部门包括当事人所在单位、当事人居住地的居民委员会或村民委员会、有关的群众团体、人民调解委员会和婚姻登记机关等。这些部门对当事人的婚姻状况、纠纷原因比较了解，更容易有针对性地对当事人进行劝说和疏导，有时不仅能收到良好效果，而且可以减轻当事人讼累，节约司法成本。当然，有关部门对离婚纠纷的调解必须是在当事人自愿并且合法的基础上进行的，而且通常不具有强制性效力。

应当明确，这种诉讼程序以外的调解不是解决离婚纠纷的必经程序，离婚当事人可以根据自己的意愿和实际情况，决定是否由有关部门调解；不愿调解或调解不成的，当事人可以直接向人民法院提起离婚诉讼，有关部门无权阻止，人民法院也不得以未经有关部门调解为由拒绝受理。

离婚纠纷经有关部门调解后，一般会出现下列三种结果：(1) 经过调解，当事人双方和好，继续保持婚姻关系。(2) 经过调解，当事人双方就离婚以及子女抚养、财产问题达成协议。此时，当事人可以依据《婚姻法》第 31 条的规定，向婚姻登记机关申请离婚登记。(3) 调解无效，当事人双方在离婚、离婚后的子女抚养或财产问题上仍不能达成一致意见。此时，要求离婚的一方可以诉诸法院。

三、我国诉讼离婚的程序

(一) 调解

我国《婚姻法》第32条第2款规定:“人民法院审理离婚案件,应当进行调解;如感情确已破裂,调解无效,应准予离婚。”依据这一规定,无论是因有关部门调解无效而提起的离婚诉讼,还是当事人一方直接向人民法院提起的离婚诉讼,人民法院原则上都应首先依法调解。

人民法院对离婚案件的调解,是诉讼程序中的调解。除了少量确实无法调解的离婚案件外,对绝大部分离婚案件的审理,人民法院必须经过调解这一道程序。它是司法机关依法行使审判职能的一个重要环节,是我国司法实践中的优良传统。法院对离婚案件的审理不只是进行身份确认、财产分割这么简单,还应发挥修复婚姻家庭关系、治愈情感创伤、降低对未成年人的伤害等作用。用调解的方式处理离婚案件,可以通过对当事人进行法制教育和思想疏导,帮助他们正确认识离婚问题,使他们平静、理智地思考解决纠纷的方法。对那些破镜难圆的离婚纠纷,用调解的方式往往可以使当事人自愿达成离婚协议,不仅有利于矛盾的化解,也有利于当事人对离婚调解书的自觉履行,减少“官了民不了”的现象。

人民法院对离婚案件进行调解,必须坚持自愿、合法的原则,在查明事实、分清是非、做好当事人思想工作的基础上,促使双方和好或达成离婚协议,协议的内容不得违反法律规定。人民法院在进行调解时,可以邀请有关单位和个人协助,共同做好对当事人的调解工作。

离婚案件经人民法院调解后,一般会出现下列三种结果:(1) 调解有效,双方当事人达成同意和好的协议,由原告撤销离婚之诉。对调解和好的离婚案件,人民法院可以不制作调解书,但应将调解协议的内容记入笔录存卷,由双方当事人、审判员、书记员签名或者盖章后,案件即告审结。没有新情况、新理由,原告在六个月内又起诉的,法院不予受理。(2) 调解有效,双方当事人达成离婚协议。人民法院应按离婚协议的内容制作调解书,发给双方收执。离婚调解书经双方当事人签收后即发生法律效力,婚姻关系即告解除。(3) 调解无效,双方当事人对于离婚、子女抚养或财产处理问题未能达成协议,或者一方在离婚调解书送达前反悔。此时,离婚案件应转入判决阶段。

(二) 判决

在对离婚案件调解无效的情况下,人民法院应当以事实为根据,以法律为准绳,及时作出准予或不准予离婚的判决。判决一经生效,即具有法律效力。若根据案件的客观情况作出准予离婚的判决,人民法院必须告知当事人在判决发生法律效力前不得另行结婚。当事人对一审法院的判决不服的,有权在判决书送达之日起15日内向上一级人民法院提起上诉。第二审人民法院作出的判决为终审判决。判决不准离婚的,没有新情况、新理由,原告在六个月内又起诉的,人民法院不予受理。

四、判决离婚的法定理由

(一)法定离婚理由概述

法定离婚理由是指法院判决准予离婚的标准和依据,是法院是否准予当事人离婚的原则界限。

1. 法定离婚理由的立法原则

从立法原则上看,古今中外的法定离婚理由可概括为三种立法主义:有责主义、目的主义和破裂主义。

(1) 有责主义又称"过错原则",是指以可归责于夫妻一方的违背婚姻义务的过错行为作为法定的离婚理由。依照有责主义,只有当要求离婚的夫妻一方提出并证明对方具有法定的足以导致婚姻解体的过错行为时,法院才会准予当事人离婚。因此,有责主义具有制裁过错方配偶的目的性。至于何种过错可以作为诉请离婚的理由,由法律加以规定。一般来说,过错行为主要有通奸、重婚、虐待、遗弃、谋害配偶等。为了防止原告滥用诉权,法律同时规定了一些抗辩理由,如原告曾对被告的过错行为表示宥恕、原告为了达到离婚的目的而纵容被告的过错行为、原告同样有法定的离婚过错等。

(2) 目的主义是指以不可归责于夫妻一方但有碍婚姻目的的实现的客观情况作为法定的离婚理由。依照目的主义,当婚姻中出现了某种事实,虽非夫妻一方的主观过错,但确实对夫妻共同生活构成妨碍,使婚姻关系难以维持时,法院应当依当事人的请求判决准予离婚。这类事实通常指一方性无能、患严重精神病或其他不治之症、生死不明等。目的主义注重婚姻目的的实现,与有责主义注重对过错方的惩罚不同。

(3) 破裂主义又称"无责主义"或"破裂原则",是指以婚姻关系破裂、夫妻共同生活无法维持作为法定的离婚理由。依照破裂主义,夫妻任何一方都得以婚姻关系无可挽回地破裂为由诉请离婚。法院一经确认,就应判决准予离婚。与上述两种立法主义相比,破裂主义不注重婚姻破裂的原因,只注重婚姻破裂的事实,尤其是不问当事人有无过错。但是,在如何认定婚姻破裂上,各国和地区之间存在差别。有的将裁量权赋予法院;有的则规定了可以用来推定婚姻破裂的事由,以对法院的裁量进行一定的限制和指导。

当前，法定离婚理由已打破了过错主义一统天下的局面，越来越多的国家和地区确立了破裂主义的主导地位。其中，有的只采单一的破裂主义，如瑞士、德国等；也有的兼采各种立法原则，如法国、日本等。我国台湾地区的“民法”也采兼容模式。

2. 法定离婚理由的立法模式

法定离婚理由的立法模式可概括为三种：列举式、概括式和例示式。

(1) 列举式又称“列举主义”，是指法律将离婚的法定理由逐一罗列、具体规定，法律没有明确列举的事由不得作为准予离婚的依据。这一立法模式一般与有责主义和目的主义的立法原则相对应。采用列举式的立法模式，明确、统一，操作性强。但是，其弊端也是明显的，它排除了法院的任何自由裁量余地，将准予离婚的判决紧紧固定在法律明定的非常有限的范围内，限制了个人的离婚自由。

(2) 概括式又称“概括主义”，是指法律不具体列举离婚的法定理由，而是只作抽象的概括性规定，具体何种原因可准予离婚，由法院裁量。这一立法模式一般与破裂主义的立法原则相对应。概括式的立法模式包容性强、涵盖面广，有利于离婚自由的实现。其不足之处在于，过于抽象、原则，缺乏可操作性，使法院拥有过多的自由裁量余地。

(3) 例示式又称“例示主义”，是指法律既具体列举离婚的法定理由，又有抽象的概括性规定，是一种混合的立法方式。它又有两种不同的模式：一种是将概括性规定置于前面，后面再具体列举几种主要的理由；另一种是先罗列具体的离婚理由，最后有一项弹性条款作补充。例示式的立法模式兼采列举式与概括式，吸收了两者的长处，又克服了两者的不足。我国现行《婚姻法》在2001年修改后就采用这种立法模式。

(二) 我国的法定离婚理由

1. 感情确已破裂是法定离婚理由

根据我国《婚姻法》第32条的规定，如夫妻感情确已破裂，调解无效，人民法院应判决准予离婚。可见，“感情确已破裂，调解无效”是我国法定的判决准予离婚的标准。从字面上看，这里有两个要件：一是夫妻感情确已破裂，二是调解无效。但是，就两者的关系来讲，调解无效只是程序上的要求，它是对离婚案件进行判决的前置性条件，至于判决的结果是准予还是不准予离婚，关键得看夫妻感情是否确已破裂。在通常情况下，夫妻感情确已破裂的离婚案件，调解和好的十分少见。但是，调解无效并不一定说明夫妻感情确已破裂到不可挽回的地步。因此，两者的关系应该是：如果夫妻感情确已破裂，经调解无效，应当准予离婚；如果夫妻感情没有破裂或尚未完全破裂，即使调解无效，也可不准予离婚。所以说，“感情确已破裂”

才是准予离婚的实质性条件，是我国唯一的法定离婚理由。

"感情确已破裂"是1980年《婚姻法》首次明确提出的，作为我国的法定离婚理由，它是对新中国一贯采取的破裂离婚主义原则的坚持，为司法实践中处理离婚案件提供了一个明确的标准。但是，在学术界，不少学者在肯定破裂原则先进性的同时，对我国将破裂的对象定位于"感情"提出质疑。他们指出，感情属于意识范畴，法律很难评判感情；感情只是婚姻生活的一部分，不能涵盖现实中所有导致婚姻解体的原因；以感情破裂为离婚的唯一法定条件，不能体现婚姻关系中所包含的各种权利和义务，会给那些置社会责任和法律义务于不顾的人提供法律上的空子。因此，在2001年《婚姻法》修改过程中，不少专家学者建议，应将"感情确已破裂"的提法改为"婚姻关系确已破裂"，以使我国的离婚制度在立法技巧和执法理念上更为科学、规范，并与外国离婚立法通例相一致。但是，2001年4月28日通过的《婚姻法》修正案仍然坚持以"感情确已破裂"作为我国的法定离婚理由。撇开法理上是否科学的争议，我们不得不承认，我国的社会道德和法律一贯倡导婚姻应该以爱情为基础，因此以"感情确已破裂"作为准离或不准离的原则界限，符合社会主义婚姻关系的本质要求。婚姻关系包含的内容虽然很多，但其基本要素是夫妻感情。有无夫妻感情，是婚姻关系能否持续存在的重要基础。在现实生活中，引起夫妻纠纷的矛盾多种多样，但绝大多数走到离异地步的婚姻归根结底是感情起了变化，其他的因素充其量只是离婚的外在条件或间接原因，导致婚姻死亡的最终内在原因还得归咎于夫妻感情上的裂变。因此，将法定离婚理由确立为"感情确已破裂"，可以说是拨开了覆盖在离婚纠纷表面的纷繁面纱，抓住了离婚的本质特征。所以，修改后的《婚姻法》仍然肯定了这一经司法实践长期检验的、具有中国特色的离婚标准。

2. 认定感情确已破裂的具体标准

1980年《婚姻法》只是概括地规定了"感情确已破裂"是准予离婚的法定理由，这一富有弹性的概括性规定使之可以在最大范围内和程度上对导致离婚的一切原因囊括无遗，最大限度地体现了破裂主义的离婚原则。但是，这种概括主义的表述方式也有过于抽象、笼统的缺陷，使得作为裁判依据的法定标准缺乏应有的确定性、可操作性。为了增强离婚案件审理的可操作性，提高民事审判工作效率，2001年修改后的《婚姻法》在保留"感情确已破裂"这一概括性规定的基础上，鉴于长期司法实践的经验总结，对现实生活中常见的几种典型的离婚原因作了列举，为司法实践中认定夫妻感情确已破裂提供了较为具体的标准和依据。采用这种集概括式和列举式之所长的例示性立法模式，是对我国离婚立法的一大完善。

《婚姻法》第32条第3款规定："有下列情形之一，调解无效的，应准予离婚：（一）重婚或有配偶者与他人同居的；（二）实施家庭暴力或虐待、遗弃家庭成员的；

（三）有赌博、吸毒等恶习屡教不改的；（四）因感情不和分居满二年的；（五）其他导致夫妻感情破裂的情形。”

上述法定理由中，第1项所指的重婚或有配偶者与他人同居的行为是违反一夫一妻制的违法行为，是严重伤害夫妻感情的过错行为，对婚姻的破坏是根本性的。因此，夫妻一方如果有重婚或与他人同居的行为，经调解无效的，应当认定夫妻感情确已破裂。第2项所指的家庭暴力或虐待、遗弃行为，受害者可以是夫妻一方，也可以是其他家庭成员。超越一定程度的家庭暴力或虐待、遗弃行为，不论其实施对象是谁，都是对家庭和睦的极大损害，会危及婚姻关系的维系。因此，夫妻一方如果有这种行为，经调解无效的，应当认定夫妻感情确已破裂。第3项所指的赌博、吸毒等行为，并非一般程度的，而是须形成屡教不改的恶习，才能适用本款。除此之外，其他严重危害夫妻感情的屡教不改的恶习也包括在内，如淫乱、酗酒等。夫妻一方有上述屡教不改的恶习是对家庭、对对方的极不负责，会严重挫伤对方对婚姻生活的合理期待。因此，经调解无效的，也应当认定夫妻感情确已破裂。上述三项都是夫妻一方的过错行为，至于该行为是否应受法律制裁或涉及刑事责任，与是否准予离婚无关。夫妻一方存在上述法定的过错行为，导致夫妻感情确已破裂，经调解无效的，原则上应准予离婚。同时，本条在适用时并不区分离婚诉讼的原告是否为过错方，换言之，不能因原告有过错而判决不准离婚。第4项所指的分居，是指夫妻因为感情不和而中止婚姻共同生活，而且分居的时间须满两年。通常，经过两年的分居，当事人对婚姻的前途会有一个冷静的判断和选择，此时提出离婚的请求并一再坚持，一般可以认定夫妻感情确已破裂。第5项是一个兜底性规定，涵盖其他导致夫妻感情破裂的所有情形。司法实践中，常见的有：一方被判刑，其犯罪情节严重伤害夫妻感情的；婚前缺乏了解，婚后未建立起夫妻应有的感情，难以共同生活的；登记结婚后未同居生活，无和好可能的；一方有生理缺陷及其他原因不能发生性行为且难以治愈的；夫妻双方在是否生育问题上有不可调和的矛盾的；等等。

值得思考的是，如果存在法定的应当准予离婚的情形，经调解无效的，法院是否必须判决离婚？换言之，在此情形下，法院能否判决不准离婚？对此，一些国家规定的缓和条款（或称“苛刻条款”）颇具借鉴意义。例如，《德国民法典》第1568条规定：“如果且只要婚姻的维持为婚生未成年子女的利益，由于特殊原因而例外地有必要，或者，如果且只要离婚基于特别情事而对于拒绝离婚的被申请人会意味着如此严峻的苛刻，以致婚姻的维持即使在考虑到申请人利益的情况下也显得例外地有必要的，虽然婚姻已破裂，但不应离婚。”《日本民法典》第770条也有类似规定。

3. 判断感情是否确已破裂的方法

感情本身具有多维、易变和难以把握等特点，所以认定夫妻感情是否确已破裂是一项复杂细致的工作。根据司法实践经验和最高人民法院的有关司法解释，判断夫妻感情是否确已破裂，一般可从下述四个方面进行综合考察：

一看婚姻基础，就是要看双方结婚时的感情状况。例如，双方的结合是自主自愿还是包办强迫；婚前是经过充分了解、慎重考虑，还是由于缺乏社会经验或其他原因而草率结合；结婚是出于真挚的爱情还是别有所图；等等。这些因素直接关系到婚姻的基础是否牢固。一般来说，婚姻基础好的，婚后感情就较好；反之，婚后感情就较差。因此，婚姻基础对于婚后感情的发展和离婚原因的产生会有直接或间接的影响。

二看婚后感情，就是要对夫妻共同生活期间的感情状况作深入、全面的了解。婚前、婚后是两个不同的时段，当事人在面对实实在在且内容多样的婚姻生活后，感情上会有一定的变化。双方的性格脾气、经济收支、工作状况、子女问题甚至与家庭成员间的关系等因素，都会程度不同地反映到夫妻感情上来。所以，夫妻之间的感情始终处在动态变化之中，既可能从无到有、由浅入深，也可能由好变坏，甚至恶化到完全破裂。因此，我们要用变化、发展的眼光看待和把握夫妻感情问题，要对夫妻婚后感情状况进行全面的了解、分析。

三看离婚原因，就是要找出引起离婚纠纷的真实原因。离婚纠纷的产生，固然是感情恶化所致，但是导致感情恶化的原因可能是单一的，也可能是多种原因的交互作用。有的当事人提出的离婚原因可能是虚假的。有的当事人甚至编造种种借口，以掩饰引起离婚纠纷的真相。因此，必须深入调查，细致分析，透过表面现象，把握产生离婚纠纷的真实原因，这样才能抓住症结所在，有针对性地进行说服教育，做好调解工作。

四看夫妻关系现状和有无和好可能，就是要了解目前当事人双方婚姻关系的状况，并据此对双方关系的前途进行评估和预测。就婚姻关系的现状而言，主要是看夫妻纠纷的持续时间及其表现形式。比如，夫妻是否已经分居、分居时间多长；夫妻之间已经互不履行义务、恩断义绝，还是藕断丝连、情义犹存；一方对自己的过错行为已有悔改表现，对方予以谅解，还是相反；等等。判断双方有无和好可能，既要看夫妻感情的实际状况，又要看当事人的态度，包括坚持不离一方有无争取和好的愿望和行动。前者是一个客观条件，后者才是促成和好的能动因素。只要存在和好可能，就要多做工作，创造各种适当条件，尽量帮助当事人把这种可能性变成现实性，促使夫妻双方重归于好；相反，对于那些感情确已破裂，和好无望的夫妻，应依法调解或者判决离婚，不要拖延不决。

以上四个方面是综合认定夫妻感情状况的相互联系的整体，有助于正确掌握离与不离的原则界限，实事求是地分清是非责任。只有以理服人，才能使当事人自觉地接受判决的结果。

五、诉讼离婚的两项特别规定

（一）对现役军人配偶离婚诉权的限制

我国《婚姻法》第 33 条规定："现役军人的配偶要求离婚，须得军人同意，但军人一方有重大过错的除外。"本条规定意在通过对军人配偶离婚诉权的限制，实现对现役军人婚姻的特别保护。现役军人担负着保卫祖国、抵抗侵略、捍卫国家现代化建设及人民安居乐业的神圣职责。在法律上对现役军人的婚姻给予特别保护，可减少军人的后顾之忧，使他们安心服役，既是我国婚姻家庭立法史上的优良传统，也符合国家和人民的根本利益。在适用本条规定时，应注意以下几点：

第一，现役军人的范围，是指正在中国人民解放军或武装警察部队服役、具有军籍的人员。退役、复员、转业军人和在军事单位中工作但不具有军籍的职工，均非现役军人，其配偶提出离婚，不适用本条，仍按一般规定处理。

第二，要求离婚的现役军人的配偶是非军人。即本条只适用于非军人一方向军人一方提出离婚的情况。若是军人一方向非军人一方提出离婚，或者男女双方均为现役军人的离婚诉讼，则不适用本条，而应按一般规定处理。

第三，本条不是对现役军人配偶的离婚起诉权的限制。即现役军人配偶起诉离婚的，人民法院仍应受理。

第四，本条是对现役军人配偶的离婚胜诉权的限制。即对现役军人配偶提出的离婚请求，如果现役军人不同意又无重大过错的，一般不得判决离婚。当然，在处理这类离婚纠纷时，应本着实事求是的精神，既要依法保护现役军人的婚姻，也要根据具体情况保护其配偶的合法权益。

第五，"军人一方有重大过错的除外"表明，并非在任何情况下都须征得军人的同意。如果非军人一方提出离婚是因为军人一方的重大过错，如军人一方有重婚、婚外同居、家庭暴力、虐待、遗弃或其他重大过错行为，导致夫妻感情确已破裂的，即使军人一方不同意离婚，法院也可判决准予离婚。

第六，现役军人的配偶提出离婚须得军人同意的规定，只是保护现役军人婚姻的民事方法。如果离婚纠纷是因第三者介入而引起的，应排除外来干扰，帮助当事人改善和巩固婚姻关系。对破坏现役军人婚姻构成犯罪的，应按我国刑法的有关规定给予刑事制裁。

（二）对男方离婚请求权的限制

我国《婚姻法》第 34 条规定："女方在怀孕期间、分娩后一年内或中止妊娠后六个月内，男方不得提出离婚。女方提出离婚的，或人民法院认为确有必要受理男方离婚请求的,不在此限。”本条规定的目的在于,通过对男方离婚请求权的限制,加强对处于特定生理时期妇女的身心健康的保护,这样做也有利于胎儿、婴儿的健康发育和成长。女方在怀孕期间、分娩后一年内或流产(包括自然流产和人工流产)后六个月内,身体上、精神上都有很大的消耗和负担,而母亲是否身体健康、心理稳定和精神愉快又直接关系到胎儿和婴儿的发育和成长。因此,为保护孕、产妇和胎、婴儿的身心健康,减少因离婚给女方造成强烈刺激,法律规定对男方的离婚请求权加以限制是必要的。在适用本条规定时,应注意以下几点:

第一,本条只是对男方离婚请求权的暂时性限制,只是推迟了男方提起离婚之诉的时间,即男方在女方怀孕期间、分娩后一年内或流产后六个月内起诉离婚的,人民法院一般不予受理,但并不是剥夺男方的离婚请求权。待上述期间届满后,男方仍可请求离婚。

第二,女方在此期间内提出离婚的,不受本条限制。这是因为,规定本条的目的在于保护孕、产妇和胎、婴儿的利益。女方在此期间提出离婚,往往是出于某些紧迫的原因,且一般本人对离婚及其后果已有一定的思想准备。如不及时受理,可能对女方和胎、婴儿都不利,所以不应加以限制。

第三,人民法院拥有例外受理的决定权。在特殊情况下,人民法院认为确有必要受理男方离婚请求的,也可不受本条限制而予受理,但是否准予离婚另当别论。根据有关规定和司法解释,“确有必要”主要是指:(1) 双方确有不能继续共同生活的重大、紧迫事由,如一方对另一方有危及人身安全的可能等,应视其紧迫性及时受理男方的离婚请求;(2) 女方婚后与人通奸以致怀孕,男方提出离婚的,若女方不否认该事实或经查属实,法院应该受理男方的离婚请求。

⚥ 典型案例

唐某某诉某县民政局离婚登记纠纷案

【案情简介】[①]

原告唐某某和第三人昌某某于2005年结婚。2011年5月,原告被初步诊断为精神分裂症。2012年8月,原告被司法鉴定为患有精神分裂症,为限制民事行为能力人。当年2月,原告已与第三人在被告处登记离婚。原告法定代理人依法提起

① (2012)内法行初字第76号。

行政诉讼,请求撤销被告核发的离婚证书,判决该离婚登记无效。第三人按照法院"诉讼期间不能结婚"的告知要求,诉讼期间一直未婚。法院查明,被告提供的原告身份证复印件与原告身份证原件之图像比对,具有直观的明显差异。法院审理认为,被告作出的离婚登记行为违反法定程序、适法错误,判决撤销被告核发的离婚证书。

【评析】

本案涉及两个焦点问题:一是该类案件是否属于法院行政诉讼受案范围?二是在处理离婚登记的效力问题上,法院应如何把握才妥当?

司法实践中,对于该类案件是否属于法院行政诉讼受案范围,有正反两种观点。反方认为,若法院对离婚登记作出无效或撤销判决,而当事人一方在判决前又结婚的,将出现两个婚姻的尴尬场面。正方认为,对当事人不服离婚登记的情况,现行《婚姻法》没有无效离婚或可撤销离婚的规定,因此对其司法救济只能通过行政诉讼实施。根据《行政诉讼法》第12条第12项的规定,认为行政机关侵犯其他人身权、财产权等合法权益的,可以提起行政诉讼,而婚姻自由是人身权的重要组成部分,因此可以提起行政诉讼。

关于第二个问题,法院的处理应遵循如下原则:首先,在判定婚姻登记机关的责任时,应视其是否尽到形式审查的职责。离婚登记是婚姻登记机关依当事人的申请,对当事人自愿达成的离婚协议予以认可的行政确认行为。所以,婚姻登记机关只对申请人提交的证明材料及离婚协议书有形式审查的职责,保证内容真实是申请人的法律义务。其次,法院作为纠纷的最终处理机关,应超越婚姻登记机关的形式审查,对据以登记的申请材料的真实性进行实质审查,但针对的是离婚登记申请人,而非婚姻登记机关。最后,法院应兼顾正义与秩序的平衡,决定是否撤销离婚登记。其中,要特别注意第三人在离婚登记后是否已再婚,以免造成法律上的重婚,不能为了维护个案的正义而使社会秩序遭到新的破坏。否则,不但不能使受害人得到公正判决,反而会造成新的不公正。因此,应当根据实际情况,谨慎地作出撤销离婚登记的判决。

林某某诉李某某离婚后财产纠纷案

【案情简介】[①]

再审申请人林某某与被申请人李某某于2009年3月23日订立离婚协议,其

① (2012)民申字第1497号。

中第3条约定：A、B、C、D四套房屋的产权归林某某个人所有；第4条约定：E商铺仍作为两人共有财产，暂不分割；第5条约定：其余财产（包括六家公司股权、住房地基使用权、位于上海××路的营业用房和位于成都的一套住房等房屋）全部归李某某个人所有。林某某与李某某在夫妻关系存续期间还购买了北京朝阳区的三套房屋及三辆小汽车，但未在离婚协议的财产分割条款中一一列举。对协议中未列举的上述财产，林某某认为未包含在离婚协议中，诉请再次分割，并提出二审将其诉请再次分割未列举财产的行为定性为对离婚协议中财产分割问题反悔而请求变更或者撤销该协议，属于认定事实和适用法律错误；同时，根据离婚协议，李某某分得夫妻共同财产约80%的份额，自己仅分得约20%，显失公平，故申请再审。

再审法院认为，首先，林某某承认离婚协议签订时其明确知道上述财产的存在。换言之，离婚时李某某并未隐瞒，说明离婚协议并非遗漏分割以上财产。其次，从离婚协议第5条约定中有关词句的字面意思来看，"其余财产"一词意指除第3条约定归林某某所有以及第4条约定暂不分割的财产外剩下的财产；"等"字后面并未缀有汇总列举财产的数量，意系列举未尽，而不是列举煞尾；"全部"一词意为剩下财产的总和，不仅包括该条约定中已列举的财产，还包括该条约定中列举未尽的财产。据此文义，北京朝阳区的三套房屋及三辆小汽车应解释为该款约定中"其余财产"的一部分，属于该款约定中列举未尽的财产。因此，二审判决认定以上财产实际已由离婚协议约定分割归李某某所有，并无不当。林某某诉请再次分割，实系对已经分割的财产反悔，且未提供充分有效的证据证明离婚协议订立时李某某存在欺诈、胁迫等情形。二审法院依照最高人民法院《关于适用〈中华人民共和国婚姻法〉若干问题的解释(二)》第8条第1款关于"离婚协议中关于财产分割的条款或者当事人因离婚就财产分割达成的协议，对男女双方具有法律约束力"以及第9条关于"男女双方协议离婚后一年内就财产分割问题反悔，请求变更或者撤销财产分割协议的，人民法院应当受理。人民法院审理后，未发现订立财产分割协议时存在欺诈、胁迫等情形的，应当依法驳回当事人的诉讼请求"之规定，判决驳回林某某的诉讼请求。二审适用法律及处理结果均正确。林某某申请再审，提出离婚协议未包括未列举的上述财产且显失公平，应予再次分割的理由，缺乏事实和法律依据，不能成立。法院裁定驳回林某某的再审申请。

【评析】

本案的关键问题在于确定申请人的上诉究竟是请求再次分割离婚协议遗漏的财产，抑或是请求变更或撤销离婚协议中的财产分割条款。前者是针对离婚协议中未处理的共同财产的再次分割，后者是对离婚协议中已处理的财产的重新分割。

再审法院审理后认定，申请人在签订协议时明确知道上述未列举财产的存在，根据协议的相关用词及其文义，确定不存在遗漏财产的问题。因此，再审法院将申请人的上诉行为界定为对已经达成的财产分割协议的反悔。如此，接下来要考虑的问题就是能否允许其反悔。应该明确，离婚协议一经登记就生效，双方都应依约履行，原则上不允许反悔。如果一方要求变更或者撤销协议，必须走诉讼程序，并且应举证证明在订立协议时存在欺诈、胁迫等导致其意思表示不真实的情形，或者存在其他应当变更或者撤销分割协议的情形。本案中，法院查明并排除了欺诈、胁迫等干扰申请人意思表示真实性的情况的存在。至于申请人提出的显失公平的理由能否成立，在判断时应非常谨慎。因为离婚协议中的财产分割条款不同于一般的交易合同，所以等价有偿原则并不适用。财产分割条款作为离婚协议的一个组成部分，是当事人双方基于对离婚相关问题的综合考虑和权衡后达成的协议，一般不能单纯以财产价值的多少作为认定显失公平的依据。所以，再审法院最终维持二审判决，裁定驳回林某某的再审申请。

思考题

1. 应该如何调整虚假离婚行为？
2. 我国登记离婚的条件是什么？
3. 如何理解我国的法定离婚理由？
4. 离婚率高企与自由离婚主义有何关系？
5. 如何看待关于现役军人离婚的规定？
6. 如何看待对男方离婚请求权的限制？

第六章　离婚的效力

离婚的效力，又称“离婚的法律后果”，是指离婚在当事人的人身关系、财产关系和亲子关系方面所引发的一系列变化。离婚的效力只能发生于婚姻关系正式解除之时：登记离婚的，发生于婚姻登记机关发给离婚证之时；调解离婚的，发生于当事人签收离婚调解书之时；判决离婚的，发生于离婚判决书生效之时。

第一节　离婚在当事人身份上的效力

离婚在当事人身份上的效力，是指基于配偶身份而产生的夫妻间人身方面的权利义务随婚姻关系的解除而消灭的法律后果。

我国婚姻法对离婚在当事人身份关系方面的效力并没有明确的规定。一般认为，离婚在当事人身份上的效力主要表现为：

(1) 配偶身份的丧失

男女自结婚之日起互为配偶，一旦他们的婚姻关系解除，最直接的后果就是彼此配偶身份的丧失，双方在法律上不再是夫妻。

(2) 当事人再婚的自由

一夫一妻是我国婚姻法的基本原则，有配偶者在配偶死亡或离婚前不得再行结婚。当婚姻关系因离婚而解除时，当事人恢复单身，获得再婚的自由，男婚女嫁，各听其便。

(3) 夫妻扶助义务的终止

夫妻间在生活中相互帮助、扶养是婚姻共同生活的必然要求，当婚姻关系因离婚而解除时，这种作为婚姻关系维系和保障的扶助义务也就失去了存在的基础和必要。离婚后，双方不再以夫妻身份承担对对方的扶助义务，任何一方不再享有要求对方扶助的权利，同时也不再负有扶助对方的义务。

(4) 配偶继承权的丧失

夫妻离婚后，彼此不得再以配偶的身份作为对方的法定继承人继承对方的遗产。

在外国婚姻法上，关于离婚在当事人身份上的效力一般还包括以下几个方面：

（1）同居义务的解除

夫妻同居是实现婚姻共同生活的必要前提。一些国家的法律明确规定夫妻互负同居的义务。当婚姻关系因离婚而解除时，夫妻同居的必要性及其依据不复存在，夫妻同居义务也就自然终止了。

我国《婚姻法》对夫妻同居义务未作明文规定，但依据约定俗成的婚姻惯例，夫妻同居应是婚姻存在的主要标志。因此，在双方离婚后，任何一方都不得强迫对方与自己同居。

（2）对再婚的限制

离婚后，当事人都有了再婚的权利和自由。但是，一些国家对再婚的权利也有一定的限制。例如，有的国家禁止相奸者结婚；有的国家虽不禁止相奸者结婚，但对于有通奸行为或其他过错行为的一方，禁止其在一定期间内再婚；有的国家对离婚妇女的再婚期有一定的要求，不许离婚妇女在一定期间内与他人结婚，以防子女血统的混乱。

（3）姓氏的恢复与保留

在强调夫妻应冠以同一姓氏的国家，离婚的效力还涉及当事人姓氏的恢复与保留问题。一般情况下，当事人因离婚而恢复其婚前的姓氏，但在特别情况下，也可保留对方的姓氏。例如，根据《法国民法典》第 264 条的规定，夫妻离婚之后，各自丧失使用对方姓氏的权利，但若能够证明继续使用对方的姓氏对其本人及子女均有特别益处的，经对方同意或法官批准，亦可保留使用对方的姓氏。

（4）日常家事代理权的消灭

许多国家的婚姻家庭法规定，夫妻就日常家庭事务的处理有相互代理的权利，当婚姻关系解除后，这种维系夫妻共同生活所必需的日常家事代理权也就当然消灭了。

我国《婚姻法》没有明确规定夫妻的日常家事代理权，但在有关的司法解释中已有所涉及。在司法实践中，应当认为，离婚后，任何一方在未经对方授权的情况下，不得再为对方从事任何代理行为。

（5）姻亲关系的终止

一些国家规定，夫妻离婚后，一方与对方亲属的姻亲关系因此终止。例如，《日本民法典》第 728 条规定："姻亲关系因离婚而终止。"值得注意的是，在有些国家的立法中，关于禁止近亲结婚的法律效力，于姻亲关系终止后继续存在。例如，《日本民法典》第 735 条规定，直系姻亲间不得结婚，即使在姻亲关系因离婚而终止后，亦不得结婚。

我国《婚姻法》没有规定姻亲关系，但习惯上认为，姻亲关系因离婚而终止。

第二节 离婚在当事人财产上的效力

离婚不仅终止夫妻间的人身关系，也终止彼此间的财产关系，并引发财产关系方面一系列的法律后果。

一、夫妻共同财产的分割

（一）夫妻共同财产的确定

离婚时，可供分割的财产只能以夫妻共同财产为限。因此，应首先确定夫妻共同财产的范围，将夫妻共同财产与夫妻的个人财产、子女的财产、其他家庭成员的财产区分开来。如果形成了全家共有的财产，应将其中属于夫妻共有的部分分析出来。不属于夫妻共有的财产不能被当作夫妻共同财产加以分割。

实践中，尤其要注意的是：其一，属于未成年子女的个人财产，父母只有监护权，不能视为夫妻共同财产。其二，在分割夫妻财产时，不能把属于国家、集体和他人所有的财产当作夫妻共同财产加以分割。其三，夫妻一方或双方因从事生产、经营等与他人形成共有财产关系的，离婚时应先依法分出属于夫妻共有的份额，以防止侵害他人的利益。只有严格分清财产的性质，才能保证在分割夫妻共同财产时合理维护离婚当事人和利害关系人的财产权益。关于确定夫妻共同财产范围的具体标准，我国《婚姻法》及相关的司法解释作了明确的规定（参见本书第四章第三节）。

（二）判决分割夫妻共同财产的原则

我国《婚姻法》第 39 条规定："离婚时，夫妻的共同财产由双方协议处理；协议不成时，由人民法院根据财产的具体情况，照顾子女和女方权益的原则判决。……"由此可见，离婚时对夫妻共同财产的分割首先应当由双方自行协商处理，这是对财产共有人享有的处分权利的尊重，体现了民法的意思自治原则。同时，由当事人按照自己的意志通过协商一致解决共同财产的分割问题，有利于财产问题的妥善解决。因此，如果当事人双方在平等的基础上达成了体现双方真实意思的财产分割协议，只要其内容不规避法律、不损害其他人的合法权益，该财产分割协议的效力就应该得到肯定。但是，需注意的是，夫妻双方达成的以登记离婚或者到人民法院协议离婚为条件的财产分割协议，如果双方协议离婚未成，一方在离婚诉讼中反悔的，该财产分割协议并没有生效。①

---

① 参见《解释（三）》第 14 条。

对于那些当事人双方协议不成的财产分割纠纷，应该由人民法院依法判决。根据《婚姻法》第39条以及有关的司法解释，人民法院在分割夫妻共同财产时，应贯彻下列原则：

第一，男女平等原则。男女平等是我国《婚姻法》的基本原则，体现在夫妻共同财产的分割上，就是不论双方收入多少，也不论性别的差异，夫妻双方对共同所有的财产有平等的所有权；离婚时，任何一方对共同财产都依法享有平等分割的权利。在农村和城市郊区，尤其要注意保障妇女在离婚时享有与男子平等的土地承包经营方面的权益。我国《婚姻法》第39条规定，夫或妻在家庭土地承包经营中享有的权益等，应当依法予以保护。然而，在广大农村和城市郊区，离婚妇女原在夫家取得的土地承包经营权、土地补偿收益权、集体组织中的股权和各种福利，往往得不到有效保护，成为这些地区妇女维权工作中的一个突出问题，应当引起重视和妥善解决。

第二，照顾子女和女方的合法权益原则。父母离异后，子女的生活会受到一定程度的影响。为了保证未成年子女的健康成长，尽量减少父母离异给他们造成的生活水平下降等问题，在分割夫妻共同财产时，首先要考虑子女抚养的需要，给予必要的照顾。其次，应根据实际情况，适当照顾女方的利益。目前，社会中男女事实上的不平等仍然存在，妇女的经济条件总体上弱于男子，且在实际生活中女方往往为家庭付出较多。因此，在财产分割上适当照顾女方的利益，有助于消除妇女在离婚问题上的经济顾虑，减少离婚给社会造成的负担。

第三，有利生产、方便生活原则。在分割夫妻财产时，应当本着"物尽其用"理念，立足于生产和生活的实际需求，力求充分发挥财产的效用和经济价值。对于夫妻共同财产中的生产资料，应分给有经营条件和能力的一方；对于一方从事职业或正当爱好所必需的工具、仪器、专业图书、收集的资料等，应分给需要的一方；对生活必需品，应考虑双方和子女的生活需要，分给需要的一方。因生产、生活需要分得财产的一方，应就超过其应得部分的财产价值给予对方相应的补偿。

第四，照顾无过错方原则。如果离婚是因夫妻一方的过错行为导致的，在分割夫妻共同财产时，应适当照顾无过错方，使其多分得一些财产，以弥补其因离婚所遭受的精神上的损害。有学者认为，我国已经建立了离婚损害赔偿制度，无过错方因离婚所遭受的精神损害可以通过离婚损害赔偿得以弥补，无须再以财产分割上的照顾予以救济。但是，我们认为，作为一种民事责任，可主张离婚损害赔偿的"过错"仅限于法定的几种行为，对除此以外的侵害配偶身份权益的过错行为都无能为力。照顾无过错方原则具有照顾性、原则性，"过错"范围在解释上可以更宽泛，给审理法院酌情衡平裁量保留了必要的余地。

第五,注意与相关法律、法规的协调原则。目前,一些家庭中夫妻共同财产的构成非常复杂,特别是涉及生产经营性的共同财产时,其分割的结果不仅事关离婚当事人的财产利益,还可能影响相关的生产经营实体的存续与发展。因此,当夫妻一方或双方是公司股东或企业的出资人时,法院在分割夫妻共同财产过程中,应注意与《公司法》《合伙企业法》《个人独资企业法》等法律、法规的协调,既要平衡保护离婚当事人的财产权益,也要维护生产经营实体的经营与发展。

(三) 分割夫妻共同财产的方法

夫妻共同财产一般应均等分割,但根据上述原则和财产的具体来源等情况,也可以作变通处理。在实践中,对共同财产的分割,一般应根据财产的具体状况和当事人的意愿,选择实物分割、价金分割和作价补偿等方法。财产适于实物分割的,可以进行实物分割;财产不适于实物分割或当事人不愿意实物分割的,可以将实物变卖,就所得价金进行分割;财产还可以归一方所有,对另一方作价补偿。根据有关规定,在审判实践中,对夫妻共同财产的分割一般采用以下方法:①

第一,分割夫妻未共同生活情形下的共同财产。夫妻分居两地,分别管理、使用夫妻共同财产的,在分割时,各自分别管理、使用的财产归各自所有。双方所分财产相差悬殊的,差额部分由多得财产的一方给另一方一定的补偿。已登记结婚但尚未共同生活期间一方或双方受赠形成的夫妻共同财产,应考虑财产来源、数量等情况合理分割。各自出资购置、各自使用的财物,原则上归各自所有。

第二,分割与生产经营有关的共同财产。(1) 属于夫妻共同财产的生产资料,可分给有经营条件和能力的一方。分得该生产资料的一方对另一方应给予相当于该财产一半价值的补偿。(2) 对夫妻共同经营的当年无收益的养殖、种植业等,离婚时应从有利于发展生产、有利于经营管理的角度考虑,予以合理分割或折价处理。(3)夫妻共同财产中以一方名义在有限责任公司或合伙企业中的出资份额,可以分给该方所有,该方应给予另一方相应的补偿。(4) 夫妻分割共同财产中的股票、债券、投资基金份额等有价证券以及未上市股份有限公司股份时,可以按市价分配;按市价分配有困难的,可以根据数量按比例分配。(5) 对以一方名义投资设立的独资企业中的共同财产,一方主张经营该企业的,对企业资产进行评估后,由取得企业一方给予另一方相应的补偿;双方均主张经营该企业的,在双方竞价基础上,由取得企业的一方给予另一方相应的补偿;双方均不愿意经营该企业的,按照《个人独资企业法》等有关规定办理。

① 参见最高人民法院《关于审理离婚案件处理财产分割问题的若干具体意见》《解释(二)》《解释(三)》等相关条文的规定。

第三，分割知识产权收益。作为夫妻共同财产的知识产权收益，是指婚姻关系存续期间，实际取得或者已经明确可以取得的知识产权的财产性收益。离婚时一方尚未取得经济利益的知识产权，归一方所有。在分割夫妻共同财产时，可根据具体情况，对另一方予以适当的照顾。

第四，分割夫妻共有的房屋。（此处略，见本节第二部分“住房问题的处理”。）

第五，分割军人夫妻的共同财产。分割发放到军人名下的复员费、自主择业费等一次性费用，应以夫妻婚姻关系存续年限乘以年平均值，所得数额为夫妻共同财产。所谓年平均值，是指将发放到军人名下的上述费用总额按具体年限均分得出的数额。具体年限为人均寿命七十岁与军人入伍时实际年龄的差额。

第六，分割一方继承的遗产。婚姻关系存续期间，夫妻一方继承的遗产除了被继承人在遗嘱中明确指定只归夫妻一方所有的以外，原则上都属于夫妻共有的财产。但是，在双方离婚时，若一方依法可以继承的遗产在继承人之间尚未实际分割，另一方不能请求分割这部分夫妻共同财产，须待继承人之间实际分割遗产后才能请求分割。

第七，分割养老保险金。婚姻关系存续期间，夫妻双方实际取得或者应当取得的养老保险金属于夫妻共同财产。但是，离婚时夫妻一方尚未退休、不符合领取养老保险金条件的，另一方不能请求按照夫妻共同财产分割养老保险金；婚后以夫妻共同财产缴付养老保险费的，离婚时一方可以请求将养老金账户中婚姻关系存续期间个人实际缴付部分作为夫妻共同财产分割。

（四）对妨害共同财产分割行为的处理

在司法实践中，存在离婚当事人一方用各种手段妨害夫妻共同财产分割的情况。例如，有的离婚当事人一方事先故意将属于夫妻共同所有的财产加以隐藏、转移、变卖、毁损，或者与第三人恶意串通伪造债务等。这些行为实际上是对另一方合法财产权利的侵害。行为人既有主观上的过错，又在客观上造成了损害结果，已构成财产方面的侵权。为此，对受害方应当予以法律上的救济，让行为人承担相应的法律责任。我国《婚姻法》第 47 条就规定：“离婚时，一方隐藏、转移、变卖、毁损夫妻共同财产，或伪造债务企图侵占另一方财产的，分割夫妻共同财产时，对隐藏、转移、变卖、毁损夫妻共同财产或伪造债务的一方，可以少分或不分。离婚后，另一方发现有上述行为的，可以向人民法院提起诉讼，请求再次分割夫妻共同财产。人民法院对前款规定的妨害民事诉讼的行为，依照民事诉讼法的规定予以制裁。”根据本条及司法解释的相关规定，[①]对上述妨害行为可以采取三项对策：其一，可以

① 参见《解释（一）》第 31 条。

在离婚分割夫妻共同财产时对行为人采取少分或不分的原则。其二，离婚后，被侵权一方可以向法院起诉，请求再次分割离婚前的夫妻共同财产。请求再次分割夫妻共同财产的诉讼时效为两年，从当事人发现侵权行为之次日起计算。其三，在离婚诉讼过程中，行为人的这类行为也是一种妨害和破坏民事诉讼程序的行为，人民法院为保证诉讼程序和执行活动的顺利进行，可以对其依法采取强制措施。

二、住房问题的处理

离婚案件中的住房纠纷一直是审判实践中比较普遍和棘手的问题。它不仅关系到双方当事人的切身利益，还涉及家庭其他成员的基本生活保障问题。因此，解决好离婚后的住房问题，是保障离婚自由、保护当事人和其他家庭成员合法权益的需要。在离婚案件中，当事人对离婚后的住房处理不能达成协议的，法院应坚持男女平等和保障妇女、儿童合法权益的原则，根据房屋的产权归属和双方的经济收入、实际需要等情况，实事求是、合情合理地予以解决。

（一）对私房的认定及处理[①]

第一，一方婚前个人所有的房屋，婚后虽由双方共同使用、经营或管理，但仍为夫妻一方所有的财产，不因婚姻关系的持续而转化为夫妻共同财产。双方另有约定的除外。

第二，婚后双方对婚前一方所有的房屋进行过修缮、装修、原拆原建，离婚时未变更产权的，房屋仍归产权人所有，而增值部分属夫妻共同财产，应由房屋所有权人将另一方应得的份额折价补偿给对方；进行过扩建的，扩建部分的房屋应按夫妻共同财产处理。

第三，由一方婚前承租、婚后用共同财产购买的房屋，房屋权属证书登记在一方名下的，应当认定为夫妻共同财产。

第四，一方婚前签订房屋买卖合同，以个人财产支付首付款并在银行贷款，婚后用夫妻共同财产还贷，该房屋登记于首付款支付方名下的，离婚时该房屋由双方协议处理。协议不成的，法院可以判决该房屋归产权登记一方，尚未归还的贷款为产权登记一方的个人债务。双方婚后共同还贷支付的款项及其相对应财产增值部分，应根据《婚姻法》第 39 条第 1 款规定的原则，由产权登记一方对另一方进行补偿。

第五，婚姻关系存续期间，双方用夫妻共同财产出资购买以一方父母名义参加

① 参见最高人民法院《关于人民法院审理离婚案件处理财产分割问题的若干具体意见》《解释(二)》《解释(三)》等相关条文的规定。

房改的房屋,产权登记在一方父母名下的,离婚时另一方不得主张按照夫妻共同财产对该房屋进行分割,但可以主张购买该房屋时的出资为夫妻共同债权。

第六,双方对共有房屋的价值及归属无法达成协议的,法院一般按以下情形分别处理:(1) 双方均主张房屋所有权并且同意竞价取得的,应当准许;(2) 一方主张房屋所有权的,由评估机构按市场价格对房屋作出评估,取得房屋所有权的一方应当给予另一方相应的补偿;(3) 双方均不主张房屋所有权的,根据当事人的申请拍卖房屋,就所得价款进行分割。

第七,婚姻存续期间居住的房屋属于一方所有,另一方以离婚后无房居住为由要求暂住的,经查实可据情予以支持,但一般不超过两年。无房一方租房居住经济上确有困难的,享有房屋产权的一方可给予一次性经济帮助。

(二) 对公房的认定及处理[①]

第一,夫妻共同居住的公房,具有下列情形之一的,离婚后双方均可承租:(1) 婚前由一方承租的公房,婚姻关系存续五年以上的;(2) 婚前一方承租的本单位的房屋,离婚时,双方均为本单位职工的;(3) 一方婚前借款投资建房取得公房承租权,婚后夫妻共同偿还借款的;(4) 婚后一方或双方申请取得公房承租权的;(5) 婚前一方承租的公房,婚后因该承租房屋拆迁而取得房屋承租权的;(6) 夫妻双方单位投资联建或联合购置共有房屋的;(7) 一方将其承租的本单位的房屋交回本单位或交给另一方单位后,另一方单位另给调换房屋的;(8) 婚前双方均租有公房,婚后合并调换房屋的;(9) 其他应当认定为夫妻双方均可承租的情形。

第二,对夫妻双方均可承租的公房,应依照下列原则予以处理:(1) 照顾抚养子女的一方;(2) 男女双方在同等条件下,照顾女方;(3) 照顾残疾或生活困难的一方;(4) 照顾无过错一方。

第三,由一方承租的公房,承租方对另一方给予适当的经济补偿;如其面积较大,能够隔开分室居住使用的,可由双方分别租住;对可以另调房屋分别租住或承租方给另一方解决住房的,可予准许。

第四,离婚时,一方对另一方婚前承租的公房无权承租而解决住房确有困难的,法院可调解或判决其暂时居住,暂住期限一般不超过两年。暂住期间,暂住方应交纳与房屋租金等额的使用费及其他必要的费用;若其另行租房经济上确有困难,承租公房一方有负担能力的,应给予一次性经济帮助。

(三) 对尚未取得完全所有权的房屋的处理

离婚时双方对尚未取得所有权或者尚未取得完全所有权的房屋有争议且协商

---

① 参见最高人民法院《关于审理离婚案件中公房使用、承租若干问题的解答》相关条文的规定。

不成的，法院一般不判决房屋所有权的归属，应当根据实际情况判决由当事人使用。当事人在取得完全所有权后，有争议的，可以另行向法院提起诉讼。[①]

三、夫妻共同债务的清偿

夫妻共同债务是指债权人可以请求夫妻双方共同清偿的债务。夫妻共同债务的清偿在婚姻的各个阶段都可能发生，但离婚意味着夫妻共同财产制度的结束和共同财产的分割，对夫妻共同债务的清偿影响较大。因此，我国现行《婚姻法》特别在“离婚”一章中规定了夫妻共同债务的清偿问题。

（一）夫妻共同债务的认定标准

《婚姻法》第41条规定：“离婚时，原为夫妻共同生活所负的债务，应当共同偿还。共同财产不足清偿的，或财产归各自所有的，由双方协议清偿；协议不成时，由人民法院判决。”这是关于离婚时如何认定并清偿夫妻共同债务的立法规定。事实上，关于夫妻共同债务的认定标准，我国司法实践中一直根据社会环境的变化进行相应的调整。

自2004年4月1日起施行的《解释（二）》第24条规定：“债权人就婚姻关系存续期间夫妻一方以个人名义所负债务主张权利的，应当按夫妻共同债务处理。但夫妻一方能够证明债权人与债务人明确约定为个人债务，或者能够证明属于婚姻法第十九条第三款规定情形的除外。”该条第1句确立了“形成于婚姻关系存续期间的债务即为夫妻共同债务”的推定规则。该推定规则出台的目的是防止夫妻双方恶意串通或通过离婚转移财产、逃避债务的侵害债权人利益的行为。但是，十几年后的今天，一方面，市场经济不断发展，婚姻期间夫妻一方与第三人形成债权债务关系的情形日益普遍。另一方面，在司法实践中，许多危机婚姻中的一方与第三人恶意串通虚构债务、损害另一方配偶利益的现象时有发生。《解释（二）》第24条的推定规则在实务中暴露的漏洞日益明显，也引发了一定的社会矛盾。

2017年2月28日，最高人民法院对《解释（二）》作出补充规定，在原第24条的基础上增加两款，第2款规定：“夫妻一方与第三人串通，虚构债务，第三人主张权利的，人民法院不予支持。”第3款规定：“夫妻一方在从事赌博、吸毒等违法犯罪活动中所负债务，第三人主张权利的，人民法院不予支持。”同时，最高人民法院还发出了《关于依法妥善审理涉及夫妻债务案件有关问题的通知》，强调审理法院应“结合当事人之间关系及其到庭情况、借贷金额、债权凭证、款项交付、当事人的经济能力、当地或者当事人之间的交易方式、交易习惯、当事人财产变动情况以及当事人

---

① 参见《解释（二）》第21条。

陈述、证人证言等事实和因素”，综合判断夫妻债务是否真实发生。鉴于虚构债务、违法债务本就不受法律保护，上述补充规定和通知只是重申和强调而已，并没有就夫妻共同债务的认定标准、举证责任等实质问题提供解决方案。

2018年1月8日，最高人民法院颁布《关于审理涉及夫妻债务纠纷案件适用法律有关问题的解释》(以下简称“新《解释》”)，就夫妻共同债务的认定标准作出调整，并对举证责任进行了重新分配。按照新《解释》，符合下列三种情形的夫妻债务，债权人可以按照夫妻共同债务请求清偿：(1)夫妻双方共同签字或者夫妻一方事后追认等共同意思表示所负的债务。这类共同债务的形成是夫妻双方共同意思表示的结果，债务的用途不影响债务的定性。(2)夫妻一方在婚姻关系存续期间以个人名义为家庭日常生活需要所负的债务。这类共同债务是以夫妻一方名义所负，所以要看负债的原因，原因仅限于“为家庭日常生活需要”。(3)夫妻一方在婚姻关系存续期间以个人名义超出家庭日常生活需要所负的债务，债权人能够证明该债务用于夫妻共同生活、共同生产经营或者基于夫妻双方共同意思表示的。这类共同债务也是以夫妻一方名义所负，且超出了家庭日常生活需要的范围，原则上不能被推定为夫妻共同债务，除非债权人能够证明该债务的用途是满足夫妻共同生活、共同生产经营之需，或者能够证明该债务是基于夫妻双方共同意思表示形成的。

显然，新《解释》确立的夫妻共同债务推定规则改变了之前《解释(二)》第24条第1款第1句确立的推定规则，更能兼顾债权人与夫妻双方的利益，可为各方当事人提供平衡保护。需要注意的是，新《解释》仅是对夫妻共同债务的推定以及举证责任分配等问题进行了细化和完善，并没有就夫妻共同债务作出全面系统的新规定。因此，之前的法律和其他司法解释中不与新《解释》规定冲突的有关规定仍应与新《解释》配套适用。

(二) 清偿夫妻共同债务的责任财产

凡被确定为夫妻共同债务的，就应由夫妻双方对债权人承担连带责任。离婚时，应先以夫妻共同财产偿还共同债务，然后分割剩余的共同财产。如果夫妻共同财产不足以清偿，或者双方是采用约定分别财产制而没有共同财产的，则应由双方以个人财产连带清偿。

至于共同债务在夫妻内部如何分担，应根据相关规定或双方协议而定。根据相关规定[①]，下列几项属于应由夫妻一方负责的债务：双方约定由一方承担的债务；一方未经对方同意，擅自资助与其没有扶养义务的亲朋所负的债务；一方未经

---

① 参见最高人民法院《关于人民法院审理离婚案件处理财产分割问题的若干具体意见》。

对方同意,独自筹资从事经营活动,其收入确未用于共同生活所负的债务;婚后因一方违法行为所负的债务;一方为个人挥霍享受所负的债务;等等。对于这几项债务,应由夫妻一方以其个人财产负责清偿。如果另一方的财产利益因此受到损失,可以向其请求补偿或追偿。另外,即使在共同债务尚未清偿之前,夫妻双方已经根据离婚协议或者离婚判决书、调解书分割完毕共同财产,债权人仍有权就夫妻共同债务向男女双方主张权利。一方就共同债务承担连带清偿责任后,可以基于离婚协议或者法院的法律文书向另一方追偿。

关于清偿婚姻存续期间以夫妻一方名义所负债务的责任财产的范围,法国作了区别规定。《法国民法典》第1413条规定,对于夫妻每一方在共同财产制期间所负的债务,无论其发生原因如何,均得就共同财产请求清偿。第1414条规定,仅在缔结的债务是依照第220条的规定,为了维持家庭日常开支或子女教育之目的时,夫妻一方的债权人始能对其配偶所得的收益与工资实施扣押。可见,根据《法国民法典》,只有针对日常家事代理范围内的单方负债,才可以将配偶一方的个人财产纳入清偿范围;而对于其他单方负债,只能就夫妻共同财产和夫妻内部举债一方的个人财产请求清偿,而不能波及另一方的个人财产。这种责任财产的细分对完善我国的相关制度不无借鉴意义。

四、离婚时的经济帮助

我国《婚姻法》第42条规定:"离婚时,如一方生活困难,另一方应从其住房等个人财产中给予适当帮助。具体办法由双方协议;协议不成时,由人民法院判决。"这条规定确立了离婚时的经济帮助制度。在实际生活中,有的当事人迫于离婚后的生活没有保障,不得不维系着已经死亡的婚姻。离婚自由对他们来说是不敢实践的权利。确立离婚时的经济帮助制度,对生活困难的一方给予经济上的帮助,目的就是消除生活困难一方在离婚问题上的经济顾虑,使他们敢于行使离婚自由的权利。因此,离婚时的经济帮助制度是我国《婚姻法》婚姻自由原则的具体体现。这一制度平等地适用于男女双方,但就其实际针对性而言,主要是为了帮助女方解决离婚时的生活困难。因为目前我国女性的经济地位整体低于男性,在家庭中,妻子的经济收入、挣钱能力普遍不及丈夫,所以离婚时有生活困难的一方以女方居多。因此,在实践中,这一制度的受益者主要是女性。

(一)经济帮助的性质

经济帮助不是夫妻扶养义务的延续。夫妻间的扶养义务以婚姻关系的存在为前提,而经济帮助发生于离婚时,即以婚姻关系的解除为前提。此时,双方的配偶身份已经消灭,夫妻间的扶养义务随之终止。对生活困难的一方给予经济帮助,并非延续夫妻间的扶养义务，而是法律上的一种救助手段。

经济帮助的目的是帮助离婚时生活有困难的一方渡过经济上的难关，并不是对一方在婚姻中的付出进行补偿，更不是为了制裁在离婚问题上有过错的一方。所以，应将经济帮助与离婚经济补偿制度、离婚损害赔偿制度区别开来。

经济帮助与夫妻共同财产的分割既有区别也有一定的联系。分割共同财产是夫妻双方对共同财产依法享有的权利。如果一方分割所得的财产足以维持其生活，另一方可不予经济帮助。但是，不能将两者混淆，不能用经济帮助来代替共同财产的分割，以防损害接受经济帮助的一方对夫妻共同财产应当享有的合法权益。

（二）经济帮助的条件

经济帮助是有条件的，必须同时具备下列条件，才能适用这项规定：

第一，要求帮助的一方确实有生活困难，并且本人无力解决，其个人财产及谋生能力不足以维持其基本的生活。例如，一方无劳动能力、无固定的生活来源等。一方离婚后没有住处的，也属于生活困难，这是现阶段司法实践中比较常见的经济帮助的原因。造成一方生活困难的原因很多，可能是身体上的原因，也可能是劳动技能缺乏或家庭拖累等。要求帮助必须有正当的理由，对有些当事人存在不劳而获、一味靠对方帮助的依赖思想必须给予批评。

第二，要求帮助的一方的生活困难存在于离婚时。经济帮助是有严格时间性的，仅限于用来解决离婚时的生活困难。如离婚时不困难，离婚后发生困难，则不予帮助。因此，这种帮助一般来说是临时的而不是长期的，但特殊情况除外，如一方年老体弱且未再婚。

第三，另一方有经济负担能力。提供帮助的一方必须有足够的经济负担能力，如果此时他（她）自己的生活也存在困难，是不可能要求其负担对方的生活的。因此，如果离婚时双方都有生活困难，就不能适用经济帮助的规定。

（三）经济帮助的方法

如果符合上述三个条件，生活困难的一方就有权请求对方给予离婚时的经济帮助。具体的帮助方式、时间等问题，首先应由当事人双方自行协议决定；双方如协议不成，可由法院判决。具体办法应视一方的困难程度和另一方的经济能力等因素而定，一般而言：

（1）离婚时，一方年轻、有劳动能力，生活上出现暂时困难的，另一方可给予短期的或一次性的经济帮助。

（2）双方结婚多年，一方年老病残、失去劳动能力而又无生活来源的，另一方应当在居住或生活方面给予适当的安排，必要时可给予长期的经济帮助。

（3）离婚时，一方以个人财产中的住房对生活困难者进行帮助的形式，可以是房屋的居住权或所有权。

(4) 在实施经济帮助期间,受帮助的一方另行结婚或经济条件改善的,帮助的一方可终止帮助。

(5) 原定经济帮助执行完毕后,一方又要求对方再给予经济帮助的,法院一般不予支持。当事人应自行解决生活困难,他方不再负有经济帮助的义务。

域外也有类似于我国的经济帮助制度。法国称为"补偿性给付",属于一次性给付,但在特殊情况下,权利人的年龄或健康使得其生活需要不能得到满足的,法官可以确定补偿性给付采用终身定期金的形式。德国、瑞士等称为"离婚后的扶养",一般采用定期金形式,特殊情况下才以一次性给付代替。法官在确定补偿性给付或离婚后的扶养时,应考虑双方离婚时的身体、经济等状况和将来可能的变化,以及婚姻持续时间、照顾共同子女的需要、一方为家庭所做的牺牲、双方的职业技能和发展前景等各种因素,综合评判。

五、离婚时的经济补偿

我国《婚姻法》第40条规定:"夫妻书面约定婚姻关系存续期间所得的财产归各自所有,一方因抚育子女、照料老人、协助另一方工作等付出较多义务的,离婚时有权向另一方请求补偿,另一方应当予以补偿。"这是《婚姻法》2001年修改后新增加的条文,是新中国婚姻立法史上首次确立的离婚经济补偿制度。

(一) 经济补偿制度的意义

经济补偿制度的确立,主要是为了肯定家务劳动的经济价值。因为与社会工作相比,家务劳动是没有直接经济收入的隐性劳动,它不能直接带来家庭财富的增加,但可以节约家庭开支,间接增加家庭财富。在实行夫妻共同财产制的家庭,从事家务劳动较多的一方依法享有对对方经济收入的共有权,在离婚时有权对共同财产进行分割。因此,在夫妻共同财产制下,夫妻一方的家务劳动得到了间接的承认。但是,如果夫妻采用约定分别财产制,付出家务劳动的一方就不能分享对方的经济收入,离婚时也不可能通过分割共同财产来体现自己家务劳动的价值,而另一方则已经在以往的共同生活中无偿地享受了对方的家务劳动成果,这就产生了不公平。为了修正分别财产制的这一缺陷,《婚姻法》特别规定,当采用约定分别财产制的夫妻离婚时,从事家务劳动较多的一方有权请求对方给予一定的经济补偿,以平衡当事人双方的财产利益。

经济补偿制度平等地适用于男女双方,但就其实际针对性而言,主要受惠的是广大妇女。因为受传统的"男主外、女主内"的夫妻分工观念的影响,在多数家庭中,从事更多家务劳动以及为抚育子女、照料老人、协助另一方工作等付出更多的往往是妻子。她们因此消耗了更多的时间和精力，失去了许多发展自身的机会，甚至在激烈的职场竞争中遭到淘汰。如果夫妻采用分别财产制，在离婚时，她们的这种付出或牺牲是无法通过其他途径得到补偿的，而经济补偿制度正好修补了这一缺陷。

（二）经济补偿的性质

经济补偿不同于离婚时的经济帮助，后者的目的是解决离婚时一方（多为女方）的实际生活困难，体现法律对经济上处于弱势一方的救济。经济补偿的目的是给予承担较多家庭义务的一方以物质上的补偿，体现法律在维护当事人利益上的公正。

经济补偿也不同于离婚损害赔偿，后者的目的是对无过错受害方的精神损害进行弥补，体现法律对过错方的责难和对无过错方的安抚。经济补偿不是为了弥补一方精神上的损害，而是补偿承担较多家庭义务一方的物质损失，体现法律上权利与义务的对等。

（三）经济补偿的适用条件

根据我国《婚姻法》第40条的规定，经济补偿的适用需符合以下三个条件：

第一，夫妻书面约定婚姻关系存续期间所得的财产归各自所有，即夫妻双方约定采用完全分别财产制并有书面证明。如果夫妻采用法定共同财产制，或者约定采用其他类型的夫妻财产制，则不能适用经济补偿的规定。这实际上限定了经济补偿制度的适用范围。

第二，一方在共同生活中对家庭承担较多义务。也就是说，经济补偿请求权的权利主体是在共同生活中对家庭承担较多义务的一方。经济补偿的目的是通过物质手段平衡夫妻之间的权利义务。如果当事人并未对家庭承担较多义务，或者双方对家庭的付出差不多，就没有进行经济补偿的必要。只有对家庭承担较多义务的一方才有资格请求对方给予补偿。对家庭承担较多义务的表现可以是抚养教育子女、赡养照料老人、支持协助另一方工作等。这种付出既包括钱物上的更多支出，也包括精力、体力或时间上的更多付出。

第三，于双方离婚之时。经济补偿只在双方离婚之时发生，即经济补偿请求权的行使时间仅限于离婚之时。如果双方没有离婚，配偶身份仍然存在，即使采用完全分别财产制，对家庭付出较多的一方也可以通过行使夫妻间的法定扶养请求权得到保障。一旦离婚，对家庭付出较多的一方将来的生活可能会受到影响，此时已不可能要求对方履行夫妻扶养义务了。所以，需要通过经济补偿的方法进行救济。

经济补偿制度的确立填补了我国婚姻法的一项空白，但将它限制在约定分别财产制下适用，使得其作用在实践中不能充分发挥。实际上，在夫妻共同财产制下,也有经济补偿制度的用武之地。比如,用夫妻共同财产供一方深造或培训,一方因此而获得的学位文凭、技术职称、职业证书等是无形资产。但是,我国现行法律并未将这类无形资产计入夫妻共同财产,在离婚时也不分割,使得这类由夫妻共同财产转化而成的无形资产成了一方的个人财产,并且对另一方无须补偿。目前,存在这类情形的离婚案件在实践中并非个案,在很大范围内产生了社会的不公平。如果能够将经济补偿制度引入夫妻共同财产制的离婚案件,无疑可以在一定程度上减少这一不公平现象。

关于经济补偿制度,一些国家是将其作为婚姻效力之一规定的。例如,《瑞士民法典》第 165 条规定,夫妻一方给予他方职业上、营业上的协助显著超过其对家庭生计应为之贡献者,或者以其个人财产用于家庭生计显著超过其应为之贡献者,得请求他方给付适当的补偿金。同时,考虑到从事家务劳动一方的收入来源受到影响,《瑞士民法典》第 164 条规定,料理家务、照顾子女或在职业上、营业上给予他方以协助的夫妻一方,得请求他方定期给付适当的金额,供其自由处分。这种不以离婚为条件、注重日常补偿的规定值得我国借鉴。

第三节 离婚损害赔偿制度

一、离婚损害赔偿制度的意义

因夫妻一方的重大过错导致婚姻关系破裂,无过错方因离婚而受到损害的,得向有过错的一方要求赔偿,称为“离婚损害赔偿”。离婚损害赔偿制度要求在处理离婚问题时,应该分清是非、明确责任,体现了法律的惩罚、保护和补偿的功效。作为一种救济手段,离婚损害赔偿制度在许多国家和地区的离婚法上都有规定。例如,《法国民法典》第 266 条规定,在因一方配偶单方过错而宣告离婚的情况下,因婚姻解除而遭受特别严重后果的另一方可以请求损害赔偿。我国台湾地区“民法”第 1056 条规定:“夫妻之一方,因判决离婚而受有损害者,得向有过失之他方,请求赔偿。”

近年来,我国离婚率呈逐年上升趋势,由于夫妻一方的过错如重婚、姘居、通奸、家庭暴力、虐待、遗弃等导致家庭破裂的离婚案件占有相当大的比例。为了贯彻保护婚姻家庭的宪法原则,更好地维护公民尤其是女性公民在婚姻家庭方面的合法权益,2001 年修改后的《婚姻法》第 46 条增加了有关离婚过错损害赔偿的规定,最高人民法院在司法解释中对此作了必要说明,两者共同构筑了我国的离婚损害赔偿制度。确立离婚损害赔偿制度有着积极的意义:

首先，它符合婚姻义务的本质要求。婚姻是男女双方以永久共同生活为目的的结合，一旦成立，当事人必须承担起维系婚姻所必需的义务，诸如相互忠实、相互扶助等。如果一方不但不履行这些义务，还实施重婚、虐待、遗弃等行为，则与婚姻的本质要求背道而驰，理应受到法律的制裁。所以，在离婚时责成重大过错方赔偿对方因此受到的损害，有利于抑制违背婚姻义务的过错行为，是婚姻义务的内在要求。

其次，它有助于离婚自由的充分实现。以往由于没有离婚损害赔偿制度，许多因对方的重大过错行为而使身心遭受严重损害的无过错方无法获得法律上的救济与抚慰，导致一些无过错方因无处发泄对对方不忠实等行为的怨恨，就抱着"同归于尽"的想法，明知双方感情确已破裂，却不肯离婚。这不仅使那些实质上已经死亡的婚姻得不到及时解除，也耽误了双方当事人重新寻求幸福生活的时间。离婚损害赔偿制度的确立，为遭受损害的无过错方提供了获得补偿的法律依据，使其怨愤借此得到一定的平息和消释，不必再以不离婚作为惩罚对方的手段，有助于减少实践中这类离婚的障碍，为离婚自由的充分实现创造有利环境。

最后，它是保障无过错方合法权益的必要措施。近年来，受多种因素的影响，我国婚姻家庭领域中的重婚、姘居、通奸、家庭暴力、虐待、遗弃等行为呈上升趋势，在离婚原因中占有相当大的比例。许多无过错方当事人的身心因此受到严重损害和摧残。这种损害仅通过离婚无法得到弥补。只有通过损害赔偿，才能使无过错方得到精神抚慰和财产补偿。离婚损害赔偿制度的确立，正好填补了我国离婚制度的这一空白，为维护无过错方的合法权益提供了有力的法律保障。

值得注意的是，离婚损害赔偿要以一方的特定过错导致离婚为前提，这一点可能与无过错离婚主义相冲突。因此，在从过错离婚主义向破裂离婚主义发展的今天，有的国家已不再承认离婚损害赔偿。例如，曾经作为离婚损害赔偿制度立法代表之一的《瑞士民法典》在2000年修订时就取消了这一制度，代之以在离婚后的扶养问题上体现对过错方的法律谴责。《瑞士民法典》第125条规定，离婚后享有扶养权利的一方，曾有严重违反供养家庭之义务或者对义务人或其密切关系人犯有重罪者，义务人得拒绝支付或减少支付扶养费。德国同样采取这种办法，体现对过错方的法律谴责，为无过错方提供一定救济。根据《德国民法典》第1579条的规定，离婚后享有扶养权利的一方对义务人或其近亲属实施了犯罪行为或严重的故意违法行为，或者权利人在分居前长期严重地违反其协助扶养家庭义务的，或者权利人对义务人犯有重大的错误行为的，即使在维护被托付给权利人照料或教育的共同子女的利益的情况下，向义务人提出请求仍会显失公平时，对扶养请求权必须予以拒绝、减少或在时间上进行限制。这些国家的做法对我国有很好的启示意义。

二、我国离婚损害赔偿的适用条件

我国《婚姻法》第46条规定："有下列情形之一，导致离婚的，无过错方有权请求损害赔偿：(一) 重婚的；(二) 有配偶者与他人同居的；(三) 实施家庭暴力的；(四) 虐待、遗弃家庭成员的。"根据该条规定和相关司法解释，请求离婚损害赔偿应同时符合以下条件：

第一，当事人双方具有法律认可的夫妻身份。目前，我国法律和司法实践认可的夫妻身份有两种：一是男女双方经结婚登记已取得结婚证的；二是1994年2月1日民政部公布实施《婚姻登记管理条例》以前男女双方已经符合结婚实质要件的事实婚姻。因此，凡男女双方未经结婚登记而同居生活，又不符合上述事实婚姻构成要件的，对于双方因分手而引起的纠纷，不适用离婚损害赔偿制度。

第二，夫妻一方实施了法定的违法行为。这一规定严格限制了离婚损害赔偿的适用范围。在通常情况下，离婚都有复杂的主、客观原因，而且夫妻双方往往都有主次不等的过错。但是，只有一方存在重婚、与他人同居、实施家庭暴力或虐待、遗弃家庭成员这四种法律规定的重大过错行为，才可以适用离婚损害赔偿制度。除此之外的其他过错行为，如通奸、赌博、吸毒等，都不是请求离婚损害赔偿的法定理由。

第三，因一方的上述法定过错行为而离婚。夫妻一方的上述违法行为必然严重伤害另一方的身心和双方的感情，在没有导致离婚的情况下，可以依据一般侵权行为的构成条件，成立其他赔偿请求权，如实施家庭暴力或虐待行为可以产生人身伤害赔偿请求权，遗弃可以产生抚育费请求权等。但是，作为离婚损害赔偿请求权前提的损害必须通过离婚表现出来。实际上，离婚本身就是对无过错方的巨大损害。这是离婚损害赔偿责任区别于一般民事责任的特殊构成要件。只有在因夫妻一方的上述违法行为导致离婚的情况下，离婚损害赔偿请求权才能产生。因此，凡是法院判决不准离婚的案件，对于当事人基于《婚姻法》第46条提出的损害赔偿请求，都不予支持；在婚姻关系存续期间，当事人不起诉离婚而单独依据该规定提起损害赔偿请求的，法院不予受理。

第四，请求权人无过错。这里所称的"无过错"不是指请求权人对离异没有任何过错，夫妻双方通常对离婚的发生都有程度不同的责任。但是，只要请求权人没有《婚姻法》第46条列举的四种违法行为之一，就可以行使离婚损害赔偿请求权。至于请求权人有无其他过错，并不妨碍其离婚损害赔偿请求权的享有和行使。因此，对"无过错"不能作扩大理解。如果双方都有《婚姻法》第46条列举的四种违法行为之一，则任何一方都不能要求对方赔偿损害。

三、离婚损害赔偿请求权的行使

（一）离婚损害赔偿的主体

离婚损害赔偿的权利主体仅限于无过错的配偶一方。虽然家庭暴力、虐待或遗弃行为的受害者不限于配偶对方，可以是其他家庭成员，但他们只能按照一般的民事侵权请求加害人赔偿，不能按照离婚损害赔偿制度请求赔偿。

离婚损害赔偿的责任主体仅限于有过错的配偶一方。在因一方重婚、与他人同居而离婚的情况下，插足的第三者是否也应承担赔偿责任，是理论界至今尚有争议的话题。有学者认为，重婚、与他人同居是第三者与配偶一方共同实施的，构成共同侵权，第三者应当共同承担赔偿责任。有学者则认为，婚姻以感情为基础，如果夫妻感情好，第三者难以插足，正是因为夫妻感情有裂缝，才给了第三者插足的机会。第三者插足不是夫妻感情破裂的原因，只是夫妻感情破裂的一种结果。因此，第三者插足不构成侵权，第三者不需要承担侵权责任。目前，最高人民法院的司法解释没有规定第三者是离婚损害赔偿的责任主体，仅将有过错的配偶一方确定为责任承担者，因此无过错方只能请求有过错方给予损害赔偿，而不能在离婚损害赔偿诉讼中将第三者列为共同被告。

（二）请求离婚损害赔偿的期限

离婚损害赔偿是法律赋予无过错方的一种权利，是否行使这一权利，完全听凭权利人自愿。人民法院审理离婚案件时不能主动干预，但应当将《婚姻法》第46条等规定中当事人的有关权利义务书面告知当事人，以便当事人了解法律规定，作出选择。根据最高人民法院的司法解释[①]，无过错方请求离婚损害赔偿有时间上的限制，应当区分以下不同情况：

第一，无过错方作为离婚案件的原告，基于《婚姻法》第46条的规定向人民法院提起损害赔偿请求的，必须与离婚诉讼同时提出。

第二，无过错方作为离婚案件的被告，如果在离婚诉讼案件中不同意离婚也未基于《婚姻法》第46条的规定提起损害赔偿请求的，可以在离婚后一年内就此单独提起诉讼。

第三，无过错方作为被告的离婚诉讼案件，一审时被告未基于《婚姻法》第46条的规定提出损害赔偿请求，而在二审期间提出的，人民法院应当进行调解，调解不成的，应告知当事人在离婚后一年内另行起诉。

第四，当事人在婚姻登记机关办理离婚登记手续后，以《婚姻法》第46条的规

---

① 参见《解释(一)》第30条。

定向人民法院提出损害赔偿请求的，人民法院应当受理。但是，当事人在协议离婚时已经明确表示放弃该项要求，或者在办理离婚登记手续一年后提出的，不予支持。

（三）离婚损害赔偿的范围

离婚损害赔偿的范围包括财产损害赔偿和精神损害赔偿。在因一方的违法行为导致离婚的情况下，无过错方往往有财产上的损失。这种财产上的损失既包括对方的过错行为直接导致的现有财产的减少以及为弥补损害而支出的财产等，也包括因离婚而支出的必要费用。从理论上讲，关于前一部分的财产损失的赔偿并非只能在离婚时提出，在婚姻关系存续期间也可以请求赔偿，真正要通过离婚损害赔偿予以补偿的财产损失十分有限。所以，离婚损害赔偿以精神损害赔偿为主，抚慰无过错方的精神痛苦是确立离婚损害赔偿制度的出发点。

关于离婚精神损害抚慰金数额的确定，可以适用最高人民法院于2001年3月8日颁布的《关于确定民事侵权精神损害赔偿责任若干问题的解释》中的有关规定。依照该解释第10条的规定，精神损害的赔偿数额根据以下因素确定：(1)侵权人的过错程度；(2)侵害的手段、场合、行为方式等具体情节；(3)侵权行为所造成的后果；(4)侵权人的获利情况；(5)侵权人承担责任的经济能力；(6)受诉法院所在地平均生活水平等。

第四节 离婚在亲子关系上的效力

一、离婚后的父母子女关系

离婚仅解除婚姻关系，不解除亲子关系。我国《婚姻法》第36条第1款规定："父母与子女间的关系，不因父母离婚而消除。离婚后，子女无论由父或母直接抚养，仍是父母双方的子女。"该规定表明，夫妻间的权利义务关系因离婚而消除，但父母与子女间的权利义务关系不因父母离婚而消除。这是因为，婚姻关系是男女两性的自愿结合，可以依法律程序而建立，也可以经法律程序而解除。亲子关系则不同。其中，自然血亲的父母子女间的权利义务关系在双方生存期间只有因送养子女而终止，其他人为手段都不能消除自然血亲的父母子女间的权利义务关系。拟制血亲的养父母与养子女以及形成了抚养关系的继父母与继子女间的权利义务关系虽然可以人为解除，但这种解除必须基于相关当事人间明确的终止父母子女间的权利义务关系的意思表示。养父母离婚或继父(母)与生母(父)离婚也不能当然终止拟制血亲的父母子女间的权利义务关系。至于父母与人工授精所生子女间的关系，按照相关司法解释，只要当初是夫妻双方一致同意进行人工授精的，即使相互之间无血缘联系，也视为父母与婚生子女间的关系。离婚后的父母与人工授精所生子女间的关系与离婚后的父母与婚生子女间的关系相同。总之，在婚姻关系存续期间，有关父母子女间的权利和义务的规定，完全适用于父母离婚后的父母子女关系。

为加强父母抚养教育子女的责任感和义务感，防止子女的合法权益因父母离婚而受到损害，我国《婚姻法》第 36 条第 2 款特别规定："离婚后，父母对于子女仍有抚养和教育的权利和义务。"因此，父母不能以离婚为借口拒绝履行抚养教育子女的义务，子女也不能以父母离婚为借口拒绝履行赡养扶助父母的义务。至于其他权利和义务，如父母子女间的遗产继承权等，同样也不因父母离婚而消灭。

值得注意的是，父母对子女的监护权也不因父母离婚而消除。父母离婚后，对未成年子女依然拥有平等的监护权。

二、离婚后子女随父母何方生活的问题

父母离婚后，不解除亲子关系，父母子女间的权利义务关系不变，但行使权利、履行义务的方式发生了变化。父母因离婚而分居，对未成年子女而言，首要的问题便是随父母何方生活。在实践中，这常常是离婚当事人发生激烈争执的问题，也是审判机关颇感棘手的问题。一些离婚父母出于自私心理，将孩子抚养问题作为砝码，与对方讨价还价，纠缠不休；有的将未成年子女当成包袱，双方都不愿抚养孩子。由于当前独生子女比较普遍，因此争相抚养子女的情况比较常见。

实际上，未成年子女只能被动地承受父母离异所带来的伤害。为了尽量减轻对孩子的这种伤害，在处理离婚后的父母子女关系问题上，父母应该将未成年子女的利益放在第一位考虑。在确定子女随父母何方生活的问题上，必须从有利于子女的健康成长、保障子女合法权益的原则出发，结合父母双方的抚养能力等具体情况妥善处理。

我国《婚姻法》第 36 条第 3 款规定："离婚后，哺乳期内的子女，以随哺乳的母亲抚养为原则。哺乳期后的子女，如双方因抚养问题发生争执不能达成协议时，由人民法院根据子女的权益和双方的具体情况判决。"最高人民法院在 1993 年 11 月 3 日发布的《关于人民法院审理离婚案件处理子女抚养问题的若干具体意见》（以下简称《子女抚养意见》）中对此作了具体解释。该意见为司法实践中确定子女随父母何方生活提供了标准和依据。

（一）哺乳期内子女的直接抚养问题

离婚后，哺乳期内的子女原则上由哺乳的母亲直接抚养。这一原则性规定是

完全符合子女利益的，有利于婴儿的健康成长。哺乳的母亲抚养哺乳期内的子女既是权利也是义务，不得推卸抚养婴儿的责任。至于哺乳期的时间，根据《子女抚养意见》的相关规定，可以理解为自孩子出生时起两年。

当母亲不宜或不能直接抚养婴儿时，可以改由父亲直接抚养，父亲不得推卸直接抚养的责任与义务。根据《子女抚养意见》第1条，两周岁以下的子女，一般随母方生活。母方有以下情形之一的，可随父方生活：第一，患有久治不愈的传染性疾病或其他严重疾病，子女不宜与其共同生活的；第二，有抚养条件不尽抚养义务，而父方要求子女随其生活的；第三，因其他原因，子女确实无法随母方生活的。

当然，在对子女健康成长无不利影响的前提下，父母双方也可以通过协议，决定两周岁以下的子女随父方生活。

（二）哺乳期后子女的直接抚养问题

关于哺乳期后的子女即两周岁以上的未成年子女由何方直接抚养，首先应由父母协议，协议不成的，由法院根据子女的权益和父母的实际情况判决。

根据《子女抚养意见》第3条，对两周岁以上的未成年子女，父方和母方均要求随其生活，一方有下列情形之一的，可予优先考虑：第一，已做绝育手术或因其他原因丧失生育能力的；第二，子女随其生活时间较长，改变生活环境对子女健康成长明显不利的；第三，无其他子女，而另一方有其他子女的；第四，子女随其生活，对子女成长有利，而另一方患有久治不愈的传染性疾病或其他严重疾病的，或者有其他不利于子女身心健康的情形，不宜与子女共同生活的。

父方与母方的条件基本相同，双方均要求子女与其共同生活，但子女单独随祖父母或外祖父母共同生活多年，且祖父母或外祖父母要求并且有能力帮助子女照顾孙子女或外孙子女的，可作为子女随父或随母生活的优先条件予以考虑。父母双方对十周岁以上的未成年子女随父或随母生活发生争执的，应考虑该子女本人的意见。因为他们已有一定的识别能力，尊重他们的意愿更有利于其健康成长。另外，如果条件许可，在对未成年子女的健康成长没有不利影响的前提下，也可以根据父母双方的协议，以轮流的方式抚养子女。在离婚诉讼期间，双方均拒绝抚养子女的，可先行裁定暂由一方抚养。

按照上述方法确定直接抚养方后，如果因主客观条件的变化，确有必要变更子女的直接抚养方的，可以由父母双方协议变更。协议不成，要求变更的一方起诉到法院的，如具备下列情形之一，法院应予支持：第一，与子女共同生活的一方因患严重疾病或因伤残无力继续抚养子女的；第二，与子女共同生活的一方不尽抚养义务或有虐待子女行为，或其与子女共同生活对子女身心健康确有不利影响的；第三，十周岁以上未成年子女，愿随另一方生活，该方又有抚养能力的；第四，有其他正当理由需要变更的。

值得一提的是，无论子女由哪一方直接抚养，父母双方都应本着对子女负责的精神，在抚养和教育问题上互相协商，共同履行应尽的责任。直接抚养子女的一方要求子女与另一方断绝关系，或不直接抚养子女的一方拒绝承担对子女的抚养教育义务，或因子女变更姓氏而拒付抚育费，诸如此类的行为都是违反《婚姻法》规定的。

三、夫妻离婚后子女抚育费的负担问题

离婚后，双方都有负担子女抚育费的义务。无论是直接抚养子女的一方，还是不直接抚养子女的一方，都有平等负担子女抚育费的义务。实践中，有不直接抚养子女的一方以子女不与自己共同生活为由拒绝支付子女的抚育费，或因对方变更子女的姓氏而拒付抚育费等，这些都是不履行法定抚养义务、侵害未成年子女合法权益的违法行为。我国《婚姻法》第 37 条第 1 款规定："离婚后，一方抚养的子女，另一方应负担必要的生活费和教育费的一部或全部，负担费用的多少和期限的长短，由双方协议；协议不成时，由人民法院判决。"这是关于夫妻离婚后子女抚育费负担问题的原则性规定。

（一）子女抚育费的确定

关于子女抚育费的数额、给付期限和给付办法，由父母双方协议确定；协议不成时，由人民法院判决。人民法院在处理具体案件时，应从保护子女合法权益的角度出发，根据子女的实际需要、父母双方的负担能力和当地的实际生活水平依法作出裁决，并将有关内容明确、具体地载入离婚调解书或判决书中。

1. 抚育费的数额

如果父母有固定收入，抚育费一般可按其月总收入的 20%至 30%的比例给付。负担两个以上子女抚育费的，可适当提高，但一般不得超过月总收入的 50%。无固定收入的，抚育费的数额可依据当年总收入或同行业平均收入，参照上述比例确定。有特殊情况的，可适当提高或降低上述比例。如果直接抚养方有能力单独承担子女的抚育费，经双方协议，可以由直接抚养方负担子女的全部抚育费。

2. 抚育费的给付期限

一般而言，抚育费的给付自夫妻离婚时起，至子女满 18 周岁为止。如果子女在 16 周岁以上不满 18 周岁时，以其劳动收入为主要生活来源，并能维持当地一般生活水平，父母可停止给付抚育费。对于不能独立生活的成年子女，父母仍应承担必要的抚育费。

3. 抚育费的给付方法

抚育费原则上应定期给付，通常以月、季度、年为时间单位。有固定收入的，可按月给付；农民等无固定收入的，可按收益季节或年度给付。有条件的，也可一次性给付。抚育费一般以现金给付，也可给付实物。一方无经济收入或者下落不明的，可用其财物折抵子女的抚育费。

（二）子女抚育费的变更

子女抚育费的变更是指子女抚育费数额的增减。我国《婚姻法》第 37 条第 2 款规定："关于子女生活费和教育费的协议或判决，不妨碍子女在必要时向父母任何一方提出超过协议或判决原定数额的合理要求。"离婚后，当子女的实际需要或父母双方的经济状况有所改变时，可以变更协议或裁决中原定的抚育费数额。子女抚育费的变更有增加、减少和免除三种情况。

1. 抚育费的增加

如果父或母有给付能力，在符合下列任何一种情形的情况下，子女可以要求增加抚育费：第一，原定抚育费数额不足以维持当地实际生活水平的；第二，因患病、上学等，实际需要超过原定数额的；第三，有其他正当理由应当增加的。

至于子女抚育费是否增加及增加多少，应当由当事人协议；协议不成时，由人民法院依法裁决。

2. 抚育费的减少和免除

在一定条件下，子女抚育费可以减少或免除。例如，直接抚养子女的一方再行结婚，继父或继母愿意负担继子女的生活费和教育费的一部或全部时，不直接抚养子女的一方给付的抚育费可酌情减少或免除。再如，负有给付义务的一方确有实际困难的，亦可通过协议或判决酌情减免。

值得注意的是，子女抚育费的减少或免除直接关系到子女的切身利益，所以在决定是否减免时必须慎重考虑、严格掌握。当然，减少或免除子女的抚育费，并不意味着可以减轻或终止父母对子女的抚育义务和责任。当减少或免除抚育费的条件消失时，如继父或继母不愿或无力负担该项费用，或者负有给付义务的一方经济状况有了显著改善时，父或母应当恢复给付，以保护子女的合法权益。

四、离异父母对子女的探望权

（一）确立探望权的意义

探望权又称"探视权"，一般是指不与未成年子女共同生活的父或母依法享有的看望未成年子女并与之交往的权利。从法理上讲，探望权是亲权的一项内容。这一制度的确立为离婚后父母探望子女提供了法律依据，因此许多国家和地区在立法上或法理上肯定这一制度。例如,《瑞士民法典》第 273 条规定:“无父母照护权的父母,或者不与其子女共同生活的父母,与未成年子女有相互请求保持适当的个人来往权。”《法国民法典》第 373-2-1 条规定,在亲权由父母一人行使时,只有存在重大原因,才能拒绝另一方对子女的探望权与留宿权。我国台湾地区“民法”第 1055 条规定:“法院得依请求或依职权,为未行使或负担(未成年子女监护)权利义务之一方酌定其与未成年子女全面交往之方式及期间。但其全面交往有妨碍子女之利益者,法院得依请求或依职权变更之。”值得一提的是,一些国家从子女最佳利益的角度出发,还将这种交往的权利赋予其他与子女有联系的亲属或第三人。例如,《德国民法典》第 1626 条第 3 款强调,与双亲的交往通常属于子女最佳利益。维持子女与其他人的联系有益于其发展的,子女与其他人的交往亦被认为属于子女最佳利益。第 371-4 条规定,子女有权与其直系尊血亲保持个人关系,只有子女本身的利益才能妨碍其行使这种权利。如果符合子女利益,家事法官得确定子女与第三人关系的方式,无论该人是否为亲属。

在我国,司法实践中屡屡发生的探望子女纠纷曾经是一大顽症。从法律上讲,父母与子女间的关系不因父母离婚而消除。离婚后,子女无论由父或母直接抚养,仍是父母双方的子女。然而,多年来,离婚后,父母双方在子女探望问题上的争执与纠纷相当普遍。造成这一矛盾的原因比较复杂。概括而言,一方面,这是当事人缺乏法律知识或法制观念淡薄所致。有些当事人错误地认为子女跟谁生活就是归谁所有,把子女当作私有财产,拒绝对方探望孩子;有些当事人因对方在支付抚育费方面不及时、不到位,便以不许对方探望子女要挟对方;也有些当事人以不许对方探望子女惩罚、报复对方,作为发泄心中怨恨的手段,企图斩断子女与对方的亲子感情。这些不理智的做法都会对子女幼小的心灵造成难以估量的伤害。一些离异家庭的子女长期生活在单亲家庭中,得不到父母双方的关爱,父母又在探望问题上争吵不休,使他们健康人格的形成受到很大影响。另一方面,这与我国长期以来在这一问题上的法律缺位有关。2001 年修改前的《婚姻法》对离异父母探望子女的问题无明文规定。1988 年 1 月发布的最高人民法院《关于贯彻执行〈中华人民共和国民法通则〉若干问题的意见》只是在第 21 条规定:“夫妻离婚后,与子女共同生活的一方无权取消对方对该子女的监护权。”但是,该条对所谓的监护权是否包含探望子女的内容并未进一步明确规定。因此,实践中碰到探望权受到侵害的情形,受害人往往得不到法律的救济,人民法院也难以受理并强制执行。

针对这种局面,2001 年修改的《婚姻法》首次对探望权作了明文规定,最高人民法院对相关问题又作了进一步的司法解释。探望权制度的确立,一方面,不仅可以满足不与子女共同生活一方的感情需要,也有助于满足子女得到相对完整的父爱与母爱的愿望，最大限度地减少因父母离异给他们带来的伤害，使他们得以健康成长；另一方面，为人民法院处理探望权纠纷提供了明确的法律依据，有助于预防和减少因探望子女问题而引发的纠纷，促进整个社会的稳定与和谐。

（二）探望权的行使

我国《婚姻法》第 38 条规定："离婚后，不直接抚养子女的父或母，有探望子女的权利，另一方有协助的义务。行使探望权的方式、时间由当事人协议；协议不成时，由人民法院判决。父或母探望子女，不利于子女身心健康的，由人民法院依法中止探望的权利；中止的事由消失后，应当恢复探望的权利。"这是《婚姻法》关于探望权的集中规定。该条表明，探望权的权利主体是离婚后不直接抚养子女的一方。至于子女的其他近亲属有无此项权利，理论界颇有异议。但是，目前的司法解释仅将探望权的权利主体规定为不直接抚养子女的一方。直接抚养子女的一方是探望权的义务主体，不仅负有不妨碍对方行使探望权的消极不作为义务，而且负有协助对方探望的积极义务。

关于探望权行使的方式和时间问题，首先应由父母共同协商确定，这样便于当事人根据各自和子女的实际情况作出妥善的安排，也有利于探望权的顺利行使和实现。父母无法就上述问题协商确定，引起纠纷的，探望权人可以向人民法院提出请求，由人民法院依法就探望权行使的方式和时间作出判决。对于《婚姻法》修改前人民法院作出的生效的离婚判决中未涉及探望权的，当事人可就探望权问题单独提起诉讼。

探望权的行使应遵循不损害子女合法权益的原则。确立探望权不仅是为了满足不与子女共同生活一方的感情需要，也是为了让离异家庭的子女尽可能多地得到父母双亲的爱，使他们形成完整、健康的人格。因此，父母行使探望权应以不给受探望的未成年子女的身心健康造成损害为前提，必须正当行使，不得滥用。比如，父母不能随心所欲地违反双方达成的协议或法院判决中确定的内容；每次都应按时结束探望或送回子女；不能利用探望的机会对子女灌输不利于对方的话语；更不能借口探望子女，干扰对方的生活及其新组成的家庭；等等。

（三）探望权的中止

探望权是基于父母身份和血缘联系而依法享有的身份权利，正常情况下不得被任意限制或剥夺。但是，如上所述，探望权的行使应遵循不损害子女合法权益的原则，如果与该原则背道而驰，就应对探望权的行使加以必要的限制。例如，《瑞士民法典》第 274 条规定，父母一方不得为任何损害子女与另一方关系或给照顾子女的人增加困难的行为。往来有害于子女利益或往来时违法义务或未认真关心子女,或者有其他重要原因时,得拒绝或剥夺其行使个人来往的权利。根据我国《婚姻法》第38条的规定,如果探望权人探望子女,不利于子女身心健康,则人民法院可以依法暂时停止其探望的权利。在现实生活中,"不利于子女身心健康"的情形主要有:探望权人患有严重的传染性疾病,可能危及子女健康的;探望权人患有严重的精神疾病,或对子女有实施家庭暴力或虐待等侵权行为倾向,可能危及子女安全的;探望权人的道德品质和作风特别恶劣,可能会对子女造成不良影响的;探望权人与子女的感情严重恶化,子女坚决拒绝其探望的;等等。

中止探望权是人民法院的职权,其他任何机关、任何人,包括利害关系人,都无权中止探望权人行使探望权。但是,利害关系人可以提出中止探望权的请求。根据《解释(一)》,有权请求中止探望权的人是未成年子女、直接抚养子女的父或母及其他对未成年子女承担抚养教育义务的法定监护人。人民法院在收到有关当事人的请求后,应当征询双方当事人意见,认为需要中止行使探望权的,依法作出裁定。

探望权的中止仅是暂时停止不直接抚养子女的父或母探望子女的权利,并不是从根本上剥夺这一身份权。因此,当中止探望权的事由消失后,应恢复不直接抚养子女的父或母的探望权。实践中,如果原有的不利于子女身心健康的情形消失,不直接抚养子女的父或母可以向人民法院申请恢复其探望权的行使,人民法院应予准许。

(四) 探望权的强制执行

探望权一般从双方协议或法院判决生效之日起便自动享有,任何个人或单位非经合法程序,不得阻挠当事人正当行使探望权。但是,在司法实践中,探望权的执行难已成为一个新的问题。一些直接抚养子女的父或母因种种原因,置当初达成的协议或法院判决于不顾,无中止理由却拒绝对方探望子女,甚至藏匿、转移子女。对这种侵害对方探望权的行为,首先应采用劝说教育的方法,使当事人认识错误,主动改正。在劝说教育无效的情况下,也可采取某些强制措施。我国《婚姻法》第48条规定,对拒不执行有关探望子女等判决和裁定的,由人民法院依法强制执行。有关个人和单位应负协助执行的责任。对拒不履行协助另一方行使探望权的有关个人和单位,可以采取拘留、罚款等强制措施。但是,必须注意,不能对子女的人身、探望行为进行强制执行。

♂♀ 典型案例

宋某某与雷某某离婚纠纷案

【案情简介】[①]

雷某某(女)和宋某某(男)于2003年5月19日登记结婚,双方均系再婚,婚后未生育子女。双方在2013年上半年产生矛盾,于2014年2月分居。雷某某于2014年3月起诉要求与宋某某离婚,经法院驳回后,双方感情未见好转。2015年1月,雷某某再次诉至法院要求离婚,并请求依法分割夫妻共同财产。一审法院查明,宋某某名下银行账户内原有存款37万元,来源于宋某某婚前房屋拆迁补偿款及其养老金,现尚剩余20万元左右(含养老金14322.48元)。截至2014年12月21日,雷某某名下银行账户余额为262.37元。2015年4月,一审法院作出判决:准予双方离婚;双方各自名下银行账户内的存款余额归各自所有,并对其他财产和债务进行处理。宋某某不服,提起上诉。二审法院进一步查明,雷某某于2013年4月30日通过ATM机转账及卡取的方式将其名下银行账户内的19.5万元转至案外人雷某齐名下。宋某某提出,该笔存款是其婚前房屋出租所得,应归双方共同所有,雷某某却在离婚之前将夫妻共同存款转移。雷某某提出该笔存款是其经营饭店所得收益,开始称该笔存款已用于夫妻共同开销,后又称用于偿还其外甥女的借款。但是,雷某某对其主张均未提供相应证据证明。2015年10月,二审法院作出判决:维持一审判决其他判项,增判雷某某支付宋某某12万元。

【评析】

本案争议的焦点在于夫妻共同财产的范围、一方当事人是否存在转移夫妻共同财产的行为以及对这种行为应如何处理?首先,宋某某婚前房屋拆迁款转化的存款,应归宋某某个人所有;宋某某婚后所得养老保险金,应属夫妻共同财产。其次,雷某某名下银行存款为婚姻关系存续期间的收入,应属于夫妻共同财产。雷某某私自将存款转至他人名下,又不能作出合理的解释。法院结合案件事实及相关证据,认定雷某某存在转移、隐藏夫妻共同财产的行为。有鉴于此,对雷某某妨碍夫妻共同财产分割的行为可以采取一定的制裁。故二审法院判决,宋某某婚后养老保险金14322.48元归宋某某所有;对于雷某某转移的19.5万元存款,由雷某某补偿宋某某12万元。

---

① (2015)三中民终字第08205号。

周某诉杜某离婚纠纷案

【案情简介】[①]

周某(原告)与杜某甲(被告)系夫妻。2003年,周某到北京学习、工作,杜某甲在此期间与一褚姓女子发生不正当关系,并生下一子杜某丙。2010年2月,被告亦搬到北京生活,原告念及多年的夫妻感情,对被告表示谅解,并于2011年5月将杜某丙接至北京共同抚养。2012年,原告因怀疑被告继续与褚姓女子保持不正当关系,向法院起诉要求离婚,被法院驳回。后双方夫妻关系并未得到改善,亦未共同生活。2013年7月,周某再次起诉离婚,并要求由被告及第三者共同支付其离婚损害赔偿10万元。法院判决双方离婚,并判决杜某甲支付周某10万元损害赔偿金。

【评析】

本案争议的焦点是双方的离婚是否由被告的出轨行为导致。若是,这种出轨行为是否适用离婚损害赔偿?被告在婚姻关系存续期间与第三者发生不正当关系并生下一子,虽然原告后来原谅了被告的过错,但不可否认,被告的行为在双方的婚姻上留下了深刻的伤痕,也动摇了原告对被告的信任基础。所以,虽时隔数年,但并不能排除双方的离婚是因被告的不忠行为所致。但是,本案中并未确定被告有与第三者同居的行为,而只是笼统地表述为"发生不正当关系"。假设被告仅是与第三者通奸,并不能适用离婚损害赔偿。但是,本案中双方通奸还生育了一子,对这种情况应否适用离婚损害赔偿颇值得思考。因为此种情形对原告的伤害与单纯的通奸毕竟不同,与法定的四种适用离婚损害赔偿的情形相比,也并非较轻。本案另一个值得关注的地方是,原告要求第三者与被告共同支付其离婚损害赔偿,但法院仅判决被告承担这一责任。能否要求第三者承担责任?要求第三者承担何种责任?这是颇值得思考的问题。

---

① (2013)任民初字第2666号。

张某诉郭某某探望权纠纷案

【案情简介】[①]

原告张某与被告郭某某原系夫妻。张某在妊娠期间发现郭某某与其他异性有暧昧关系,二人因此产生矛盾。张某与郭某某婚生之女小郭1岁时被诊断为运动发育迟缓,属一级伤残,二人矛盾加剧。此后,张、郭二人先后向法院起诉离婚,因张某处于哺乳期等原因均未获支持。2012年,郭某某再次向法院起诉离婚,张某也同意离婚,法院判决女儿小郭由父亲郭某某抚养。考虑到张、郭之间矛盾已严重激化,法院未支持张某的探望权请求。一审判决后,张某以探望女儿是母亲的法定权利等为由提出上诉,二审法院驳回上诉,维持原判。半年后,张某再次起诉要求探望女儿。在再审法院的主持下,原、被告达成协议,暂定原告每月第二周周日至女儿小郭住处进行探望,具体探望次数可随原、被告关系的改善逐步增加。为更好地解决矛盾纠纷,法院向当事人建议,可以设置社会探望监督人、亲属探望监督人。经原、被告一致认可,街道社工薛某某、被告阿姨葛某某分别担任探望监督人,后续探望中若发生争议,由探望监督人协助解决。原告遂主动申请撤诉,法院裁定准许。

案件审结后,法官与两名探望监督人一起至被告郭某某住处走访,在与被告及其家属深入沟通交流后发现,他们对法院的配合度、认可度大幅提升。出于对探望中可能产生新的矛盾的顾虑,法官当即请葛某某表态,承诺张某每次探望都到场监督,及时化解矛盾争议,消除双方的矛盾隐患,并与法官一起对郭某某及其家属进行有效的劝解。薛某某也告知郭某某家属,若结案后出现新的矛盾争议,可第一时间向其寻求帮助,她会利用植根社区、贴近群众的优势,确保矛盾争议第一时间化解。社会、亲属探望监督人的双重承诺,彻底打消了张某、郭某某及各自家属的顾虑并达成探望协议。法官与社工一起上门回访时,双方均表示探望权履行情况良好,双方关系大为改善。根据后续的跟踪,该案的执行情况正常,两家的关系已缓和。

【评析】

本案值得注意的有两个问题,一是离异父母对子女的探望权在何种情况下应该被中止,二是如何解决探望权判决执行难的问题。父母离婚对未成年子女的伤

---

① 案件来源:中国法院网,https://www.chinacourt.org/app/appcontent/2014/11/id/1490661.shtml,2018年9月15日访问。

害毋庸置疑。为减轻这一伤害,尽量维持子女与父母双方的情感交流是必要手段。但是,手段应服从其目的,若父母的探望因种种原因反而会加重对子女的伤害,则应暂停探望,等障碍消除或者配套措施跟进后再恢复父母的探望权。“调查难”“调解难”“执行难”是探望权纠纷审判实践中普遍面临的问题,如何有效解决这些棘手问题值得探索。本案引入探望监督人制度,有利于查明案件当事人及其家庭的真实情况,化解矛盾纠纷,体现司法公正公开,确保探望权人依法、合理行使探望权,从而保护未成年子女的合法权益,使他们能够在相对和谐的环境中健康地成长。

思考题

1. 离婚在当事人的人身关系上有哪些法律后果?
2. 离婚在当事人的财产关系上有哪些法律后果?
3. 离婚时分割夫妻共同财产的原则是什么?
4. 我国《婚姻法》规定的离婚的善后措施有哪些?它们之间有哪些区别?
5. 确立离婚经济补偿制度的意义及其适用条件是什么?
6. 适用离婚损害赔偿制度应注意哪些问题?
7. 离婚后应如何处理父母子女关系?
8. 你对完善我国探望权制度有何建议?

第七章 亲子制度

第一节 亲子关系概述

一、亲子关系的概念和种类

（一）亲子关系的概念

亲为父母，子为子女，父母子女是血缘关系中最近的直系血亲，构成家庭关系的核心。亲子制度即为调整父母子女之间关系的社会规范的总和，其中规定父母子女之间法律地位和权利义务关系的法律规范即为亲子法。在文明社会，亲子制度的核心部分便是这种以法律形式存在的亲子法。当今法律更多地用“父母子女”代替“亲子”的称谓，但在学理上“亲子”一词仍较多地被用来指称父母子女关系。

（二）亲子关系的种类

关于亲子关系的种类，古今中外的法律规定有所不同。传统亲子法理论以亲子关系发生的原因为标准，将亲子关系分为两大类：一类是基于出生的事实而形成的自然血统的父母子女关系，即亲生的父母子女；另一类是基于法律的拟制而形成的父母子女关系，即非亲生的父母子女。

在我国封建社会，出于宗祧继承、彰显名分等的需要，法律将父母子女关系划分为不同的类别，名目繁多。封建礼俗中一向有“三父八母”之说。根据《元典章》中“三父八母图”的记载，“三父”指三种继父，包括同居继父、不同居继父、从继母嫁之继父（即生父死后，继子随继母至其再婚家庭而结识的继父）；“八母”指嫡母（妾所生子女对父正妻的称呼）、继母（子女对生父后娶之妻的称呼）、养母（过继子女对嗣母的称呼）、慈母（子女在生母死后对抚养自己的父妾的称呼）、嫁母（子女对生父死后改嫁的生母的称呼）、出母（子女对被父休弃的生母的称呼）、庶母（妻所生子女对父妾的称呼）、乳母（对哺乳过自己的女性的称呼）。其中，嫡母、继母、养母、慈母视同亲母，其他的则仅与服制有关。在子女方面，也有嫡子（正妻所生之子女）、庶子（妾所生之子女）、奸生子（无婚姻关系男女所生之子女）、婢生子（主人与家用婢女所生之子女）、嗣子（为宗祧继承而过继的儿子）、养子（收养的子女）等之分。其中，嫡子的法律地位最高，当然地享有宗祧继承之权。我国古代社会以不同的称呼区分不同类型的亲子关系，目的在于区分他们在法律上的不同地位。

直至20世纪30年代，国民政府颁行的《中华民国民法典·亲属编》才吸收了外国(主要是大陆法系国家)亲子立法的经验，将父母子女关系划分为自然血亲和拟制血亲两类。前者又根据是否以合法婚姻为基础分为婚生父母子女关系和非婚生父母子女关系，后者即为养父母子女关系。

中华人民共和国成立后，废除了纳妾、宗祧继承等封建制度，实行男女平等、一夫一妻制，在亲子关系的法律调整上也发生了根本的变化。我国现行《婚姻法》将父母子女关系也分为两类：

(1) 自然血亲的父母子女关系。这是基于子女出生的事实而形成的、双方之间有最近的天然血缘联系的父母子女关系，包括生父母与婚生子女的关系、生父母与非婚生子女的关系。

(2) 拟制血亲的父母子女关系。这是基于出生以外的法律事实而形成的、由法律认可而人为设定的父母子女关系，包括基于收养行为而产生的养父母与养子女的关系、基于事实抚养行为而产生的继父母与受其抚养教育的继子女的关系。

随着现代人工生殖技术的发展，切断了生育与性行为联系的人工生育方法给亲子关系带来了新的变化，极大地冲击着以血缘关系为基础的传统亲子观念，同时也对传统的亲子法理论和制度提出了挑战。因此，当今的亲子关系按照发生的事实可以分为三个大类：第一类是基于自然生育的事实而形成的自然血统的父母子女关系；第二类是基于法律的拟制而形成的拟制血亲的父母子女关系；第三类是借助人工辅助生育技术而形成的父母子女关系。

二、亲子法的历史沿革

随着社会形态的不断更替，父母子女关系的内容也在不断地更新，以此为调整对象的亲子立法也随之变化和发展。在私有制社会中，亲子立法的发展大致可以分为以家族为本位的家族主义和以个人为本位的个人主义两个阶段。父系家族至尊地位的确立是人类进入文明社会的标志。为了维护父系家族的统治地位，当时的社会规范赋予父系家长绝对的权威，要求家庭成员必须绝对地服从家长的支配。所以，早期的亲权带有浓厚的家长权的痕迹，父母子女关系完全从属于宗族关系，亲子法受家族法的支配。这一时期的亲子法凸显的是“以家族为本位”的立法观念。欧洲进入中世纪以后，亲(父)权才逐渐真正地取代家长权，此时的父母子女关系也演变为以父母利益为中心的亲子关系。近现代资本主义国家的亲子立法转向“以个人为本位”，设置了亲权制度，规定了父母子女间的权利义务，其内容也从维护父母对子女的支配转向强调父母对子女的保护。同时，亲权也从片面地赋予父亲一方转向平等地赋予父母双方，并且亲权的性质也从单纯的权利演变为权利义务的统一体。

在我国古代，受宗法家族制度的影响，亲子关系以“孝道”为本，将“不孝”列为十恶之一，将“父为子纲”奉为天经地义，子女被视为父母的私产，没有独立的人格，处于绝对服从的地位。总体而言，我国奴隶社会和封建社会的亲子关系立法都奉行“家族本位主义”。20 世纪 30 年代，国民政府颁布的民法典大量借鉴了当时西方资本主义国家的立法内容，在亲子法方面引进了亲权制度，在法律上基本形成了以保障子女权益为原则、以父母子女间平等的权利义务关系为内容的亲子法立法模式。但是，受当时历史条件的局限，这一亲子法仍带有浓厚的以父母为中心的亲本位色彩。

中华人民共和国成立后，1950 年《婚姻法》专章规定了“父母子女间的关系”，确立了以保护子女合法权益为原则的父母子女间平等的权利义务关系。1980 年《婚姻法》继承了前法的原则和内容，并增加了相关规定，新型的社会主义亲子法律关系得到更进一步的完善。

第二节 亲 权

一、亲权概述

（一）亲权的概念

亲权是指父母对未成年子女在人身和财产方面进行管教和保护的权利和义务。

亲权制度的渊源可以追溯到罗马法的家父权和日耳曼法的保护权。亲权制度从产生之日起，便具有维护亲权人利益的特征。随着亲子观念的变化，亲权制度有了重大的发展。现代亲权已由过去的以父母对未成年子女的支配、控制权利为中心转为以父母对未成年子女的保护、抚育为中心，不仅仅表现为权利，更多地表现为义务，而且义务的色彩越来越浓。当代一些国家的亲子法在改革后用“父母照护权”来代替“亲权”一词，以淡化其权利的一面，突出其义务的一面。亲权的行使也由早期的单纯赋予父亲发展为父母双亲共同行使。同时，法律还规定了对父母违背职责或侵害子女利益的救济措施。

大陆法系国家多设有亲权（或父母照护权）制度，并在其民法典中作出较为详尽的规定。例如，《法国民法典》第 371-1 条规定：“亲权是以子女的利益为最终目的的各项权利和义务之整体。父母直至子女成年或者解除亲权，应当保护子女的安全、健康与道德，确保其教育，使子女能够得到发展，人格受到尊重。”《瑞士民法典》规定如下:父母照护权以服从于子女福祉为宗旨。子女在其成年前,应被置于父与母共同的父母照护权之下。父母应本于子女的利益,抚养和教育子女,并就子女行为能力所不能及的一切事项作出必要的决定。(第 296 条)子女应服从父母;非经父母同意,不得脱离家庭共同体。子女的姓氏由父母决定。(第 301 条)父母应依实际情况教育子女,促进和保护子女在体育、智育及德育方面的发展。(第 302 条)父母依法得为子女的代理人。(第 304 条)在父母因某些原因无力行使父母照护权、不关心子女或严重违反对子女应尽的义务时,儿童保护机构可以剥夺父母的照护权。(第 311 条)《日本民法典》第 818 条至第 824 条规定,父母拥有共同的亲权;亲权人对未成年子女有监护、教育的权利和义务,有居所指定、必要惩戒、职业许可的权利以及财产的管理权和代表权。该法典第 834 条规定,在亲权人滥用亲权或有显著劣迹时,家庭法院可根据子女及其监护人、监护监督人或检察官的请求,裁定停止亲权。

英美法系国家未单设亲权制度,而是将亲权纳入监护制度,父母是未成年子女的当然监护人。

(二) 亲权的基本特征

纵观当代各国的亲权立法,我们可以总结出亲权的基本特征:

首先,亲权是基于父母身份对未成年子女所享有的身份权利,以特定的人身关系为前提。不具有父母身份的人不得享有亲权。父母对成年子女不享有亲权。

其次,亲权是父母对未成年子女的权利和义务的统一。作为权利,亲权人可以在法律允许的范围内自主地决定采取何种措施管教、保护子女,自主地选择救济方式以救济其被侵害的亲权;作为义务,亲权人不得任意抛弃其亲权,不得任意将亲权人所负的养育、照管未成年子女的责任转嫁于他人,更不得以任何理由拒绝行使亲权。

最后,行使亲权的目的是养育和保护未成年子女。父母行使亲权的手段和方法应该遵循法律的规定,并服从于这一目的。当亲权被滥用时,法院可以依法剥夺父母的亲权。

二、亲权的内容

从当代各国的亲权立法中可以看出,亲权的内容相当广泛,既包括父母对未成年子女人身方面的权利义务,也包括父母对未成年子女财产方面的权利义务。

(一) 人身方面的主要亲权

1. 抚养教育权

亲权人对未成年子女有抚养教育的权利和义务,应在经济上、物质上为子女的生活提供保障。同时,亲权人应在品德、学业等方面对未成年子女进行全面培养,使其身心健康地成长。

2. 住所指定权

未成年子女应以亲权人的住所为住所。非经亲权人允许,未成年子女不得擅自离开亲权人为其指定的住所,以确保未成年子女拥有安全、稳定的生活环境。

3. 命名权

父母对未成年子女使用何种姓氏和名字有决定权。父母可以根据法律规定或双方的协商,选择未成年子女的姓氏和名字。

4. 管束保护权

亲权人对欠缺行为能力的未成年子女有进行必要的管教和束缚的权利,以防止其对他人和社会造成伤害。在未成年子女不服从父母管教时,亲权人有权在法律允许的范围内对子女进行适当的惩戒。同时,亲权人也应采取有效的措施,对未成年子女的身心健康和生命安全行使保护权,以排除来自外界的伤害。

5. 子女返还请求权

当未成年子女被人非法扣留、隐匿、诱骗或拐卖时,亲权人有权要求司法机关追究不法行为人的责任,并强令其归还未成年子女。

6. 身份行为及身上事项的代理权和同意权

例如,就涉及未成年子女的认领、婚生否定等身份行为,亲权人可以行使代理权;就未成年子女的结婚、离婚等身份行为,亲权人可以行使同意权;对于事关未成年子女的医疗、休学、从业等身上事项,亲权人可以行使同意权。

(二) 财产方面的主要亲权

1. 管理权

亲权人对未成年子女的财产享有以占有、保存、利用、改良为主要内容的管理权。亲权人在行使这一管理权时,应尽到相当的注意义务。

2. 用益权

亲权人在不损害财产的价值、效用和不改变财产归属的前提下,可以对未成年子女的财产合理地支配、利用并获取收益。许多国家要求这种收益尽量用于该未成年子女的抚养和教育,或用于偿付因抚育子女所欠的债务。

3. 处分权

亲权人对未成年子女的财产不享有所有权,因而原则上不得处分未成年子女的财产。但是,为了子女的利益和需要,允许父母依法处分未成年子女的财产。例如,《瑞士民法典》第320条规定,为了支付子女的抚养、教育或职业培训的费用之需,父母可以经儿童保护机构的许可,动用子女的财产。

4. 法定代理权和同意权

亲权人是未成年子女的法定代理人。对涉及限制行为能力的未成年子女的财产行为，亲权人享有同意权，也可以实施代理；对涉及无行为能力的未成年子女的财产行为，或超越其行为能力范畴的限制行为能力的未成年子女的财产行为，亲权人享有法定的代理权。

三、亲权的行使

（一）亲权人

1. 婚生子女的亲权人

婚生子女的亲权人一般可分为以下三种情况：一是在父母婚姻关系存续期间，一般规定亲权人是父母双方。二是在父母一方死亡（或宣告死亡）或者被宣告为无民事行为能力人或限制民事行为能力人时，一般规定另一方为亲权人。三是在父母分离的情况下，一般规定父母双方仍然都是亲权人，不过此时亲权的行使方式可能有所改变；出于保护子女利益的必要，一些国家也允许法院将亲权交由父母一方行使。

2. 非婚生子女的亲权人

各国的立法普遍确认非婚生子女的生母是当然亲权人。例如，《瑞士民法典》第 298 条、《德国民法典》第 1626a 条都规定，在非婚生子女的父母没有共同声明的情况下，由母亲享有父母照顾权。至于非婚生子女的生父能否享有亲权，依非婚生子女是否被认领或准正而定。生父未对非婚生子女进行认领的，一般不享有亲权。生父对非婚生子女进行认领的，有的国家规定生父可就此享有亲权；有的国家还要求生父具备其他条件才能享有亲权，如根据《日本民法典》第 819 条，此时还需由父母双方的协议或家庭法院的裁判来确定生父为亲权人。

3. 养子女的亲权人

关于养子女的亲权人，一般适用婚生子女的亲权人规则。

（二）亲权的行使原则和方法

首先，父母行使亲权应以保护未成年子女的利益为宗旨，禁止滥用亲权。这是现代亲权制度的根本目的，也是行使亲权应遵循的首要原则。

其次，父母行使亲权时应尽到与处理自己的事务同样的注意义务。例如，《德国民法典》第 1664 条规定，父母在进行父母照顾时，只需以其通常在自己的事务上所尽到的注意义务对子女负责任。

最后，父母双方应共同行使亲权。在双方意见有分歧时，多数国家规定，由亲权人在平等的基础上协商；协商不成的，由裁判机关根据子女的利益裁决。例如，根据《德国民法典》第 1627 条、第 1628 条的规定，父母应以自己的责任和相互之间的协商一致为子女的最佳利益而行使父母照顾权，在发生意见分歧时，必须尝试取得一致；不能取得一致，而此事又对子女意义重大的，经父母一方申请，家庭法院可以将决定权判归一方。当一方有行使亲权的障碍时，如失踪、丧失行为能力等，亲权由另一方单独行使。在父母分离的情况下，一般规定父母双方仍然都是亲权人。但是，对于此时亲权是否仍由双方共同行使，各国有不同的立法例。有的国家规定改由一方单独行使，如《日本民法典》第 819 条规定，父母协议离婚的，应通过协议确定一方为亲权人；诉讼离婚的，由法院确定一方为亲权人。有的国家则仍然允许双方共同行使，如《法国民法典》第 373-2 条规定，父母分离对行使亲权的转移规则不产生影响。父母双方均应当与子女保持个人关系，并尊重子女与另一方的关系。

四、亲权的中止、丧失与消灭

（一）亲权的中止

亲权的中止是指因不可归责于亲权人的原因，致使亲权人难以或无法行使亲权，所以暂停其亲权的行使，待相关事由消失后，仍恢复其亲权行使的制度。

亲权中止的原因可以分为事实上的原因和法律上的原因。其中，事实上的原因包括：父母患病、长期外出、下落不明等。法律上的原因包括：父母被宣告为无民事行为能力人或限制民事行为能力人；父母双方或一方被宣告失踪；父母离婚时确定由一方行使亲权；亲权人通过送养将其对未成年子女的人身和财产上的权利义务依法全部转让给收养的人或机构，自己不再享有对子女的亲权；等等。

（二）亲权的丧失

亲权的丧失是指因可归责于亲权人的原因，致使亲权人不宜继续行使亲权，所以依法宣告暂停其亲权的行使，待相关事由消失后，仍恢复其亲权行使的制度。这在理论上又称为"亲权的剥夺"。引起亲权丧失的原因是，亲权人违反了亲权行使的目的或原则，对未成年子女的利益造成或可能造成严重的损害，主要有四种情况：一是亲权人严重滥用对未成年子女的人身照护权，如教唆子女犯罪、虐待或过重惩戒子女等，或对未成年子女实施了犯罪行为，严重侵害了未成年子女的人身权利；二是亲权人严重滥用对未成年子女的财产照护权，严重损害未成年子女的财产利益；三是亲权人无正当理由拒不行使亲权或懈怠行使亲权，致未成年子女得不到应有的照护；四是亲权人有不良习气、品行不端，对未成年子女造成严重不利的影响。

需要指出的是，亲权丧失的法律后果是暂时停止亲权人行使亲权，可以是整体剥夺亲权人人身和财产上的亲权，也可以是仅剥夺其人身或财产一个方面的亲权。

但是，亲权人对未成年子女所负的抚养义务并不就此被免除，仍须支付子女的各项抚育费。另外，丧失亲权一般并不当然剥夺亲权人的探视权，在不危害子女的前提下，允许其探望、会见自己的未成年子女。

（三）亲权的消灭

亲权的消灭是指基于法定事由的出现，亲权无须履行或不能履行，从而使亲权归于消灭。与亲权的中止、丧失不同的是，亲权的消灭不存在恢复的问题。

引起亲权消灭的原因主要有：(1) 子女已经成年或死亡，此时亲权的相对人已不存在，亲权已无存在的必要；(2) 父母死亡，亲权因主体的消灭而消灭；(3) 收养关系解除，此时养父母的亲权消灭。

我国目前尚无“亲权”的法律概念，现行《婚姻法》第 23 条关于“父母有保护和教育未成年子女的权利和义务”的规定被学术界普遍认为是类似于亲权的原则性规定。但是，我国毕竟尚未建立起完善、系统的亲权制度，实际生活中出现的相关问题尚无法可依。因此，许多学者建议建立符合我国国情的亲权制度，以填补立法上的空缺，顺应当代家庭生活的实际需要。

第三节　父母子女

一、父母子女间的权利和义务

我国《民法总则》第 26 条规定：“父母对未成年子女负有抚养、教育和保护的义务。成年子女对父母负有赡养、扶助和保护的义务。”第 27 条第 1 款规定：“父母是未成年子女的监护人。”《婚姻法》第 21 条规定：“父母对子女有抚养教育的义务；子女对父母有赡养扶助的义务。父母不履行抚养义务时，未成年的或不能独立生活的子女，有要求父母付给抚养费的权利。子女不履行赡养义务时，无劳动能力的或生活困难的父母，有要求子女付给赡养费的权利。禁止溺婴、弃婴和其他残害婴儿的行为。”第 23 条规定：“父母有保护和教育未成年子女的权利和义务。在未成年子女对国家、集体或他人造成损害时，父母有承担民事责任的义务。”第 24 条第 2 款规定：“父母和子女有相互继承遗产的权利。”上述规定是规范和调整我国父母子女关系的基本原则和法律依据。

（一）父母对子女的抚养教育义务

1. 父母对子女的抚养义务

抚养是指父母在物质上供养子女、在日常生活中照料子女。这是子女正常生活、健康成长的客观需要和物质保障。

父母对未成年子女的抚养义务是无条件的。从子女出生时起,至成年时止,父母对子女负有不可推卸的抚养义务和责任。父母对成年子女的抚养义务则是有条件的。一般情况下,父母对子女的抚养义务至子女成年时止,已经成年的子女一般不能再要求父母对其进行抚养。但是,考虑到有些成年子女确实有正当理由不能独立生活,所以法律仍要求父母对这种成年子女承担一定的抚养义务。当然,《婚姻法》第21条规定的“不能独立生活的子女”是有限制的,这在有关的司法解释中已经进行了明确的界定,是指“尚在校接受高中及其以下学历教育,或者丧失或未完全丧失劳动能力等非因主观原因而无法维持正常生活的成年子女”[①]。

父母双方都必须承担对子女的抚养义务,不得以任何理由推诿、懈怠。即使父母离婚,也不能改变父母双方对子女的抚养义务。当父母不履行抚养义务时,未成年的或不能独立生活的成年子女有权向父母索要抚养费。对拒绝抚养并且情节恶劣、构成犯罪的父母,应依法追究其刑事责任。

2. 父母对子女的教育义务

教育是指父母在德、智、体等方面对子女进行培养和引导。父母是子女的第一任老师,他们的言传身教对子女有着潜移默化的作用,承担对子女的教育义务是他们义不容辞的责任。父母应帮助子女树立正确的人生观,培养子女良好的品德,使其身心健康地成长。父母应积极地为子女提供接受学校教育的条件和机会,鼓励和帮助子女学习科学文化知识,熟练掌握劳动技能,使其成为对社会有用、能自食其力的人。我国《未成年人保护法》规定:(1) 父母或者其他监护人应当以健康的思想、良好的品行和适当的方法教育和影响未成年人,引导未成年人进行有益身心健康的活动,预防和制止未成年人吸烟、酗酒、流浪、沉迷网络以及聚赌、吸毒、卖淫等行为。(2) 父母或者其他监护人应当尊重未成年人受教育的权利,必须使适龄未成年人依法入学接受并完成义务教育,不得使在校接受义务教育的未成年人辍学。

3. 父母有保护未成年子女的权利和义务

保护是指父母对未成年子女的人身、财产和其他合法权益,应采取有效的措施使其免遭外界的损害。

法律赋予父母保护未成年子女的权利和义务,是为了有效地保障未成年子女的身心健康和财产安全。未成年子女在法律上是无行为能力人或限制行为能力人,他们缺乏对事物的正确理解和处理能力。作为未成年子女的监护人和法定代理人,在未成年子女的人身、财产和其他合法权益面临损害时,父母有权采取必要

① 《解释(一)》第20条。

的措施以防止和排除损害。对于针对未成年子女合法权益的不法侵害,父母有权代理其提起诉讼、请求赔偿。

同时,作为未成年子女的监护人,当未成年子女对国家、集体或他人造成损害时,父母也应当承担民事责任。当已独立生活的成年子女对国家、集体或他人造成损害时,原则上应由其本人负责,父母不再承担上述责任;如其本人无经济能力,经调解可由其父母代为赔偿或由其本人延期支付。

(二)子女对父母有赡养、扶助和保护的义务

赡养是指子女对父母的供养,即在物质上和经济上为父母提供必要的生活条件。扶助是指子女对父母在精神上的安慰和生活上的照料。

凡是有赡养扶助能力的成年子女,不分男女,不论已婚或未婚,不论是否与父母居住在一起,都必须履行这一义务。我国《老年人权益保障法》规定:(1)赡养人应当履行对老年人经济上供养、生活上照顾和精神上慰藉的义务,照顾老年人的特殊需要。(2)赡养人对患病的老年人应当提供医疗费用和护理。(3)赡养人应当妥善安排老年人的住房,不得强迫老年人居住或迁居条件低劣的房屋。老年人自有的或者承租的住房,子女或者其他亲属不得侵占,不得擅自改变产权关系或者租赁关系。老年人自有的住房,赡养人有维修的义务。(4)赡养人有义务耕种或者委托他人耕种老年人承包的田地,照管或者委托他人照管老年人的林木和牲畜等,收益归老年人所有。(5)赡养人应当关心老年人的精神需求,不得忽视、冷落老年人。与老年人分开居住的赡养人,应当经常看望或者问候老年人。[①] 成年子女作为老年父母的法定赡养扶助义务人,必须自觉、积极地履行义务,保障年迈的父母有一个稳定的生活环境,真正做到老有所养、老有所依,使父母能够安度晚年。

成年子女赡养扶助父母是法定的义务,是无期限的,不得附加任何条件。子女不得以放弃继承权或者其他理由,拒绝履行赡养义务。和父母同居生活的子女,应依法履行赡养扶助的义务;和父母分居生活的子女,应根据父母的实际需要和自己的负担能力,给付适当的赡养费。如有多个子女,则应根据每个子女的具体经济状况,共同负担赡养费。

赡养费的标准,一般不应低于子女本人或当地的平均生活水平。赡养费的支付方法,可根据权利人和义务人的具体情况而定。子女有固定收入的,可按月或定期给付现金;无固定收入的,可按收益季节给付现金或实物。

当子女有条件履行赡养父母的义务而不履行时,无劳动能力的或生活困难的父母有要求子女付给赡养费的权利。因索要赡养费而发生纠纷的,可由有关部门

① 参见我国《老年人权益保障法》第二章。

进行调解,也可经人民法院依诉讼程序处理。成年子女有赡养能力却拒绝赡养的,构成遗弃,情节严重的,应依法追究其刑事责任。

与赡养相比,扶助侧重于满足父母精神方面的需求。无力承担赡养义务或父母不需要子女支付赡养费的,子女仍需履行扶助的义务,使父母在精神上得到慰藉,在感情上得到寄托,在生活上得到关心和照顾。一直以来,我们在实际生活中比较强调子女对父母的经济赡养,而忽视了子女对父母的精神赡养。实际上,那种只付给赡养费,但对父母晚年生活不闻不问,不履行扶助义务的做法,是违背立法精神的。我们相信,今后随着老年父母经济条件的普遍提高,精神赡养将会日益受到社会和家庭的重视。

另外,成年子女对年迈的父母负有保护其免受危害或侵害的义务。对丧失部分或全部行为能力的父母,成年子女作为监护人,应当保护其人身和财产的安全。

(三) 父母和子女有相互继承遗产的权利

父母和子女是最近的直系血亲,相互间有着极为密切的人身关系和财产关系。根据我国《继承法》的规定,子女和父母互为第一顺序继承人。父母与婚生子女、非婚生子女,养父母与养子女,继父母与形成了抚养教育关系的继子女间,均互有继承遗产的权利。

二、婚生子女

(一) 婚生子女的概念

将子女区分为婚生与否,是对生育行为的社会学意义的判断。自从文明社会建立规范婚姻家庭的法律制度以来,两性的生育行为就有了婚内与婚外之分,随之也就产生了婚生子女与非婚生子女的区分。值得注意的是,当代一些国家亲子立法的改革本着平等保护原则,取消了“婚生子女”与“非婚生子女”的提法,统称“亲生子女”。但是,在确立亲子关系的方法上,两者仍存在一定的区别。

广义上的婚生子女,是指在父母婚姻关系存续期间受胎或出生的子女。综观各国、各地区立法关于子女婚生性的法定标准,概括起来大致可分为两种立法例:一是宽松主义,即只要子女受胎或出生的时间有一个是在父母婚姻关系存续期间,均可取得婚生子女的身份。例如,《法国民法典》第 312 条规定:“婚姻期间受胎或出生的子女,(母之)夫为其父。”二是严格主义,仅限于父母婚姻关系存续期间受胎的子女为婚生子女。例如,我国台湾地区“民法”第 1061 条规定,称婚生子女者,谓由婚姻关系受胎而生之子女。

(二) 婚生子女的推定

婚生子女的推定是指对子女婚生性、合法性的法律强制认定。传统亲子法观念认为，严格意义上的婚生子女应同时具备以下条件：一是该子女的父母应具有合法的配偶身份；二是该子女须由生父之妻所分娩；三是该子女受胎于父母合法婚姻关系存续期间；四是该子女系生母之夫的血统。上述第一、二个要件一般可直接根据客观事实加以认定，而第三、四个要件的认定很难以子女出生的事实加以准确判断。为解决这一问题，世界上大多数国家的亲子法参考医学上的经验和统计，设立了婚生子女的推定制度。这种推定涉及两个方面，一是关于受胎期的推定，二是关于夫之子女的推定。例如，《日本民法典》第772条第2款规定，自婚姻成立起200天后，或自婚姻解除或撤销之日起300天内所出生的子女，推定为婚姻中怀孕的子女。根据《德国民法典》第1593条第一句的规定，如果婚姻因死亡而解除，且子女在婚姻解除后的300天以内出生的，则推定子女出生时与生母有婚姻关系的男子为子女的父亲。《瑞士民法典》第255条也有相似的规定。

在传统生育机制下，婚生子女推定主要是对生母之夫的父亲身份的推定，进而要求生母之夫对该子女负担起法律上的抚养义务。值得一提的是，随着社会文明的不断进步，许多国家和地区的亲子法以保护子女和善意当事人的合法权益、维护婚姻家庭的稳定和睦为宗旨，对传统的婚生子女的认定标准作了较大的修改。有些国家和地区明确规定，在父母无婚姻关系时受胎或出生的子女，因其生父母结婚而取得婚生子女的身份。例如，《日本民法典》第789条规定："父认领的子女，因其父母结婚而取得婚生子女的身份。婚姻中父母认领的子女，自认领时起，取得婚生子女。"我国台湾地区"民法"第1064条规定："非婚生子女，其生父与生母结婚者，视为婚生子女。"《瑞士民法典》第259条第1款规定："结婚前出生的子女，在其生父母相互结婚，并经认领或判决，夫被确定为子女之父后，准用关于婚姻关系存续期间所生子女的规定。"不难看出，子女婚生性标准趋于宽松，使得婚生子女的推定制度日益朝着有利于保护未成年人利益的方向完善。

综观当代亲子立法，关于婚生子女的推定方法，主要有三种立法例：一是受胎说，即在婚姻关系存续期间受胎的子女为婚生子女。为便于确认是否在婚姻关系存续期间受胎，依医学上的经验，法律对受胎期间作了规定。日本和我国台湾地区即采此例。二是出生说，即在婚姻关系存续期间出生的子女为婚生子女，而不问其是否在婚姻关系中受胎。依照这一推定方法，已婚妇女所生的孩子均被视为其夫的子女。例如，《瑞士民法典》第255条规定："在婚姻存续期间或丈夫死亡后300天内出生的子女，视夫为子女之父。"三是混合说，即凡是在婚姻关系存续期间出生或受胎的子女皆为婚生子女。法国、葡萄牙等国即采此例。比较而言，混合说扩大了婚生子女的范围，更有利于对未成年人的保护，因而较为可取。这对我国将来确立婚生子女推定制度有相当大的借鉴意义。

在实行婚生子女推定制度的国家,对该制度的适用也并非无任何限制。一些国家明确规定,在某些情况下,不适用亲子关系的推定。例如,根据《法国民法典》第313条的规定,在提出离婚之诉或分居之诉的情况下,在法院对离婚协议或其他临时措施协议作出认可或者对夫妻未能实现和解作出认定之日后超过300天出生的子女,以及在最终驳回离婚或分居申请或者夫妻双方和解之后不到180天出生的子女,不适用有关父子(女)关系的推定。根据《意大利民法典》第232条第2款的规定,自生母与其夫被裁判分居或协议分居之日起,或在已获准分居的诉讼提起之日起300天后出生的子女,不能适用有关父子(女)关系的推定。其中,显而易见的共同理由是:对客观上已长期未曾同居的夫妻,妻所生子女显然不大可能由夫受胎,若仍适用婚生子女的推定,不仅无意义,还会徒增婚生子女否认之诉。

(三)婚生子女的否认

婚生子女的否认是指对婚生子女推定的推翻。确认生母之夫为婚生子女的父亲,这只是法律上的一种当然推定,可能与事实相符,也可能与事实不符。只要我们承认婚外性行为在任何时候、任何地区都可能存在,就有理由怀疑法律上的推定与事实可能不尽一致。因此,为了维护婚生父母子女关系的血缘真实性,公平地保护各方当事人的合法权益,尤其是被推定为父亲的生母之夫的权益,在设有婚生子女推定制度的国家,一般同时设有婚生子女否认制度。

关于婚生子女否认制度的立法,各国规定不尽相同,但一般都涉及以下几个方面:

第一,关于否认理由。对此,各国一般都作了概括性规定,只要能举证证明被推定为婚生的子女非为其生母之夫的亲生子女即可,夫无生育能力、夫妻于受胎期间无同居事实等均可以作为否认子女婚生性的证据。现在采用更多也更具证明效力的是医学上的亲子鉴定结论。

第二,关于否认权人。谁有权对生母之夫的父亲身份提出否认?对此,主要有四类立法例:一是只有被推定为父亲的生母之夫享有否认权。传统家庭法多采此立法例,将父亲身份的否认权专属地赋予生母之夫。例如,《日本民法典》第774条规定,夫可以否认子女为婚生。二是被推定为父亲的男子和子女享有否认权。例如,《瑞士民法典》第256条规定,夫性之推定,得由夫和子女请求法院撤销。三是被推定为父亲的男子、生母和子女均享有否认权。例如,根据《德国民法典》第1600条的规定,有权请求撤销父亲身份者包括依照该法第1592条第1项、第2项和第1593条而具有父亲身份之男子以及母亲和子女。四是除当事人外,还赋予检察院或者其他利害关系人此项否认权。例如,《葡萄牙民法典》第1839条、第1841条和《意大利民法典》第244条均规定,子女未满16岁时,其特别保佐人或检察机关可以提起父亲否认之诉。《意大利民法典》第 246 条还规定，若推定的生父已死亡，或者生母已死亡，他们的尊亲属或卑亲属可以提起父亲否认之诉；若子女已死亡，其配偶或卑亲属可以提起父亲否认之诉。

第三，关于否认权的行使方式和期限。否认权的行使旨在推翻婚生子女的推定，它不仅关系到生母之夫的权益，也关系到生母、子女、真实生父甚至有关第三人的权益。因此，为慎重起见，各国普遍规定，否认权的行使须以诉讼方式进行，并经法院裁决确认后，才能撤销婚生子女的推定。

为促使否认权人及时行使权利，尽快确定子女的法律身份，大多数国家都规定了否认权的行使期限。例如，根据《葡萄牙民法典》第 1843 条的规定，被推定为父亲的男子应于知悉反对此种父亲身份的事由之日起 2 年内提出，子女的生母应于子女出生后 2 年内提出，子女应于成年或解除亲权后 1 年内或于知悉反对此种父亲身份的事由之日起 1 年内提出。《日本民法典》第 777 条规定，否认之诉应于夫知悉子女出生之日起 1 年内提出。《德国民法典》第 1600b 条规定，否认之诉应于夫知悉反对此种父亲身份的事由之日起 2 年内提出。

我国《婚姻法》虽然使用了“婚生子女”的概念，但并未对其含义作出明确界定，也没有规定婚生子女的推定和否认制度。按照我国世俗社会和司法实践的一贯态度，凡在夫妻婚姻关系存续期间出生的子女，如无相反证明，一般均被视为婚生子女。当然，如果丈夫确有证据证明妻子所生子女与自己没有亲子血缘关系，也可以通过诉讼程序请求否认该子女的婚生子女身份。针对目前司法实践中出现的大量亲子身份确认纠纷，《解释（三）》第 2 条第 1 款规定：“夫妻一方向人民法院起诉请求确认亲子关系不存在，并已提供必要证据予以证明，另一方没有相反证据又拒绝做亲子鉴定的，人民法院可以推定请求确认亲子关系不存在一方的主张成立。”为了健全亲子关系法律制度，保护未成年人及善意当事人的合法权益，我国婚姻法应在借鉴外国相关立法与总结我国司法实践经验的基础上，构筑婚生子女制度，以完善我国的婚姻家庭立法。

三、非婚生子女

（一）非婚生子女的概念

非婚生子女是指没有婚姻关系的男女所生的子女。非婚生子女俗称“私生子”，包括未婚女性所生的子女或已婚女性与夫之外的男性发生性行为所生的子女。

自人类社会确立一夫一妻制以来，非婚男女间的性行为历来为正统社会所鄙视。因此，男女私通所生的非婚生子女在古代社会遭受歧视或被遗弃，其社会地位和家庭地位非常低下,有的在出生伊始便被剥夺生命。近现代社会本着人道主义、人权思想,对非婚生子女的态度已转向宽容和保护。同时,如前所述,当代一些国家在进行亲子立法改革后,取消了"婚生子女"与"非婚生子女"的提法,统称"亲生子女",以体现法律上的一视同仁。不过,在确立非婚生子女与其父母的亲子关系的方法上,仍有一些特殊规则。

(二) 非婚生子女的认领

非婚生子女的法律地位就是其与血缘上的父母在法律上的关系问题。在自然生育方式下,对非婚生子女与生母的法律关系,大多数国家和地区均根据分娩的事实予以确定,无须办理特别的手续。不过,非婚生子女与生父的法律关系的确定要复杂得多。为此,许多国家和地区都设有非婚生子女的认领制度。所谓非婚生子女的认领,是指通过法定程序确认非婚生子女出自特定父母的法律行为,通常是指生父承认该非婚生子女为其所生。

从世界各国和地区的亲子立法来看,认领有以下两种形式:

第一,自愿认领,又称"任意认领",指生父自愿承认该非婚生子女为自己所生的法律行为。在有些国家和地区,这种认领行为被视为生父的单方法律行为,无须得到非婚生子女或其生母的同意;也有些国家和地区要求这种认领须经生母或子女的同意,始发生认领的法律效力。自愿认领一般为要式行为,有些国家和地区要求认领者向主管部门提出申请,如向户籍部门、监护法院、身份管理官等申报认领;有些国家和地区还允许经过公证认领或用遗嘱的方式认领。此外,有些国家和地区存在事实认领,如生父有抚养非婚生子女的行为,且有以该子女为自己子女的意思表示,即视为认领。例如,我国台湾地区"民法"第1065条规定:"非婚生子女经生父认领者,视为婚生子女。其经生父抚育者,视为认领。"

第二,强制认领,指非婚生子女的生父不自愿认领时,有关当事人请求法院强制生父认领的制度,亦称"生父的搜索"。20世纪初,西方国家出于保护母亲和子女免受生父不负责任之害以及减轻国家负担的需要,即使违背生母的意愿,也允许搜索非婚生子女的生父。法国首先取消了禁止搜索生父的规定,其他国家随后相继作了强制认领的规定。强制认领的请求权人一般限于生母及非婚生子女本人,在有的国家也包括非婚生子女的卑亲属等。

强制认领的前提是,非婚生子女与认领人之间必须具有血缘关系。请求权人负举证责任,提供强制认领的事实。关于诉请强制认领的事实,目前多数国家和地区作了概括性规定,只要能证明被指控的男子是该非婚生子女的真实生父即可。现代生物科学技术的发展更是为强制认领制度的正确运用提供了技术保障。

认领的直接效力是确定非婚生子女与生父的亲子身份关系,至于还会引发哪些法律后果、双方因此会发生怎样的权利义务关系等，则要视各国和地区的规定而定。

（三）非婚生子女的准正

非婚生子女的准正是指已出生的非婚生子女因生父母结婚或司法宣告而取得婚生子女地位的制度。准正制度始于罗马法，现代大陆法系国家和英美法系国家大多确立了这一制度，借此将鼓励正式婚姻与保护非婚生子女的功能结合起来。值得注意的是，随着一些国家对婚生子女与非婚生子女之法律概念的取消，准正制度也日趋式微。

准正有两种形式：一是因生父母结婚而准正。在一些国家，仅有生父母的结婚行为还不够，还须有生父母或生父的认领行为，两者结合为双重要件，才能产生非婚生子女准正为婚生子女的法律效力。《日本民法典》第789条、《瑞士民法典》第259条、《意大利民法典》第283条等均采此制。二是因司法宣告而准正。因一方死亡或有婚姻障碍存在，使结婚准正不能实现的，可依婚约一方当事人或子女的请求，由法官宣告子女为婚生子女，此即司法宣告准正。例如，《意大利民法典》第284条作此规定。

准正使非婚生子女取得婚生子女的资格，享有婚生子女的权利和地位。

（四）我国《婚姻法》对非婚生子女的保护

我国《婚姻法》第25条第1款规定："非婚生子女享有与婚生子女同等的权利，任何人不得加以危害和歧视。"这一规定表明，非婚生子女与婚生子女的法律地位完全平等。《婚姻法》关于父母子女间权利和义务的规定同样适用于父母与非婚生子女。《婚姻法》第25条第2款规定："不直接抚养非婚生子女的生父或生母，应当负担子女的生活费和教育费，直至子女能独立生活为止。"这一规定针对的是非婚生子女的生父和生母未结婚的情况，未与非婚生子女共同生活的一方也要承担对非婚生子女的抚养义务。至于具体的抚育费的数额和负担方式，应由当事人协商，协商不成时，由人民法院根据生父和生母的经济收入、非婚生子女的实际需要等因素确定。对不履行抚养义务的生父或生母，未成年的或不能独立生活的非婚生子女有要求其付给抚育费的权利。

我国尚无非婚生子女的认领和准正制度，因此《婚姻法》虽对非婚生子女的法律地位作了上述规定，但对于作为非婚生子女取得这一法律地位的前提条件——其与生父母的法律身份的确定问题缺乏相应规定。实践中的不成文做法是，如果非婚生子女的生父母后来补办了结婚登记，则该非婚生子女即被视为婚生子女；若其生父母未缔结婚姻关系，则该非婚生子女与生母的关系依分娩的事实确定，一般无须加以证明。至于非婚生子女与生父的关系，可由生父主动承认，也可由其他当事人提出证据加以证明。《解释(三)》第 2 条第 2 款规定:“当事人一方起诉请求确认亲子关系,并提供必要证据予以证明,另一方没有相反证据又拒绝做亲子鉴定的,人民法院可以推定请求确认亲子关系一方的主张成立。”

尽管我国关于非婚生子女法律地位的规定很先进,但毕竟缺乏相应制度的配套,这在一定程度上妨碍了有关规定的贯彻落实。因此,依据我国国情及社会实际需要,建立非婚生子女认领和准正制度十分必要。许多学者对此进行了非常有益的探讨,并提出了比较符合我国国情的立法建议。

四、继子女

(一) 继子女的概念及类型

继子女与继父母的关系是以婚姻为纽带而产生的。所谓继子女,通常是夫妻一方对他方与前配偶所生之子女的称谓。所谓继父母,通常是子女对父或母的再婚配偶的称谓。继父母与继子女间的关系,多因父母一方死亡、他方再婚,或父母离婚、一方或双方再婚而形成。

在亲属法理论上,普遍将继子女与继父母的关系划入直系姻亲的范畴,相互间一般不发生法律上的权利义务关系。但是,我国《婚姻法》为了促进再婚家庭的和睦,鼓励继父母抚养未成年的继子女,并未简单地一概将继父母子女关系以直系姻亲论,而是以继父母子女间是否形成抚养关系为标准,将继父母子女关系分为两类:一类是直系姻亲性质的继父母子女关系,他们之间仅有名分,并不发生法律上的父母子女间的权利义务关系。另一类是拟制血亲性质的继父母子女关系,他们之间发生法律上的父母子女间的权利义务关系。

(二) 继子女的法律地位

所谓继子女的法律地位,主要指其与继父母在法律上的关系,同时也涉及其与生父母的法律关系。我国《婚姻法》第 27 条规定:“继父母与继子女间,不得虐待或歧视。继父或继母和受其抚养教育的继子女间的权利和义务,适用本法对父母子女关系的有关规定。”根据这一规定,无论继父母子女间是否形成抚养教育关系,继父母与继子女都应平等相待,不得虐待或歧视。未形成抚养教育关系的继父母子女间无法定的权利义务关系,形成抚养教育关系的继父母子女间发生与亲生父母子女间相同的权利义务关系。

需要注意的是,继子女与继父或继母形成抚养教育关系后,与不和其共同生活的生父或生母间的权利义务关系仍然存在。按照我国《婚姻法》的规定,父母与子女间的关系不因父母离婚而消除。离婚后,子女仍是父母双方的子女。离异父母的任何一方,不论是否与子女共同生活,对未成年或不能独立生活的子女仍有抚养教育的权利和义务。因此，继子女与不和其共同生活的生父或生母之间的权利义务关系仍然存在；同时，如果继子女与继父或继母形成了抚养教育关系，那么他们之间也发生了父母子女间的权利义务关系。也就是说，此种情形下的继子女享有作为子女的双重权利，也负担作为子女的双重义务。因此，在处理抚养、赡养、继承等问题时，应当慎重对待这种双重的权利义务关系。鉴于这种双重的权利义务关系比较复杂，实践中易引起矛盾，我国《收养法》鼓励继父或继母经继子女的生父母双方同意，收养继子女，以使双方的权利义务关系更加明确，便于权利的行使和义务的履行。

（三）继父母子女关系的发生与终止

直系姻亲性质的继父母子女关系只需有生父母的再婚行为即可引起。实践中，父或母再婚时，继子女已成年并独立生活，或继子女此时虽未成年或未能独立生活，但并未受到继母或继父抚养教育的，就属于这种纯粹的直系姻亲关系。

拟制血亲性质的继父母子女关系除了需有生父母的再婚行为外，还要有继父母对继子女事实上的抚养行为。实践中，父或母再婚后，未成年或未独立生活的继子女与继父或继母长期共同生活，继父或继母负担了其抚养费的一部或全部的，或者继父或继母对其进行了生活上的照顾和教育的，即形成拟制血亲性质的继父母子女关系。

现实生活中，有些成年的继子女虽没有受到过继父母的抚养，但却自愿承担了对继父母的赡养。在这种情形下，双方是否也形成了拟制血亲性质的继父母子女关系？对此，法律无明文规定。有的学者认为，这种情形与继父母对继子女的抚养在本质上没有区别，应作肯定的回答。但是，我们认为，我国现行《婚姻法》对继父母子女之间拟制血亲形成的条件及后果的规定并不完善，尤其是仅以继父母与继子女形成抚养关系的事实就当然地赋予其拟制血亲的效力，忽视了当事人的意愿，难免有将身份关系的变动强加于当事人之嫌。因此，不宜对这类拟制血亲的范围作扩大解释。如果非要讲求权利义务一致，完全可以按照我国《继承法》第 14 条的规定，在继父母死亡后，将在道义上尽过赡养义务的继子女作为继承人以外的人，分给其适当的遗产。

直系姻亲性质的继父母子女关系的终止有两种原因：一是继父母与继子女一方当事人死亡；二是继父母与生父母离婚。

拟制血亲性质的继父母子女关系的终止相对复杂，一般不因继父母与生父母的离婚而当然终止，也不可自然解除，但可以因以下几种情形而终止：

第一，因继父母或继子女一方当事人的死亡而终止。

第二，协议解除。既然双方是拟制血亲关系，就可以通过协议解除。在继子女未成年时，可以经继父母与生父母协商一致并经有识别能力的继子女同意而终止双方的权利义务关系。在继子女成年后，若双方因故不愿再维持这种拟制血亲关系，可以由成年继子女与继父母达成解除协议而终止双方的权利义务关系。

第三，诉讼解除。相关当事人就解除已形成拟制血亲的继父母子女关系发生纠纷，达不成协议的，可以诉请法院裁决解除。

第四，在继子女未成年时，继父母与生父母离婚，继父母不愿继续抚养继子女的，可以不抚养。

我国现行《婚姻法》关于拟制血亲的继父母子女关系的许多规定不够明确，在实践中易引发矛盾和纠纷，诸如在何种情形下可以认定形成继父母子女间的抚养关系、何种事实可以导致这种拟制血亲关系的解除、这种拟制血亲关系是否及于双方的近亲属等问题都有待立法的进一步明确和完善。

五、人工生育子女

（一）人工生育子女的概念

人工生育子女是指利用人工辅助生殖技术受胎而出生的子女。此类子女往往是夫妻双方在不能通过自然生育方法生育子女时，借助于医学技术，以人工生殖方法获得的子女。

20世纪70年代以来，人工生殖技术得到不断的应用和推广，对传统的按照自然生殖方式建立起来的亲子关系、亲子观念和亲子制度产生了极大的冲击。同时，每一种人工生殖技术的问世和应用又会带来诸多全新的伦理和法律问题。如何协调由此引发的法律、伦理、家庭等领域的冲突为世人所关注，一些国家的立法、司法也作出了相应的调整。

我国于2001年2月20日发布了《人类辅助生殖技术管理办法》，明确了人工生殖技术的实施范围、遵循原则，将人工生殖技术的应用纳入法律管制的轨道。但是，我国目前对人工生育子女的法律地位问题尚缺乏明确的法律规定。1991年7月8日，最高人民法院在《关于夫妻离婚后人工授精所生子女的法律地位如何确实的复函》（以下简称《复函》）中指出："在夫妻关系存续期间，双方一致同意进行人工授精，所生子女应视为夫妻双方的婚生子女，父母子女之间的权利义务关系适用《婚姻法》的有关规定。"根据这一司法解释，只要夫妻双方一致同意进行人工授精，则所生子女无论与夫妻双方或一方有无血缘关系，均是夫妻双方的婚生子女。同时，若妻子未经丈夫同意，擅自进行人工授精，则所生子女仅是妻子的非婚生子女，不能当然与丈夫发生亲子关系。这一司法解释是我国目前关于人工生育子女法律地位的唯一规定，而人工生殖技术纷繁复杂，由此引发的亲子关系问题绝非这一司法解释所能涵盖的。随着我国社会环境的变化以及立法和执法水平的提高，相信这一制度会得以不断完善。

（二）人工生育子女的种类及其亲子关系确立方法

1. 人工体内授精生育的子女

人工体内授精简称“人工授精”，是采用辅助手段将精液注入女子生殖道内，使精子与卵子自然结合，以达到妊娠目的的一种生殖技术。其中，使用丈夫的精子进行的人工授精称为“同质人工授精”，即 AIH；使用丈夫以外的男性精子进行的人工授精称为“异质人工授精”，即 AID。同质人工授精的，由于精子来源于丈夫，它与自然生殖的区别仅限于受精方式的不同，没有血缘关系上的变化，所生子女的血缘来自夫妻双方，因此受胎出生的子女仍应是该夫妻的婚生子女。异质人工授精的，由于使用的精子来源于丈夫以外的男性，因此受胎出生子女的身份确定较为复杂。

2. 人工体外授精生育的子女

人工体外授精即以人工的方法将卵子取出体外，置入精子使其受精，然后再将受精卵经培养后再移植到子宫内孕育的方法，统称“试管婴儿”，是体外受精—胚胎移植及其衍生技术的简称。这种方法又因精子、卵子供体的不同，分为四种情况：一是妻卵同质体外授精，即精子、卵子供体均来自夫妻本身；二是妻卵异质体外授精，即精子是由第三人捐赠的；三是捐卵同质体外授精，即卵子是由第三人捐赠的；四是捐卵异质体外授精，即精子、卵子供体均来自夫妻以外的第三人。在上述第一种情况下，精子、卵子供体均来自夫妻本身，所生子女与夫妻双方均有血缘联系，其法律地位与 AIH 子女相同，应为夫妻双方的婚生子女。另外三种情况下所孕育分娩的子女在血缘上或只与妻相连，或只与夫相连，或与夫妻双方都不相连，因此其亲子法律关系的认定比较复杂。

人工体内授精技术使血缘父亲与抚养父亲可能分离，人工体外授精技术使血缘母亲、分娩母亲与抚养母亲可能分离，如果仍采用客观血缘规则确定亲子关系，人工生育目的就无法实现。因此，在人工生育场合，一些国家和地区以“同意原则”取代“血缘规则”，作为确立亲子关系的准则。“同意”是指人工生殖技术所涉及的相关当事人对人工生育及其后果作出的愿意接受的意思表示。“同意原则”不仅是实施人工生育的前提，也是确定人工生育引发的亲子关系的依据。只要夫妻或同居的男女双方一致同意进行人工生育，无论精子或卵子的来源如何，所生育的子女均为这对男女法律上的子女。同时,"同意原则"也对精子或卵子的捐赠者产生身份上的排斥效力。捐赠者出于帮助他人实现为人父母的愿望而提供精子或卵子,本身没有成为父母的意思,因此可以排除其亲权人的身份。同样,前述非婚生子女的认领规则也不能适用于人工生育场合。《法国民法典》就采用了"同意原则"。该法典第311-20条规定,需要采用第三人捐赠的医学方法生育的夫妇或者同居的男女,应事先向法官或公证人表明他们的这种同意;事后禁止他们就亲子关系提起异议之诉,除非能够证明原先的同意已失去效力。第311-19条规定,捐赠人与人工生育的子女之间不得确立任何亲子关系性质的联系。

值得注意的是,代孕技术的运用冲击了"分娩者为母亲"这一传统的母亲身份确立规则。代孕是指在体外受精的卵子形成胚胎后,将其植入代孕女性子宫内,由其完成怀胎和分娩的过程。此种方法因精子、卵子供体的不同,也可分为妻卵和夫精、妻卵和供精、供卵和夫精、供卵和供精四种情况。由于代孕涉及孕母的身体、感情、健康等一系列生育尊严问题,其引发的社会、伦理问题更加复杂,因此各国对代孕技术的运用都持更加审慎的态度。目前,德、法、意等大陆法系国家多对代孕持否定态度,我国《人类辅助生殖技术管理办法》也明确禁止任何形式的代孕。英美法系国家多持有条件允许态度。对代孕行为的不同法律态度也决定了在确立代孕子女的亲子身份上的不同规则。在禁止代孕的国家或地区,因代孕协议无效,不能产生确定身份的效力,仍按照"分娩者为母亲"的原则确定孕母为孩子的母亲;孩子的父亲则依据孕母的身份状况,结合客观血缘关系和"同意原则"确定。但是,即使代孕协议无效,相关当事人在代孕子女问题上所表达的意愿也会成为评估子女最佳利益的一个重要考量因素,下述"罗某甲、谢某某诉陈某监护权纠纷案"的终审判决就是一个典型的例证。在允许代孕的国家或地区,立法均倾向于按照代孕协议,由委托夫妇取得孩子的亲权人身份。值得一提的是,出于更好地平衡代孕各方的利益考虑,有些国家或地区进一步设置了由委托夫妇向法院申请"亲权命令"的程序,以给代孕母亲在合理情形下的反悔权。另外,这种将委托夫妇取得亲权置于司法监督之下的做法,也有利于最大限度地保护代孕子女的利益。

六、养子女

养子女是通过收养行为而获得的子女。养父母子女是拟制的父母子女关系,是一类独立的亲子关系,有其自身的特点。(具体内容详见本书第一编第八章。)

典型案例

罗某甲、谢某某诉陈某监护权纠纷案

【案情简介】[①]

罗乙(男)与陈某(女)婚后通过购买他人卵子，并由罗乙提供精子，通过体外授精联合胚胎移植术，出资委托其他女性代孕，生育一对子女罗某丙、罗某丁，他们随罗乙、陈某共同生活。2014年2月，罗乙因病去世，罗某丙、罗某丁随陈某生活。同年12月，罗乙的父母罗某甲、谢某某向法院起诉，要求由他们作为两名孩子的法定监护人。陈某辩称，她与罗乙婚后协商一致采用代孕方式生育子女，后通过购买卵子及委托代孕方式生育了一对子女，两个孩子出生后即随其夫妻共同生活，亦由其夫妻实际抚养，故应类推适用最高人民法院1991年7月8日《关于夫妻关系存续期间以人工授精所生子女的法律地位的函》(以下简称"最高院1991年函")，视为夫妻双方的婚生子女；如无法认定为婚生子女，则基于其夫妻共同抚养孩子的事实，应认定其与孩子已形成事实收养关系；如无法作出上述认定，则应在卵子母亲和代孕母亲两者中认定孩子的生母，在不能确定生母是否死亡或丧失监护能力的情况下，应驳回两原告要求作为监护人的诉请。

一审法院认为：第一，最高院1991年函所指向的受孕方式为合法的人工授精，孕母为妻子本人。本案罗乙与陈某采用我国禁止的代孕方式生育子女，不能适用该规定。孩子非为陈某的婚生子女。第二，陈某与两个孩子之间欠缺法定的收养要件，也不能成立合法的收养关系。第三，代孕行为本身不具合法性，难以认定因此种行为获得对孩子的抚养机会后双方可以形成拟制血亲关系，故认定陈某与两个孩子之间不存在拟制血亲关系。因此，法院判决陈某将两个孩子交给原告抚养和监护。

陈某不服判决，提起上诉，其主要理由为：(1) 代孕的违法性不应导致孩子丧失应有的法律地位，也不应导致上诉人必然丧失监护权。最高院1991年函的精神表明，血缘关系并非判断亲子关系的唯一标准，故不能排除委托方妻子能够成为孩子母亲。(2) 上诉人事实上已抚养了丈夫罗乙之子女，可推定形成事实收养关系或有抚养关系的继父母子女关系。(3) 确定未成年人监护权归属应秉承儿童最大利益原则，从双方的监护能力、孩子的生活环境及情感依赖、隔代教育之弊端等方

---

① (2015)沪一中少民终字第56号。

面考虑,将监护权判归上诉人更有利于孩子的健康成长。

二审法院依据民法等法律的基本原则及其内在精神,结合社会道德和伦理作出裁判:第一,上诉人与两个孩子不形成婚生亲子关系。因代孕行为不合法,不能类推适用最高院1991年函。第二,上诉人与两个孩子不形成事实收养关系。因为若按事实收养关系认定,实际上是认可了代孕子女的亲权由代孕母亲转移至养育母亲,这将产生对代孕行为予以默认的不良效果。第三,上诉人与两个孩子已形成有抚养关系的继父母子女关系。因为非婚生子女与婚生子女的法律地位相同,故继父母子女关系的子女范围亦应包括非婚生子女。《婚姻法》第27条第2款关于有抚养关系的继父母子女关系的规定,系以是否存在抚养教育之事实作为拟制血亲形成与否的衡量标准。本案中,两个孩子系上诉人之夫的非婚生子女,上诉人存在抚养他们的事实行为,故应认定双方之间形成拟制血亲的亲子关系。第四,从双方的年龄及监护能力、孩子对生活环境及情感的需求以及家庭结构完整性对孩子的影响等各方面考虑,将监护权判归上诉人更符合儿童最大利益原则。最后,二审法院基于以上认定,判决陈某取得孩子的监护权。

【评析】

本案的关键是确定陈某与两个孩子之间究竟是什么关系。第一,陈某与两个孩子之间并无血缘联系,因此不存在自然血亲的亲子关系。第二,陈某也非两个孩子的孕母,不能依据“分娩者为母亲”的原则确定其为孩子的母亲。第三,代孕在我国不合法,不能参照最高院1991年函确定两个孩子为陈某的婚生子女。第四,陈某既未办理过收养登记,也不符合事实收养的构成要件,故与两个孩子不形成养亲子关系。上述几类亲子关系被排除后,最后一个待确定的就是双方是否形成有事实上抚养关系的继亲子关系。一、二审法院对前述几点的认定一致,分歧在于最后一点。一审法院持否定态度,判决陈某败诉。二审法院认为,陈某主观上有接纳两个孩子为子女的意愿,客观上有抚养教育两个孩子的事实。基于此,陈某与其夫代孕所生的子女间形成了有事实上抚养关系的继亲子关系,双方产生了法律拟制的父母子女关系,陈某可以取得孩子的监护权。由此引出的理论问题是:婚后一方的非婚生子女与其配偶之间是否亦可形成继父母子女关系?二审法院显然对传统的“继父母子女”关系进行了突破性解释。应该说,二审法院的判决结果更符合儿童最大利益原则,但它对“继父母子女”关系的突破性解释也受到了一定的质疑。

值得注意的是，当今社会的家庭结构和家庭关系日益多元化，非婚生子女的数量不断增加，其性质也日趋复杂，对传统的“继父母子女”定义提出了挑战。是否要扩大这一定义的内涵与外延，将一方与对方所有的子女均纳入继父母子女关系的范围，是一个值得思考和权衡的问题。

李某、郭某阳诉郭某和童某某继承纠纷案

【案情简介】[①]

1998年3月3日，原告李某与郭某顺登记结婚。2002年，郭某顺以自己的名义购买了涉案房屋，并办理了产权登记。2004年1月30日，李某和郭某顺共同与某医院签订了人工授精协议书，采用匿名供体的精子对李某实施了人工授精后李某怀孕。同年4月，郭某顺得知自己患了癌症，向李某表示不要这个孩子，但李某不同意人工流产，坚持要生下孩子。5月20日，郭某顺立下自书遗嘱，在遗嘱中声明他不要这个人工授精生下的孩子，并将涉案房屋赠与其父母郭某和童某某。郭某顺于5月23日病故。李某于当年10月22日产下一子，取名郭某阳。2006年年初，李某向法院提起诉讼，主张自己和儿子郭某阳应与郭某顺的父母共同继承涉案房屋。法院审理查明，李某无业，每月领取最低生活保障金，另有不固定的打工收入。郭某顺的父母有自己的房产和退休工资。2006年4月，法院判决：涉案房屋归李某所有；李某给付郭某阳3万多元，给付郭某顺的父母共计7万多元。

【评析】

本案的争议是能否按照郭某顺的遗嘱处理涉案房屋。这就涉及该遗嘱的效力问题，而要判断该遗嘱的效力，关键是要确定年幼的郭某阳是否为郭某顺和李某的婚生子女。若是，则因该遗嘱取消了没有劳动能力、生活来源又无充分保障的郭某阳(其母李某的经济条件不好)的必要遗产份额，该遗嘱就不能完全有效。因此，本案虽是继承纠纷，但首先要确定的是郭某阳与郭某顺的关系。郭某顺因无生育能力，同意其妻李某采用人工授精技术怀孕，在发现自己患病后又表示不要这孩子，但并没有取得李某的同意。换言之，夫妻双方虽在郭某阳的出生问题上有分歧，但在其受胎问题上是协商一致的。因此，应当根据最高人民法院关于人工授精所生子女法律地位的《复函》，认定郭某阳是郭某顺和李某的婚生子女。

① 最高人民法院指导案例50号。

思考题

1. 试述亲权与监护权的区别。
2. 在自然生育方式下,确定亲子关系的规则有哪些?
3. 你认为我国在非婚生子女的保护问题上应作哪些完善?
4. 应该如何定义我国的继父母与继子女关系?
5. 应该如何完善我国的人工生育亲子关系立法?

第八章　收养制度

收养制度是调整收养关系的成立、效力和终止的各种法律规范的总和。收养的目的是形成拟制血亲关系，这种关系在形成和终止的原因、效力所及的范围上与自然血亲关系存在着差别，所以收养制度具有相对独立性。但是，因收养而产生的拟制血亲是亲属关系的重要组成部分，因此收养制度是婚姻家庭制度的重要组成部分。自1992年4月1日起施行并于1998年修正的《中华人民共和国收养法》(以下简称《收养法》)是我国现行的调整收养关系的主要法律。

第一节　收养制度概述

一、收养的概念和特征

收养是指自然人依照法律规定的条件和程序，领养他人的子女为自己的子女，从而发生父母子女间权利义务关系的民事法律行为。因收养形成的亲属关系，称为"拟制血亲关系"。领养他人子女为自己子女的人，称为"收养人"；被他人收养的人，称为"被收养人"；将子女或儿童送给他人收养的自然人或社会组织，称为"送养人"。

收养具有下列法律特征：

第一，收养是一种双方法律行为。收养行为是民事法律行为的一种，适用我国《民法通则》第55条关于一般民事法律行为的规定和《收养法》的规定。收养关系的当事人包括收养人、送养人和被收养人，他们在法律上的地位是平等的。要成立收养关系，收养人与送养人双方须达成协议，并符合法律规定的条件，履行法律规定的程序，才能达到当事人预期的目的。

第二，收养是身份法上的行为。收养关系成立后，一方面部分或全部解除了被收养人与其生父母间的权利义务关系，另一方面形成了收养人与被收养人间拟制的父母子女关系，使养父母代替了生父母的法律地位。因此，法律对于收养当事人设有特别限制，收养人、送养人和被收养人三方都必须符合法律规定的资格和条件，否则不得收养子女、送养子女或被他人收养。收养关系只能发生在一定范围内的自然人之间，社会组织不能作为收养人或被收养人。另外，从伦理角度讲，直系血亲之间、兄弟姐妹之间一般不发生收养关系。只有个别国家为掩盖非婚生育和改变非婚生子女的法律地位，允许生父母收养其非婚生子女。

第三，收养是要式法律行为。收养是引发当事人身份关系变更的重大法律行为，不仅涉及当事人的切身利益，也关系到家庭和社会的利益。因此，各国收养法都规定收养行为必须采取某种法定形式始得成立。这些法定形式主要有收养契约、收养登记、收养公证以及法院宣告等。为了保护养子女的利益、强化身份变动的公示性，现今各国立法对收养成立和解除的形式要件多采用国家监督主义。我国《收养法》规定，收养关系的成立和解除应当由相关当事人达成协议，并必须办理相关登记。欠缺法定形式要件的收养行为不能发生当事人希冀的法律后果。

第四，收养是可以解除的法律行为。收养产生的拟制血亲关系与因出生而产生的自然血亲关系的区别在于，后者不能人为地解除，而前者既可依法律行为而产生，也可依法律行为而解除。

收养的上述法律特征使其与其他相似的行为区别开来。

第一，收养与寄养的区别。寄养是指父母因某种原因，客观上不能直接履行抚养子女的义务，将子女委托他人代为抚养的行为。寄养只发生抚养形式的改变，并不发生父母子女间权利义务的转移。无论寄养时间长短，寄养人与被寄养人之间的父母子女关系都不消灭，代养人与被寄养人之间也不因抚养产生法定的父母子女关系。即使在抚养过程中，代养人与被寄养人之间以父母子女相称，也不产生收养的法律效力。我国《收养法》第 17 条特别规定："孤儿或者生父母无力抚养的子女，可以由生父母的亲属、朋友抚养。抚养人与被抚养人的关系不适用收养关系。"

第二，收养与事实抚养的区别。事实抚养通常是指自然人出于自愿，对于无法定抚养义务的人给予物质上、经济上的供养或生活上的照料的行为。事实抚养行为不是法律行为，而仅是一种事实行为。抚养人主观上通常并无追求拟制父母子女关系的目的。客观上，事实抚养行为一般也不产生拟制父母子女关系的法律后果。我国现行法律仅赋予继父母对继子女的事实抚养行为以拟制父母子女关系，但它与收养形成的拟制父母子女关系在形成原因、法律效力上都不尽相同。

第三，收养与国家对孤儿、弃儿的收容养育的区别。国家通过社会福利机构对孤儿、弃儿的收容养育是一种行政法上的行为，也是一项社会福利措施，而非身份法上的行为；它不是基于当事人之间的协议，而是根据社会福利机构的单方面决定；它对孤儿、弃儿虽也行使抚养教育和监护职能，但不产生拟制血亲的法律后果。

二、收养制度的沿革

收养制度作为亲属制度的组成部分，经历了长期的演变过程，大致可以分为以下几个历史阶段：

第一，为族的收养。早在原始社会，收养就已经产生了。当时，恶劣的自然环境迫使原始人必须依靠氏族群体的力量才能生存下去。为了达到壮大氏族组织的目的，原始氏族千方百计增加本氏族的人口，而通过收养将外氏族的人吸收为本氏族的成员是一条有效的途径。据记载，易洛魁人氏族时期，甚至有通过收养战俘中的妇女和儿童以补充本氏族战死成员的习俗。这种旨在繁荣氏族、使之人丁兴旺的收养，历史上称为“为族的收养”。

第二，为家的收养。进入奴隶社会和封建社会后，家长制的家族作为社会生活的基本单位日益重要。为了保证家族的血脉不因生育的不足及自然的死亡等原因而难以为继，家族通过收养创设拟制的血亲。所以，这些时期的收养以满足家族的延续和私有财产的继承为主要目的。当时，收养制度已用法律的形式确定下来，收养人仅限于宗主或家长，收养的条件十分严格。罗马法上的收养和我国封建社会的立嗣就是“为家的收养”的典型。

第三，为亲的收养。随着宗法家族制度的衰落和资本主义制度的确立，在收养问题上，个人的利益逐渐受到重视并最终超越了家族的利益。“传宗接代”的观念最终被“养儿防老”的思想取代，增加家庭劳动力、满足养父母晚年生活的需要成为收养的主要目的。早期资本主义国家的收养立法多以维护养父母的利益为宗旨。这一时期的收养，理论上称为“为亲的收养”。

第四，为子女的收养。20世纪上半叶，两次世界大战造成大批儿童失去双亲，沦为孤儿、流浪儿。面对这些严重的社会问题，各国政府无法坐视不管，社会各界也开始关注不幸儿童的境遇。加上社会观念的变化，非婚生子女增多。这些都在一定程度上改变了传统的收养观念，同时也促进了收养制度的改革。从此，收养立法开始侧重于保护养子女的利益，进入“为子女的收养”时代。

收养制度在我国也有着悠久的历史，早在《秦简·法律问答》中就已有收养养子的记载。从唐至明、清，历代封建律例都有关于收养的规定。我国古代的收养主要有两种形式：一为立嗣，二为乞养。

立嗣是我国古代宗法制度下的一种亲属间收养，指无后男子为宗祧继承，将同宗同姓辈分相当的男性立为嗣子的一种收养方式，俗称“过继”“过房”。立嗣是我国封建时代主要和特殊的收养形式。依照封建律例，只有男子无后才能立嗣，且只有同宗同姓辈分相当的侄子才能被择立为嗣子。法律严禁立异姓的男子为嗣，也不得立女性为嗣，如有违反，将受到刑事制裁。立嗣一旦成立，嗣子与伯叔父母间发生拟制的父母子女关系，在伯叔父母死后，嗣子为其办理丧葬，继承其遗产。目前，在现实生活中，仍有一些地方沿袭这种旧习惯。但是，在法律上，除非双方的关系符合事实收养的规定，否则不承认双方有任何父母子女间的权利义务。

乞养是我国古代的一种非亲属间收养，是指对无父母的孤儿或父母下落不明的弃儿的收养。乞养不限男女，不论是否同宗同姓，一般也不以无后为条件。例如，《唐律疏议》规定："其遗弃小儿，年三岁以下，虽异姓，听收养，即从其姓。"乞养的子女称为"养子女"或"义子女"，原则上不与养父母发生宗祧继承关系，其地位远低于嗣子。

20 世纪 30 年代的《中华民国民法典》只有关于收养的规定，而无"立嗣"的概念。但是，在实际生活中，封建的立嗣仍与一般的收养同时存在。当时，法律不仅规定了一般的收养方式，还允许通过遗嘱指定继承人，即无直系血亲卑亲属的人可以订立遗嘱，就其财产的一部分或全部指定继承人，而指定继承人与被继承人的关系与婚生子女相同。这实际上是变相承认了当时仍然流行的立嗣习俗。

中华人民共和国成立后，随着经济、政治和法律制度的根本变化，收养制度也发生了深刻的变化，以宗祧继承为目的的立嗣制度被彻底地废除，确立了新型的社会主义收养制度。《婚姻法》第 26 条第 1 款明确规定："国家保护合法的收养关系。养父母和养子女间的权利和义务，适用本法对父母子女关系的有关规定。"1992 年 4 月 1 日，我国第一部调整收养关系的法律——《收养法》正式实施，这标志着我国社会主义收养制度的成熟。该法于 1998 年 11 月修正，是我国现行的调整收养关系的主要法律。

在我国目前的社会条件下，养老育幼仍然是家庭应承担的一项重要职责。收养制度作为社会生育制度的必要补充，有利于更好地发挥家庭养老育幼的社会功能。同时，通过收养，可以使我国的计划生育政策得到切实的贯彻落实，有助于发扬我国传统的尊老爱幼的社会风尚，倡导社会成员之间互助友爱的精神，切实保护儿童和老人的合法权益，使缺损的家庭得到弥补。收养制度在一定程度上促进了社会的稳定与和谐，为国家减轻了社会福利负担，节省了财政开支。

第二节 收养法的基本原则

我国收养法的基本原则是社会主义收养制度的本质特征在法律上的集中体现，是我国收养立法和司法的宗旨和指导思想，也是当事人收养行为必须遵循的基本准则，具有普遍适用的法律效力。在社会生活中出现收养法没有明确规定的新问题时，它还具有弥补法律规定不够周延的作用。学习和研究我国收养法的基本原则，对于理解和把握我国收养法的精神、正确适用收养法具有重要的指导意义。

根据我国《收养法》的有关规定，收养必须遵循下列五项基本原则：

一、有利于被收养人的抚养、成长

当代收养制度确立了"为子女的收养"的宗旨，以确保未成年养子女的最大利益为首要原则。联合国《儿童权利公约》第 21 条规定："凡承认和(或)许可收养制度的国家应确保以儿童的最大利益为首要考虑……"我国已于 1991 年 12 月 29 日经第七届全国人大常委会第二十三次会议批准加入了《儿童权利公约》。因此，在我国，收养就必然以抚育被收养的未成年人健康成长为根本目的。

在实际生活中，被收养的对象绝大多数是未成年人，他们没有识别能力和自我保护能力，容易受到不法侵害。一些不法分子往往借收养子女以达到种种非法目的，或者在收养和抚养过程中故意侵害被收养儿童的合法权益。未成年的被收养人正处于身心发育阶段，需要有一个适合他们健康成长的良好的生活环境。因此，收养法确立了收养应有利于被收养人的抚养、成长的原则。这一原则贯穿于收养行为的整个过程，主要体现在：

(1) 收养人必须具有抚养教育被收养人的能力，能够尽力为被收养的未成年人提供适合他们健康成长的环境，否则不得收养子女。

(2) 被收养人原则上只能是那些因种种原因得不到生父母抚养的未成年人，即那些父母双亡的孤儿、无依无靠的弃儿或父母因某种特殊困难而无力抚养的子女。有抚养能力的生父母原则上应自己抚养亲生子女，不得随意将子女送养。

(3) 严禁借收养名义买卖儿童，严禁亲生父母借送养之名遗弃婴儿或出卖亲生子女，违者将被科以刑罚。

(4) 在被收养人成年以前，原则上不得解除收养关系。即使收养人、送养人双方协议解除，如果养子女年满十周岁以上的，也应当征得本人同意。收养人不履行抚养义务，或有虐待、遗弃、伤害未成年养子女合法权益行为的，送养人和其他有监护资格的人有权要求解除收养关系，直至追究收养人的刑事责任。

二、保障当事人合法权益

我国《收养法》第 1 条就开宗明义地指出："为保护合法的收养关系，维护收养关系当事人的权利，制定本法。"合法的收养关系有助于更好地发挥家庭养老育幼的社会功能。通过收养，可以使那些因种种原因得不到父母抚养的未成年人重新获得家庭的温暖，有一个较好的生活条件和生存环境，在养父母的抚养教育下健康地成长；也可以满足无子女的人在生活上和感情上的需要，实现他们抚育子女的愿望，在精神上得到慰藉，有利于婚姻的稳定和家庭的和睦，且在他们年老体衰时，能得到养子女的赡养扶助。特别是在我国逐步进入老龄社会的情况下，收养可以增加独生子女父母晚年的生活保障系数。所以，我国收养法将收养各方当事人的合法权益置于法律的保护之下，要求有关部门和相关人员尊重当事人的合法权益，禁止各种危害收养关系当事人的合法权益的行为。例如，《收养法》第22条明确规定："收养人、送养人要求保密收养秘密的，其他人应当尊重其意愿，不得泄露。"这既是对收养关系当事人隐私权的保护，更是为了维护收养家庭的稳定和睦。在关于收养纠纷的处理规定上，《收养法》力求公平合理地保护各方当事人的利益，既照顾了未成年养子女的利益，又考虑了年老的养父母的利益。对收养关系解除时的经济补偿问题，《收养法》也综合各种因素，作了平衡的规定。

三、当事人平等自愿

收养关系当事人的平等自愿是指当事人在收养活动中的法律地位平等，收养关系的成立须以各方当事人意思表示的真实一致为必备条件。收养是改变身份关系的重大法律行为，收养关系的建立或解除带有浓厚的感情色彩，收养人是否愿意领养他人子女、送养人是否同意将子女送给他人收养、有识别能力的被收养人是否愿意被他人收养等，都应由当事人根据自己的意志决定。只有这样，才能形成巩固、和谐的收养关系。平等和自愿是相辅相成的，只有在平等的基础之上，才能作出真实、自愿的意思表示。所谓平等，是指收养关系各方当事人在法律上的地位平等，任何一方都平等地受到法律的保护，任何一方都没有凌驾于他方之上的特殊权利和法律待遇。正因为法律地位是平等的，所以任何一方都不得将自己的意志强加于他方，涉及各方利益的任何收养问题只能由当事人通过自由协商决定。另外，收养关系当事人也不受其他人的非法干涉，其他人应当尊重收养关系当事人的意志。只有在当事人平等和自愿基础上形成的收养关系，才最符合收养关系当事人的利益，才是比较巩固、和谐的收养关系。

四、不违背社会公德

社会公德是指社会全体成员在社会公共生活中形成的基本道德规范和行为准则，是社会公共生活的基本准则。收养涉及身份关系的变更，具有极强的伦理性。所以，当事人在进行收养活动时不但要遵守法律规范，还应尊重社会伦理道德及习俗的要求。比如，收养子女应当有正当的目的，不能借收养名义买卖儿童或遗弃亲生子女；收养子女应当符合亲属间的辈分要求，不能收养同辈或长辈亲属为养子女；单身男性收养女性儿童应有相当的年龄差距；等等。我国《收养法》之所以规定这项原则，一个主要原因是考虑到社会生活的复杂多样性与成文收养法的不周延性之间的矛盾，以冀采用"社会公德"这一颇具张力概念来缓解两者间的冲突，为司法实践中处理和纠正违背社会公德的收养行为提供概括性的法律依据。

五、不违反计划生育法律政策

计划生育是我国的一项基本国策，也是我国婚姻家庭法明确规定的一项基本原则。收养子女作为补充自然生育的必要手段，与计划生育有着直接密切的关系。按照这一基本原则的要求，除法律另有规定以外，有子女的人一般不得再收养子女；无子女的人只能收养一名子女；送养人将子女送养后，不得以已将子女送养为由违反计划生育的规定再生育子女。这样，可以防止一些人将超计划生育的子女借收养之名随意送养或收养，以规避计划生育政策及相关规定。值得注意的是，现行《收养法》的颁布与修改都发生在我国限制生育的时代背景之下。随着我国人口生育政策逐步向放开生育的方向转变，现行《收养法》确立的这一原则的内涵及其相应的规定在将来是否会作出调整，值得期待。

第三节　收养关系的成立

收养关系的成立是指收养当事人依照法定的条件和程序建立收养关系。收养是变更身份关系的一项重要法律行为，不仅涉及当事人的人身和财产，也关系到家庭、社会的利益，因而其成立必须符合法律规定的条件和程序。我国《收养法》第二章规定，收养关系应当具备一定条件和履行一定程序方能成立。否则，收养关系不能成立，收养行为无效。

一、收养关系成立的条件

收养关系成立的条件又称“收养关系成立的实质要件”，是收养关系成立时各方当事人及相互之间的关系成立所应具备的条件。

（一）一般收养关系成立的条件

所谓一般收养关系成立的条件，是指在通常情况下建立收养关系时，当事人和收养行为所应具备的条件。根据我国《收养法》的有关规定，在没有法定的特殊情况下，建立收养关系必须符合以下四个方面的要求：

1. 被收养人应具备的条件

根据我国《收养法》的规定，通常情况下，同时具备下列两个条件的人才可以成为被收养人：

（1）年龄未满14周岁；

（2）得不到生父母的抚养。

未成年人缺乏独立生活的能力,需要依靠他人的养育。收养的目的就是使那些无人抚养或生父母无力抚养的未成年人重新获得家庭的温暖,在养父母的抚养下健康地成长。成年人一般能够自食其力,不需要依靠他人的养育。同时,如果被收养人的年龄太大,往往难以与养父母建立起父母子女感情。所以,我国《收养法》将被收养人的年龄限制在14周岁以下。无人抚养或生父母无力抚养的未成年人,是指因生父母双双自然死亡或被宣告死亡而成了孤儿,或是因遭生父母遗弃又查找不到生父母而成了弃婴、弃儿,或是因生父母确实有特殊困难,如因伤、病、残或经济困难以及客观条件不许可等原因而无力抚养的未成年人。

2. 收养人应具备的条件

根据我国《收养法》的规定,通常情况下,收养人应同时具备下列条件:

(1) 年满30周岁。这是取得收养人资格的最低法定年龄,不满30周岁的公民一般不得收养子女。收养人为夫妻的,须夫妻双方均年满30周岁。对收养人的这一年龄要求与我国《婚姻法》提倡的"晚婚晚育"是相呼应的,同时也能保证收养人与被收养人之间有适当的年龄差距。

(2) 无子女。即收养人不论有无配偶,必须无法律名义下的子女(包括亲生的子女、养子女、有事实抚养关系的继子女)。这里所说的"无子女",并非仅指向不能生育者。那些有生育能力而不愿生育,要求收养子女的,只要具备相应的条件,也可以收养子女。当然,子女均已死亡的,也可以收养。

(3) 有抚养和教育被收养人的能力。收养人要保证自己能够承担起为人父母的责任,能够切实地履行抚养和教育养子女的义务。因此,有抚养和教育被收养人的能力是收养人不可缺少的前提条件。首先,收养人必须具有完全民事行为能力,无民事行为能力或限制民事行为能力的精神病人不但无法承担抚养和教育养子女的责任,而且还有害于未成年子女的身心健康,所以不能作为收养人。其次,收养人必须具备抚养未成年子女的必要的经济条件、身体条件和教育能力,能够从物质生活和教育诸方面为被收养人的成长提供必要的条件。最后,收养人还必须具备良好的道德品质,堪为人父母。

(4) 未患有在医学上认为不应当收养子女的疾病。为保障未成年被收养人的身体健康和正常生活,《收养法》在修改后增加了这一规定。这是一个概括性规定,对于收养人具体患有哪些疾病不准收养子女,法律尚无明确规定,司法实践中通常禁止患有严重传染病或精神病的人收养子女。

3. 送养人的条件

根据我国《收养法》的规定,14周岁以下的未成年人的生父母、其他监护人、社会福利机构均可以作为送养人,但须分别符合相应的条件。

(1) 生父母作为送养人的条件

根据我国《收养法》第 10 条和其他相关条款的规定，通常情况下，生父母作为送养人应符合以下条件：

第一，生父母有特殊困难，双方均无力抚养子女。抚养未成年子女是生父母双方的法定义务。一般情况下，只要生父母一方有抚养能力，就不允许通过送养转移抚养子女的义务。只有生父母双方均因身体或经济等方面的特殊困难确实无力抚养子女时，才可以为了子女的利益将子女送他人收养。

第二，生父母送养子女，须双方共同送养。通常情况下，不允许生父母单方送养子女，即使对于非婚生子女，也应由其生父母共同送养。生父母一方下落不明或查找不到的，可以单方送养。生父母离异的，一方要送养子女，必须征得另一方同意。

第三，生父母一方死亡，生存一方要将未成年子女送养的，死亡一方的父母即被送养人的(外)祖父母有优先抚养的权利。也就是说，此种情形下的送养须先征求死亡一方的父母的意见。若他们愿意并有能力抚养该孙子女或外孙子女，生存一方就不得将未成年子女送他人收养。

(2) 其他监护人作为送养人的条件

根据我国《民法通则》的规定，在未成年人的生父母双亡或均丧失监护能力的情况下，该未成年人的祖父母、外祖父母，成年的兄、姐，以及关系密切的其他亲戚、朋友，可以担任监护人；没有上述监护人的，由未成年人的父、母的所在单位或者未成年人住所地的居民委员会、村民委员会或者民政部门担任监护人。上述公民或组织在担任监护人期间，可以依法送养被监护的未成年人，但须注意以下两点：

第一，在未成年人的父母均死亡的情况下，该未成年人的监护人要将其送养的，须征得对该未成年人有法定抚养义务的人的同意。根据我国《婚姻法》的规定，在未成年人的父母双亡或均丧失抚养能力的情况下，该未成年人的祖父母、外祖父母以及成年的兄、姐有抚养该未成年人的义务。因此，其他监护人要送养未成年的被监护人的，应征得该未成年人的祖父母、外祖父母或成年的兄、姐的同意。如果他们不同意送养，监护人又不愿意继续履行监护职责，则应依照《收养法》的规定，变更监护人。

第二，在未成年人的父母均不具备完全行为能力时，该未成年人的监护人原则上不得将其送养。但是，父母对该未成年子女有严重危害性的，允许监护人将其送养。

(3) 社会福利机构作为送养人的条件

社会福利机构通常是指由民政部门设立的专门收容、抚养暂时无法查明生父母或监护人的弃儿、孤儿的社会组织,如儿童福利院等。在我国,除这类机构外,其他任何机构不得送养上述弃儿、孤儿。公民拾得弃婴、弃儿后,不得擅自将其收养,而应交当地的社会福利机构收容、抚养。收养人自愿收养这些弃儿、孤儿的,应符合法定条件,并以收容、抚养他们的社会福利机构作为送养人,始能建立合法的收养关系。

4. 各方当事人须达成收养合意

收养是改变身份关系的身份行为,当事人的意思表示须一致。

第一,收养人与送养人须双方自愿,并在此基础上达成收养协议。

第二,若被收养人是年满10周岁以上的限制行为能力人,则已有相当的判断能力,应当征得其本人的同意。

第三,有配偶者收养子女,须征得其配偶的同意,由配偶双方共同作为收养人。

第四,生父母离婚以后,一方要求送养子女的,须征得另一方的同意。

(二) 特殊收养关系成立的条件

特殊收养的条件是相对于一般收养的条件而言,是在一般收养关系应具备的普通条件的基础上,针对几种特殊身份的当事人的收养关系所作的变通规定。需要注意的是,关于这几种特殊收养关系,如果《收养法》未就相关内容作特别规定,则仍应适用一般收养关系成立的条件。我国《收养法》涉及的特殊收养主要有以下几种:

1. 收养三代以内同辈旁系血亲的子女

收养三代以内同辈旁系血亲的子女,即收养兄弟姐妹、堂兄弟姐妹、表兄弟姐妹的子女,被收养人是收养人的侄(甥)子女、堂侄(甥)子女、表侄(甥)子女。我国民间历来有亲属间收养(俗称"过继")的习惯。由于当事人之间本来就是近亲属,相互比较了解,而且存在一定的血缘关系,因此感情基础相对牢固,关系比较稳定。我国《收养法》放宽了这类收养的条件:

(1) 被收养人可以不受不满14周岁的限制,即被收养人可以超过14周岁;

(2) 作为送养人的生父母即使没有抚养子女的困难,也可以将子女送养;

(3) 无配偶的男性收养三代以内同辈旁系血亲的女儿时,可以不受年龄应当相差40周岁以上的限制;

(4) 华侨收养三代以内同辈旁系血亲的子女,还可以不受收养人无子女的限制。

2. 收养孤儿、残疾儿童或社会福利机构抚养的查找不到生父母的弃婴和儿童

公民自愿收养父母双亡的孤儿、身心有某种缺陷的残疾儿童或社会福利机构抚养的查找不到生父母的弃婴和弃儿,承担抚养教育和监护他们的责任,体现了高

尚的人道主义精神，也为社会减轻了负担，是利国利民的积极行为。为了提倡和鼓励这种收养行为，《收养法》放宽了这类收养的条件：

首先，收养人可以不受一般收养人必须无子女的限制。即使收养人已有子女，只要收养人还有抚养能力，仍可以收养孤儿、残疾儿童或社会福利机构抚养的查找不到生父母的弃婴和儿童。

其次，收养人可以不受只能收养一名子女的限制，即可以收养两名及以上孤儿、残疾儿童或社会福利机构抚养的查找不到生父母的弃婴和儿童。当然，具体允许收养几名子女，也要考虑收养人的抚养能力，要能保障被收养人的健康成长。

3. 无配偶者收养异性子女

无配偶者是指因未婚、离婚或丧偶等原因而单身的成年人，包括单身的成年女性和男性。我国《收养法》允许无配偶者收养子女，但对无配偶的男性收养女性特别作了较为严格的限制。《收养法》第 9 条规定："无配偶的男性收养女性的，收养人与被收养人的年龄应当相差四十周岁以上。"这样规定的目的在于，维护收养关系的伦理性，保护被收养女童的合法权益，避免收养人借收养名义实施违背社会伦理的不良行为。

4. 收养继子女

继子女和继父母的关系是因生父母的再婚而形成的，在一般情况下，他们之间只是姻亲关系，并无法律上的权利和义务。但是，我国《收养法》从维护再婚家庭的稳定和睦出发，鼓励继父或继母经继子女的生父母同意收养继子女，使他们之间形成完全等同于生父母子女的权利义务关系，这样既有利于对未成年继子女的抚养教育，也可以减少再婚家庭的矛盾。可以说，《收养法》对这类收养，除了要求征得生父母的同意外，几乎没有其他的限制。具体而言：

(1) 可以不受被收养人不满 14 周岁的限制，即继父(母)可以收养 14 周岁以上的继子女。

(2) 可以不受作为送养人的生父(母)应是有特殊困难无力抚养子女的限制。生父(母)即使没有特殊困难，也可以将子女送养给继父(母)。

(3) 作为收养人的继父(母)可以不受一般收养人的条件限制。

(4) 可以不受收养一名养子女的限制。

5. 隔代收养

现实生活中，有些老年收养人与被收养人的年龄差距太大或辈分不当，双方就以养祖父母养孙子女相称。司法实践中，通常把这种收养养孙的行为称为"隔代收养"。我国《收养法》对隔代收养没有规定，也未明文禁止。最高人民法院于 1984 年在《关于贯彻执行民事政策法律若干问题的意见》中指出："收养人收养他人为孙子女，确已形成养祖父母与养孙子女关系的，应予承认。解决收养纠纷或有关权益纠纷时，可依照婚姻法关于养父母与养子女的有关规定，合情合理地处理。”由此可见，隔代收养中，收养人与被收养人只是在称呼上以养祖父母养孙子女相称，他们之间的权利义务关系实质上是养父母与养子女的关系，而不适用祖孙关系的规定。需要注意的是，除了在事实上收养人与被收养人的年龄差距较大或本来就是隔代辈分的亲属关系外，隔代收养必须符合《收养法》关于成立收养的条件和程序的规定；同时，必须是收养人（包括收养人夫妻双方）本人直接收养，而不是为自己的子女代为收养。

关于收养关系当事人的资格，各国的规定有所不同，但一般都对被收养人与收养人的年龄有所要求。有的国家明确规定了收养人与被收养人之间的年龄差距，有的国家对收养人与被收养人的最低年龄与最高年龄作了限制。有的国家只允许收养未成年人，而有的国家允许在特殊情况下收养成年人甚至是已婚者。例如，《德国民法典》第 1767 条规定：“如果收养成年人在道义上是正当的，成年人可以被作为子女收养。”《瑞士民法典》第 266 条规定：“收养已婚者，须经其配偶同意。”一些国家对完全收养的被收养人的最高年龄有明确限制，如日本规定完全收养中的被收养人原则上不得满 6 岁（《日本民法典》第 817 条之 5），法国规定完全收养中的被收养人必须在 15 岁以下（《法国民法典》第 345 条）。除了年龄限制外，一些国家的法律还对被收养人的身份作了限制，如 1952 年《爱尔兰收养法》只允许收养孤儿或非婚生子女，以色列明令禁止不同宗教信仰者之间的收养。此外，如果是已婚者进行收养，一般要求已婚双方同意，或双方共同收养。有些国家的法律甚至要求申请收养的夫妻必须结婚达到一定年限。

二、收养关系成立的程序

收养关系成立的程序也就是收养关系成立的形式要件。具备前述的收养关系成立的条件，只是具备收养关系成立的可能性，要使收养关系的成立变为现实，还必须符合收养关系成立的程序。收养是引发当事人身份关系变更的重大法律行为，不仅涉及当事人的切身利益，也关系到家庭和社会的利益。因此，收养必须履行法定的程序，以使合法的收养关系得到确认和公示，并借此减少和防止不法收养关系的发生。根据我国《收养法》以及民政部于 1999 年 5 月发布的《中国公民收养子女登记办法》（以下简称《收养登记办法》）的规定，中国公民在中国境内收养子女应按照以下规定办理：

（一）行政登记程序

《收养法》第 15 条第 1 款明确规定：“收养应当向县级以上人民政府民政部门

登记。收养关系自登记之日起成立。”可见，目前在我国，办理收养登记是收养关系成立的唯一法定程序。《收养法》在1998年修改以前，曾规定收养关系成立的形式有三种：书面协议、收养登记、收养公证。按照当时的规定，只有收养查找不到生父母的弃婴和儿童以及社会福利机构抚养的孤儿，应当向民政部门登记。其他的收养，只要收养人与送养人达成书面协议即可成立。至于收养公证，悉听当事人自愿。一方当事人要求办理收养公证的，应当办理收养公证。当时的规定过于强调收养的契约性，使绝大多数收养行为脱离了必要的国家监督，不利于对当事人权益的切实保护。同时，由于收养程序的不统一，在实践中造成了一定的混乱。有鉴于此，1999年4月1日施行的修改后的《收养法》统一了收养的程序，明确规定收养关系的成立需办理收养登记。

1. 办理收养登记的机关

《收养登记办法》第3条根据被收养人的不同情况，规定应当分别向以下县级以上人民政府民政部门登记：

(1) 收养社会福利机构抚养的查找不到生父母的弃婴、儿童和孤儿的，在社会福利机构所在地的收养登记机关办理登记。

(2) 收养非社会福利机构抚养的查找不到生父母的弃婴和儿童的，在弃婴和儿童发现地的收养登记机关办理登记。

(3) 收养生父母有特殊困难无力抚养的子女或者由监护人监护的孤儿的，在被收养人生父母或者监护人常住户口所在地（组织作为监护人的，在该组织所在地）的收养登记机关办理登记。

(4) 收养三代以内同辈旁系血亲的子女，以及继父或者继母收养继子女的，在被收养人生父或者生母常住户口所在地的收养登记机关办理登记。

2. 办理收养登记的具体程序

收养登记的具体程序包括申请、审查及公告、登记三个环节。收养关系当事人应当亲自到收养登记机关办理成立收养关系的登记手续。夫妻共同收养子女的，应当共同到收养登记机关办理登记手续；一方因故不能亲自前往的，应当书面委托另一方办理登记手续，委托书应当经过村民委员会或者居民委员会证明或者经过公证。申请时，收养人和送养人都应当按照规定向登记机关提交相关证件和证明材料。登记机关对当事人提交的相关证件和证明材料，应在法定期间内就其真实性、合法性进行审查。如果被收养人是查找不到生父母的弃婴和儿童，登记机关应当在登记前公告寻找被收养人的生父母或其他监护人。经审查合格，又无人提出异议的，登记机关应当准予登记，发给收养登记证，收养关系自此成立；对不符合《收养法》规定条件的，不予登记，并向当事人说明理由。

(二) 收养协议与收养公证

《收养法》第15条第3款规定:"收养关系当事人愿意订立收养协议的,可以订立收养协议。"第4款规定:"收养关系当事人各方或者一方要求办理收养公证的,应当办理收养公证。"可见,书面收养协议和收养公证都不是收养关系成立的法定程序,而是法定程序以外当事人可自行选择的形式,是否订立书面的收养协议或办理收养公证并不影响收养关系的效力。

(三) 事实收养问题

在现实生活中,由于种种原因,一些收养人未经办理必要的手续即领养了他人子女。对此类行为,司法实践中是根据不同的情况区别处理的。《收养法》是自1992年4月1日起施行的,在此之前,我国没有成文的收养规范可以依照。因此,对于在《收养法》施行之前的领养,应按当时的有关规定认定。1993年司法部《关于办理收养法实施前建立的事实收养关系公证的通知》规定:"对于收养法实施前已建立的事实收养关系,当事人可以申办事实收养公证。凡当事人能够证实双方确实共同生活多年,以父母子女相称,建立了事实上的父母子女关系,且被收养人与其生父母的权利义务关系确已消除的,可以为当事人办理收养公证。收养关系自当事人达成收养协议或因收养事实而共同生活时成立。"根据该通知并结合1984年最高人民法院《关于贯彻执行民事政策法律若干问题的意见》第28条的规定,在《收养法》正式施行前形成的事实收养关系如果同时具备以下三个条件,可以承认其具有收养的效力:第一,双方共同生活多年,形成了事实抚养关系;第二,双方对外公开以父母子女相称,亲戚朋友也认为他们是养父母子女关系;第三,被收养人与其生父母的权利义务关系实际上已经消除。

《收养法》施行之后,公民未履行法定的程序而领养他人子女的,按现行《收养法》的规定,原则上不再具有收养的效力。但是,在现实中,《收养法》施行之后,私自收养行为仍大量存在,其原因是多方面的。一方面,被收养的孩子中有相当一部分是由于自然灾害、意外事件、家庭变故、肢体残疾等原因而成为孤儿、弃儿或生活无法得到保障的儿童的。事实收养为这些不幸的孩子提供了家庭的成长环境。另一方面,我国现在有一定比例受不孕不育困扰的夫妻,有些人意欲通过收养获得感情上、精神上的慰藉,享受正常家庭的天伦之乐,但苦于不符合收养的法定条件,便转而私下收养。因此,一概否认现实中存在的事实收养行为的合理性和社会价值,并不完全符合社会效益。有鉴于此,2003年10月,民政部出台了《家庭寄养管理暂行办法》,标志着家庭寄养获得国家的正式认可与鼓励。虽然没有直接涉及事实收养问题,但这个办法为解决事实收养问题提供了一个新的途径。2008年9月,民政部、司法部等五个部门联合下发《关于解决国内公民私自收养子女有关问题的通知》，提出应该本着“以人为本、儿童至上、区别对待、依法办理”的原则，积极稳妥地解决已经形成的私自收养问题。对于符合实质要件而仅欠缺形式要件的私自收养，允许当事人办理收养登记。对于不符合实质要件的私自收养，允许在补正相关实质要件后，办理收养登记。2013 年 5 月，民政部联合国家发改委、公安部等七个部门发布了《关于进一步做好弃婴相关工作的通知》，再次强调要着力解决民办机构和个人收留弃婴的问题。针对因不符合相关法律政策规定而不能办理收养登记的个人收留弃婴行为，该通知提出：“若收留人坚持自行抚养又符合家庭寄养条件的，当地儿童福利机构可与其签订家庭寄养协议，并参照《家庭寄养管理暂行办法》指导和监管。”

关于收养成立的形式要件，外国收养法大多采用司法行政程序，即不仅要求当事人之间达成协议，而且要求当事人到法院或公证机关等部门办理收养手续。例如，《德国民法典》第 1752 条规定：“收养由家庭法院根据收养人的申请予以宣告。该项申请不得附条件或期限或由代理人提出。它必须做成公证证书。”《瑞士民法典》第 268 条规定：“收养应由养父母住所所在地的州的主管官厅宣告。”此外，许多国家还有“试养期”的规定，即在收养关系正式确立之前，收养人必须与其拟收养的人共同生活一段时间，以考察双方是否适合建立收养关系。《瑞士民法典》第 264 条规定，收养人能证明其对被收养人已抚养和教育至少一年，并且从各方面可推定建立亲子关系有利于被收养人，又不致因此影响收养人其他子女的公正待遇的，始得收养子女。有些国家将收养区分为完全收养与不完全收养。完全收养是指收养关系成立后，被收养人与其生父母之间的权利义务关系完全断绝；不完全收养则是指被收养人与其生父母之间仍保持一定的权利义务关系，也称“简单收养”。日本对完全收养的成立，要求考察将为养父母者和将为养子女者六个月以上的监护状况、(《日本民法典》第 817 条之 8)法国对完全收养的成立，要求被收养人之前已为收养人的家庭接纳至少六个月。(《法国民法典》第 345 条)

第四节　收养关系成立的法律效力

我国《收养法》第 23 条规定：“自收养关系成立之日起，养父母与养子女间的权利义务关系，适用法律关于父母子女关系的规定；养子女与养父母的近亲属间的权利义务关系，适用法律关于子女与父母的近亲属关系的规定。养子女与生父母及其他近亲属间的权利义务关系，因收养关系的成立而消除。”根据这一规定，收养关系成立的法律效力有以下两个方面：

一、收养的拟制效力

收养的目的在于使特定的当事人之间产生法律上的权利义务关系。所以,收养的拟制效力是收养关系成立的主要法律效力。收养关系成立后,收养人与被收养人之间就产生了拟制的父母子女式的直系血亲关系。不仅如此,这种拟制效力还可能及于收养人的近亲属及被收养人的后代。收养的拟制效力在我国具体表现为:

第一,收养人与被收养人之间形成拟制的父母子女关系。收养关系成立后,收养人与被收养人即以养父母养子女相称,他们之间的权利和义务与自然血亲的父母子女关系相同,适用关于父母子女关系的法律规定。养父母对不能独立生活的养子女有抚养教育的义务,同时有管束和保护未成年养子女的权利和义务。成年养子女对养父母有赡养扶助的义务。养父母与养子女互为第一顺序继承人,相互间有继承遗产的权利。养子女可以随养父或者养母的姓,经当事人协商一致,也可以保留原姓。

第二,被收养人与收养人的近亲属之间形成相应的拟制的亲属关系。收养关系成立后,被收养人与收养人的近亲属之间也形成相应的拟制血亲关系,他们之间的权利义务适用关于子女与父母的近亲属关系的法律规定。例如,养子女与养父母的父母之间形成拟制的祖孙关系,与养父母的其他子女之间形成养兄弟姐妹关系。在一定条件下,他们之间会产生扶养、监护和继承等方面的权利义务。此外,养子女与养父母的兄弟姐妹之间也形成拟制的旁系血亲关系。

第三,被收养人的后代与收养人及其近亲属之间形成相应的拟制的亲属关系。虽然《收养法》对此没有明文规定,但司法实践是认可的。例如,最高人民法院《关于贯彻执行〈中华人民共和国继承法〉若干问题的意见》(以下简称《继承法意见》)第26条规定,被继承人养子女的生子女、被继承人养子女的养子女均可代位继承。

综观各国关于收养效力的规定,主要有两种立法例:完全收养和不完全收养。在完全收养中,养子女完全融入养父母家庭,与生父母家庭的法律关系终止(通婚禁忌除外)。例如,《瑞士民法典》第267条规定,养子女取得养父母的婚生子女的法律地位。原父母子女关系在收养时消灭。在不完全收养中,养子女与生父母家庭仍然保持一定的法律关系,尤其是扶养和继承的权利义务。例如,《法国民法典》第364条规定,不完全收养的被收养人仍留在其出生之家庭内,并且保留其所有的权利,尤其是保留继承权。

二、收养行为的无效

收养行为的无效是指收养行为因欠缺法定的条件或程序，不能产生当事人所追求的收养的效果。

（一）收养行为无效的原因

根据我国《收养法》第25条的规定，引起收养行为无效的原因主要有两类：

1. 收养行为不符合民事基本法关于民事法律行为一般有效要件的规定

收养行为是引发身份关系变更的重大民事法律行为，首先须符合民事法律行为的一般有效要件。根据我国《民法总则》第143条的规定，以下几种收养行为应属无效：

（1）收养人或者送养人不具有相应的民事行为能力。无民事行为能力人或限制民事行为能力人完全不能或部分不能辨认自己的行为，所以他们不得实施收养或送养行为，否则其行为无效。

（2）当事人关于收养的意思表示不真实。一方以欺诈、胁迫的手段或者乘人之危，使对方在违背真实意思的情况下实施的收养行为，不能反映收养人、送养人或具有识别能力的被收养人的真实意思，很可能损害一方当事人尤其是未成年的被收养人的利益。因此，这类收养行为也是无效的。

（3）收养行为的内容或目的严重违反了法律、行政法规的强制性规定，或者违背公序良俗。例如，以收养为名进行买卖子女或儿童的违法行为等。

2. 收养行为违反了《收养法》的规定

《收养法》是我国规范收养行为的主要法律依据，它关于收养关系成立的实质要件和形式要件的规定是强制性规定，当事人必须完全符合、严格遵守。因此，当事人的收养行为如果不符合《收养法》规定的收养关系成立的条件与程序的要求，必然是无效的。

（二）收养行为无效的处理程序

确认收养行为无效是对已经过公示的收养行为的推翻。因此，为慎重和严肃起见，必须经过法定的程序，才能确认收养行为无效。根据我国现行《收养法》的规定，收养行为无效应由人民法院确认。人民法院根据有关当事人的申请，确认收养行为无效。另外，人民法院在审理相关纠纷时，若发现有不符合法定条件的收养关系，也应当依职权确认其无效。

（三）收养行为无效的法律后果

根据《收养法》的规定，我国采取自始无效制度，即从行为开始时起就没有收养的法律效力。人民法院对收养行为无效的确认具有溯及自始的效力，即认定当事人之间从来就没有发生过收养关系。因此,收养行为一旦被确认无效,当事人之间就应当依据相关的原则和规定,公平合理地解决善后问题,该赔偿的应合理合法地赔偿,该补偿的应合理合法地补偿。

第五节 收养关系的解除

收养关系的解除是收养关系终止的一种原因,是指在养父母与养子女生存期间,通过人为的手段终止收养关系。收养关系作为一种法律拟制的父母子女关系,既可依法而成立,也可依法而解除,这是它与自然血亲明显的不同之处。

收养关系的解除同样是引起身份关系变更的重大法律事实,所以不允许当事人随意地解除。我国《收养法》对收养关系的解除作了必要的限制和规定。

一、解除收养关系的程序

(一) 依行政程序解除收养关系

依行政程序解除收养关系是指当事人通过在民政部门办理解除收养关系登记的方式终止相互间的收养关系,又称"登记解除收养关系"。按照这种方式解除收养关系必须具备以下条件:

(1) 当事人之间事先达成了解除收养关系的协议。这里的当事人分两种情况:在养子女未成年以前,由收养人、送养人协商一致,养子女年满10周岁的,还应征求其本人的意见;养子女成年以后,应由养父母与养子女协商一致。

(2) 当事人必须具有完全民事行为能力。如果一方是无民事行为能力人或限制民事行为能力人,则难以就如此重大的身份变更行为作出理智的选择,因而法律不认可当事人在这种精神状态下作出的行为。同时,达成解除收养关系的协议是不得代理的行为。因此,在这种情形下,只能依诉讼程序解除收养关系。

(二) 依诉讼程序解除收养关系

依诉讼程序解除收养关系通常发生在当事人一方或双方要求解除收养关系且不能达成协议的情形下。此时,当事人可以向人民法院提起诉讼,请求人民法院处理解除收养关系的纠纷。人民法院处理此类纠纷时,应当查明当事人要求解除收养关系的真实原因,根据养父母与养子女之间关系的现状,本着保护合法的收养关系,维护收养关系各方当事人的合法权益,以及有利于被收养的未成年子女健康成长的原则,合法合情地处理纠纷。

第一,养子女未成年的,原则上不得判决解除收养关系。但是,如果收养关系已经明显恶化,无法继续维持,或者收养人不履行抚养义务,有虐待、遗弃等侵害未成年养子女合法权益行为的，人民法院应依法解除他们之间的收养关系。

第二，养子女成年后，养子女或养父母一方要求解除收养关系的，应根据要求解除收养关系的真实原因以及双方之间关系的现状，决定是否允许解除。养父母与成年养子女关系恶化，双方确实无法共同生活，经调解无效的，应当准予解除收养关系。

二、解除收养关系的法律后果

解除收养关系的法律后果涉及当事人的人身关系和财产关系两个方面。

（一）人身关系上的效力

第一，被收养人与收养人及其近亲属间的权利义务关系因此而消除。收养关系解除后，被收养人与收养人之间不再存在父母与子女的身份关系，被收养人与收养人的近亲属之间也不再具有法律拟制的直系或旁系血亲的身份关系。

第二，未成年的被收养人与生父母及其他自然血亲的近亲属间的权利义务关系自行恢复。生父母或其他自然血亲的近亲属对该未成年人的法定抚养义务就此恢复，他们对该未成年人的法定权利也就此恢复。

第三，成年被收养人与生父母及其他自然血亲的近亲属间的权利义务关系是否恢复，可以协商确定。

（二）财产关系上的效力

第一，对原养父母的经济补偿。从权利义务对等的一般法律原则角度考虑，养父母对养子女已经尽了抚养义务的，收养关系解除时，应根据解除收养关系的具体原因，对养父母在收养期间所支出的生活费和教育费作适当的补偿。根据我国《收养法》，对养父母在收养期间所支出的生活费和教育费的补偿应遵循如下原则处理：

（1）收养关系解除后，经养父母抚养的成年养子女，对缺乏劳动能力又缺乏生活来源的养父母，应当给付生活费。至于费用的多少，可根据当地的生活水平和养子女的负担能力确定。对给付生活费的期限，法律未加限定，应根据实际需要与现实条件实事求是地加以确定。因养子女成年后虐待、遗弃养父母而解除收养关系的，无论养父母是否缺乏劳动能力或生活来源，养父母都有权要求养子女补偿收养期间为其所支出的生活费和教育费。

（2）生父母要求解除收养关系的，可能会在一定程度上伤害养父母的感情，也可能会损害养父母的经济利益。所以，法律规定，养父母有权要求生父母补偿其于收养期间为养子女所支出的生活费和教育费。生父母因养父母虐待、遗弃养子女而要求解除收养关系的，养父母无权要求生父母补偿其于收养期间为养子女所支出的生活费和教育费，这主要是对养父母过错行为的一种谴责。

第二，共同财产的分割。养子女与养父母在共同生活期间形成了共同共有的财产的，收养关系解除时，应就这部分共同共有的财产进行分割。无法进行实物分割的，可以作价分割，由一方取得实物，并给对方以适当的补偿；或是将实物变卖，分割其价款。养子女在被收养期间因继承、遗赠、赠与等原因所取得的财产，仍归属养子女。

♂♀ 典型案例

王某某、吴某菊诉傅某甲、吴某莲解除纠纷案

【案情简介】[①]

原告王某某、吴某菊系夫妻，被告傅某甲、吴某莲亦系夫妻。吴某莲与吴某菊系同胞姐妹。原告婚后一直没有生育。1979年12月，吴某莲生下傅某乙，由原告夫妻对傅某乙尽养父母责任。1980年6月，原、被告就收养之事立下了书面约定，并去当地公证处请求公证，因原告未达收养子女年龄而未能办理公证。同年8月，傅某乙正式到原告身边生活，由原告尽抚养义务，尤其是原告王某某对傅某乙的生活、学习关心周到。1990年，原告夫妻发生纠纷，吴某菊提出离婚诉讼。在此期间，原告与被告协议，若原告方离婚，可将傅某乙送回给被告，被告表示同意。当年9月20日，原告夫妇草拟了离婚协议。傅某甲于次日晚去原告家，以带傅某乙看亚运会开幕式电视直播为由将傅某乙带走，并给其办了转学手续，将其安排到另一所学校就读。在被告接回傅某乙的次日，原告吴某菊以夫妻已和好为由撤回离婚起诉。原告夫妻和好后，便去接傅某乙，结果被告不同意，双方多次交涉均无效。故原告起诉，要求维持收养关系。被告认为解除收养关系是原告提出的，故不同意再维持收养关系。在审理中，傅某乙表示不愿再回养父母身边生活。

法院认定：原、被告之间达成的收养协议有效，事实上的收养关系已经形成。原、被告之间达成的附条件解除收养协议的条件未成就，故该协议不能生效。被告在解除收养关系协议未生效之前擅自领回送养男孩显系不当，应负纠纷发生的主要责任。鉴于被收养人已11岁，有一定的识别能力，且明确表示不愿再随养父母生活这一实际情况，已无继续维持该收养关系之必要。法院最后判决：解除原告与

① (91)民上字第123号。

被收养人之间的收养关系;被收养人之生父母即被告应补偿原告抚养被收养人的生活费、教育费计5000元。

【评析】

本案中,收养关系的形成是在1992年4月1日现行《收养法》实施之前,虽未办理收养公证,但从当事人各方的主观心态和客观事实来看,原告与被收养人之间已形成事实收养关系当无异议。法院最后尊重11岁的被收养人的意愿,解除了收养关系,也符合现代收养法以未成年的被收养人的利益为中心的原则。鉴于收养关系的解除并非养父母的过错所致,要求作为送养人的被收养人生父母对养父母进行必要补偿也符合相关规定。需要指出的是,法院作出的"原、被告之间达成的附条件解除收养协议的条件未成就,故该协议不能生效"的认定,是不合法理的。收养及其关系的解除都是变更身份关系的身份法律行为,按公序良俗原则,不允许附条件或期限。所以,即使原告夫妻离婚了,也不能就此认定条件成就,解除收养关系的协议自动生效。

王某某诉葛某某解除收养关系后经济帮助案

【案情简介】①

原告王某某与其妻高某某婚后未育。1961年,王某某夫妇收养了未满周岁的被告葛某某,将其抚育成人。1982年,王某某夫妇为葛某某操办了婚事。1983年,双方因琐事产生矛盾,原告夫妇遂起诉要求与被告解除收养关系。经法院调解,双方达成协议,自愿解除收养关系。1996年,高某某病故。一年后,原告因多种疾病缠身,丧失了劳动能力,且无经济来源,生活陷入困境。为此,原告提起诉讼,要求被告给予经济帮助。一审法院认为:原告在与被告解除收养关系十余年后要求被告给予经济帮助,缺乏法律依据,不予支持。二审法院认为:上诉人王某某在与被上诉人葛某某解除收养关系时尚未缺乏劳动能力,仍能自食其力,依法不符合养子女给予经济帮助的情形。但是,现在王某某年老多病,丧失劳动能力,且孤身一人,无其他经济来源,她要求葛某某给付生活费,符合《收养法》第30条规定的情形,对王某某请求的支持符合法律的规定,符合权利义务一致的民事法律原则,亦有利于保护老年人的合法权益,使老年人老有所养。原审判决适用法律不当,应予纠正。故二审法院撤销一审判决,判决葛某某每月给付王某某生活费80元,至王某某终年止。

① (1999)通民终字第338号。

【评析】

本案涉及对《收养法》第 30 条第 1 款第 1 句的理解与适用。具体规定为:“收养关系解除后,经养父母抚养的成年养子女,对缺乏劳动能力又缺乏生活来源的养父母,应当给付生活费。”这里所称的养父母的“双缺”状况是在解除收养关系当时即已存在,还是可以在以后才出现? 对此,法条的规定并不明确,致使争议产生。一、二审法院基于在这一问题上的不同认识,作出了不同的判决。

思考题

1. 收养行为的法律特征是什么?
2. 确立收养制度的基本原则应考虑哪些因素?
3. 如何调整收养法以适应我国生育政策的变化?
4. 域外的收养制度对我国有哪些借鉴意义?

第二编　继　承　法

第一章　继承制度概述

第一节　继承的概念

一、"继承"一词的来源及含义

民法中的"继承"(succession)一词,源于拉丁文 *successio*,意思是指生者在法律上取得死者的地位。这在罗马法上称为"人格继承",即继承死者的人格,使之得以延续。古代罗马和中国一样,都是以家长制为基础的宗法社会。最早的继承主要表现为身份继承,即祭祀资格的继承,财产只是祭祀资格的附属物。这种继承是对死者身份、财产及其他权利义务的概括继承。

在自己死后,使自己拥有的身份、财产归属于与自己具有一定亲属关系(主要为血缘关系)的人,这是私有制产生后人们的普遍愿望,也是人类社会所共有的现象,古代中国和罗马概莫能外。在古代中国,这种归属主要表现为自上而下的男系纵向传递,是后辈对前辈身份、财产的承受。汉语中,"自下受上称'承'","承"者,"下载上也"。这种社会现象被称为"承""承继""继承"。凡非自下受上,不能称"承""承继""继承"。

近代民法中的继承,仅指财产继承,不包括身份继承。财产继承既包括自下受上,又包括自上受下以及同辈之间的相互继承。例如,父母对子女财产的继承,祖父母、外祖父母对孙子女、外孙子女财产的继承,即属于自上受下的继承;兄弟姐妹之间的继承,即属于同辈之间的相互继承。这与古代中国的"承""承继""继承"以及拉丁文 *successio* 已非同一内涵。

二、继承制度的概念和特征

最古老的继承制度是规定生者对死者身份、财产及其他权利义务概括继承的法律制度。在身份继承被废除后，现代民法的继承制度是指将死者生前所有的个人合法财产及其他财产权益转归有权取得该项财产及权益的人所有。

继承是一项法律制度，也是一种法律关系。在具体的继承关系中，死者称"被继承人"，死者所遗留的财产称"遗产"（在大陆法系，"遗产"是个综合概念，含积极财产、消极财产和财产负担）；有权取得死者遗产的人称"继承人"，继承人取得遗产的行为资格称"继承权"。继承的法律后果是被继承人生前的财产（遗产）转归继承人所有。作为一项法律制度的继承制度，就是对上述继承人的确定、遗产内容及范围的确定、遗产的分割等具体继承事项的法律规定。

继承关系是一种法律关系，继承法律关系的特征如下：

第一，继承法律关系的主体。通说认为，继承法律关系的主体是继承人。继承人是与被继承人生前存在特定身份关系（如婚姻关系、血缘关系）的自然人。与被继承人是否存在合法有效的身份关系，是确定继承法律关系主体身份和资格的唯一依据。根据自然人的民事权利能力始于出生、终于死亡的原理，被继承人不是继承法律关系的主体。继承人是继承法律关系的权利主体，民法学界对此并无异议。那么，义务主体是谁？有学者认为，继承法律关系是因遗产的归属而发生的物权关系，其主体是遗产归属人与除遗产归属人以外的不特定人。奥地利民法就将继承权定性为物权。[①] 继承关系的主体是否仅限于与死者有亲属关系的自然人？作为非自然人主体的国家在无人继承遗产时取得遗产的权利，在法律上应如何定性？各国对此所作的规定有所不同。在大陆法系国家的继承法中，有的将国家直接规定为最后顺序的法定继承人，如德国；[②]有的将国家在继承上的权利单列，如法国。[③] 在我国，不论是法定继承人还是遗嘱继承人，继承人只能是与死者有亲属关系的自然人。自然人以外的其他主体，尤其是国家，只能成为受遗赠人，而不能成为继承人。

第二，继承法律关系的客体。根据对罗马法"继承"一词的理解，继承是指生者在法律上取得死者的地位，承受死者的法律人格。继承的客体应是死者的法律地位（专属于死者的除外）或者法律人格。主体的法律地位含财产关系和人身关系两

① 参见《奥地利民法典》第 532 条。
② 参见《德国民法典》第 1936 条。
③ 参见罗结珍译：《法国民法典》，中国法制出版社 1999 年版，第 212 页。

个方面，其中人身关系(或人身权)具有强烈的专属性，随主体的死亡而消灭；财产关系(或财产权)不因主体的死亡而当然消灭，其存在的表现形式就是遗产。通说认为，继承法律关系的客体是遗产。遗产是指被继承人生前拥有的个人合法财产，包括死者生前的财产、尚未了结的债权债务、财产上的负担以及法律规定可以继承的其他财产权利(如知识产权中的财产权等)。死者生前与他人共有的财产中属于他人应有的部分，死者生前占有但并不享有所有权的财产，以及其他具有特定人身属性、在法律上不能转让的权利，均不能作为继承法律关系的客体。

第三，继承法律关系的内容。这是指继承人、受遗赠人在继承关系中的权利义务，具体表现为继承人、受遗赠人享有取得被继承人遗产的权利，承担被继承人生前债务，以及完成被继承人要求继承人、受遗赠人完成的特定工作。我国《民法总则》第 13 条规定："自然人从出生时起到死亡时止，具有民事权利能力，依法享有民事权利，承担民事义务。"《继承法》第 2 条规定："继承从被继承人死亡开始。"因此，被继承人自死亡时起，其权利能力终止。死者生前所遗留的财产及其他的财产权利通过继承转归继承人或受遗赠人所有，其生前尚未清偿的各种债务或财产上的负担转归继承人承担(清偿债务时，以其所继承遗产的实际价值为限)。

第四，继承法律关系的发生原因。关于继承法律关系的发生原因，在现代各国都是被继承人死亡。在罗马法上，人格的减等，如自权人被收养，也可以发生继承；在个别国家，出家为僧，也可以发生继承。继承关系是一种法律关系，因一定的法律事实而发生。引起继承关系发生的法律事实是被继承人死亡，包括自然死亡和宣告死亡。在适用遗嘱继承时，除被继承人死亡外，还须有被继承人生前立有有效遗嘱的法律事实。在被继承人生前与被继承人存在婚姻关系、血缘关系以及因共同生活而形成扶养关系的亲属，虽在法律上享有继承资格，但并不意味着必然发生实际的继承关系。

三、继承的种类

继承从不同的角度可划分为不同的种类，具体如下：

(一) 身份继承和财产继承

这是根据继承的内容是身份还是财产对继承进行的划分。

身份继承，指以死者生前的特定身份为继承客体的继承。继承的对象是死者生前的身份，如家长身份、户主身份、世袭爵位的身份。身份继承是最古老的继承。不论是古代中国还是古代罗马，最早的继承都表现为对死者身份的继承，继承的结果不是取得死者的财产，而是取得死者的特殊身份，如家长身份。伴随着家长身份的取得，继承人对家庭财产或者家族财产的支配和控制也就成为必然。当前，除个别国家外(如韩国的户主继承仍有着身份继承的色彩),身份继承已被废除,现代法律上的继承仅指财产继承。

财产继承,指以被继承人生前的财产为继承客体的继承。继承的对象是死者生前的财产以及其他财产性质的权利义务及负担。当今世界绝大多数国家民法上的继承都仅指财产继承。

（二）法定继承和遗嘱继承

这是根据继承的方式对继承进行的划分,也是各国继承法上对继承的划分。

法定继承,指在不能适用遗嘱继承的情况下,按照法律规定的继承人范围、继承顺序、遗产的分割方法进行的继承,也称“无遗嘱继承”。

遗嘱继承,指死者生前立有遗嘱,如果遗嘱合法有效,则按照死者生前所立遗嘱的内容对其遗产进行继承。

在具体的继承关系中,有遗嘱则首先适用遗嘱,只有在没有遗嘱或者遗嘱人只处分了部分遗产,或者遗嘱所指定的继承人、受遗赠人先于遗嘱人死亡,或者遗嘱所指定的继承人、受遗赠人放弃遗嘱继承或者遗赠等情形下才适用法定继承。遗嘱继承的效力优于法定继承,法定继承是对遗嘱继承的法律补充。

（三）无限责任继承和有限责任继承

根据继承原理,继承是对被继承人生前一切权利义务及负担的承受,专属于被继承人的除外,因此继承所适用的都是概括继承。根据继承人对被继承人生前债务所承担的清偿责任的不同,可以将继承划分为无限责任继承和有限责任继承。

无限责任继承,指继承人完整、总括地继承被继承人生前的一切,包括生前的全部财产和全部债务,而不问所继承的遗产价值是否足以清偿全部债务。当遗产的价值不足以清偿全部债务时,继承人对遗产不足清偿的债务部分,仍然负有清偿义务。

有限责任继承,指继承人对被继承人生前债务,以其所继承遗产的实际价值为限承担清偿责任;遗产债务超过继承人所继承的遗产价值的,对超出部分,继承人并不负有清偿义务,继承人自愿清偿的除外。

（四）本位继承、代位继承、转继承

这是根据继承人在继承关系中的角色不同对继承进行的分类。

本位继承,指继承人基于其自身具有的继承资格、继承顺序和应得的遗产份额进行的继承。如子女对父母遗产的继承、生存配偶对死亡配偶遗产的继承,他们都是基于自身的身份享有继产权。本位继承是一种直接继承。

代位继承,指在被继承人的子女先于被继承人死亡或者宣告死亡时,该子女的直系晚辈血亲可以代替其已故的父亲或者母亲继承其祖父母或者外祖父母的遗产。代位继承人的继承地位和继承份额基于被代位人的继承地位和继承份额，如几个孙子女代位其已故的父亲继承他们的祖父母的遗产。

转继承，指继承人在被继承人死亡后、遗产分割前死亡的，本该由该继承人继承的遗产转由该继承人的继承人取得。例如，张某的父亲去世，张某作为第一顺序继承人，可以继承父亲的遗产。但是，张某在遗产分割前去世。张某有妻子、儿女，在张某去世后，本该由张某继承的遗产转由张某的继承人（妻子、儿女）继承。转继承实质上是第二次继承。

（五）有限继承和无限继承

这是根据法律对法定继承人的范围是否应有所限制而对继承进行的划分。

有限继承，指将法定继承人限制在一定的亲属范围内，在此范围内的亲属是法定继承人，在此范围外的亲属不是法定继承人。当今世界大多数国家的继承法都将法定继承人的范围限定在一定的亲属之间，各国立法上的差异只是亲属范围的大小。

无限继承，指在法定继承人的范围上，法律不作限制性规定，按照亲属关系的亲疏远近，确定继承人的继承顺序，直至一切可能穷尽的亲属。德国是这一立法模式的代表。根据《德国民法典》的规定，法定继承人的范围是：配偶、被继承人的直系血亲卑亲属、父母及其直系血亲卑亲属、祖父母外祖父母及其直系血亲卑亲属、曾祖父母及其血亲卑亲属、高祖父母及其直系血亲卑亲属，几乎穷尽所有的亲属关系。《美国统一继承法》对法定继承人范围的规定也是宽泛得近乎穷尽所有的亲属关系。

第二节　继　承　权

一、继承权的概念、性质和法律特征

（一）继承权的概念

继承权是指自然人根据法律规定或者被继承人生前有效遗嘱的指定，取得被继承人遗产的权利。

民法理论将继承权分为客观意义上的继承权和主观意义上的继承权。前者指法律规定自然人依法可以享有的继承权，属权利能力范畴，是对自然人继承资格的规定，又称“期待的继承权”。后者指在出现继承的法律事实后（即被继承人死亡或者宣告死亡），继承人实际享有的继承遗产的权利，也称“既得的继承权”。客观意义上的继承权由法律直接赋予，不存在接受和放弃的问题。主观意义上的继承权

则是一项具体的民事权利,当事人可以根据自己的意愿,表示接受或者放弃。

(二) 继承权的性质

继承权作为一项重要的民事权利,其性质究竟是财产权还是人身权?法学界对此有不同的认识。有学者认为,继承权是人身权,属身份权,其理由是:继承权的发生依据是继承人与被继承人之间存在特定身份。通说认为,继承权属财产权,其理由是继承制度要解决的是死者生前财产的归属问题,继承的法律后果是死者所遗留财产的转移。本书认为,虽然继承权的发生依据是继承人与被继承人之间的身份关系,但就其权利性质而言是财产权,属于具有人身属性的财产权。具体理由如下:首先,权利的发生依据与权利的性质是两个问题。在财产权中,不乏人身属性的财产权,如亲属之间的抚养费请求权,虽然权利的发生依据为亲属身份,但权利之性质仍得为财产权。其次,人身权不能转让、放弃、被剥夺,而继承权虽然不能转让,但可以放弃,也可以被剥夺。那么,继承权属财产权的哪一类,物权、债权还是其他财产权?有国家明确将继承权定性为物权,如《奥地利民法典》第 532 条规定:“称继承权者,谓取得全部或其一定比率的一部之排他的权利,其权利为一种物权,有对抗效力。”大多数国家的立法并不规定继承权的性质。

(三) 继承权的法律特征

继承权具有以下法律特征:

第一,继承权是一种财产权。当今世界绝大多数国家都已经废除了身份继承的内容,因此现代民法所称的“继承”仅指财产继承。继承权为财产权之一种。现代继承制度要解决的是死者遗产的归属以及死者生前债务由谁清偿的问题。因此,继承权与财产所有权、债权债务关系密切。被继承人的遗产是其生前依法享有所有权的财产、债权债务或者其他财产负担,继承的法律后果是这些遗产转归继承人承受。

第二,继承权因特定身份而发生。继承权的发生以与被继承人生前存在特定身份关系为前提。继承权虽为财产权,却因一定的身份关系而发生。继承人与被继承人之间是否存在特定的身份关系(如婚姻关系、血缘关系),是认定继承权是否存在的主要依据,甚至是唯一的依据。

第三,继承权具有专属性。由于继承权因一定的身份关系而发生,因此具有专属性,不能转让。同时,继承权是财产权,可以因继承人的原因而被剥夺。继承人也可以依其意愿放弃继承,但不能将继承权转让给他人。

二、继承权的发生根据

继承权的发生根据是指生者对死者遗产的继承权存在的理由。古今中外的继承制度都将继承人与被继承人之间存在一定范围内的亲属关系作为认定继承权发生及存在的理由。我国《婚姻法》《继承法》将与死者生前存在婚姻关系、一定范围内的血缘关系以及因共同生活而形成的扶养关系作为继承权的发生依据。

婚姻关系是确定配偶之间继承权的法律依据。我国《婚姻法》第 24 条第 1 款规定："夫妻有相互继承遗产的权利。"《继承法》第 10 条将配偶规定为第一顺序继承人。各国继承法几乎都将配偶列为最重要的法定继承人之一。配偶身份对当事人意义重大。配偶与被继承人之间有着最密切的共同生活关系和相互扶养关系。

父母子女之间，兄弟姐妹之间，祖父母、外祖父母与孙子女、外孙子女之间存在血缘关系，在法律上属于有利害关系的近亲属，他们之间往往因血缘上的联系而共同生活在一起，关系密切，相互之间存在抚养（扶养）关系或者赡养关系，因此存在继承关系。继承法所称的"血缘关系"含自然血亲和拟制血亲。

继子女与继父母之间，继兄弟姐妹之间，儿媳与公婆、女婿与岳父母之间属姻亲关系，姻亲之间本没有法律上的扶养、赡养义务，相互之间也没有继承权。但是，考虑到我国传统习惯以及贯彻养老育幼的精神，《继承法》第 10 条规定，有扶养关系的继父母与继子女之间属父母子女关系，可作为第一顺序继承人。《继承法》第 12 条规定："丧偶儿媳对公、婆，丧偶女婿对岳父、岳母，尽了主要赡养义务的，作为第一顺序继承人。"因此，在我国符合法律规定条件的姻亲也可以享有法定继承权。

三、继承权的丧失

继承权的丧失又称"继承权的被剥夺"，是指继承人对被继承人或者其他继承人犯有某种罪行或者其他的违法行为，被依法剥夺继承资格，取消原有的继承权。继承人放弃继承，是对继承权的抛弃，属根据本人意愿作出的处分权利行为，因此不属于继承权的丧失。

根据我国《继承法》第 7 条，继承人有下列行为之一的，丧失继承权：

（一）故意杀害被继承人的

故意杀害他人是一种严重的犯罪行为，应受到刑法的严厉制裁。故意杀害被继承人的，不仅应受到刑法的制裁，还将被剥夺继承权。故意杀害被继承人的，不管是出于什么动机，也不问是既遂还是未遂、亲手杀害还是唆使他人杀害、直接杀害还是间接杀害，都将丧失继承权。

（二）为争夺遗产而杀害其他继承人的

为争夺遗产而杀害其他继承人的，不管是既遂还是未遂，也不问是直接故意还是间接故意，除受刑法处罚外，还将丧失继承权。但是，如果因其他原因杀害其他继承人或者致其他继承人死亡，虽为严重的犯罪行为，但并不当然丧失继承权。为争夺遗产而杀害其他继承人的,即使被继承人遗嘱中指定其为继承人,也照样丧失遗嘱继承权。

(三) 遗弃被继承人的,或者虐待被继承人情节严重的

遗弃被继承人,是指有扶养、赡养能力的继承人对丧失劳动能力或没有独立生活能力的被继承人(尤指老、弱、病、残、幼)拒绝承担抚养或赡养义务的行为。继承人有遗弃被继承人行为的,丧失继承权。

虐待被继承人,是指继承人在被继承人生前经常对其进行精神或肉体上的折磨,如经常以打骂、冻饿、强迫从事过度劳动、有病不给治疗等手段折磨、摧残被继承人。虐待被继承人必须是情节严重的才丧失继承权。情节是否严重,可以从实施虐待行为的持续时间、手段、后果及社会影响等诸多方面综合考虑,并不以是否构成刑事犯罪、是否应承担刑事责任为依据。

此外,需要说明的是,继承人遗弃被继承人的,或者虐待被继承人情节严重的,如果已有悔改表现并得到被继承人生前宽恕的,可不剥夺其继承权。

(四) 伪造、篡改或者销毁遗嘱,情节严重的

伪造遗嘱,是指继承人为了争夺遗产,假冒被继承人的名义制造假遗嘱的行为。篡改遗嘱,是指被继承人生前立有遗嘱,继承人为了争夺遗产而改变遗嘱的内容以使其有利于自己的篡改行为。销毁遗嘱,是指被继承人生前立有遗嘱,继承人因担心遗嘱的内容对其不利,为争夺遗产而销毁该遗嘱的行为。

伪造、篡改或者销毁遗嘱必须是情节严重的才会被剥夺继承权。如何认定情节严重,应视行为后果而定。因伪造、篡改或者销毁遗嘱致使无劳动能力又缺乏生活来源的继承人的继承权受到侵害,并使其生活陷入困难的,可认定为情节严重,得剥夺其继承权。

四、继承权的放弃

(一) 继承权的放弃的含义

继承权的放弃,是指继承人在继承开始后、遗产分割前,以明示的方式作出的不接受被继承人遗产的意思表示。继承权是一项民事权利,权利人有权根据自己的意愿作出接受或者放弃的表示。放弃继承属单方法律行为,只要有弃权人一方的意思表示即可。但是,放弃继承的意思表示要产生法律上的效力,必须符合下列条件:

第一,放弃继承的意思表示必须由继承人本人作出。继承权是一项基于身份关系而发生的财产权利,具有严格的人身属性,应由继承人本人作出放弃的意思表示。当继承人为无行为能力人或者限制行为能力人时,他的法定监护人(或法定代

理人)不能代替其作出放弃继承的意思表示。

第二,放弃继承的意思表示必须是真实的。因受欺诈、胁迫等原因致使继承人被迫作出放弃继承的意思表示的,该意思表示因不真实而无效。

第三,放弃继承必须是无条件的。继承人不得以放弃继承为条件,不履行其法定义务,如对被继承人的赡养义务。继承人放弃继承的,不影响其对被继承人应承担的法定义务(如生养死葬)。放弃继承仅可以不承担对死者生前债务的清偿义务。

放弃继承权和丧失继承权虽都导致继承权的消灭,但却是两种完全不同的法律事实。放弃继承权是继承人处分其权利的行为,体现的是其个人的意志;继承权的被剥夺或丧失是对继承人违法犯罪行为在法律上所作的处罚,体现的是国家意志。

(二)放弃继承的意思表示的时间与方式

许多大陆法系国家都有关于继承人承认与放弃继承的意思表示的时间与方式的法律规定,如《日本民法典》第915、938条,《德国民法典》第1944、1945条。[①] 在我国,继承人放弃继承的意思表示,应该在继承开始后、遗产分割前以明示的方式作出。继承开始前,自然人的继承权仅仅是一种继承资格,属权利能力范畴,不存在接受和放弃的问题。遗产分割后,继承人已取得遗产的所有权,再表示放弃继承,已不能产生放弃继承的效力。因此,继承人于遗产分割后表示放弃继承的,只能视为对其所继承遗产的所有权的放弃,而不是对继承权的放弃。我国《继承法》第25条第1款规定:“继承开始后,继承人放弃继承的,应当在遗产处理前,作出放弃继承的表示。没有表示的,视为接受继承。”

(三)放弃继承的法律后果

继承人作出放弃继承的意思表示会产生以下法律后果:

第一,表意人对该被继承人的继承权消灭。放弃继承的意思表示一旦作出,表意人不再享有继承被继承人遗产的权利,也无须承担被继承人生前所欠税款和其他债务的清偿义务。

第二,法定继承人之一放弃继承的,同一顺序的其他法定继承人分割弃权人应得继承的遗产份额。同一顺序的法定继承人全部放弃继承的,遗产由顺序在后的法定继承人继承。全体法定继承人都放弃继承的,遗产归国家所有或者归被继承

① 《日本民法典》第915条规定,继承人承认或者放弃继承的意思表示须自知道自己有继承之事开始的三个月内作出。第938条规定,放弃继承须向家庭法院提出。《德国民法典》第1944条规定,遗产拒绝须自继承开始六周内为之。第1945条规定,遗产拒绝向遗产法院提出,并须记录或公证。

人所在的集体组织所有。

第三,继承人放弃遗嘱继承的,其放弃继承的意思表示的效力不及于法定继承。遗嘱继承人放弃遗嘱继承的,遗嘱所指定的该继承人可得的遗产份额,由法定继承人继承。但是,放弃遗嘱继承的继承人仍可依其法定继承人的身份,参与法定继承。

继承人放弃继承的意思表示具有溯及力,其效力溯及继承开始。在遗产分割前或诉讼进行中,继承人对放弃继承反悔的,由人民法院根据其提出的具体理由,决定是否认可。遗产处理后,继承人对放弃继承反悔的,不予承认。

五、继承权的恢复

(一)继承权的恢复的含义

继承权的恢复,是指继承人在其继承权受到不法侵害时,有权请求恢复其继承权,又称"继承权恢复请求权"。

继承权恢复请求权包括对人的请求权和对继承标的的请求权。对人的请求权,是指继承人对侵权人提出的确认其继承人资格和地位的主张;对继承标的的请求权,是指继承人有权请求侵权人恢复继承标的的原状。

(二)继承权受到侵害的主要情形

继承人受到侵害属下列情形之一的,得行使继承权恢复请求权:

(1)非继承人在没有任何法律根据的情况下,侵占被继承人的遗产拒不返还的;

(2)同一顺序的数个法定继承人,在无人丧失继承权又无人放弃继承时,部分继承人取得了全部的遗产而排除另一部分继承人应得的遗产份额的;

(3)在法定继承中,在没有法定情节的情况下,第二顺序继承人先于第一顺序继承人取得遗产的;

(4)已经取得遗产的继承人,后被确认丧失继承权但拒绝返还遗产的;

(5)继承开始后,在依法需要对某项遗产进行新的产权登记时,遗漏或者排斥应予登记的继承人的。

(三)继承权恢复请求权的行使方法和期限

提出继承权恢复请求权的人只能是继承权受到侵害的继承人本人,他人不能代位行使。当继承权受到侵害的当事人是无行为能力人或者限制行为能力人时,其继承权恢复请求权应由其法定代理人提出。

继承人行使继承权恢复请求权,可以直接向侵权人提出,要求承认其合法继承人的地位,并返还其应得的遗产份额;也可以直接向被继承人生前户籍所在地人民法院或者主要遗产所在地人民法院提出，由人民法院依诉讼程序解决。

继承权受到侵害的，继承人应在法定期限内及时提出保护请求。我国《继承法》第 8 条规定："继承权纠纷提起诉讼的期限为二年，自继承人知道或者应当知道其权利被侵犯之日起计算。但是，自继承开始之日起超过二十年的，不得再提起诉讼。"

第三节　我国继承制度的基本原则

我国继承制度的基本原则，是制定、解释、执行和研究我国继承法的出发点和依据，是我国继承制度特点的集中表现，被贯彻于继承法立法和司法的各个方面。

一、保护自然人私有财产所有权原则

我国《继承法》第 1 条开宗明义地阐明："根据《中华人民共和国宪法》规定，为保护公民的私有财产的继承权，制定本法。"《宪法》第 13 条第 1、2 款分别规定："公民的合法的私有财产不受侵犯。""国家依照法律规定保护公民的私有财产权和继承权。"保护公民的私有财产继承权是保护公民合法财产所有权的具体表现，是我国继承法的立法依据，也是我国继承法的宗旨和首要任务。这一原则在我国《继承法》上主要表现在以下三方面：

第一，《继承法》明确规定，公民生前拥有的个人合法财产，包括生产资料、生活资料、知识产权中可以继承的财产权利以及其他合法的财产权，在其死后可以作为遗产由其继承人继承。

第二，《继承法》规定了遗嘱继承，并承认遗嘱继承具有优先于法定继承的效力。这是法律赋予公民以遗嘱的方式自由处分其身后财产及其他事务的权利。在没有遗嘱的情况下，法律推定死者希望将其财产遗留给与其关系最密切的亲属所有，并根据这一推定确定法定继承人的范围和继承顺序。

第三，《继承法》还设计了继承权受到侵害时的各种司法救济手段。

二、继承权男女平等原则

男女平等原则不仅是我国《宪法》和《婚姻法》规定的一项基本原则，也是《继承法》规定的一项基本原则。《婚姻法》第 13 条规定："夫妻在家庭中地位平等。"第 17 条第 2 款规定："夫妻对共同所有的财产，有平等的处理权。"《继承法》第 9 条规定："继承权男女平等。"

继承权男女平等原则具体体现在以下几方面：

第一,继承权的取得与性别无关。女子无论是已婚还是未婚,都与男子享有同样的继承权。夫妻相互之间对对方的遗产享有法定继承权。子女对父母遗产的继承权平等。

第二,同一顺序的法定继承人,不论男女,继承地位平等。在遗产的分配上,不因男女性别上的差异而影响各自应继承的遗产份额。

第三,在代位继承上男女平等。被代位人不论男女,代位继承人也不论男女,只要符合代位继承的条件,都适用代位继承。

第四,在确定遗产范围时,必须将生存配偶在夫妻共同财产中的共有份额排除在死者遗产范围之外,该部分不得作为遗产继承。

第五,在遗嘱继承上,男女享有平等的以订立遗嘱的形式处分自己财产的权利。

三、养老育幼原则

养老育幼是我国家庭的一项重要职能,也是中华民族的传统美德。今天,它已成为我国建设社会主义精神文明的一项重要内容,并成为婚姻家庭立法的共同任务。我国《继承法》对这一原则的贯彻表现在以下三方面:

第一,《继承法》在充分肯定遗嘱继承具有优于法定继承的效力的同时,规定遗嘱人必须为缺乏劳动能力又没有生活来源的法定继承人保留必要的继承份额。

第二,《继承法》在规定同一顺序的继承人继承地位平等的同时,规定在遗产分割时,对生活有特殊困难以及缺乏劳动能力又没有生活来源的继承人应予以适当的照顾。

第三,《继承法》肯定了遗赠扶养协议的法律效力,并赋予遗赠扶养协议优先于遗嘱和遗赠的执行效力。

四、权利义务一致原则

权利义务一致原则是民法的一项基本原则,我国《继承法》的许多规定体现了这一原则。继承中的权利义务一致,除考虑继承人与被继承人之间是否存在一定范围内的亲属关系外,在特殊情况下,被继承人生前是否承担了较多的扶养义务也会成为其是否享有继承权的依据。此外,继承人对被继承人生前债务的清偿也是其继承内容的一部分。《继承法》有关权利义务一致原则的具体表现如下:

第一,《继承法》第 12 条规定,丧偶儿媳对公、婆,丧偶女婿对岳父、岳母,尽了主要赡养义务的,作为第一顺序继承人。儿媳与公婆之间、女婿与岳父母之间属姻亲关系,相互之间本没有扶养关系,亦没有继承权。但是,如果儿媳或女婿在丧偶后仍能继续对公婆或者岳父母尽关心、帮助、照顾义务或者在经济上持续提供帮助，则根据权利义务一致原则，《继承法》赋予丧偶儿媳或女婿以第一顺序继承人资格，使其能以独立的身份取得对公婆或岳父母遗产的继承权。

第二，《继承法》除以婚姻关系、血缘关系为依据确定法定继承人的范围外，对继父母与继子女之间、继兄弟姐妹之间原属姻亲关系的当事人，根据他们之间是否有共同生活、是否存在扶养关系，确定他们之间是否有继承权。

第三，在分配遗产时，对于有扶养能力和扶养条件的继承人，不尽扶养义务的，应当不分或少分遗产；与被继承人共同生活并尽义务较多的，可以多分遗产；法定继承人以外的其他人，对死者生前扶养较多的，可以适当分得遗产。

第四，《继承法》适用概括继承的原则，接受遗产的继承人负有清偿被继承人生前所欠税款和其他债务的义务；继承人放弃继承的，可以不负清偿义务。

思考题

1. 何为继承？如何理解罗马法上继承的含义？

2. 继承法律关系的特征表现在哪些方面？

3. 从不同的角度，继承可以划分成哪些类型？

4. 如何理解继承权的含义？如何区别作为期待权的继承权和作为既得权的继承权各自适用的场合？

5. 如何理解继承权的性质？是身份权还是财产权？试述理由。

6. 如何区别继承权的放弃和继承权的丧失？

7. 试述放弃继承的意思表示的方式、时间及法律后果。

8. 我国继承制度奉行哪些基本原则？

第二章　法定继承

“法定继承”一词，源于罗马市民法的*succesio ab intestato*，原意为无遗嘱继承。罗马人有以遗嘱确定其死后继承人的习惯，并且以生前未立遗嘱为极大的遗憾。罗马的立法者和法学家们由此认为，既然习俗以不能用遗嘱选立自己认为合适的继承人继承家祀为不幸，遗嘱继承是继承的常态，那么无遗嘱时的法定继承只是对无遗嘱继承的补救，是立法者推测的死者的意愿。如此，应使法定继承制度能够与死者的意愿不谋而合。罗马法中的法定继承制度就是按照这种指导思想建立起来的，法定继承因此成为与遗嘱继承相对应的另一继承制度。在罗马法时期，已经形成了一系列重要的法定继承原则。例如，在《查士丁尼法典》中，对法定继承人的范围、法定继承的顺序、应继份及代位继承等一系列重要问题，已有了较为详细的规定。这些规定对于后世各国，尤其是大陆法系国家的法定继承制度具有直接的、深远的影响。

我国古代没有成文的民法典，也无“法定继承”一词。存在于旧中国数千年的继承制度，是集身份继承(家长权继承、祭祀祖先资格继承)和财产继承为一体的宗祧继承，奉行的是“嫡长继承，诸子均分”的继承原则。其中，“嫡长继承”是指嫡长子继承可以世袭的爵位，“诸子均分”是指各子女(主要指儿子)均分家庭的财产。出嫁的女儿因其出嫁而脱离本宗，成为夫家的家庭成员，对于娘家的财产没有继承权；只有在娘家成为“绝户”时，才能继承父母的遗产。这些传统规矩多由“礼”来规范，[①]本质上属法定继承，是我国历史上最主要、最常见的继承方式。

第一节　法定继承概述

一、法定继承的概念

法定继承，又称“无遗嘱继承”，是指直接根据法律规定的继承人范围、继承顺序以及遗产的分配原则，继承被继承人遗产的法律制度。

法定继承的主要内容是：由法律规定哪些人可以成为法定继承人，各法定继承

① 古代中国“法”“礼”不分，有关家族成员之间的亲属关系、相互之间的权利义务多由“礼”来规范。

人处于哪一继承顺序,同一顺序的法定继承人如何分割被继承人的遗产等。法定继承有两个特点:第一,法定继承人以与被继承人之间存在特定的身份关系为前提;第二,法定继承人的继承顺序和遗产的分配由继承法直接规定。我国《继承法》第10条规定的法定继承人的范围和继承顺序是:配偶、子女、父母,兄弟姐妹、祖父母、外祖父母。其中,配偶、子女、父母属第一顺序继承人,兄弟姐妹、祖父母、外祖父母属第二顺序继承人。

二、我国法定继承的适用情形

法定继承为无遗嘱继承,适用于被继承人生前未立遗嘱、遗嘱无效或者部分无效以及遗嘱指定的继承人放弃遗嘱继承等各种情形,具体包括:

(1) 被继承人生前未订立遗嘱,或者虽立有遗嘱,但遗嘱只处分了部分遗产,被继承人尚未处分的遗产,适用法定继承;

(2) 被继承人生前虽同他人订有遗赠扶养协议,但协议已失去法律效力,协议中所处分的遗产,适用法定继承;

(3) 被继承人生前所立遗嘱无效或者部分无效的,遗嘱无效部分所处分的遗产,适用法定继承;

(4) 被继承人在遗嘱中指定遗嘱继承人或者受遗赠人的,遗嘱继承人或者受遗赠人放弃遗嘱继承或者受领遗赠的,放弃部分的遗产,适用法定继承;

(5) 被继承人在遗嘱中指定的继承人或者受遗赠人先于被继承人死亡或者宣告死亡的,遗嘱中指定给予他们的遗产,适用法定继承;

(6) 遗嘱继承人或者受遗赠人依法丧失继承权或者遗赠受领权的,遗嘱中指定给予他们的遗产,适用法定继承。

第二节 法定继承人的范围和继承顺序

一、法定继承人范围的确定

法定继承人的范围,是指法律对哪些人可以成为法定继承人所规定的界限。从各国的继承立法来看,法定继承人的范围以与被继承人之间的婚姻关系以及血缘关系的亲疏远近作为确定的依据。

各国历史传统和社会制度的不同,以及民族和生活习惯上的特点,导致人们婚姻、家庭、亲属及财产观念上的差异,各国立法确定的继承人范围和继承顺序也就各不相同。比较而言,以私有制为基础的资本主义国家从维护私有财产神圣不可侵犯的原则出发,其法律为确保私有财产的存在和延续,对继承人的范围规定较宽。例如,《德国民法典》第1924—1929条规定的法定继承人的范围是:配偶、被继承人的直系血亲卑亲属、父母及其直系血亲卑亲属、祖父母、外祖父母及其直系血亲卑亲属、曾祖父母及其直系血亲卑亲属、被继承人的远亲等亲属及其直系血亲卑亲属。[①] 如此规定,几乎一切与被继承人有血缘联系的亲属都被列入法定继承人的范围。继承法理论将此称为"无限继承"。《法国民法典》第731、755条规定的法定继承人的范围是:被继承人的子女及其直系血亲卑亲属、直系血亲尊亲属、兄弟姐妹或者兄弟姐妹的直系血亲卑亲属、六亲等以内的旁系血亲。[②]《瑞士民法典》第460条规定,直系尊血亲的继承权至祖父母止。[③]《美国统一继承法》规定的法定继承人的范围是:配偶、直系血亲卑亲属、父母、兄弟姐妹及其直系血亲卑亲属、祖父母(外祖父母)及其直系血亲卑亲属。社会主义国家对法定继承人范围的规定则相对较窄。例如,1964年《苏俄民法典》规定的法定继承人的范围是:子女、配偶、父母、兄弟姐妹、祖父母和外祖父母等。在改革开放以前相当长的一段历史时期内,我国的各项法律制度受苏联影响颇大。

二、我国《继承法》规定的法定继承人的范围

我国《继承法》第10条规定的法定继承人的范围是:配偶、子女、父母,兄弟姐妹、祖父母和外祖父母。此外,该法第12条规定:"丧偶儿媳对公、婆,丧偶女婿对岳父、岳母,尽了主要赡养义务的,作为第一顺序继承人。"

(一) 配偶

配偶是指婚姻关系存续期间的夫妻双方。男女双方因婚姻而结为夫妻,夫妻双方互为配偶。夫妻是组成家庭的最基本的成员,相互之间有着密切的人身关系和财产关系。我国《婚姻法》第20、24条分别规定,"夫妻有互相扶养的义务";"夫妻有相互继承遗产的权利"。

配偶作为法定继承人,以其与被继承人之间的婚姻关系的合法有效为前提。在被继承人死亡前,这种婚姻关系始终存在着,如此才能以配偶的身份继承被继承人的遗产。

在确定配偶身份时,应注意下列几种特殊情况:

(1) 男女双方长期同居、姘居的,不论是否生儿育女,一方死亡,生存方不得以

---

① 参见陈卫佐译注:《德国民法典》,法律出版社2006年版,第579—581页。
② 参见罗结珍译:《法国民法典》,中国法制出版社1999年版。
③ 参见殷生根、王燕译:《瑞士民法典》,中国政法大学出版社1999年版。

配偶身份主张继承死者的遗产。同居期间的财产，可按共有财产对待，生存方可以要求分割其中属于自己的部分；同居期间生儿育女的，其子女基于血亲关系，可以继承死者的遗产。

(2) 在1994年2月1日民政部颁布实施《婚姻登记管理条例》前，男女双方符合结婚的实质要件，但是没有办理婚姻登记而以夫妻名义共同生活，周围群众也认为双方是夫妻的，可以认定为事实婚姻。其中一方死亡的，另一方可以以配偶身份要求继承死者的遗产。

(3) 已经办理婚姻登记的男女双方，尚未共同生活或者共同生活时间很短的，其中一方死亡，另一方可以以配偶身份要求继承死者的遗产，死者的其他法定继承人不得无理阻拦。但是，在具体分配遗产时，这种情况应与有着长期共同生活经历的夫妻关系有所区别。

(4) 在1950年《婚姻法》实施以前已经形成的纳妾、一夫多妻属历史遗留问题，本人如不提出解除这一关系，应认定各自的配偶身份有效，妻、妾之间对其丈夫具有同等的配偶身份，对丈夫的遗产享有同等的继承权。

(5) 在离婚诉讼进行中一方死亡，或者法院已判决离婚，在离婚判决生效前一方死亡的，因婚姻关系尚未终止，另一方仍得以配偶身份主张继承死者的遗产。

（二）子女

我国《继承法》第10条第2款规定，“本法所说的子女，包括婚生子女、非婚生子女、养子女和有扶养关系的继子女。”

子女是被继承人最亲近的直系血亲卑亲属，父母子女之间有着最为密切的血缘联系和共同生活关系。因此，各国法律都将子女列入顺序最近的法定继承人范围。但是，对于非婚生子女、养子女和继子女的继承权，各国规定有所不同。有的国家虽承认非婚生子女的继承权，但其继承份额受到不同程度的限制（如日本）；[①] 有的国家规定非婚生子女继承父亲的遗产必须经过认领和准正的程序（如美国）。在养子女的继承权问题上，一般都规定养子女与养父母之间为拟制血亲关系，收养关系一旦成立，养子女即取得养父母的婚生子女的地位，相互之间有继承权（如日本、瑞士）。[②] 因在性质上属姻亲关系，故各国立法一般不承认继子女对继父母遗

① 《日本民法典》第900条规定：“……非婚生子女的应继份为婚生子女应继份的二分之一；同父异母或者同母异父的兄弟姐妹的应继份为同父同母的兄弟姐妹的应继份的二分之一。”转引自王书江译：《日本民法典》，中国人民公安大学出版社1999年版。

② 《日本民法典》第809条规定：“养子女自收养之日起取得养父母的婚生子女身份。”转引自王书江译：《日本民法典》，中国人民公安大学出版社1999年版。《瑞士民法典》第267条规定：“养子女取得养父母婚生子女的法律地位。”转引自殷根生、王燕译：《瑞士民法典》，中国政法大学出版社1999年版。

产的继承权。

1. 婚生子女

婚生子女作为法定继承人，不因其性别、年龄及婚姻状况而受影响，对父母的遗产享有平等的继承权。因父母离异而由一方抚养的子女，对没有抚养他的父亲或者母亲的遗产仍享有继承权。子女对父母遗产的继承权，不因父母之间婚姻关系的变化而受影响。

关于胎儿，我国《民法总则》第 16 条规定："涉及遗产继承、接受赠与等胎儿利益保护的，胎儿视为具有民事权利能力。但是胎儿娩出时为死体的，其民事权利能力自始不存在。"也就是说，涉及继承关系时，胎儿具有主体资格，享有继承权，娩出时为死体的除外。这与罗马法"关于胎儿的利益视为已经出生"的原则一致。各国立法亦普遍规定应保留胎儿的"应继份"。

2. 非婚生子女

子女对父母的继承权，基于与父母之间的血缘关系，而不问父母之间是否有婚姻关系。因此，非婚生子女对父母遗产的继承权应与婚生子女一样。我国《婚姻法》第 25 条第 1 款规定："非婚生子女享有与婚生子女同等的权利，任何人不得加以危害和歧视。"

3. 养子女

养父母与养子女之间为拟制血亲关系。我国《婚姻法》第 26 条第 1 款规定："国家保护合法的收养关系。养父母和养子女之间的权利和义务，适用本法对父母子女关系的有关规定。"因此，养子女与亲生子女一样，对养父母的遗产享有继承权。《婚姻法》第 26 条第 2 款规定："养子女和生父母间的权利和义务，因收养关系的成立而消除。"因此，在收养关系存续期间，养子女只能继承养父母的遗产，不能继承生父母的遗产。如果养子女对生父母生前扶养较多，根据权利义务一致原则，可以请求适当分得一定的遗产。

当收养人与被收养人因年龄相差悬殊而以祖孙相称时，养祖父母与养孙子女的关系视为养父母与养子女的关系，彼此互为法定继承人。

寄养当事人相互之间不发生亲属关系，无法律上的权利义务关系，因此没有继承权。

我国民间有"过继子(女)"现象，这是宗法观念下宗祧继承的产物，多为没有后代(主要是男性后代)的人将同宗同族的男性后代过继为子，以续"香火"。"过继"现象比较特殊，也比较复杂，应视具体情况分别对待：第一类是生前"过继"，过继父母与过继子女共同生活，同属一个家庭，实际上是亲属间的收养，虽没有办理收养手续，但具有事实上的收养关系。此类"过继子女"具有养子女的地位，对被继承人

(继父母)的遗产有继承权。第二类也是生前“过继”,但仅有“过继”的名分,而无共同生活的事实,“过继子女”仍与自己的亲生父母共同生活,并未成为继父母的家庭成员,相互之间可能存在生活上的往来和照顾,并未形成事实上的扶养关系。这类“过继子女”对被继承人的遗产不享有继承权,如果平时对被继承人照顾较多,可按权利义务一致原则,适当分得遗产。第三类是死后“立嗣”,“嗣子”与被继承人生前既没有共同生活,也不曾有相互的照顾,只是在被继承人的葬礼上披麻戴孝,充当“孝子”而已。这种“嗣子”没有继承权,也不能请求分得部分遗产。

4. 继子女

子女与生父或者生母的配偶所形成的继子女与继父母的关系属姻亲关系,相互之间没有法律上的权利义务关系,因此,没有继承权。但是,我国《婚姻法》第27条第2款规定:“继父或继母和受其抚养教育的继子女间的权利义务,适用本法对父母子女关系的有关规定。”即在我国,如果继子女与继父母共同生活,形成法律上规定的“抚养”关系,则继子女对继父母的遗产享有继承权。同时,继子女与其生父或者生母之间的血缘关系并不因父母的离异而受影响,继子女对其生父或者生母的遗产仍享有法定继承权。因此,当继子女受继父或者继母抚养时,不仅可以成为继父或者继母遗产的继承人,而且对其生父母的遗产依然享有法定继承权。在此情况下,继子女可能享有对生父母或者继父母的双重继承权。在这一点上,继子女与养子女不同。

在因历史原因而形成的一夫多妻家庭中,子女与生母以外的父亲的其他配偶之间的关系,适用继子女与继母之间的关系。当他们共同生活,符合法定条件时,可以认定有扶养关系,互有继承权。

(三) 父母

父母是与子女血缘关系最近的直系尊血亲。父母子女之间有着最直接的血缘联系和法律上的权利义务关系。我国《继承法》第10条规定,在我国法律上所称的父母,包括生父母、养父母和有扶养关系的继父母。

亲生父母子女之间的关系,基于血缘上的联系,与父母之间的婚姻关系无关。因此,离异的父母各自仍然享有对子女遗产的继承权。父母将子女送养的,因收养关系的建立而终止与亲生子女之间的权利义务关系。生父母对送养的子女的遗产没有继承权。

养父母与养子女因收养关系的成立而发生拟制血亲关系,在收养关系存续期间,养父母对养子女的遗产享有继承权。收养关系一旦解除,相互之间的权利义务关系终止,彼此对对方的遗产便不再有继承权。

继父母与继子女共同生活,尽抚养教育义务的,继父母对继子女的遗产享有继承权。即继父母与继子女之间在符合法定条件的情况下互有继承权。

父母对子女遗产的继承权不因子女婚姻而受影响。

(四) 兄弟姐妹

兄弟姐妹是血缘关系最近的旁系血亲。我国《婚姻法》第29条规定:“有负担能力的兄、姐,对于父母已经死亡或父母无力抚养的未成年的弟、妹,有扶养的义务。由兄、姐扶养长大的有负担能力的弟、妹,对于缺乏劳动能力又缺乏生活来源的兄、姐,有扶养的义务。”我国《继承法》所说的兄弟姐妹,包括同父母的兄弟姐妹、同父异母或者异父同母的兄弟姐妹、养兄弟姐妹、有扶养关系的继兄弟姐妹。其中,养兄弟姐妹包括养子女与生子女、养子女与养子女的兄弟姐妹。继兄弟姐妹多为异父异母的兄弟姐妹,属姻亲关系。继兄弟姐妹共同生活,相互之间的扶养照顾符合法定条件的,互有继承权。继兄弟姐妹相互继承遗产的,不影响其继承亲兄弟姐妹遗产的权利。

(五) 祖父母、外祖父母

祖父母、外祖父母与孙子女、外孙子女是三代以内的直系血亲,是除父母以外最近的直系血亲。尤其在我国三代同堂、四代同堂的传统家庭中,祖父母、外祖父母与孙子女、外孙子女往往共同生活或者相互之间经常生活在一起。在父母去世的情况下,往往由祖父母或者外祖父母承担起对未成年孙子女或者外孙子女的抚养义务。我国《婚姻法》第28条规定:“有负担能力的祖父母、外祖父母,对于父母已经死亡或父母无力抚养的未成年的孙子女、外孙子女,有抚养的义务。有负担能力的孙子女、外孙子女,对于子女已经死亡或子女无力赡养的祖父母、外祖父母,有赡养的义务。”祖父母、外祖父母为孙子女、外孙子女遗产的法定继承人。

(六) 丧偶的儿媳和女婿

儿媳与公婆、女婿与岳父母之间属姻亲关系,相互之间本没有法律上的权利义务关系,彼此亦没有继承权。但是,在我国,儿媳或女婿在丧偶的情况下,尤其是儿媳在丧偶后往往继续与公婆共同生活,对公婆一如既往地承担主要赡养、照顾义务。我国《继承法》为弘扬和提倡这种尊老敬老的善良风尚,赋予他们第一顺序继承人的地位,对公婆、岳父母的遗产享有相当于子女对父母遗产的继承权。

丧偶的儿媳或女婿对公婆、岳父母遗产的继承权是有法定条件的,即对公婆、岳父母尽了主要的赡养义务。如何认定丧偶的儿媳或女婿对公婆、岳父母承担了主要赡养和照顾义务,可以从两个方面考虑:第一,是否在经济上对公婆或岳父母有持续的供养;第二,是否对公婆或岳父母有持续的关心、照顾。丧偶的儿媳或女婿对公婆、岳父母遗产的继承权,不因其是否再婚嫁而受影响,其子女的代位继承也不因此而受影响。

此外,世界上几乎所有的国家都将孙子女、外孙子女纳入法定继承人的范围。但是,在我国,由于孙子女、外孙子女在大多情况下以代位继承人的身份继承其祖父母、外祖父母的遗产,故未将孙子女、外孙子女纳入法定继承人的范围。

三、法定继承人的继承顺序

法定继承人的继承顺序是指法律规定继承人对被继承人遗产继承的先后顺序。各国继承法都有对法定继承人继承顺序的规定。在被继承人死亡后,并不是所有的继承人都同时参加遗产的继承。根据继承人与被继承人之间亲属关系的亲疏远近,各国继承法将继承人划分成若干顺序,首先由顺序在先的法定继承人继承。当没有顺序在先的法定继承人、顺序在先的法定继承人全部放弃继承或全部丧失继承权时,才由顺序在后的继承人继承。法定继承人的继承顺序具有排他性。

各国法律对法定继承人继承顺序的划分虽有所不同,但所依据的原理基本相同,即以婚姻关系和血缘关系的亲疏远近为依据。我国《继承法》第10条第1款规定:“遗产按照下列顺序继承:第一顺序:配偶、子女、父母。第二顺序:兄弟姐妹、祖父母、外祖父母。继承开始后,由第一顺序继承人继承,第二顺序继承人不继承。没有第一顺序继承人继承的,由第二顺序继承人继承。”第12条规定:“丧偶儿媳对公、婆,丧偶女婿对岳父、岳母,尽了主要赡养义务的,作为第一顺序继承人。”

由于法定继承人的继承顺序具有排他性,有顺序在先的法定继承人的,顺序在后的法定继承人不得参加继承,法律另有规定的除外。

第三节 代位继承与转继承

一、代位继承的概念

代位继承,又称“间接继承”,是指被继承人的子女先于被继承人死亡或者宣告死亡的,应由被继承人子女继承的遗产份额由该子女的直系卑血亲代位继承的法律制度。在代位继承中,先于被继承人死亡的子女称“被代位人”,代替被代位人继承被继承人遗产的直系卑血亲称“代位继承人”,代位继承人所行使的继承权称“代位继承权”。

代位继承由罗马法所创。在古罗马早期,由于生产力低下,家庭成员往往共同劳动、共同生活,有限的财产在家庭内部世代留传。在血亲继承占主要地位时,被继承人遗留的财产即按亲等远近确定继承的顺序,由第一亲等的亲属首先继承。如果第一亲等的亲属中有先于被继承人死亡或丧失继承权的,则由第二亲等的亲属代位继承。古罗马人认为,应推定被继承人对其直系卑血亲有着同等的感情,特别是在子女中有先死亡,而该子女又留有未成年的孩子的,这些孩子尤其需要得到照顾,把本该由被继承人第一亲等的继承人继承的财产留给他们的孩子继承是天经地义的。①

关于代位继承的法理依据,有两种学说:代位说和固有说。根据代位说的观点,代位继承人继承被继承人遗产的权利基于其死亡在先的父母(即被继承人的子女)所得享有的权利,当其父母(即被代位人)丧失继承权或者放弃继承权时,因被代位人没有继承权,其直系卑血亲无继承权可代,故不得代位。我国《继承法》持代位说,即被继承人的子女丧失继承权的,其直系卑血亲(孙子女或外孙子女)不得代位,法律另有规定的除外。根据固有说的观点,代位继承人继承被继承人遗产的权利基于其自身固有的权利,即使被代位人丧失继承权或者放弃继承权,其直系卑血亲的代位继承权依然存在。《德国民法典》持固有说。但是,按照现代民法学的原理,固有说和代位说都不足以说明代位继承的法理依据。根据民事权利能力始于出生、终于死亡的基本原理,人的权利能力因其死亡而消灭,死者不应享有任何民事权利,包括继承权。既然死者(被代位人)本身不享有继承权,其直系卑血亲如何得以"代位"行使其继承权?固有说在文义上同样存在无法解释的障碍——既然"固有",为何称为"代位继承"?这是其一。事实上,不管代位继承人有多少个,代位继承人所得继承的遗产只能是其死亡在先的父(母)应得的遗产份额,这是其所具有的"代位"属性。这是其二。

代位继承是一项非常古老的制度,属法定继承中的一种特殊现象,虽由罗马法最早记载,但在世界各国普遍存在。代位继承现象在古代中国和其他国家的继承制度历史上都曾出现过,具有相当的普遍性。这种普遍存在的现象源于人类社会早期的原始氏族公有和宗法社会的家产共有。家长死亡,家产应在家族内由子孙继续保留下去。家长死亡后,有儿子的,儿子继承;没有儿子(儿子先于父母死亡),有孙子的,儿子应得的一份由孙子继承;儿子死亡,有孙子,而孙子也死亡的,如有重孙,则重孙仍然得代位其祖父继承其曾祖父的遗产,其所得继承的份额仍然是其祖父应得之份额。如此世代代位,家产得以在家族内延续下去。

二、我国代位继承制度的法律特征

第一,代位继承的前提是被继承人的子女先于被继承人死亡或者宣告死亡。在我国,代位继承只适用于直系卑血亲,即被继承人子女先于被继承人死亡的情

① 参见周枏:《罗马法原论》,商务印书馆 1994 年版,第 439 页。

形。该子女包括被继承人的婚生子女、非婚生子女、养子女和有扶养关系的继子女。被继承人的配偶、父母、兄弟姐妹都不能成为被代位人,这些人先于被继承人死亡的,不适用代位继承。有的国家规定代位继承可以适用于一切法定继承人,包括直系血亲、旁系血亲、尊血亲、卑血亲。

第二,代位继承人必须是被继承人子女的直系晚辈血亲,并且其辈数不受限制,既可以是被继承人的孙子女代位其父亲继承其祖父母的遗产,也可以是曾孙子女代位其祖父母继承其曾祖父母的遗产。被代位人的直系尊血亲、配偶、旁系血亲都不能成为代位继承人。

第三,代位继承人只能继承被代位人应得的遗产份额。由于代位继承是代位已经死去的父亲或母亲继承祖父母或外祖父母的遗产,因此代位继承人无论是一人还是数人,都只能继承其父亲或母亲应得的遗产份额。

第四,被代位人必须享有继承权。在我国,代位继承权取代位说,即以被代位人享有继承权为前提,被代位人丧失继承权的,其直系晚辈血亲没有可替代行使的继承权,不享有代位继承权。法律另有规定的除外。

第五,代位继承只适用于法定继承,是法定继承中的一种特殊情况。在遗嘱继承中,遗嘱所指定的继承人先于遗嘱人死亡的,遗嘱指定由该继承人继承的遗产按法定继承处理。在适用法定继承时,有被继承人子女先于被继承人死亡的,其直系晚辈血亲可以代位继承。

三、转继承的概念和适用条件

转继承,也称"第二次继承",是指继承人在被继承人死亡后、遗产分割前死亡的,本该由该继承人继承的遗产份额转由其法定继承人继承的法律制度。

转继承的适用应符合下列条件:

第一,继承人后于被继承人死亡或者宣告死亡。具体而言,继承人的死亡在被继承人死亡以后、遗产分割以前。被继承人的子女先于被继承人死亡的,适用代位继承。

第二,继承人对被继承人的遗产必须享有继承权。继承人放弃继承或者被剥夺继承权的,因没有可继承的遗产,故不存在转继承问题。

第三,转继承人可以是继承人的一切法定继承人,不限于直系卑血亲。

第四,转继承人所能继承的只能是继承人应得的遗产份额。

四、代位继承与转继承的区别

第一,继承人的死亡时间不同。代位继承中的被继承人子女(即被代位人)先于被继承人死亡,而转继承中的继承人后于被继承人死亡。

第二,继承的主体不同。在我国,代位继承中的继承人只能是被继承人的直系晚辈血亲(即子女),代位继承人只能是继承人的直系卑血亲;则转继承中的继承人可以是被继承人的所有法定继承人,包括配偶、子女、父母、兄弟姐妹等,转继承人也可以是继承人的所有法定继承人或者遗嘱继承人。

第三,适用的继承类型不同。代位继承只适用于法定继承,不适用于遗嘱继承;而转继承既适用于法定继承,也适用于遗嘱继承。

典型案例

陈甲诉俞甲、陈乙法定继承纠纷案

【案情简介】①

陈甲、陈乙、俞甲系同胞姐妹,她们的生父母于1956年离婚。陈甲、陈乙由父亲陈丁抚养,随祖母在浙江生活;俞甲由母亲俞乙抚养。1967年1月,俞乙与被继承人章甲结婚。俞甲与俞乙、章甲共同居住于章甲承租的系争房屋本市××路××号×××室。1979年,陈甲顶替俞乙到上海工作,与俞乙、章甲及俞甲共同生活,陈甲户籍也迁入系争房屋。俞甲、陈甲于1982年、1984年相继结婚,居住他处。1994年,被继承人章甲购买了系争房屋产权。1995年9月,被继承人俞乙故世。2004年8月,被继承人章甲故世。俞乙、章甲无其他第一顺序法定继承人,无遗嘱。

陈甲向法院起诉,要求与俞甲共同继承、分割系争房产。法院追加原、被告之姐陈乙为本案共同被告。

一审法院审理后认为:(1) 系争房屋是被继承人俞乙、章甲的夫妻共同财产。俞乙所留遗产依法应由其子女及配偶章甲共同继承。(2) 俞甲对被继承人章甲的遗产依法享有继承的权利。因为被继承人俞乙与章甲结婚后,俞甲即与被继承人共同生活,而此时俞甲尚未成年,与被继承人章甲形成抚养关系。(3) 陈甲要求继承被继承人章甲的遗产,缺乏事实和法律依据。在陈甲未成年期间,被继承人俞乙支付过一部分抚养费,但陈甲并未与继父共同生活。陈甲与被继承人章甲共同生活时,业已成年并参加工作,有了固定的经济收入,此时的共同生活并不具有扶养

① (2015)沪高民一(民)再提字第3号。

的内容。陈甲成年后对生母及继父章甲的探望、关心和照顾，这种小辈关心长辈的行为应予倡导，但与法律上的赡养义务有质的区别，陈甲并非法律意义上的章甲的赡养义务人。(4) 系争房屋由被告俞甲继承所有。俞甲应给付陈甲、陈乙应继承的母亲俞乙遗产的补偿款。

陈甲不服，提起上诉。二审法院审理后认为，认定继父母与继子女是否形成扶养关系，要从当事人之间是否形成扶养与接受扶养的事实来判断，其表现是扶养人对被扶养人尽到主要扶养义务。尽到主要扶养义务的判断标准是扶养人为被扶养人的生活提供了主要经济来源，或在劳务等方面给予了主要扶助。从本案事实来看，陈甲成年之前与生父共同生活，成年之后与生母、继父共同生活的几年期间，双方均有工作收入，均不依靠对方的经济扶助、扶养生活，并未形成我国《继承法》规定的继父母与继子女关系。即使在生母去世后，陈甲时常探望、照顾章甲，也是儿女应尽之孝道，并不是法律意义上的扶养行为，不能认定其系继承人以外的对被继承人扶养较多的人。因此，对陈甲要求继承章甲的遗产，法院不予支持，维持原判。

陈甲又向检察院申诉。检察院遂提出抗诉。申诉人陈甲的申诉理由之一仍然是其与章甲之间形成了《继承法》所述的继子女与继父母之间的扶养关系，该关系既包括未成年前章甲对陈甲的经济供养、成年后陈甲对家庭生计的扶助，也包括章甲晚年陈甲对章甲的照顾。即使不构成扶养关系，陈甲也有权适当分得章甲的遗产。

再审维持原审判决。

【评析】

本案涉及成年继子女的继承问题，争议焦点在于如何判断成年继子女与继父母是否形成扶养关系。

我国《继承法》第10条规定，本法所说的子女，包括婚生子女、非婚生子女、养子女和有扶养关系的继子女。本法所说的父母，包括生父母、养父母和有扶养关系的继父母。此处，继父母子女被限定为“有扶养关系的”继父母子女。此处的“扶养”，通说认为包括继父母抚养未成年继子女的情形，也包括成年继子女赡养继父母的情形。也就是说，依据权利义务一致原则，成年继子女赡养继父母形成扶养关系的，即可作为子女继承继父母的遗产。本案判决对此没有疑义。

疑义在于：成年继子女对于继父母的帮助照顾要做到什么程度，才算得上形成扶养关系？我国法律对此没有规定。有的意见认为，只要成年继子女与继父母一起共同生活，对于继父母有所照顾，即构成扶养关系；也有的意见认为，只要成年继子女承担了继父母部分或全部生活费用，即形成扶养关系；还有的意见认为，成年继子女对继父母要尽到主要扶养义务,即为继父母的生活提供主要经济来源,或在劳务等方面给予主要扶助,才算形成扶养关系。

本案一审法院判决认为,成年后对继父的探望、关心和照顾,这是小辈关心长辈的行为,但与法律上的赡养义务有质的区别。二审法院判决认为,扶养应是尽到主要扶养义务,而本案当事人时常探望、照顾继父,只是儿女应尽之孝道,并不是法律意义上的扶养行为。再审判决认可一审、二审判决之理由。

本案判决将“尽到主要扶养义务”作为评判成年继子女与继父母是否形成扶养关系的关键,此标准偏严格。究其原因,也有其道理。我国《婚姻法》第 27 条第 1 款规定:“继父或继母和受其抚养教育的继子女间的权利和义务,适用本法对父母子女关系的有关规定。”也就是说,《婚姻法》对于继父母子女形成拟制血亲即父母子女关系规定的条件是:继父母抚养教育了继子女。显然,若父母再婚时,子女已成年或者虽未成年但未与继父母共同生活,不符合该条件,无法形成《婚姻法》认可的父母子女身份关系,也就不能依据《婚姻法》第 24 条“父母和子女有相互继承遗产的权利”相互继承遗产。但是,《继承法》规定“有扶养关系的继父母子女”互为第一顺序继承人,也就是将继承人范围扩大到“不存在拟制血亲关系但存在扶养关系的继父母子女”。此“扩容”实质上是依据扶养关系确定继承关系,而非依据拟制血亲关系确定继承关系,是否恰当值得推敲。因此,对于此处的“扶养”从严把握,是合适的。

成年继子女确实对继父母尽了赡养义务的,不妨根据权利义务一致原则,分予适当遗产,而不是给予第一顺序继承人地位,或许是更能够为大家所理解和接受的方式。随着再婚家庭的增多,继父母子女之间的继承问题如何解决,亟须立法予以明确。

思考题

1. 在我国,法定继承适用于哪些情况?

2. 在我国,法定继承人的范围以及继承顺序是如何规定的?

3. 在我国,符合法定条件的姻亲有继承权,对这些法定条件应如何理解并正确适用?

4. 何为代位继承?有关代位继承的法理依据存在哪些学说?我国法律持何种观点?

5. 何为转继承?转继承的适用应符合哪些条件?

6. 代位继承与转继承的区别表现在哪些方面?

第三章　遗嘱继承与遗赠

第一节　遗嘱继承的发展历史

作为法律制度的遗嘱继承起源于罗马法。公元前5世纪的《十二表法》已有关于遗嘱的规定："凡以遗嘱处分自己的财产，或对其家属指定监护人的，具有法律上的效力。"到公元6世纪，罗马法中关于遗嘱继承的制度已相当完备，其特点是注重形式，只有经过一整套严格的程序，具备一定的形式，所立的遗嘱才具有法律效力。在古代罗马法中，继承首先是人格的延续，是家长身份的继承。古代罗马人非常关心自己死后谁是其人格的延续者，因此有生前立遗嘱以确定死后继承人的习惯，并配以一套严格的程序以确保遗嘱内容的公正准确。罗马法确立了以遗嘱继承为主，遗嘱继承优先，法定继承是作为遗嘱继承之补充的一整套继承制度。罗马法关于遗嘱、遗嘱继承的原理一直沿用至今，为后世各国继承法律制度所接受。

我国古代虽然也有遗嘱，但其含义较现代民法上的遗嘱要宽泛得多。凡属对身后事务处理的意思表示，包括对财产处分以外的其他事务的安排，均为遗嘱。例如，国王有"遗诏"，大臣有"遗表"，一般百姓有"临终遗言"等。但是，由于我国历史上宗祧继承始终占统治地位，个人意志过多地受到宗法思想的制约，个人的身后事务，尤其封建制下家长的身后事务，要按祖宗的规矩办。因此，长期以来，法定继承一直是我国继承的主要形式，在农村尤其如此。在很长的一段历史时期内，遗嘱继承在我国相当不发达。

遗嘱继承制度盛行于资本主义社会，尤为欧美国家所普遍适用。除历史的、文化的传统因素外，遗嘱继承制度在一定程度上可以不受血缘、婚姻等亲属关系因素的影响，更能体现财产所有人对其身后财产及其他事务的安排的真实意思，更符合资本主义社会对私有财产的充分保护和对个人意思自由的充分肯定的理念，因此也更适合资本主义社会生产方式的需要。遗嘱自由的理念在此基础上产生。

第二节 遗 嘱

一、遗嘱的概念和特征

遗嘱是遗嘱人生前按照法律规定的方式处分自己的财产及其他事务，于死后发生法律效力的表意行为。遗嘱行为是民事法律行为，具有如下法律特征：

(1) 遗嘱是单方的法律行为。遗嘱只要有遗嘱人一方的意思表示，就能产生相应的法律后果。遗嘱人通过遗嘱处分自己的财产及其他事务，无须征得他人的同意，包括遗嘱继承人、受遗赠人的同意。遗嘱指定的继承人放弃遗嘱继承、受遗赠人放弃受领遗赠的，所放弃的部分适用法定继承，但不影响遗嘱本身的效力。

(2) 遗嘱是死后生效的法律行为。遗嘱人订立遗嘱的目的，在于事先安排自己身后的财产及有关事务，这种安排在遗嘱人生前对遗嘱人不具有拘束力。遗嘱人可以在其生前的任何时候订立遗嘱、变更遗嘱或者撤销(撤回)遗嘱。

(3) 遗嘱是要式法律行为。遗嘱是遗嘱人处分自己身后的财产及其他事务的重大法律行为，从订立到执行往往会有一段时间。遗嘱被执行时，遗嘱人已不在人世。为避免在执行遗嘱时发生问题，引发纠纷，各国继承法都要求遗嘱人须依照法律规定的方式订立遗嘱。我国《继承法》规定，遗嘱只有符合法律规定的形式要件，才能发生执行的效力。

(4) 遗嘱是遗嘱人本人的意思表示，立遗嘱行为不得代理。遗嘱涉及个人死后财产等的处分，必须由本人亲自作出意思表示。代书遗嘱，亦是本人的意思表示，由他人代为记录。①

二、遗嘱的形式

遗嘱的形式是指遗嘱人处分自己身后的财产及其他事务的意思表示的方式。我国《继承法》第 17 条规定了遗嘱订立的五种形式及相应的生效条件：

(1) 自书遗嘱，是遗嘱人亲笔书写的遗嘱。自书遗嘱必须由遗嘱人亲笔书写，签名并注明年、月、日。如对先前所立遗嘱作修改，应由遗嘱人加以说明，签名并注明年、月、日。

公民在遗书中涉及死后个人财产处分的内容，确为死者真实意思的表示，有本

---

① 例如，《德国民法典》第 2229 条规定："年满 16 岁的未成年人无须经法定代理人同意，得立遗嘱。"转引自陈卫佐译注：《德国民法典》，法律出版社 2006 年版。《法国民法典》第 904 条规定："满 16 岁而未解除亲权的未成年人，可以立遗嘱。"转引自罗结珍译：《法国民法典》，中国法制出版社 1999 年版。

人签名并注明了年、月、日，又无相反证据的，可按自书遗嘱对待。[①]

（2）代书遗嘱，是由遗嘱人口述，由别人代为书写、记录的遗嘱。为保证代书人所书写的内容与遗嘱人的真实意思一致，代书遗嘱应当有两个以上见证人在场见证，由其中一人代书，注明年、月、日，并由代书人、其他见证人和遗嘱人签名。

（3）录音遗嘱，是由遗嘱人口述，经录音设备录制下来的遗嘱。录音遗嘱比口头遗嘱可靠，但录音磁带容易被人剪辑、修改、伪造。因此，我国《继承法》规定，以录音形式订立的遗嘱，应有两个以上见证人在场见证。

（4）口头遗嘱，是遗嘱人以口头表述的方式订立的遗嘱。口头遗嘱因缺乏有效的实物证据，容易引起纠纷。因此，法律对口头遗嘱的适用有着严格的限制。我国《继承法》第17条规定，遗嘱人在危急情况下，可以立口头遗嘱。口头遗嘱应当有两个以上见证人在场见证。危急情况解除后，遗嘱人能够用书面或者录音形式立遗嘱的，所立的口头遗嘱无效。此处的"危急情况"可理解为病危、突遇自然灾害、发生意外事故、战争等。

（5）公证遗嘱，是遗嘱人将其所立的自书遗嘱、代书遗嘱送国家公证机关办理公证的遗嘱。公证是由国家公证机关对法律行为的真实性、合法性予以认可。因此，公证遗嘱具有更可靠的证据效力，其他遗嘱都不能变更或者撤销公证遗嘱；要变更或者撤销公证遗嘱，必须重新办理遗嘱公证。

为保证代书遗嘱、录音遗嘱、口头遗嘱的真实性，我国《继承法》规定，此三种遗嘱必须有两个以上见证人在场见证，并对见证人的资格作了限制性规定。下列人员不能作为遗嘱见证人：

（1）无行为能力人、限制行为能力人；

（2）继承人、受遗赠人；

（3）与继承人、受遗赠人有财产上利害关系的其他人，如继承人、受遗赠人的近亲属，债权人、债务人、合伙人、保险合同的受益人等。

三、遗嘱的内容

遗嘱一般应包括以下内容：

（1）指定遗嘱继承人或者受遗赠人；

（2）确定遗嘱继承人或者受遗赠人所得遗产的内容或数额；

（3）指明某项遗产的用途；

（4）规定遗嘱继承人或者受遗赠人接受遗产时应承担或者完成的特定工作；

---

① 参见最高人民法院《继承法意见》第40条。

(5) 指定遗嘱执行人；

(6) 注明订立遗嘱的时间、地点。

四、遗嘱有效的条件

一份遗嘱能否在遗嘱人死后被有效地执行，取决于它是否符合法律规定的形式要件和实质要件。

在我国，一份有效的遗嘱应符合以下条件：

(1) 遗嘱人在立遗嘱时必须具有完全行为能力，继承法称之为"遗嘱能力"。只有完全行为能力人才能准确表达自己的真实意思，并清楚自己的行为可能产生的后果。我国《继承法》第22条第1款规定："无行为能力人或者限制行为能力人所立的遗嘱无效。"遗嘱人是否具有行为能力，以立遗嘱时为准。遗嘱人立遗嘱时无行为能力，以后恢复行为能力的，所立遗嘱仍然无效；立遗嘱时有行为能力，以后丧失行为能力的，不影响遗嘱的效力。

各国继承法对遗嘱能力的认定标准有所不同，有的国家坚持遗嘱能力须与完全行为能力一致，如我国；也有的国家规定，符合条件的限制行为能力人亦得订立遗嘱，如大陆法系的德国、法国等。判断一份遗嘱能否执行，应依本国继承法的规定。

(2) 遗嘱人在订立遗嘱时意思表示真实。我国《继承法》第22条第2、3、4款分别规定："遗嘱必须表示遗嘱人的真实意思，受胁迫、欺骗所立的遗嘱无效。""伪造的遗嘱无效。""遗嘱被篡改的，篡改的内容无效。"

(3) 遗嘱的内容必须合法。遗嘱的内容不得违反法律和社会公德。在我国，遗嘱不得取消缺乏劳动能力又没有生活来源的法定继承人的继承权，必须考虑为他们保留必要的遗产份额。继承人是否属于缺乏劳动能力又没有生活来源，以遗嘱生效时为准。

大陆法系国家的继承法都有"特留份"的规定，遗嘱人应该在保证"特留份"不受影响的前提下，对其余财产用遗嘱进行安排。

(4) 遗嘱的形式必须符合法律的规定。遗嘱为要式法律行为，必须符合法律所要求的形式。我国《继承法》规定了遗嘱的五种形式，以及各种形式的遗嘱所必须具备的有效条件。例如，所有形式的遗嘱都必须注明年、月、日；代书遗嘱、录音遗嘱、口头遗嘱必须有两个以上见证人在场见证；等等。

五、遗嘱的变更、撤销和执行

(一) 遗嘱的变更、撤销

遗嘱的变更是指遗嘱人在生前对所立遗嘱的内容作部分改变或修正。遗嘱的撤销是指遗嘱人废除或者撤销所立的遗嘱,或者对遗嘱的内容作全面改变或修正。遗嘱被视为遗嘱人对自己身后事务的最终安排,并于死后发生效力。遗嘱人在其生前可以自由变更、修改甚至撤销遗嘱。遗嘱的变更或者撤销与遗嘱的订立一样,应由遗嘱人亲自为之,不能由他人代理,更不能委托他人在其死后代为变更或者撤销。

变更或者撤销遗嘱的方式一般有两种:

(1) 遗嘱人另立新遗嘱,并在新遗嘱中明确声明变更或者撤销原来所立遗嘱。需要注意的是,被变更或者撤销的遗嘱是公证遗嘱的,新遗嘱必须重新公证,否则不能发生变更或者撤销公证遗嘱的效力,原公证遗嘱仍然有效。

(2) 遗嘱人先后订立数份遗嘱,并且数份遗嘱在内容上相互冲突,依法推定订立在后的遗嘱是对订立在先的遗嘱的变更或者撤销,以最后所立遗嘱为准。在后遗嘱是对在先遗嘱的内容作部分改变的,可以认定为对在先遗嘱的变更;在后遗嘱是对在先遗嘱的内容作全面改变的,可以认定为对在先遗嘱的撤销。需要注意的是,如果遗嘱人先后订立的数份遗嘱内容互不冲突,则每份遗嘱都有效。

此外,遗嘱人生前的行为与遗嘱的意思相反,使得遗嘱所指定的财产在遗嘱人生前已经被处分或者部分处分的,视为遗嘱被撤销或者部分撤销。

(二) 遗嘱的执行

遗嘱的执行是指为实现遗嘱的内容所进行的一系列行为,是遗嘱继承的具体步骤。遗嘱的执行不仅对实现遗嘱人的意志有着决定性的意义,而且对遗嘱继承人和其他利害关系人的利益影响极大。

谁得为遗嘱执行人?罗马法曾以遗嘱继承人为当然的遗嘱执行人,只有在特殊的情况下才委托继承人以外的其他人为遗嘱执行人。罗马法时代并无现代法上的遗嘱执行人制度。遗嘱执行人制度源于日耳曼法的“中介受托人”,即财产所有人指定中介受托人以自己的名义进行遗产的管理和处分,后发展为德国、法国、瑞士、日本等国的遗嘱执行人制度。在英美法系国家,遗产管理机构可作为遗嘱执行人。

我国《继承法》规定,遗嘱人可在遗嘱中指定遗嘱执行人。遗嘱人可以指定继承人中的一人或者数人为遗嘱执行人,或者指定继承人以外的其他人为遗嘱执行人。在我国,如果遗嘱中没有指定遗嘱执行人,一般以法定继承人为遗嘱执行人。

遗嘱执行人必须具有完全行为能力。

遗嘱执行人在遗嘱继承中的法律地位应如何认定？对此，可谓众说纷纭。多数观点认为，遗嘱执行人具有相当于代理人的地位。问题是，该代理人究竟是遗嘱人的代理人还是遗嘱继承人的代理人？一般而言，应理解为是遗嘱人的代理人。理由是，遗嘱执行人的行为受遗嘱内容的约束，即受遗嘱人意思表示内容的约束，应以实现遗嘱的内容为目的，遗嘱执行人无须考虑遗嘱继承人的意思而独立执行遗嘱。

第三节 遗嘱继承

一、遗嘱继承的概念

遗嘱继承，是指按照遗嘱人生前所立遗嘱的内容确定继承人的范围，以及各继承人可得遗产份额的继承方法。由于继承人的范围以及各继承人所能继承的遗产份额都由遗嘱人在遗嘱中指定，因此遗嘱继承也被称为“指定继承”。

遗嘱继承与法定继承相对应，是两种不同的继承方式。但是，两者要实现的目的是相同的，即将死者的遗产按死者的意思转归他人所有。要准确地实现这一目的，首先应该尊重死者本人的真实意思表示。一份真实有效的遗嘱应该最能反映遗嘱人对自己身后事务如何安排的真实愿望。因此，在被继承人死亡后，如果其生前立有遗嘱，只要遗嘱是真实合法的，就应该按照遗嘱的内容进行继承。只有在被继承人生前未立遗嘱或所立遗嘱无效，或者遗嘱指定的继承人全部放弃继承或全部丧失继承权时，才适用法定继承。因此，与法定继承相比，遗嘱继承具有优先适用的效力。

二、遗嘱继承的特点

与法定继承相比，遗嘱继承具有以下特点：

第一，遗嘱继承不受法定继承人的范围和继承顺序的约束。遗嘱人在立遗嘱时，可以不受继承法有关法定继承人的范围和继承顺序规定的限制，依自己的意愿决定遗产由法定继承人中的哪些人继承、各继承人所得遗产份额为多少。遗嘱指定的继承人在继承遗产时，不受其在法定继承人中继承顺序的影响。

第二，适用遗嘱继承时，必须查明被继承人生前所立遗嘱是否为被继承人的真实意思表示、遗嘱的内容与形式是否合法，否则不能适用遗嘱继承，遗产只能按法定继承处理。

第三，适用遗嘱继承时，遗嘱指定的继承人必须享有继承权。遗嘱指定的继承人放弃遗嘱继承或被剥夺继承权的，遗嘱处分的这部分遗产按法定继承处理。但是，遗嘱指定的继承人放弃遗嘱继承并不改变其法定继承人的地位，该继承人仍得以法定继承人的身份参与法定继承。

第四节　有关遗嘱继承的若干问题

一、遗嘱继承人的范围

关于哪些人可以成为遗嘱继承人，有两种立法主张：一种认为，遗嘱继承人必须是法定继承人中的一个或者几个，法定继承人以外的其他人只能作为受遗赠人，不能作为遗嘱继承人。我国继承法持该立法主张。这一立法主张的合理性在于，以接受遗产人的身份区别其究竟是继承人还是受遗赠人，使遗嘱继承人与受遗赠人有明确的区分标准。另一种认为，遗嘱继承人不仅可以是法定继承人中的一个或者几个，还可以是法定继承人以外的任何人。英国是该立法主张的典型代表。根据英国法律，遗嘱人可以指定任何人作为自己遗产的继承人。这一立法主张的令人困惑之处是无从区分遗嘱继承人和受遗赠人。有的大陆法系国家规定，指定具体遗产归属的为遗赠，笼统规定取得一定比例遗产的为遗嘱继承。如此强调区分遗嘱继承人和受遗赠人，是因为继承人和受遗赠人在继承关系上的法律地位不同。

二、遗嘱自由原则以及对遗嘱自由的限制

在古代罗马，正式遗嘱须经贵族大会通过，受大祭司和大会成员的审查监督。自《十二表法》确立遗嘱自由的原则以后，到会的人便仅处于类似见证人的地位。但是，只要是遗嘱，都是公开的。在公开的情形下，如果遗嘱人滥用遗嘱自由的权利，就会受到非议以及舆论和宗教教规的制裁。所以，当时虽实行遗嘱自由原则，但遗嘱人对这种“自由”的掌握是有分寸的。共和末年，文字形式的遗嘱出现，遗嘱由公开转向秘密，遗嘱人立遗嘱之“自由”才成为可能，遗嘱人对遗嘱自由之滥用才真正出现。相应地，在罗马法上出现了对遗嘱自由的限制，这种限制通过“废除继承人的限制”“遗嘱逆伦诉”“特留份追补诉”等措施表现出来。① 因此，在古代罗马，一套严格的立遗嘱的形式要求保障了遗嘱内容的公正和合理，事实上限制了遗

① 参见周枏：《罗马法原论》，商务印书馆1994年版，第477页。

嘱的自由。当时,遗嘱虽由公开转入秘密,遗嘱之“自由”成为可能,但随之而来的各项措施客观上限制了遗嘱人的遗嘱自由。因此,罗马法限制古罗马人立遗嘱的任意性。真正的遗嘱自由是进入资本主义社会以后产生的。

所谓遗嘱自由,是指遗嘱人享有依其意愿订立遗嘱,处分自己的财产和其他事务的充分的任意性。遗嘱自由符合资本主义社会生产关系的要求。实行遗嘱自由是对个人财产所有权的充分保护。由于遗产是死者生前的个人财产,因此人们应该有权就个人财产的身后处置有一个事先安排,即由财产所有人自己决定由谁继承、继承多少。遗嘱继承之所以优先于法定继承,就是因为遗嘱更能体现遗嘱人的真实意愿。法律首先应该尊重遗嘱人的意志,赋予遗嘱人自由处分其财产的权利。

当前,各国继承法普遍规定遗嘱继承优先,普遍承认遗嘱自由,但对遗嘱自由的理解有两种不同的主张:

一种主张遗嘱相对自由,或者称“有限制的遗嘱自由”。这一主张认为,遗嘱人以遗嘱的方式处分遗产时,应符合继承法的基本原则,不得违反继承法关于法定继承人“应继份额”或者“特留份额”的规定。即遗嘱人只有在确保法定继承人的“应继份额”和“特留份额”的前提下,才能自由处分其余财产。持这一主张的多为大陆法系国家,如德国、法国、日本等。德国民法规定,遗嘱人必须将其遗产的一半保留给其配偶、父母、子女。法国民法规定,遗嘱不能剥夺法定继承人的继承权。遗产的一半必须保留给法定继承人,这部分遗产在继承法上称“特留份额”,另一半得以遗嘱的方式自由处分。大陆法上的特留份制度是对遗嘱自由限制的最好解释和制度保障。

另一种则主张遗嘱绝对自由。这一主张强调保护遗嘱人的自由意志,给予遗嘱人处分自己财产的充分自由。英国是最典型的持这一立法主张的国家。在英国的继承法律中,没有关于“特留份额”“保留份额”和“应继份额”的限制性规定,遗嘱人可以剥夺任何一个法定继承人的继承权,可以指定任何人作为自己财产的继承人。比较而言,美国对遗嘱自由多少有所限制。根据美国法律的规定,不能剥夺生存配偶的继承权,遗嘱必须保留一定的遗产份额给配偶。配偶有权选择是按遗嘱继承指定的遗产份额,还是按法定继承获得法定应继份额。

遗嘱自由的任意性太大,极易造成亲属间遗产分配上的不公平,也极易出现遗嘱人以遗嘱的方式逃避本该由其财产承担的对未成年子女或者配偶的扶养义务,增加社会负担的不负责任的行为。因此,从世界范围的继承立法总趋势来看,遗嘱自由在任何国家都或多或少要受到一定的限制。即使以主张“遗嘱绝对自由”著称的英国,也逐渐趋向于以立法的手段作出某些限制性规定,或授予法官更大的权力酌情变更遗嘱,以保障死者的配偶、未成年子女的生活抚养费不被遗嘱剥夺。

我国继承法承认遗嘱自由，但以不违反法律和社会公德为前提，限制遗嘱人以遗嘱剥夺法定继承人中缺乏劳动能力又没有生活来源的继承人的继承份额。

三、共同遗嘱

共同遗嘱，又称“合立遗嘱”，是由两个或者两个以上遗嘱人共同订立的遗嘱。它通常是指夫妻双方在生前将其共同财产以遗嘱的方式作出安排。

共同遗嘱一般有三种情况：

(1) 相互指定对方为自己遗产的继承人。如果丈夫先于妻子死亡，则丈夫的全部遗产由妻子继承；如果妻子先于丈夫死亡，则妻子的全部遗产由丈夫继承。

(2) 共同指定第三人为遗产的继承人或受遗赠人。例如，夫妻订立共同遗嘱，指定子女为遗产继承人。如果丈夫先于妻子死亡，则丈夫的遗产由子女继承，生存的妻子并不继承丈夫的遗产；如果妻子先于丈夫死亡，亦同。

(3) 相互指定对方为自己遗产的继承人，并且规定在双方死后遗产由指定的第三人继承。例如，夫妻订立共同遗嘱，相互指定对方为其遗产的继承人，双方死后，全部遗产由子女继承。妻子先于丈夫死亡的，妻子的遗产由丈夫继承，待丈夫死亡后，全部遗产由其子女继承；丈夫先于妻子死亡的，亦同。

共同遗嘱的形式主要有两种：一种是相互遗嘱，即两个遗嘱人在同一份遗嘱上相互写明对方是自己遗产的继承人或者受遗赠人。另一种是相关遗嘱，即两份遗嘱在形式上各自独立，但相互都以对方的遗嘱内容为条件。

共同遗嘱与一般遗嘱相比，有以下特点：

(1) 共同遗嘱是两个以上遗嘱人的共同行为，需要有行为人共同的意思表示，并且全体遗嘱人必须都具有遗嘱能力，遗嘱人的意思表示必须都是真实的。

(2) 在生效时间上，共同遗嘱必须在全体遗嘱人都死亡后才能全部执行，部分遗嘱人死亡只发生部分遗嘱的执行效力。

(3) 在相互关联的共同遗嘱中，由于遗嘱内容的相互制约，任何一方变更或者撤销遗嘱都将导致另一方遗嘱的失效；在一方的遗嘱已经被执行后，另一方不得变更或者撤销遗嘱。因此，共同遗嘱限制了遗嘱人在其生前对遗嘱进行变更和撤销的自由。

共同遗嘱所具有的上述特点使共同遗嘱效力的确定性不如一般遗嘱，给遗嘱的执行带来麻烦，也使共同遗嘱中遗嘱人变更或者撤销遗嘱的自由受到限制。由于共同遗嘱的上述缺陷，各国立法对之态度各异。有明确否定共同遗嘱效力的，如日本、法国、瑞士等。《日本民法典》第 975 条规定：“两人以上者，不得以同一证书立遗嘱。”《法国民法典》第 968 条规定：“遗嘱，不得由两人或数人以同一文书，为第三人的利益或者相互处分遗产而订立。”有承认共同遗嘱效力的，如德国、奥地利等。《德国民法典》第2265—2273条就是有关共同遗嘱的具体规定。也有在法律上对共同遗嘱的效力不作明文规定的，如我国《继承法》的。在我国的司法实务中，一般并不承认或者否认共同遗嘱的效力，对于执行上没有障碍的共同遗嘱，虽认可其效力，但并不主张、鼓励采用。

四、附负担的遗嘱

附负担的遗嘱，是指遗嘱人在遗嘱中规定，遗嘱继承人或者受遗赠人在接受指定的遗产时，得完成遗嘱指定的特定工作。例如，遗嘱人在遗嘱中指定其妻子为其全部遗产的继承人，但她必须抚养遗嘱人和他的前妻所生育的未成年子女或者为他年迈的父母养老送终。又如，遗嘱人指定朋友作为其收藏的字画、书籍的受遗赠人，但该朋友必须将遗嘱人的未成年子女抚养成人。这就是附负担的遗嘱。

附负担的遗嘱中所规定的义务、要求遗嘱继承人或者受遗赠人完成的工作，并不是遗嘱继承人或者受遗赠人的法定义务，但却是遗嘱继承人或者受遗赠人取得遗产的前提条件。遗嘱继承人或者受遗赠人表示接受遗产的，应该履行遗嘱中规定的义务或完成特定的工作。但是，遗嘱人提出的条件或负担不得有违法律和社会公德。

执行附负担的遗嘱应注意以下问题：

(1) 遗嘱所设定的义务不得违反法律和社会公德。例如，遗嘱人在遗嘱中指定其妻子为其遗产的唯一继承人，但要求其妻子在取得遗产后不得改嫁他人。又如，遗嘱人在遗嘱中指定其学生或者助手取得其收藏的全部书籍和文物，但要求受遗赠人娶其女儿为妻。遗嘱中所设定的义务违法或者违反社会公德的，遗嘱无效或视所附负担不成立。

(2) 遗嘱中所设定的义务必须是可以实现的。例如，遗嘱人可以要求接受遗产的人承担对其未成年子女的抚养义务，但如果要求接受遗产的人必须将其子女培育成优秀的艺术家、科学家，就属于缺乏可实现性。

(3) 遗嘱中所设定的义务应具有实际意义。例如，遗嘱人指定其妻子为其遗产的唯一继承人，但要求其妻子终身供奉其牌位，对其遗像每日磕头作揖。对此，《瑞士民法典》第482条第3款明文规定，遗嘱中所设定的条件令人讨厌或者无任何意义的，得视其为不存在。①

(4) 遗嘱人为遗嘱继承人或者受遗赠人所附负担不得超过他们可得的遗产价值。《日本民法典》第1002条规定，受附负担遗赠者，只于不超过遗赠标的价额的

① 参见殷根生、王燕译：《瑞士民法典》，中国政法大学出版社1999年版。

限度内，负履行义务的责任。[1] 我国台湾地区“民法”第 1205 条规定：“遗赠附有义务者，受遗赠人以其所受利益为限，负履行之责。”

第五节　遗　　赠

一、遗赠的概念和特征

在我国，遗赠是指自然人以遗嘱的方式将其遗产的一部分或者全部在其死后赠送给法定继承人以外的其他人，并于死后发生效力的法律行为。在遗赠中，遗嘱人为遗赠人，遗嘱指定接受遗赠财产的人为受遗赠人。

遗赠就其性质和形式而言是一份遗嘱，因此具备遗嘱所具有的法律特征，是单方的、要式的法律行为，是遗赠人生前订立、死后生效的法律行为。

二、遗赠与遗嘱继承的区别

遗赠与遗嘱继承都是以遗嘱的方式处分身后财产，从性质和形式上看是一致的，它们的区别在于：

第一，受遗赠人与遗嘱继承人在继承关系上的法律地位不同。受遗赠人不具有继承人的身份，也无须承担继承人应承担的遗产债务的清偿责任；遗嘱继承人因其继承人的身份，在继承死者遗产时，对死者生前尚未缴纳的税款和其他债务负有清偿责任。需要注意的是，受遗赠人应在被继承人债务清偿以后，就剩余财产执行遗赠。

第二，受遗赠人与遗嘱继承人的范围不同。在我国，遗嘱继承人必须是法定继承人中的一人或数人，法定继承人以外的其他人不得成为遗嘱继承人；而受遗赠人必须是法定继承人以外的其他人，可以是自然人，亦可以是法人或者非法人组织，还可以是国家。因此，在我国，区别遗嘱继承人和受遗赠人的标准是明确的，即接受遗产的人是否为法定继承人。

第三，遗赠受领权和遗嘱继承权的标的不同。受遗赠人原则上只享有受领遗产的权利，并不承担清偿遗赠人生前债务的义务，但遗赠可以附负担；遗嘱继承人所继承的遗产是含财产上的权利、义务和负担的综合概念，在享有接受遗产的权利时，还负有清偿被继承人生前债务的义务。遗赠虽可以附负担，但该负担不是被继承人生前应承担的义务，而是被继承人附加给受遗赠人的义务。由于遗赠是无偿

---

① 参见王书江译：《日本民法典》，中国人民公安大学出版社 1999 年版。

取得遗赠财产，在执行遗赠时，被继承人尚有未清偿的债务的，应首先以遗产清偿，剩余部分再执行遗赠。

第四，法律对遗赠受领的接受和放弃与遗嘱继承的接受和放弃的规定不同。根据我国《继承法》的规定，受遗赠人应当在知道遗赠内容后两个月内，作出接受或者放弃遗赠受领的意思表示，到期没有表示的，视为放弃；遗嘱继承人在继承开始后、遗产处理前，没有明确表示放弃遗嘱继承的，视为接受继承。

第五，受遗赠人与遗嘱继承人参与遗产分配的手段不同。受遗赠人不直接参与遗产的分割，只能向遗嘱执行人或者法定继承人请求给付遗嘱指定的遗赠财产；而遗嘱继承人则直接参与遗产的分配。

三、遗赠与死因赠与的区别

死因赠与是赠与人在其生前与他人订立的赠与合同，根据合同规定，受赠人只能在赠与人死亡后才能得到合同所约定的赠与财产。死因赠与是一种附特殊履行期限的赠与合同。遗赠与死因赠与的区别如下：

第一，遗赠在性质上是遗嘱，属单方的法律行为，其成立条件适用继承法关于遗嘱的一般规定；死因赠与是合同关系，属双方的法律行为，其成立条件适用合同法的一般规定。

第二，遗赠是死后生效的法律行为，遗赠人在其生前可自由变更遗嘱或者撤销遗嘱；而死因赠与是一种合同关系，合同一旦成立即对双方有约束力，只是在赠与人死后发生赠与财产的所有权转移，赠与人在其生前不得变更或者撤销赠与。

第六节 遗赠扶养协议

一、遗赠扶养协议的概念和特征

（一）遗赠扶养协议的概念

遗赠扶养协议，是指由遗赠人和扶养人签订的，由扶养人对遗赠人承担生养死葬的义务，遗赠人将其财产按约定在其死亡后转移给扶养人所有的协议。我国《继承法》第31条规定："公民可以与扶养人签订遗赠扶养协议。按照协议，扶养人承担该公民生养死葬的义务，享有受遗赠的权利。公民可以与集体所有制组织签订遗赠扶养协议。按照协议，集体所有制组织承担该公民生养死葬的义务，享有受遗赠的权利。"

在遗赠扶养协议中，承担扶养义务的人称"扶养人"，扶养人同时又是受遗赠人;接受他人扶养的人称“被扶养人”,被扶养人同时也是遗赠人。

（二）遗赠扶养协议的特征

与遗嘱继承相比,遗赠扶养协议具有以下特征：

1. 遗赠扶养协议是双务有偿的法律行为

遗嘱是单方的法律行为,只需遗嘱人一方的意思表示即能产生法律效力;遗赠扶养协议是双方的法律行为,以扶养人和被扶养人就扶养和遗赠意思表示一致为成立要件。遗赠扶养协议成立后对双方都有约束力。扶养人没有正当的理由不承担扶养义务的,不得享有受遗赠的权利;被扶养人无正当理由不遵守协议内容,擅自处分协议中指定的遗赠财产,致使协议无法继续履行的,应偿付扶养人已经支付的扶养费用和劳动报酬。遗赠扶养协议是对价有偿的法律行为。扶养人是以将来可获得遗赠为对价承担扶养义务,被扶养人是以承诺死后给付遗赠财产为对价获得受扶养权利。

2. 遗赠扶养协议是生前生效和死后生效相结合的法律行为

就扶养人的扶养义务的内容,在协议成立后即发生法律效力,扶养人即应承担起对被扶养人的扶养义务。赠与财产则必须在被扶养人死后生效,在被扶养人生前不具有执行效力。但是,被扶养人不得擅自处分协议中指定遗赠的财产,擅自处分的属对协议内容的违反。因此,遗赠扶养协议中仅约定死后赠与的内容属死后生效,其余内容为协议成立后即有约束力。遗嘱和遗赠则是单方的、死后生效的法律行为,在遗嘱人生前并不具有约束力,遗嘱人可以变更遗嘱的内容甚至撤销遗嘱。

3. 遗赠扶养协议具有优先于遗嘱和遗赠的执行效力

被继承人生前与他人订有遗赠扶养协议,又立有遗嘱的,继承开始后,如果遗赠扶养协议与遗嘱没有抵触,则遗产分别按协议和遗嘱处理;如果有抵触,则应首先执行遗赠扶养协议,与协议内容相抵触的遗嘱无效或者部分无效。遗赠扶养协议之所以具有优先于遗嘱的执行效力,是因为遗赠扶养协议是双务有偿的法律行为,并且其效力先于遗嘱发生。被继承人所享有的受扶养的权利是以其死后赠与指定的财产为对价的,而扶养人的扶养义务是以可得被扶养人死后赠与为对价的。一旦被扶养人享受了受扶养的权利直至死亡,向扶养人给付协议指定的财产就是对协议约定义务的履行。因此,扶养人的受遗赠权先于遗嘱继承人和受遗赠人的权利而存在。

二、遗赠扶养协议的效力

(一) 扶养人的权利、义务

遗赠扶养协议成立后,扶养人即开始承担对被扶养人的扶养义务。扶养人应妥善安排被扶养人的衣食住行,不得有对被扶养人不利的行为,不应擅自中断扶养。扶养人有正当理由需要解除协议的,应事先通知被扶养人,并对被扶养人的短期生活作出妥善安排。扶养人按协议对被扶养人尽到生养死葬义务后,有权取得协议指定的财产。

(二) 被扶养人的权利、义务

遗赠扶养协议成立后,被扶养人有权要求扶养人按协议约定的内容提供扶养和接受扶养。被扶养人应恪守协议的约定,不得擅自变更协议的内容,不得对协议中约定为遗赠内容的财产另作处分;不得恶意地使遗赠财产的价值贬损。被扶养人处分协议约定的财产致使扶养人提出解除协议的,应补偿扶养人已经承担的扶养费。被扶养人确有正当理由要求解除协议的,应与扶养人协商解除协议,并偿付扶养人已经承担的扶养费用。

三、遗赠扶养协议与遗赠的区别

第一,遗赠扶养协议是双方的法律行为,遗赠是单方的法律行为。遗赠扶养协议由扶养人和遗赠人双方意思表示一致方得成立,遗赠只需遗赠人一方意思表示即可成立。

第二,遗赠扶养协议是双务有偿的法律行为,遗赠是无偿的法律行为。遗赠扶养协议的扶养人以承担对被扶养人的生养死葬为对价,获得被赠与指定财产的权利;被扶养人以遗赠指定财产为对价,获得请求扶养和接受扶养的权利。除遗赠附负担的情形外,受遗赠人无偿取得遗赠财产。

第三,遗赠扶养协议是生前生效的法律行为,遗赠是死后生效的法律行为。遗赠扶养协议成立后,对双方当事人都有约束力,任何一方都得恪守协议的约定,不得擅自变更或者终止协议,不得进行与协议内容相抵触的行为;而遗赠人在其生前可随时变更遗赠的内容甚至撤销遗赠。

第四,遗赠扶养协议是合同行为,遗赠是遗嘱行为。遗赠扶养协议遵循合同法的一般规定,要求协议双方当事人具有完全行为能力,并且意思表示一致;遗赠以遗嘱的方式订立,适用继承法的一般规定,遗赠人应有遗嘱能力,受遗赠人是否具有行为能力在所不问。

典型案例

张某诉蒋某遗赠纠纷案

【案情简介】①

蒋某与黄某于1963年5月登记结婚,后收养一子。1990年7月,蒋某继承父母遗产,取得某房屋所有权。1995年,该房屋因城市建设被拆迁,取得一安置房,并以蒋某个人名义办理了房屋产权手续。1996年,黄某与张某相识后,两人开始在外租房非法同居生活。2000年9月,黄某与蒋某将安置房以8万元的价格出售给陈某,且约定该房屋交易产生的有关税费由卖方承担。2001年春节,黄某、蒋某夫妇将售房款中的3万元赠与其子,用于在外购买商品房。2001年年初,黄某因患肝癌晚期住院治疗,住院期间一直由蒋某及其家属护理、照顾。2001年4月18日,黄某立下书面遗嘱,将其所得的住房补贴金、公积金、抚恤金和出卖拆迁安置房所获房款的一半4万元及自己所用手机一部赠与张某。随后,公证处对该遗嘱出具了公证书。当年4月22日,黄某去世。张某要求蒋某交付遗赠财产遭到拒绝,诉至法院,诉请依据黄某所立遗嘱获得遗赠财产。

一审法院审理后认为,遗赠人黄某临终前所立书面遗嘱虽是黄某本人的真实意思表示且形式上合法,并经公证机关公证,但该遗赠将不属于黄某个人财产部分的抚恤金及属夫妻共同财产的住房补贴金、公积金列入黄某个人财产进行遗赠,侵犯了蒋某的合法权益,其无权处分部分应属无效。同时,黄某在明知卖房款已不是8万元的情况下,仍以不存在的8万元的一半进行遗赠,显然违背了客观事实,是虚假行为。此外,黄某的遗赠行为违反公共秩序和社会道德,违反《婚姻法》关于夫妻应当互相忠实、互相尊重以及禁止有配偶者与他人同居的规定,是一种违法行为,应属无效民事行为。法院对张某要求被告蒋某给付受遗赠财产的主张不予支持,判决驳回原告张某的诉讼请求。

张某不服,提起上诉。二审法院驳回上诉,维持原判。在支持原审判决理由的同时,二审判决进一步指出:(1)遗赠人黄某将遗产遗赠给非法同居的对象,剥夺了合法配偶依法享有的合法财产继承权。因其内容和目的违反法律和社会公共利益,不符合遗嘱成立要件,故该遗嘱应属无效遗嘱。(2)审理民事案件,在适用法律、法规和规章时,应结合适用《民法通则》相关规定。遗赠行为作为民事法律行为

---

① (2001)泸民一终字第621号。

的一种,除应当具备《继承法》所规定的有关构成要件外,还必须符合《民法通则》对民事法律行为的一般规定。(3)《民法通则》第7条明确规定,“民事活动应当尊重社会公德,不得损害社会公共利益”。此即民法的“公序良俗”原则。“公序良俗”原则,就其本质而言,是社会道德规范的法律化。但是,并非一切违反伦理道德的行为都是违反社会公德或社会公共利益的行为,只有在违反已从道德要求上升为具体法律禁止性规定所体现的维持现行社会秩序所必需的社会基本道德观念的行为时,才属于违反社会公德或社会公共利益的行为,依法应为无效民事行为。在本案中,遗赠人黄某与被上诉人蒋某系结婚多年的夫妻,本应按照我国《婚姻法》第4条的规定互相忠实、互相尊重,但黄某却无视夫妻感情和道德规范,与上诉人张某长期非法同居,其行为既违背了我国现行社会道德标准,又违反了《婚姻法》第3条“禁止有配偶者与他人同居”的法律规定,属违法行为。黄某基于其与上诉人张某的非法同居关系而订立遗嘱,将其遗产和属于被上诉人的财产赠与上诉人张某,以合法形式变相剥夺了被上诉人蒋某的合法财产继承权,使上诉人实质上因其与黄某之间的非法同居关系而谋取了不正当利益。我国《民法通则》第58条规定“违反法律或社会公共利益的”民事行为无效,因此遗赠人黄某的遗赠行为应属无效民事行为。

【评析】

本案涉及遗嘱自由原则的适用问题。

我国《继承法》承认遗嘱自由,第5条规定,继承开始后,有遗嘱的,按照遗嘱继承或者遗赠办理。第16条规定,公民可以依照本法规定立遗嘱处分个人财产。据此,本案被继承人生前所立遗嘱,除了处分夫妻共有财产部分依法无效之外,将个人财产遗赠给第三者的部分是否有效?此争议涉及遗嘱自由原则的适用问题,即应否给予遗嘱自由限制、给予何种限制。

我国《继承法》对于遗嘱自由原则适用之限制的明确规定是第19条:“遗嘱应当对缺乏劳动能力又没有生活来源的继承人保留必要的遗产份额。”如果继承人中不存在“缺乏劳动能力又没有生活来源的继承人”(以下简称“双无人员”),遗嘱人将个人财产留给谁都可以吗?譬如本案,法定继承人并非双无人员,遗嘱人把财产遗赠给第三者,配偶主张认定遗嘱无效,怎么办?对此,争议颇大。针锋相对的意见主要是:一种意见认为,遗嘱自由,应尊重遗嘱人生前意愿。我国《继承法》对遗嘱的无效已有明文规定,只要符合该规定,受遗赠人不论是朋友还是第三者,依法都应当认定遗嘱有效。另一种意见认为,立遗嘱的行为是民事法律行为之一种,理应适用民法基本原则的一般规定。我国《民法通则》第7条规定,“民事活动应当尊重社会公德，不得损害社会公共利益”。立遗嘱行为亦不得违背此公序良俗原则，违反则无效。本案判决即持第二种意见。

由于民法基本原则的高度抽象性，直接援引判案容易引发对法官自由裁量权之运用是否恰当的争议。也有意见认为，生存配偶的利益保护问题可通过立法增设特留份制度解决。特留份即法律规定由特定法定继承人继承、遗嘱人不得以遗嘱处分的遗产份额。此制度是许多国家限制遗嘱自由的主要方式。根据特留份制度，配偶作为特留份权利人，依法可以得到特留份，而不必考虑有无劳动能力、有无生活来源。这样，就不会出现死亡配偶将所有财产遗赠他人，置生存配偶利益于不顾的情形，也有利于维护家庭伦理，发挥遗产对家庭成员的扶养职能。

王某某诉孙某甲等继承纠纷案

【案情简介】[①]

王某某与被继承人孙某丁于1990年结婚，双方均系再婚。孙某甲、孙某乙、孙某丙系孙某丁亲生子女。孙某丁于2011年2月22日死亡。孙某丁留下遗嘱两份：(1) 2010年10月15日，自书遗嘱一份，遗嘱说明将房产留给老伴王某某，全部现金存款平均分配给三个子女。(2) 2011年1月4日，孙某丁留有其签名并注明年、月、日的打印遗嘱一份，遗嘱经同事吴某、陈某在见证人处签名。遗嘱说明：“夫妻共有房屋中属于自己的一半，由三名子女孙某乙、孙某丙、孙某甲共同继承。”

针对打印遗嘱是否有效，王某某与被告孙某甲、孙某乙、孙某丙争议不下。王某某向法院起诉，要求按照2010年的自书遗嘱继承房产。

一审法院审理后认为：孙某丁邀请两个无利害关系的见证人，在医院病房将打印好的遗嘱交给两个见证人，由两个见证人在打印遗嘱上签名，虽然遗嘱由谁打印不得而知，但两个见证人确认当时孙某丁神志清醒，因此该打印遗嘱应该系被继承人孙某丁的真实意思表示；而王某某无证据证明该打印行为属于我国《继承法》第22条规定的遗嘱无效情形，故打印遗嘱有效。

双方当事人均提出上诉，二审法院就打印遗嘱的效力作出改判：打印遗嘱明显不是公证遗嘱、录音遗嘱或口头遗嘱；因不是孙某丁亲笔书写的，故不是自书遗嘱；因不是见证人代书的，故也不符合代书遗嘱的法定形式。因此，该份遗嘱不符合法定的遗嘱形式，应当认定为无效遗嘱。被继承人孙某丁所立自书遗嘱系其亲笔书写、签名，并注明年、月、日，符合《继承法》第17条规定的形式要件，是有效遗嘱。

① (2014)鄂监二抗再终字第00022号。

本案应按照孙某丁自书遗嘱办理。

二审宣判后，孙某甲、孙某乙、孙某丙不服，申请再审，被驳回。三人再向检察机关申诉，检察机关随即提起抗诉，认为原审判决适用法律错误。

再审撤销二审判决，维持一审判决。理由主要是：(1) 遗嘱属于遗嘱人处分个人财产的单方民事法律行为。判定民事法律行为是否有效，主要看其是否违反了当事人的意思自治原则和法律、法规的强制性规定。(2) 无论是用电脑打印立下遗嘱，还是用笔墨手书立下遗嘱，只要是当事人的真实意思表示，且未违反法律、法规的强制性规定，都应当与时俱进地予以确认。(3) 我国《继承法》并未明确禁止采取打印的方式立遗嘱，对普通公民而言，法无禁止即可为。因此，不能简单地认为打印遗嘱不属于《继承法》规定的自书遗嘱的书写形式就认定打印遗嘱为无效遗嘱，应当结合遗嘱人的民事法律行为是否有效予以综合评定。(4) 从本案证据的表现形式和孙某丁的行为来看，第二份打印遗嘱确系孙某丁的真实意思表示，且未违反法律、法规的强制性规定，应认定为合法有效。

【评析】

本案主要涉及打印遗嘱的效力问题。

我国《继承法》是在 20 世纪 80 年代中期颁布的，当时电脑技术尚未普及，《继承法》第 17 条所规定的遗嘱形式未提及打印遗嘱。时过境迁，电脑输入、文稿打印现已成为日常书写、记录的主要方式，打印遗嘱亦逐渐增多。由于立法的欠缺，关于打印遗嘱的效力、形式要件要求，尚无统一定论，司法实践中出现了同案不同判的情形。本案历经一审判决、二审改判、检察院抗诉、高院再审维持一审判决这样一波三折的复杂过程，正是当前打印遗嘱法律适用困境的真实写照。基于本案案情与三份判决，总结打印遗嘱效力认定问题，应注意以下两点：

1. 我国《继承法》是否实行遗嘱形式法定？不属于《继承法》规定的遗嘱形式是否一概无效？

对此问题，理论界有不同看法，司法实践中亦有不同判决。有观点认为，法律规定遗嘱形式旨在确保遗嘱为遗嘱人的真实意思表示。各国法律都对遗嘱形式予以严格规定，只有符合法定形式的遗嘱才是有效的。我国《继承法》第 17 条规定了公证、自书、代书、录音、口头五种遗嘱形式及相应形式要件，即实行遗嘱形式法定规则。就像本案二审判决所主张的，凡是不符合我国《继承法》规定的五种遗嘱形式的遗嘱即无效。

另一种观点认为，只要满足一定的条件，能够判定为遗嘱人真实意思表示的打印遗嘱也是有效的。理由是，虽然我国《继承法》第 17 条规定了五种遗嘱形式及相应形式要件,但就字面规定而言,并无禁止其他形式遗嘱的意思。最高人民法院《继承法意见》第40条规定:"公民在遗书中涉及死后个人财产处分的内容,确为死者真实意思的表示,有本人签名并注明了年、月、日,又无相反证据的,可按自书遗嘱对待。"事实上,这也突破了五种遗嘱形式的限制。同时,在私法领域,"法无禁止即可为",因此一概否定五种形式之外的遗嘱并无法律依据。再者,法律规定有其局限性,面对立法落后于技术发展所导致的法律适用之空白,遵循民法意思自治原则,尊重遗嘱人的真实意愿,不因形式瑕疵一概否定其效力是更加符合当事人合理需求的做法。本案再审判决即秉持这一立场,强调"判定民事法律行为是否有效,主要看其是否违反了当事人的意思自治原则和法律、法规的强制性规定"。

2. 打印遗嘱属于自书遗嘱还是代书遗嘱? 打印遗嘱的形式要件是什么?

查阅有关打印遗嘱效力的判决可见,大多将其归类为自书遗嘱或代书遗嘱进行讨论。其实,打印遗嘱就是打印遗嘱,既不同于自书遗嘱,亦不是代书遗嘱。打印遗嘱可能有多种完成方式,既可能是遗嘱人自己在电脑上完成文稿并打印,也可能是他人将遗嘱人口述意思输入电脑形成文稿并打印,还可能是遗嘱人自己在电脑上完成文稿后交由他人打印或他人将遗嘱人口述的意思输入电脑形成文稿后交给遗嘱人自己打印。代书遗嘱只是由遗嘱人口述、他人代为书写的遗嘱。自书遗嘱则是由遗嘱人亲笔书写的遗嘱。由此可见,这三者是不同的。

就自书遗嘱而言,亲笔书写的字迹有其个性,其真实性可以通过笔迹鉴定判断,所以有无见证人见证不影响对其是否为遗嘱人亲笔书写的认定。打印遗嘱的文字缺乏自书遗嘱书写的个性,判断打印遗嘱是否为遗嘱人亲自订立,需要借助其他证据(如见证人)予以证明。因此,认定打印遗嘱的有效性,在形式要件上要求遗嘱人亲笔签名、注明日期,并比照代书、录音、口头遗嘱,要求有两个以上无利害关系人见证。同时,为了保证遗嘱的真实性,要求遗嘱人、见证人在打印遗嘱的每一页上都签名,不失为适当的方式。

本案一审、再审判决没有讨论打印遗嘱是自书还是代书,而是着眼于该遗嘱是否为遗嘱人真实意思表示这一根本。再审判决在证据考察、论证意思表示的真实性上是非常仔细的。同时,不论是将打印遗嘱定位为自书还是代书,一般都要求遗嘱人签名、签注日期以及有无利害关系人的见证。总之,打印遗嘱的形式要件是不可忽视的。

陈某甲诉程某、陈某乙、陈某丙遗嘱继承纠纷案

【案情简介】[1]

陈某某与程某(本案被告)系夫妻关系,婚后育有女儿陈某丙和儿子陈某甲(本案原告)、陈某乙。陈某某于2014年1月28日因病去世,陈某某的父母均先于其去世。陈某某遗留下的财产有位于武汉市某区的房屋一套。陈某某与程某曾于2008年10月5日立下遗嘱:“我们购买了位于武汉市某区某号房屋一套,我们决定该套住房由长子陈某甲继承……”原告据此诉至法院,要求依法继承上述房产。

被告程某辩称:系争房屋为我与丈夫的夫妻共同财产,应各占一半产权。现陈某某已去世,他的一半产权可由长子陈某甲继承,而我尚健在,我的一半产权应待我去世后再按遗嘱办理。

法院认为,本案系争房屋为被继承人陈某某与被告程某婚后共同取得,应属于双方共同财产,该房屋的一半产权为程某所有,另一半产权为被继承人陈某某的遗产。陈某某与被告程某于2008年就诉争房屋所立遗嘱属于共同遗嘱,因程某现尚健在,该遗嘱应当部分生效,该房屋中属于陈某某的部分应当按照遗嘱中陈某某的意愿进行分割,属于程某的部分现不予处理。故法院判决该房屋由陈某甲和程某各享有50%的产权。

【评析】

本案系夫妻共同遗嘱效力纠纷。

共同遗嘱又叫作“合立遗嘱”,是指两个或两个以上遗嘱人共同订立的遗嘱。我国审判实务中的共同遗嘱多由夫妻双方共同订立,处分的多为夫妻共同财产。本案即为典型的夫妻共同遗嘱。

共同遗嘱纠纷中的争议焦点问题是:共同遗嘱何时生效?

共同遗嘱的主要特征是关联性处分的相互依赖性,即一方系因对方设立了特定内容的遗嘱,才作出自己的终意处分(遗嘱),对方亦同。实务中,夫妻订立共同遗嘱的主要目的是保障生存一方配偶的居住权或其他遗产的用益权,且能保证相关财产最终由双方子女取得。按照当事人的设想,一方死亡,财产(一般是房产)归另一方占有、使用;另一方也死亡时,房产再归双方指定的继承人(多为双方的子女)。这样,既保障了后死亡一方的居住不受影响,房屋的最终归属也符合双方意

---

[1] (2014)鄂青山民一初字第00420号。

愿。但是，问题在于，依据我国《继承法》的规定，继承自被继承人死亡时开始，遗嘱自被继承人死亡时生效。在订立共同遗嘱的情况下，一方当事人死亡，该遗嘱是否生效？

由于我国立法尚未对共同遗嘱作出明文规定，因此在司法审判中，法官对于共同遗嘱生效时间的认定并不一致。本案法官认为，共同遗嘱的一方死亡，遗嘱即生效，但发生效力的仅限于共有财产中属于死者的那部分，遗嘱继承人可就属于死亡方个人财产部分主张继承权。故陈某某死亡，他与程某共有房屋的一半份额属于其遗产，依据遗嘱，由长子陈某甲继承。这样的认定符合现行《继承法》的规定，却不能体现共同遗嘱中遗嘱人的本意（一方死后先由生存方继承，生存方死后再由最终受益人继承），也不能体现共同遗嘱中的关联性处分，即生存一方将遗产给最终受益人继承与死亡一方的财产由生存方继承之间的关联关系。这实际上是对共同遗嘱作为承载双方独立意思表示的载体予以认定，虽然承认此种遗嘱形式的设立效力，但是并不认为共同遗嘱中双方的意思是对于处分共同遗产的具有关联性的共同意思，对共同遗嘱中的意思表示进行了拆分，本质上否认了共同遗嘱的效力。

审判实务中也有判例认定共同遗嘱在一方当事人死亡时不生效，需在双方都死亡时才能发生共同遗嘱所作的财产分配效力。[①] 这样的判决充分考虑到共同遗嘱中当事人处分行为的关联性，认可这种关联意思表示的效力，但又与现行《继承法》关于继承开始和遗嘱生效时间的规定有一定的冲突，也无法解决在一方当事人死亡时，其名下财产的归属问题。以本案为例，如认定共同遗嘱未生效，则该共有房屋在一方当事人死亡时是否发生权属变动？如认定一方死亡时，死者份额部分先归另一方所有，即生存方取得全部房产，则生存方对房产的处分权是否要受到共同遗嘱的限制？这与现行《物权法》的规定是否存在冲突？

共同遗嘱之所以容易引发纠纷，是因为如果坚持共同遗嘱的遗嘱特征，则应允许生存一方享有变更、撤销权利；而如果允许生存方变更、撤销，则共同遗嘱中处分意思的关联性就无法实现。要解决共同遗嘱的效力之争问题，须在立法上明确共同遗嘱的效力。

比较法中对共同遗嘱有承认和禁止两种态度：一是承认共同遗嘱，并对共同遗嘱的效力、变更与撤销等作出明确规定，如德国[②]。二是禁止共同遗嘱，即否认共同遗嘱的效力，如法国[③]。我国《继承法》修正中对是否承认共同遗嘱的效力存在较

---

① 例如，(2014)平民再终字第59号。

② 参见《德国民法典》第2265—2273条。

③ 《法国民法典》第968条规定："二人或数人不得用同一文书为第三人受益或者以相互处分遗产的名义订立遗嘱。"转引自罗结珍译：《法国民法典》，北京大学出版社2010年版。

大争议。

商某某诉张某甲、张某乙、张某丙遗赠扶养协议纠纷案

【案情简介】[①]

2012年5月20日，原告商某某到被告张某甲、张某乙、张某丙之父张某某家做保姆，双方未签订劳务合同，口头约定由张某某每月支付原告商某某报酬2000元。张某某每月收入共计6000余元，自2012年7月起由原告保管并支配上述收入，除用于支付原告和张某某的日常生活费用外，剩余款项归原告所有，张某某不再另行支付原告报酬。

2016年1月15日，原告商某某与张某某签订遗赠扶养协议一份，主要内容是："甲方（遗赠人，被扶养人）张某某与乙方（受赠人，扶养人）商某某双方自愿达成如下协议：一、甲方签订协议时，神志清楚，意识清楚，能够真实表达自己的意思。二、甲方愿意将位于南京市某区某号房屋的一半份额遗赠给乙方，并由乙方承担扶养甲方的义务，乙方愿意承担扶养甲方的义务，并愿意接受甲方遗赠的财产。三、甲方承诺上述房屋在甲方去世后赠给乙方。四、乙方负责甲方的生养死葬，主要是指生活上照顾甲方，甲方的工资由乙方支配，但重大的医疗支出等费用，除报销外首先用甲方上述房屋以外的个人财产支出。五、在签订本协议日期之前，乙方已照顾甲方近四年，所以甲方在此之前借给乙方的六万五千元以及叫甲方的二女儿转账给乙方的九万元（甲方有四十万元存款在二女儿处）均视为甲方赠给乙方，甲方不在（再）要求乙方归还。六、违约责任。甲方单方处置遗赠财产或上述遗赠财产导致本协议解除，乙方有权要求甲方退还已支付的抚养费，按每月6000元计算。七、本协议一式两份，甲乙双方各执一份，于双方签字或摁手印时生效。"张某某在该协议尾部甲方处摁手印，原告商某某在乙方处签字。案外人梁某某、黄某某、叶某某在"证明人"一栏签字。

张某某患有帕金森病，生活不能自理。2016年4月，原告商某某发现张某某患有褥疮。6月初，张某某的褥疮大面积复发，进而出现昏迷状况。在此期间，原告既未将张某某送医，亦未及时通知三名被告。6月11日，被告将张某某送至医院治疗。10月12日，张某某死亡，三名被告办理了张某某的相关丧葬事宜。此后，原、被告为张某某遗留房产（遗赠扶养协议涉及的一半份额）的归属发生纠纷，原告向人民法院起诉，主张依据遗赠扶养协议取得涉案房产的一半份额。

---

① （2017）苏01民终9554号。

一审法院审理后认为,本案的争议焦点为张某某生前签订的遗赠扶养协议是否是其真实意思表示、是否合法有效。本案中的遗赠扶养协议应认定为无效,理由如下:(1) 从遗赠扶养协议的订立过程来看,该协议系原告商某某委托的律师(也是本案原告的诉讼代理人)草拟制作,见证人系多次与原告发生保健品买卖交易的梁某某、黄某某以及原告为被继承人张某某聘请的兼职保姆叶某某,上述制作人和见证人均与原告有利害关系;原告提供的视频显示,在签订该协议时,是由原告委托的律师向被继承人张某某宣读协议内容,被继承人张某某仅对协议内容作了简单的重复与附和,原告及其律师与被继承人张某某之间并未对协议内容有交涉、协商等形成合意的过程,被继承人张某某无明确、自主的意思表示,也未在协议上签字,只是在他人帮助下捺下手印。据此,法院对该遗赠扶养协议是否系被继承人张某某的真实意思表示无法确认。(2) 从遗赠扶养协议的内容来看,该协议约定的权利义务不对等,原告商某某的具体扶养义务只有简单的生养死葬概述,并无具体约定,而对被继承人张某某的义务设定明显较多,不仅所有的扶养费用均用被继承人的财产支付,免除了扶养人的债务,还限制了被继承人的财产处分权。(3) 从遗赠扶养协议的履行情况来看,原告在被继承人张某某出现褥疮和昏迷病情后未及时送医,亦未及时通知被告送医,存在重大过错。综上,法院认定原告商某某与被继承人张某某签订的遗赠扶养协议无效,驳回原告诉请。

原告不服,提起上诉。二审法院维持原判。

【评析】

本案系遗赠扶养协议效力纠纷。

遗赠扶养协议是由遗赠人和扶养人签订的双务有偿的法律行为,需符合法律行为的一般有效要件,即主体适格、意思表示真实、内容合法。本案争议的焦点是遗赠人的意思表示是否真实。

本案中的遗赠人虽患有多种疾病,生活不能自理,但尚未达到无行为能力程度,故法院并没有以遗赠人行为能力有瑕疵为由否定遗赠扶养协议的效力。但是,遗赠人张某某因病导致肢体和语言功能受限,不能书写或用语言完整、清楚地表达自己的意思;遗赠扶养协议的全部内容由代书人(本案原告委托的律师)起草并陈述,张某某只是重复与附和,并由他人协助捺下手印。在整个协议签订过程中,张某某无明确的自主意思表示,双方没有(事实上也不能)对协议内容进行磋商。据此,法院认为遗赠扶养协议中遗赠人张某某意思表示的真实性难以认定。同时,该协议所确立的遗赠人与扶养人的权利义务失衡,甚至可以解读为“扶养人权利书”。此外,扶养人在履行扶养义务过程中存在重大过错等事实,也是法院最终否定遗赠扶养协议效力以及驳回原告主张受遗赠权的重要因素。

本案的事实认定和判决借鉴了英美合同法中的“不正当影响”理论。依据该理论,如契约一方当事人之自由判断被施以某些不公正压力而受到影响,则法院可以排除因此影响而得来的利益。如当事人之间存在特定关系(如医生与病人、牧师与信徒、保姆与受照顾者等),一方很容易利用其在心理上占据的支配、被信任地位来诱导、说服另一方,并使对方作出有利于自己的处分,此时即可以推定有“不正当影响”的存在。如受益一方主张处分行为有效,应就处分人的真实意思表示负较为严格的举证责任。本案中,原告系失能老人的保姆,负责照顾其日常生活,受失能老人的信任和依赖,符合上述推定有“不正当影响”存在的情形,所以原告对遗赠扶养协议中遗赠人的真实意思表示负有更严格的举证责任。但是,从原告提供的协议以及协议签订过程的视频来看,显然达不到证明要求。

对本案遗赠扶养协议效力的判断,是基于多方面因素的综合考虑。就主体适格而言,遗赠人虽然欠缺自主表达能力,但并不属于法律意义上的限制行为能力人;就意思表示的真实性而言,遗赠扶养协议的签订虽然没有合意协商的过程,但有当事人双方签字或捺手印,不存在明显的胁迫情节;遗赠人与扶养人的权利义务虽然失衡,但不能认定其内容违法。然而,将上述因素结合在一起,足以否定协议的效力;加上原告在履行扶养义务时存在重大过错,判决驳回原告诉请应无异议。

我国即将进入老龄社会,遗赠扶养协议制度因具有养老保障功能而被寄予厚望,但本案凸显了遗赠扶养协议制度潜在的问题。遗赠扶养协议中,扶养人的义务被确定为“生养死葬”,其中“生养”主要是对遗赠人履行日常照顾义务。尤其是在遗赠人处于失能的情况下,扶养人须承担护理工作。扶养人的权利则是在被扶养人死亡后获得其遗留的特定或全部财产。因此,扶养人获取财产的时间甚至价值,与被扶养人的生存时间相关。被扶养人的生存时间越长,扶养人取得遗产的时间越迟,财产数额可能越小。在扶养人直接照顾遗赠人生活的情形下,这样的关联极易引发道德风险,如何监管和防范值得研究。

思考题

1. 如何理解遗嘱继承在继承制度上的重要地位?

2. 在我国适用更多的是法定继承还是遗嘱继承?其历史原因是什么?

3. 作为法律行为的遗嘱行为有哪些特征?

4. 如何判断遗嘱能力?遗嘱能力应与行为能力一致还是可以相互有别?理由何在?

5. 遗嘱行为与合同行为的最大区别何在?

6. 如何理解遗嘱自由以及对遗嘱自由的限制?

7. 大陆法系国家通过哪些措施和手段限制遗嘱自由?我国对遗嘱自由的限制表现在哪些方面?

8. 我国《继承法》有关遗嘱形式的规定有哪些?各自的生效条件如何?

9. 遗嘱的变更与撤销通常会以什么形式表现?

10. 如何理解共同遗嘱?共同遗嘱与一般遗嘱相比具有哪些特殊性?

11. 遗赠与遗嘱继承、死因赠与的区别何在?

12. 与遗嘱继承、遗赠相比,遗赠扶养协议具有哪些特征?

13. 为什么与遗嘱继承、遗赠相比,遗赠扶养协议具有优先执行的效力?

第四章　继承的开始与遗产的处理

第一节　继承的开始

一、继承开始的时间

继承开始的时间，是指引起继承法律关系的法律事实发生的时间。现今各国都将被继承人的死亡作为引起继承关系的发生原因，继承开始的时间也就是被继承人死亡的时间。我国《继承法》第2条规定："继承从被继承人死亡时开始。"被继承人的死亡包括自然死亡和宣告死亡。自然人的死亡时间，根据我国《民法总则》第15条的规定，以死亡证明记载的时间为准；没有死亡证明的，以户籍登记或者其他有效身份登记记载的时间为准。有其他证据足以推翻以上记载时间的，以该证据证明的时间为准。被宣告死亡的人，根据我国《民法总则》第48条的规定，人民法院宣告死亡的判决作出之日视为其死亡的日期；因意外事件下落不明宣告死亡的，意外事件发生之日视为其死亡的日期。

相互有继承关系的几个人在同一事件中死亡的，如果有足够的证据证明他们死亡有先后时间，则按事实确认各自的死亡时间。如果不能确定死亡先后时间，根据我国《继承法》的相关规定，应推定没有其他继承人的人先死亡。死亡人各自都有继承人的，如几个死亡人辈分不同，推定长辈先死亡；几个死亡人辈分相同的，推定同时死亡，彼此不发生继承，他们的遗产由各自的继承人分别继承。

明确继承开始的时间的意义在于：

(1) 继承开始的时间，是继承人实际取得继承权的时间，是继承权由原来的法律上的期待权转化为既得继承权的时间。

(2) 继承开始的时间，是确定继承人范围的时间界限。在继承开始时生存的法定继承人即使在遗产分割前死亡，仍然享有继承权。

(3) 继承开始的时间，是确定被继承人遗产内容的时间界限。根据遗产是被继承人生前个人合法财产的定义，只有在被继承人死亡时，其遗产内容的实际价值、债权债务等才能得以确定。

(4) 继承开始的时间，是遗嘱生效的时间以及确定遗嘱能否执行的时间界限。根据我国《继承法》的规定，遗嘱人应为缺乏劳动能力又没有生活来源的继承人保留必要的遗产份额，判断继承人是否缺乏劳动能力又没有生活来源以继承开始的时间为准。

(5) 继承开始的时间，是继承人选择是否接受继承的时间界限。在继承开始以前，继承权属权利能力范畴，不存在接受或者放弃的问题。因此，在继承开始以前，即使继承人曾表示放弃继承，也不发生放弃继承的后果。继承人放弃继承的意思表示应该在继承开始后、遗产分割前作出。

(6) 继承开始的时间，是继承权纠纷诉讼时效的起算时间。因继承权发生纠纷，自继承开始之日起超过20年的，不得再提起诉讼。

二、继承开始的地点

继承开始的地点，即继承的地点，各国对此的规定有所不同。有主张以死者的住所地为继承开始的地点；有主张以被继承人的死亡地为继承开始的地点；也有主张以死者的财产所在地为继承开始的地点。根据我国《继承法》《民事诉讼法》的相关规定，在我国，以被继承人的户籍所在地或者主要遗产所在地为继承开始的地点。

明确继承开始的地点具有下列法律意义：

(1) 明确继承开始的地点，便于确定继承权纠纷的诉讼管辖，也便于调查了解被继承人遗产的具体情况。

(2) 明确继承开始的地点，便于确定法定继承人的责任。被继承人死亡后，在继承地点的法定继承人有义务通知其他法定继承人、遗嘱继承人以及受遗赠人，并有义务妥善保管遗产。

(3) 明确继承开始的地点，便于确定与继承有关的基层组织。当继承的地点没有法定继承人或者法定继承人没有行为能力，致使其他继承人无从知道被继承人死亡的事实时，被继承人生前户籍所在地的村民委员会、居民委员会有义务通知其他继承人和遗嘱执行人，有权对遗产采取暂时性保护措施，以防止遗产被隐匿、侵吞、毁损或灭失。

此外，在开征遗产税的情况下，继承开始的地点对遗产税的征收亦有其特殊的意义。

第二节 遗 产

一、遗产的概念和特征

什么是遗产？我国《继承法》第 3 条对遗产的概念及范围作了明确的规定："遗产是公民死亡时遗留的个人合法财产，包括：(一) 公民的收入；(二) 公民的房屋、储蓄和生活用品；(三) 公民的林木、牲畜和家禽；(四) 公民的文物、图书资料；(五) 法律允许公民拥有的生产资料；(六) 公民的著作权、专利权中的财产权利；(七) 公民的其他合法财产。"

根据上述规定，在我国，遗产具有如下法律特征：

(1) 遗产是自然人死亡时遗留的财产。对于自然人生前已经处分的财产，不管是否为其继续占有，皆因该自然人已丧失所有权而不得作为遗产。同样，对自然人生前享有所有权但为他人占有的财产得列为遗产。

(2) 遗产是死亡自然人的个人财产。与死者生前共同生活的其他家庭成员的财产，如夫妻共有财产中属于生存配偶的财产，以及家庭共有中属于其他家庭成员的财产，不得作为遗产。

(3) 遗产是死亡自然人遗留的合法财产。死者生前的非法所得以及非法侵占的国家、集体以及其他人的财产，不得作为遗产。因此，遗产必须具有合法性。

(4) 除专属于被继承人、不可转让的财产权利外，遗产应是死亡自然人遗留的一切可以转让的财产，包括所有权、债权、知识产权中的财产权利以及法律规定可以继承的其他合法财产利益如股权等。根据《继承法》第 3 条，在我国，遗产仅指积极财产，被继承人生前已经发生的各种债务、财产负担不是遗产。但是，继承人有义务在所继承的遗产价值范围内清偿被继承人生前的各项债务。

二、遗产的内容

对于哪些财产得列入遗产，各国立法并不一致。有的规定遗产含死者生前一切财产，包括财产权利、财产义务和财产负担。大陆法系国家多持该立法观点，秉承罗马法的继承为使死者人格得以延续的理念，视继承为对死者生前权利义务的概括承受，遗产的范围包括一切现存的财产，包括财产上的权利、义务和负担，如债权、债务、各种税费、为他人提供的担保等。例如，《德国民法典》第 2039 条规定，被继承人的债权债务得列入遗产。第 1967 条规定，继承人对遗产债务负其责任。遗产债务包括被继承人生前所负债务以及继承人作为继承人应负的债务。[①]《瑞士民法典》第 560 条规定："遗产得依照法律，在死者死亡时，整个地授予一个或数个继承人。除某些法定的特例外，属于死者的全部权利，包括应属于死者的债务，依法所有但尚未实际占有的动产、所有权、占有权和其他实际权利，应依照法律转移给一个或数个继承人，转移给数个继承人时各继承人分别对死者的债务负责。"《日本民法典》第 896 条规定："继承人自继承开始时起，承受属于被继承人财产的一切权利义务。"因此，大陆法系中的"遗产"是一个综合的财产概念，含财产权利、财产义务和财产负担。

英美法系国家多坚持认为遗产为纯粹的、积极的财产，不包括债务和各种税费。根据英美法系国家的立法例，在被继承人死亡后，其所遗留的财产不直接转为继承人所有，即并不直接发生继承，而是将遗产本身拟人化，类似于"遗产法人"。在继承以前，得先对死者财产进行清算。死者生前尚未清偿的债务，以该"遗产"完成清偿；尚未实现的债权受偿后，归属于该"遗产"。在实现或清偿了全部的债权债务后剩余的财产，方为遗产。遗产不足以清偿债务的，未清偿的债务继承人不负有清偿义务。因此，在英美法上，遗产不包括未清偿的债务。

我国《继承法》第 3 条对遗产的范围作了具体规定，但并未将死者生前尚未清偿的债务作为遗产对待。具体而言，遗产包括以下各项财产：

（1）公民的合法收入。这包括工资、奖金、存款及利息，其他从事合法经营、合法劳动的收入和报酬，以及接受赠与或继承所得的财产。

（2）公民的房屋和生活用品。房屋包括有所有权的自住房、出租房以及营业用房。生活用品包括家具、家电、交通工具、娱乐和学习用品、衣物、首饰等。

（3）公民的林木、牲畜和家禽。林木指公民房前屋后自己种植的树木、果树或竹林等。牲畜指公民自己饲养的牛、马、猪、羊等。家禽指公民自己喂养的鸡、鸭、鹅等。

（4）公民的图书资料、文物等其他收藏。公民收藏的图书资料、文物包括书画、古玩、艺术品、其他收藏品等，是公民财产的组成部分，其中除属于国家规定的特别珍贵的文物，或者图书资料中涉及国家重要机密的，按国家有关法律办理外，其余收藏都应列入遗产。

（5）法律允许公民拥有的生产资料。这包括交通工具、农用工具、各种机械设备、电子设备以及境外人士投资我国内地所拥有的各类生产资料。

（6）公民知识产权中的财产权利。著作权、专利权、商标权以及其他知识产权

---

① 参见陈卫佐译注：《德国民法典》，法律出版社 2006 年版。

中的财产权利，在权利存续期限内权利人死亡的，其继承人可继承其剩余期限内的财产权利。

(7) 法律规定可以继承的其他财产。除上述财产外，法律规定可以继承的财产主要指各种证券、票据等有价证券以及以财产为履行标的的债权。

三、确定遗产范围时应注意的几个问题

(一) 共有财产

与被继承人生前共有的财产主要有三类：夫妻共有财产、家庭共有财产和合伙共有财产。既然是共有，不论是按份共有还是共同共有，被继承人对共有财产都只享有部分所有权。因此，在确定遗产范围时，应将与被继承人生前共有的财产进行分割，将共有财产中属于他人的财产份额排除出遗产范围。

(二) 农村土地承包经营权

根据我国《农村土地承包法》，农村土地承包采取农村集体经济组织内部的家庭承包方式，不宜采取家庭承包方式的荒山、荒沟、荒丘、荒滩等农村土地，可以采取招标、拍卖、公开协商等方式承包。农村土地承包经营权能否继承，应区别两种承包方式。家庭承包的，承包经营权属于农户家庭，任何一个家庭成员都不享有独立的承包经营权。因此，任何一个家庭成员在承包期内死亡的，承包经营权不变，不存在承包经营权的继承问题，但承包人应得的承包收益在其死后可以继承。林地承包的承包人在承包期内死亡的，其继承人可以在承包期内继续承包。通过招标、拍卖、公开协商等方式获得“四荒”土地承包经营权的，该承包人在承包期内死亡的，根据对现行法律的理解，除其应得的承包收益可以继承外，在剩余期内的承包经营权，继承人也可以继承，即这类土地承包经营权可以继承。

(三) 自留地、宅基地使用权

自留地、宅基地使用权是公民以生产、生活为目的依法使用国家、集体的土地的权利。这类土地使用权的客体是国家或者集体所有的土地，依法分配给农民或者城镇居民使用，以户为使用单位。家庭中个别成员死亡的，该使用权不发生继承，也不终止使用，因“户”的存在而继续存在。因此，这类土地使用权不属于被继承人生前的个人财产，不能列入遗产范围。

(四) 房屋租赁权

我国的房屋租赁有两种情况：公房租赁和私房租赁。公房租赁是计划经济体制的产物，以家庭为单位，一般不事先约定租赁期限。家庭成员中个别人死亡甚至户主死亡的，不影响房屋的租赁关系。这类房屋租赁的政策性强，在承租人及所有的同住人都死亡时，租赁权能否继承按当地政策办。私房租赁由出租人和承租人

以租赁合同确定,一般约定租赁期限,在租赁合同有效期内出租人死亡的,依“买卖不破租赁”的原理,出租人的继承人不得擅自终止租赁合同。承租人死亡的,如承租人的继承人为承租房屋的同住人,则在合同约定的期限内,租赁关系继续有效;承租人的继承人若非租赁房屋的同住人,则该租赁合同终止。承租人的继承人若非租赁房屋的同住人但又希望维持租赁关系的,得重新订立合同。如果没有任何一方提出终止合同,那么可以认为租赁合同继续有效。根据房屋租赁合同未经出租人同意不得转租的原理,房屋租赁权具有一定的专属性,不能转让,亦不能继承。

（五）复员、转业军人的资助金、安置费、复员费、转业费、医疗费等

复员、转业军人从部队带回的资助金、复员费、转业费、医疗费,结婚前所得的属该复员、转业军人个人所有,结婚后所得的属夫妻共有财产。复员、转业军人在死亡时没有婚姻关系的,上述财产尚存部分可以作为遗产继承;复员、转业军人死亡时有婚姻关系的,应对上述财产进行阶段划分:结婚前所得部分为其个人所有,结婚后所得部分为夫妻共有。属夫妻共有的,就夫妻共有部分应进行分割,属于其配偶的部分不能列入遗产,其余部分列入遗产。

（六）抚恤金、保险金

抚恤金有两种情况:一种是职工、军人因公伤残而丧失劳动能力的,有关部门发给的生活补助费。这笔抚恤金归伤残者个人所有,在其死亡时尚未用完的部分可作为遗产。另一种是职工、军人因公死亡、因病死亡或者因其他意外事故死亡的,有关单位按照规定给予死者家属的抚恤金。这笔抚恤金是给死者家属的抚慰金,只能按规定由受抚对象本人享有,不是死者生前的财产,不能列入遗产范围。

保险金是死者生前与保险公司订立人身保险合同,因保险事故发生,致被保险人死亡的,保险公司按规定应支付的金钱。保险金能否作为遗产应分两种情况:保险合同指定受益人的,保险金由受益人取得,不能作为死者的遗产;保险合同未指定受益人的,保险金可以作为被保险人的遗产,由其继承人继承。

四、遗产的分割

（一）遗产的分割原则

遗产的分割是指各继承人按法律规定或者遗嘱指定的遗产份额对遗产进行分配。遗产的分割结果是使遗产转归各继承人所有。遗产的分割应遵循以下原则:

1. 尊重被继承人意思原则

这一原则适用于遗嘱继承,在适用遗嘱继承时,应按遗嘱内容分配遗产。

2. 平等分配原则

在适用法定继承时,根据我国《继承法》的规定,同一顺序的法定继承人继承遗

产的份额,一般应当均等。具体而言,各继承人的情况没有明显差异的,应平均分配遗产;继承人之间贫富差异明显的,或者共同继承人中有未成年人、缺乏劳动能力又没有生活来源的继承人的,可对这些继承人予以一定的倾斜和照顾;对于继承人中对被继承人生前尽义务较多的,可适当多分。

3. 有利于生产和生活原则

在分割遗产时,应考虑遗产的性质和继承人的各自特点,将生产资料尽可能分配给有此生产经营能力的继承人,将生活资料首先分配给有此特殊需要的继承人,尽可能不破坏遗产的原有使用价值。

(二) 遗产的分割办法

各继承人对遗产的分割能够达成协议的,按协议约定的内容分割遗产。没有协议或者不能达成协议的,可以考虑按下列方式分割遗产:

1. 实物分割

遗产为可分物时,按各继承人应得的遗产份额对遗产作实际分割。

2. 折价分割、作价补偿

当遗产为不可分物或者不宜分割时,可由最需要该遗产的人取得,当遗产的价值超出其应继承的价值时,对超出部分应作价补偿给其他继承人。

3. 分割价款

对不宜作实物分割或者作价、折价的遗产,各继承人也不愿共同继承的,可变卖遗产,分割价款。

4. 共同继承

当遗产不宜作实物分割或者作价补偿时,可由继承人共同继承,各继承人对该遗产形成共有关系。

第三节 遗产债务的确定和清偿

遗产债务,是指在被继承人生前已经发生或者存在的、在被继承人死亡时尚未清偿的各种债务以及尚未缴纳的各种税款和费用。遗产继承人应如何对待遗产债务的清偿?遗产继承人对遗产债务是承担无限清偿责任,还是就遗产实际价值负有限清偿责任?罗马法创立的概括继承原则和限定继承原则为解决继承人的遗产继承和对死者债务的清偿问题提供了一整套既保护被继承人债权人的利益又保护继承人的利益,使继承的结果不会对继承人或者死者的债权人产生不利影响的合理有效的方法。

一、概括继承与限定继承

概括继承，是指继承人整体、总括地继承被继承人生前的一切权利和义务，专属于被继承人的权利和义务除外。根据概括继承原则，继承人在继承被继承人的遗产时，对被继承人生前尚未清偿的债务包括各种税费负清偿责任。概括继承由罗马法创立。罗马法奉行继承是对被继承人人格的延续的理念，被继承人生前的一切权利和义务，除不得转让的专属权利和义务外，得由继承人概括地承受。罗马法的概括继承原则被大陆法系国家普遍接受。

限定继承，又称"有限清偿责任"，是指继承人在所继承遗产实际价值的范围内，对被继承人生前的债务及各种税费负清偿责任，对超出遗产实际价值部分的债务不负清偿责任，但继承人自愿清偿的不在此限。

限定继承原则亦由罗马法所创，但其确立要晚于概括继承原则，事实上是对概括继承原则的修正。最初，罗马法关于继承人的规定分当然继承人、必然继承人和任意继承人，其中只有任意继承人有权选择对继承的接受或者放弃，当然继承人和必然继承人只能接受继承而不能放弃继承。因此，当任意继承人预感继承的结果可能对其不利时，可以选择放弃继承，放弃的结果是既不能取得遗产，亦无须清偿被继承人生前的债务。但是，当然继承人和必然继承人不得对继承表示放弃，一旦被继承人的债务超出遗产实际价值，继承的结果会对继承人不利，即继承人有可能要用自己的财产清偿被继承人的债务。由于债务人继承的原因，这种不利还可能进一步危及继承人的债权人，造成债务人的责任财产减少而影响其清偿能力。考虑到这一点，罗马法为保护继承人和继承人的债权人的利益，对概括继承原则进行了修正，允许继承人就遗产制作遗产清单，将遗产和继承人自己的财产分列，继承人仅就遗产部分对被继承人生前债务负清偿责任。遗产全部用于清偿仍不能满足债权之实现的，继承人不对其余部分负清偿责任。概括继承原则保护了被继承人的债权人，使其不因债务人的死亡而无从实现债权；而限定继承原则保护了继承人的利益，避免了概括继承可能对继承人及其债权人的不利。此后，罗马法的限定继承原则亦为大陆法系国家普遍接受。

根据罗马法的规定，继承人要求适用有限清偿时，应对被继承人的遗产制作遗产清单，或者将遗产提交给官方的遗产管理机构，由该机构负责以遗产清偿死者生前债务，不足清偿时，可执行破产程序；清偿有余的，由继承人继承。在现今的大陆法系国家，适用限定继承时，继承人仍须制作遗产清单，并且遗产清单是否真实、可靠是继承人主张有限清偿责任的必要前提。这套适用限定继承的遗产清单制度同样被大陆法系国家全盘继承。

我国《继承法》第 33 条规定:“继承遗产应当清偿被继承人依法应当缴纳的税款和债务,缴纳税款和清偿债务以他的遗产实际价值为限。超过遗产实际价值部分,继承人自愿偿还的不在此限。继承人放弃继承的,对被继承人依法应当缴纳的税款和债务可以不负偿还责任。”从这一规定可以看出,我国《继承法》同样适用概括继承原则和限定继承原则。但是,我国《继承法》对此规定得比较笼统,没有要求继承人在主张有限清偿时对遗产制作遗产清单,亦没有设立官方的遗产管理机构,以保证遗产与继承人的财产不相互混淆。因此,根据我国目前的立法规定,很难保证被继承人的遗产和继承人的原有财产不相互混淆,也很难保证继承人能就遗产的实际价值对被继承人债务负清偿责任。

二、遗产债务的清偿

如何就遗产清偿被继承人生前所欠的税款和债务?是先清偿后继承,还是先继承后清偿?我国《继承法》对此并没有明确规定。由于我国《继承法》采取概括继承原则和限定继承原则,并规定继承从被继承人死亡时开始,因此从理论上说,在被继承人死亡时,继承就开始了,取得遗产是继承人的权利,清偿死者生前的税款和债务是继承人的义务。当继承人为一人时,继承人以其所继承的全部遗产的实际价值清偿被继承人生前所欠的税款和债务。当继承人为两个以上时,各继承人是按其所得遗产的份额比例分摊被继承人生前所欠的税款和债务,还是对此负连带清偿责任?我国《继承法》对此亦无具体规定。

本书认为,被继承人在遗嘱中对遗嘱继承人清偿债务有具体规定的,遗嘱继承人在其所得遗产的实际价值范围内按遗嘱人指定的债务份额负清偿责任;既有遗嘱继承人又有法定继承人的,遗嘱继承人按遗嘱指定取得遗产并清偿遗嘱指定的债务,其余的债务由法定继承人在其所继承遗产的实际价值范围内负清偿责任。

由于受遗赠人在法律上不负有清偿遗赠人生前债务的义务,因此执行遗赠应首先清偿遗赠人生前的税款和债务,对剩余遗产执行遗赠。

遗产分割后发现还有尚未清偿债务的,应如何处理?我国最高人民法院《继承法意见》第 62 条规定:“遗产已被分割而未清偿债务时,如有法定继承又有遗嘱继承和遗赠的,首先由法定继承人用其所得遗产清偿债务;不足清偿时,剩余的债务由遗嘱继承人和受遗赠人按比例用所得遗产偿还;如果只有遗嘱继承和遗赠的,由遗嘱继承人和受遗赠人按比例用所得遗产偿还。”

三、实践中对被继承人债务的清偿应注意的几个问题

第一,区分被继承人生前的个人债务和家庭债务。被继承人生前以个人名义

且为个人所需而与家庭生活无关所欠的债务，为其个人债务。个人债务在被继承人死后应纳入遗产范围，以遗产的实际价值清偿。全部遗产的实际价值不足以清偿债务的，继承人以及被继承人的其他家属没有义务代为清偿。被继承人生前以个人名义但为家庭生活需要所欠的债务，为夫妻共同债务或者家庭债务，应以夫妻共有财产或者家庭共有财产清偿，不能作为死者个人债务处理。

第二，共同继承人对遗产债务的清偿责任。当继承人为两个以上时，各继承人对被继承人生前的债务是按各自可以继承的遗产比例分摊债务的清偿，还是对遗产债务负连带清偿责任？我国《继承法》对此并没有作出明确规定，《继承法意见》第62条也只规定了遗产分割后发现未清偿债务的清偿。在此问题上，《德国民法典》的规定可以借鉴。《德国民法典》第2032条规定，当继承人为两个以上时，遗产为继承人的共同财产。第2058条规定，继承人就共同的遗产债务负连带清偿责任。第2059条规定，该连带清偿责任至遗产分割时为止，共同继承中的任何一个人可以拒绝就其所拥有的遗产应有部分以外财产清偿遗产债务。① 根据对上述规定的理解，当继承人为两个或两个以上时，在遗产分割前，各继承人对遗产债务负连带清偿责任；在遗产分割后，各继承人就其所继承的遗产份额按比例清偿遗产债务。在我国，根据《物权法》的相关规定，在继承开始后、遗产分割前，该遗产为继承人共同共有，对共同共有财产所生债务，共有人负连带清偿责任。如此解释与《德国民法典》的规定是一致的。在遗产分割后，遗产的共有状态结束。分割后的遗产成为各继承人分别所有的财产，新发现的债务应像遗产一样归属于各继承人，由各继承人以其所得遗产清偿。我国最高人民法院《继承法意见》第62条将法定继承人、遗嘱继承人、受遗赠人对被继承人债务清偿的法律地位分别对待，课以法定继承人先期清偿的地位，其法律依据何在？这个问题值得思考和讨论。

第三，清偿被继承人生前所欠的税款和债务不得影响为缺乏劳动能力又没有生活来源的继承人保留适当的遗产。《继承法意见》第61条规定："继承人中有缺乏劳动能力又没有生活来源的人，即使遗产不足清偿债务，也应为其保留适当遗产，然后再按照继承法第三十三条和民事诉讼法第一百八十条的规定清偿债务。"司法解释如此规定，旨在保护缺乏劳动能力又没有生活来源的继承人的继承利益，但对被继承人的债权人不利，事实上成了用债权人的财产来承担对这类有特殊困难的继承人的抚养义务。

---

① 参见陈卫佐译注：《德国民法典》，法律出版社2006年版。

第四节 “五保户”遗产和无人继承遗产的处理

一、“五保户”遗产的处理

“五保户”是在我国社会主义制度下，在农村广泛实施的对老、弱、孤、寡、残疾的人实行的保吃、保穿、保住、保医、保葬（孤儿为保教）的制度。“五保户”生前的生活是集体供给的，不存在家庭之间的扶养问题。因此，对“五保户”遗产的处理有其特殊性，应根据不同情况作不同处理：

（1）集体组织对“五保户”实行“五保”，双方有遗赠扶养协议的，按协议办理。

（2）集体组织与“五保户”之间没有遗赠扶养协议，死者有法定继承人或者遗嘱继承人要求继承遗产的，按遗嘱继承或者法定继承处理，但集体组织有权要求扣除“五保”费用。“五保户”没有继承人的，遗产由集体组织取得。

二、无人继承遗产的处理

无人继承的遗产是指死亡公民既没有法定继承人，也没有遗嘱继承人或者受遗赠人，或者法定继承人、遗嘱继承人放弃继承，受遗赠人放弃受领遗赠，其所遗留的财产成为无人继承的财产，民间俗称“绝产”。

发生无人继承的情况有以下几种：

（1）死者没有继承人和受遗赠人；

（2）全体继承人放弃继承或者全体受遗赠人放弃受领遗赠；

（3）所有的继承人丧失继承权。

我国《继承法》第32条对无人继承遗产的处理作如下规定：“无人继承又无人受遗赠的遗产，归国家所有；死者生前是集体所有制组织成员的，归所在集体所有制组织所有。”在具体处理无人继承的遗产时，首先，以遗产支付必要的丧葬费，清偿死者生前所欠的税款和债务；其次，对继承人以外依靠死者生前抚养的缺乏劳动能力又没有生活来源的人，或者继承人以外对死者生前扶养较多的人，可以分给他们适当的遗产，其余部分归国家所有或者集体组织所有。

♂♀ 典型案例

龙某某诉田某某、尹某甲、傅某乙死亡赔偿金纠纷案

【案情简介】[①]

尹某某(男)与龙某某系(女)夫妻,1988年因感情破裂,经法院调解离婚,双方协议2岁多的儿子尹某由尹某某抚养。1992年起,尹某某与田某某(女)以夫妻名义同居生活。尹某当时6岁,一直由田某某抚养照顾。2007年,尹某某因交通事故死亡。2009年5月,尹某因参与斗殴死亡,致害方为此支付死亡赔偿金33万元,除去丧葬费用外,剩余28万余元。尹某的生母龙某某、继母田某某和祖父母尹某甲、傅某乙签订协议,约定田某某、龙某某各分得6万余元,尹某甲、傅某乙共分得16万余元。龙某某在分得6万余元后,以田某某、尹某甲、傅某乙不属于尹某第一顺序遗产继承人为由,起诉至法院,要求三被告返还所分钱款。

一审法院经审理认为,尹某受害致死,有权获得赔偿的人应为其近亲属。龙某某作为尹某生母,为当然的赔偿权利人即第一顺序继承人。尹某甲、傅某乙作为死者的祖父母,为第二顺序继承人,在有第一顺序继承人时,不是当然的赔偿权利人。田某某与尹某某虽同居生活十多年,但不是合法夫妻,与尹某之间不能形成法律上的继母子关系,也不是尹某死亡的赔偿权利人。三被告取得赔偿款均无法律依据,法院判决三人将分得的赔偿款返还给原告。

三被告不服,提出上诉。

二审法院审理后认定:致害方支付的死亡赔偿金,并非死者生前的财产,即不是死者所留遗产,不能适用《继承法》的规定处理。尹某受害致死,其近亲属均为赔偿权利人。尹某的生母和祖父母均为尹某的近亲属,属于赔偿权利人。田某某与尹某之间存在事实上的抚养关系,已形成了继母子关系,也是赔偿权利人。被上诉人与三上诉人之间在尹某死后已就死亡赔偿金的分配达成协议,且已分割完毕。现被上诉人反悔,要求上诉人返还死亡赔偿金,本院不予支持。一审判决适用法律错误,二审判决予以撤销。法院驳回被上诉人龙某某的诉讼请求。

【评析】

本案系死亡赔偿金纠纷。

本案的争议焦点主要有两个:一是田某某是否与被继承人尹某形成法律意义

① (2009)渝一中法民终字第6445号。

上的母子关系；二是死亡赔偿金是否属于遗产。

第一，田某某的身份问题。从现有案情信息来看，田某某与尹某某自 1992 年起即以夫妻名义公开同居生活，如无证据证明当事人欠缺结婚实质要件，应认定田某某与尹某某形成事实婚姻关系。田某某在此期间抚养教育尹某长达十几年，符合《婚姻法》中形成“抚养教育”关系的规定，产生法律意义上的母子关系，田某某具有近亲属身份（母亲身份）。一审法院直接认定田某某与尹某某不是合法婚姻关系，但并未说明理由，显然不妥。二审法院回避了田某某与尹某某之间是否形成事实婚姻关系这一问题，直接以田某某对尹某尽了十余年抚养义务，认定两人形成了事实上的继母子关系，这一说理也不够准确。如果田某某和尹某某无事实婚姻关系，则即使田某某抚养了尹某，也不能与尹某成立法律意义上的继母子关系，不能以继母身份享有继承权，而只能依据《继承法》第 14 条的规定，以“继承人以外的对被继承人扶养较多的人”主张分得适当的遗产。

第二，死亡赔偿金的性质问题。死亡赔偿金是不法致人死亡特有的财产损害赔偿项目。对死亡赔偿金的性质，法理上存在争议。一般认为，死亡赔偿金不是对死者的财产损害的赔偿。受害人已经死亡，主体资格消灭，本身不可能遭受财产损害。因此，死亡赔偿金只能是对与受害死者有关的人——亲属的赔偿。对亲属受到的损害究竟是什么，主要有两种观点：一是扶养丧失说。该说认为，遭受财产损害的是死者生前负有扶养义务的人，因死者不能再承担法定扶养义务，导致被扶养人失去生活来源。因此，死亡赔偿金的请求权人应是这些被扶养人。二是继承丧失说。该说认为，受害人倘若没有遭受侵害死亡，在未来将不断地获得收入，而这些收入本可以作为受害人的财产为其法定继承人所继承，故受害人的法定继承人的继承权受到侵害。据此，赔偿义务人应当赔偿的是因受害人死亡而丧失的未来可得利益。

从本案判决情况来看，两级法院对死亡赔偿金的认定也不相同。一审法院认定死亡赔偿金为遗产，进而依据《继承法》否定了三被告的继承权，即采继承丧失说；二审法院依据人身损害赔偿的规定，认定作为近亲属的三上诉人均有权主张，即采扶养丧失说。在目前的审判实务中，对死亡赔偿金多采后一种观点，即不作为遗产。我国《继承法》应在修正中对这一问题作出明确的规定。

值得一提的是，虽然在审判实务中死亡赔偿金多不是被作为遗产继承，但在分割死亡赔偿金时一般仍参照遗产分割处理，即同样存在顺序问题。在有第一顺序继承人的情况下，会排除第二顺序继承人的分割请求。就本案而言，如死者近亲属未就死亡赔偿金达成分割协议，则作为死者祖父母的尹某甲、傅某乙因属于第二顺序继承人，在有第一顺序继承人（生母和继母）的情况下，或许不能分得赔偿金。

思考题

1. 关于继承开始的时间，法律是如何规定的？确定继承开始的时间有何意义？

2. 相互有继承关系的几个人在同一事件中死亡而无法确认各自的死亡时间的，如何推定各自的死亡时间？

3. 如何理解遗产的概念和遗产的内容？在此问题上，大陆法系国家、英美法系国家以及我国的立法规定之根本性区别何在？

4. 在我国，确定遗产范围时应注意哪些问题？

5. 如何理解概括继承和限定继承？两者要解决的问题是什么？如何理解两者之间的关系？罗马法确定限定继承原则的意义何在？

附　　论

民族、涉外、区际婚姻家庭与继承法律问题

第一节　民族婚姻家庭法律问题

一、民族自治地方的变通或补充规定

我国《婚姻法》第 50 条规定，民族自治地方的人民代表大会有权结合当地民族婚姻家庭的具体情况，制定变通规定。《收养法》也有类似规定。

制定变通规定的立法原则有：第一，要以全国性婚姻家庭立法（如《婚姻法》《收养法》）的基本原则为依据，对全国性婚姻家庭立法中的一些具体规定作出变通或补充规定；第二，要结合当地民族婚姻家庭的实际情况，以满足调整民族婚姻家庭关系的需要为原则。

《婚姻法》第 50 条规定，自治州、自治县制定的变通规定，报省、自治区、直辖市人民代表大会常务委员会批准后生效。自治区制定的变通规定，报全国人民代表大会常务委员会批准后生效。

从立法情况来看，自 1980 年《婚姻法》颁布以来，我国大部分民族自治地方都制定颁布了贯彻执行《婚姻法》的变通或补充规定。新疆、西藏、宁夏、内蒙古四个自治区，在 1980 年、1981 年先后通过了执行《婚姻法》的补充规定。此外，一些自治州（如四川的阿坝、凉山、甘孜，青海的海北、海西等）、自治县（如云南的孟连，青海的循化、化隆等）也对《婚姻法》作了变通或补充规定。

二、民族自治地方的变通或补充规定的主要内容

(一) 关于基本原则方面的补充规定

1. 强调婚姻自由的原则

各民族自治地方在变通或补充规定中都明确规定了婚姻自由的原则,并且补充了一些有针对性的具体规定。比如,宁夏回族自治区规定:"回族同其他民族的男女自愿结婚,任何人不得干涉。""保护寡妇的婚姻自由,任何人不得以任何借口进行干涉。"四川甘孜藏族自治州规定:"顶替、转房的婚姻关系是违反婚姻自由、自愿原则的,应予禁止。"这些规定旨在改变各该地区影响婚姻自由的一些习俗。

2. 变通实行一夫一妻制

由于民族习惯和历史原因,青海、西藏、四川的一些地区还残存着一妻多夫、一夫多妻的情况。为此,在加以改革、规范的同时,还必须从实际出发,区别对待。《西藏自治区施行〈中华人民共和国婚姻法〉的变通条例》第2条规定:"废除一夫多妻、一妻多夫等封建婚姻,对执行本条例之前形成的上述婚姻关系,凡不主动提出解除婚姻关系者,准予维持。"对于该条例实施后形成的重婚,则依据《婚姻法》处理,以维护一夫一妻制。四川甘孜、阿坝藏族自治州也作了类似的规定。

3. 变通实行计划生育

由于各少数民族地区的人口密度、经济文化发展水平、民族习俗差别较大,因此民族自治地方在实行计划生育方面也可以作一些灵活的变通。一般情况下,民族自治地方的计划生育政策比汉族地区要宽,即一对夫妻可以生育两个孩子,有特殊情况的可以生育三个孩子。西藏自治区有的地方只宣传生命科学知识,做好妇幼保健工作,不作任何生育数量的规定和限制。但是,考虑到民族自治地方的经济文化水平和民族素质,1991年5月12日,中共中央、国务院发布《关于加强计划生育工作严格控制人口增长的决定》,明确规定在少数民族中也要实行计划生育,具体要求和做法由各自治区或所在省决定。

(二) 关于结婚和离婚方面的变通或补充规定

1. 适当降低法定婚龄

大多数少数民族都有早婚的习俗,男女都在16—18周岁结婚。各民族自治地方的变通或补充规定都把法定婚龄降低两周岁,即男不得早于20周岁,女不得早于18周岁。

2. 近亲结婚的变通规定

一些少数民族长期实行本民族内通婚,近亲结婚较为普遍。《婚姻法》有关近亲结婚的禁止性规定不宜在民族自治地方硬性推行。一些民族自治地方作了变通

规定。例如,内蒙古自治区规定:“大力提倡三代以内的旁系血亲不得结婚。”宁夏回族自治区则变通为:自 1983 年 1 月 1 日起,禁止三代以内的旁系血亲结婚。

3. 重申结婚或离婚必须履行法定手续

由于传统风俗和宗教的影响,许多少数民族结婚、离婚一般只按照传统习惯举行一定的世俗仪式或宗教仪式。为此,各民族自治地方都明确规定,结婚、离婚必须履行法定手续,禁止用宗教仪式代替婚姻登记。对于各少数民族传统的婚嫁仪式,在不妨碍婚姻自由的前提下,应予以尊重。例如,宁夏回族自治区规定:“禁止用宗教仪式代替法定的结婚登记。信奉伊斯兰教的男女结婚,自愿举行宗教仪式的,只能在领取结婚证后进行。”新疆维吾尔自治区规定:“禁止一方用口头或文字通知对方的方法离婚。”

(三) 其他方面的补充规定

一些民族自治地方还结合当地情况,对订婚、非婚生子女保护问题作了补充规定。例如,西藏自治区规定:“对非婚生子女生活费和教育费的负担,应按中华人民共和国婚姻法第十九条的规定执行。改变全由生母负担的习惯。”

三、民族自治地方的变通或补充规定的适用范围

关于民族自治地方的变通或补充规定的适用范围,各民族自治地方的规定不尽相同。例如,新疆、西藏、宁夏、内蒙古四个自治区的规定只适用于本自治区的少数民族。云南孟连、青海化隆等自治县的规定只适用于本地少数民族中的普通群众,双方都是国家职工的,仍然按照《婚姻法》的规定执行。四川甘孜、阿坝等自治州的规定既适用于本州的少数民族,也适用于与少数民族结婚的汉族。

第二节 涉外婚姻家庭法律问题

一、涉外婚姻家庭的概念和法律适用的基本规则

涉外是指主体涉外或地域涉外。涉外婚姻家庭有广义和狭义之分。广义的涉外婚姻家庭,既包括在中国境内,中国公民与外国人或外国人之间形成的婚姻家庭关系;又包括在外国境内,中国公民与外国人或中国公民之间形成的婚姻家庭关系。狭义的涉外婚姻家庭,是指中国公民与外国人或外国人之间在中国境内按照中国法律缔结或维系的婚姻家庭关系。我国现行婚姻家庭法学中的涉外婚姻,通常是指狭义的涉外婚姻。

由于涉外婚姻家庭关系所涉及国家的婚姻家庭法各不相同,因此在适用法律

时需要解决两个或两个以上国家的婚姻家庭法的冲突问题。我国现行《婚姻法》对此没有规定。《婚姻登记条例》和《收养法》对我国境内发生的涉外结婚、离婚、收养问题作了若干规定,但是仍然没有全面地解决涉外婚姻家庭关系的法律适用问题。《民法通则》设有专章规定涉外民事法律关系的法律适用,其中既规定了法律适用的一般原则,又对有关准据法作了明确规定,是处理涉外婚姻家庭关系的法律依据。需要说明的是,2010 年 10 月 28 日,第十一届全国人大常委会第十七次会议通过了《涉外民事关系法律适用法》,对涉外民事关系法律适用作出了更加明确具体的规定。

根据我国《民法通则》和《涉外民事关系法律适用法》的相关规定,涉外民事法律关系在适用法律时,应当遵守的基本规则有:(1) 遵循国际条约和惯例原则。我国缔结或者参加的国际条约同我国法律有不同规定的,适用国际条约的规定,但我国声明保留的条款除外。我国法律和我国缔结或者参加的国际条约没有规定的,可以适用国际惯例。(2) 当事人依照法律规定可以明示选择涉外民事关系适用的法律。(3) 我国法律对涉外民事关系有强制性规定的,直接适用该强制性规定。(4) 适用外国法律或者国际惯例的,不得违背我国的社会公共利益。(5) 涉外民事关系适用的外国法律,由法院、仲裁机构或者行政机关查明。当事人选择适用外国法律的,应当提供该国法律。不能查明外国法律或者该国法律没有规定的,适用我国法律。

涉外婚姻家庭关系的法律适用规则,应当按照结婚、离婚、收养、扶养等不同民事关系适用不同规则(详细内容见本节介绍的具体制度)。

二、涉外结婚

(一) 涉外结婚的法律适用原则

依据我国《涉外民事法律关系法律适用法》的规定,涉外结婚的法律适用原则如下:

第一,结婚条件,适用当事人共同经常居所地法律;没有共同经常居所地的,适用共同国籍国法律;没有共同国籍,在一方当事人经常居所地或者国籍国缔结婚姻的,适用婚姻缔结地法律。

第二,结婚手续,符合婚姻缔结地法律、一方当事人经常居所地法律或者国籍国法律的,均为有效。

(二) 涉外结婚的实质要件

1. 中国公民与外国人在中国境内结婚

中国公民与外国人在中国境内结婚,如果当事人共同经常居所地在我国或者没有共同居所地，则适用我国法律。我国《婚姻法》中规定的基本原则和结婚条件（包括必备条件和禁止条件）必须得到遵守。

同时，为了保证婚姻的有效性，在不违背我国法律基本原则或强制性规定的前提下，对于外国人一方的结婚条件问题，可适当考虑其本国法律中的有关规定，以免该婚姻被其本国法律认定为无效。

2. 外国人与外国人在中国境内结婚

根据国际条约和国际上的习惯做法以及我国民政部《关于贯彻执行〈婚姻登记条例〉若干问题的意见》，双方都是外国人，要求在我国办理结婚登记的，只要符合我国《婚姻法》规定的结婚条件，而且能够提供当事人本国承认其居民在国外办理结婚登记效力的证明，双方可到工作或生活所在地具有办理涉外婚姻登记权限的登记机关办理结婚登记。

（三）涉外结婚的形式要件

涉外结婚登记程序是中国公民与外国人以及外国人与外国人在中国境内结婚的形式要件。涉外结婚登记是国家对公民涉外婚姻关系的建立进行监督和管理的一项重要制度，出于其特殊性，我国法律对于涉外结婚登记的机关和当事人所持的证件等作了特别规定。

1. 结婚登记的机关

《婚姻登记条例》第 4 条第 1 款规定："中国公民同外国人在中国内地结婚的，内地居民同香港居民、澳门居民、台湾居民、华侨在中国内地结婚的，男女双方应当共同到内地居民常住户口所在地的婚姻登记机关办理结婚登记。"双方均为外国人，在中国内地办理结婚登记的，根据民政部《关于贯彻执行〈婚姻登记条例〉若干问题的意见》的要求，婚姻登记机关为当事人工作或生活所在地具有办理涉外婚姻登记权限的登记机关。

2. 办理结婚登记的当事人应当出具的证件和证明材料

根据《婚姻登记条例》第 5 条的规定，中国内地居民同外国人结婚的，内地居民须出具的证件和证明材料有：(1) 本人的户口簿、身份证；(2) 本人无配偶以及与对方当事人没有直系血亲和三代以内旁系血亲关系的签字声明。外国人须出具的证件和证明材料有：(1) 本人的有效护照或者其他有效的国际旅行证件；(2) 所在国公证机构或者有权机关出具的、经中国驻该国使（领）馆认证或者该国驻华使（领）馆认证的本人无配偶的证明，或者所在国驻华使（领）馆出具的本人无配偶的证明。

双方均为外国人，要求在中国内地办理结婚登记的，根据民政部《关于贯彻执行〈婚姻登记条例〉若干问题的意见》的要求，当事人必须能够出具该条例规定的相应证件和证明材料以及当事人本国承认其居民在国外办理结婚登记效力的证明。

3. 申请、审查和登记

男女双方必须到婚姻登记机关提出申请。婚姻登记机关应当对结婚登记当事人出具的证件、证明材料进行审查并询问相关情况。经过审查,对当事人符合结婚条件的,应当当场予以登记,发给结婚证。

涉外复婚登记适用涉外结婚登记的规定。

三、涉外离婚

（一）涉外离婚的法律适用原则

依据我国《涉外民事关系法律适用法》的规定,涉外离婚的法律适用原则如下:

第一,协议离婚,当事人可以协议选择适用一方当事人经常居所地法律或者国籍国法律。当事人没有选择的,适用共同经常居所地法律;没有共同经常居所地的,适用共同国籍国法律;没有共同国籍的,适用办理离婚手续机构所在地法律。

第二,诉讼离婚,适用法院地法律。

（二）登记离婚

1. 办理涉外离婚登记的机关

根据《婚姻登记条例》,中国公民同外国人办理婚姻登记的机关是省、自治区、直辖市人民政府民政部门或者省、自治区、直辖市人民政府民政部门确定的机关。中国公民同外国人在中国内地自愿离婚的,办理离婚登记的机关是内地居民常住户口所在地的婚姻登记机关。

2. 登记离婚的程序

(1) 申请。当事人自愿申请离婚时,双方应当共同到婚姻登记机关提出申请。办理离婚登记的内地居民应当出具的证件和证明材料有:本人的户口簿、身份证;本人的结婚证;双方当事人共同签署的离婚协议书。办理离婚登记的外国人应当出具的证件和证明材料有:本人的结婚证;双方当事人共同签署的离婚协议书;本人的有效护照或者其他有效国际旅行证件。离婚登记双方当事人共同签署的离婚协议书应当载明双方当事人自愿离婚的意思表示以及对子女抚养、财产及债务处理等事项协商一致的意见。

(2) 受理、审查。婚姻登记机关应当对离婚登记当事人出具的证件、证明材料进行审查并询问相关情况。

(3) 登记并颁发离婚证。对当事人确属自愿离婚,并已对子女抚养、财产、债务等问题达成一致处理意见的,应当当场予以登记,发给离婚证。

（三）诉讼离婚

按照我国法律规定,涉外离婚中的一方要求离婚的,应向有管辖权的法院提出，在实体上适用我国《婚姻法》及其他相关规定，在程序上适用我国《民事诉讼法》及其他相关规定。

1. 离婚的条件及其实体问题的处理

根据中国公民同外国人离婚"适用受理案件的法院所在地法律"的原则，法院受理涉外离婚诉讼时，准予离婚的法定条件以及因离婚引起的子女抚养费的负担、夫妻共同财产的分割、债务的清偿和一方对另一方的经济帮助等问题，适用我国《婚姻法》。

需要注意的是，中国公民同外国人离婚时，处理子女抚养费的负担、夫妻共同财产的分割、债务的清偿和一方对另一方的经济帮助等问题，原则上应确定国外方一次性给付的办法。这是因为，中国与不少国家尚未签订司法协助协议，这些判决不便强制执行。为了保护中国公民及其子女的合法利益，应确定国外方一次性给付。国外方一次性给付确实有困难的，可由居住在中国境内有相当财产的中国公民或外国公民担保。到期不履行的，由保证人清偿。

2. 涉外离婚的法院管辖问题

依据我国《民事诉讼法》，涉外离婚诉讼应向有管辖权的中级人民法院提起。我国法院受理的涉外离婚案件，原则上要求涉外离婚当事人必须有一方在我国境内并有中国户籍，或者在我国有居所并连续居住满一年以上。涉外离婚案件采取"原告就被告"的原则，只要被告在我国有住所或居所，被告户籍地或居所地的中级人法院就有管辖权。同时，对于被告不在我国境内居住的离婚案件，如果原告在我国境内有住所或居所，原告户籍地或居所地中级人民法院也有管辖权。另外，根据最高人民法院适用《民事诉讼法》的司法解释，我国法院在以下情况下也拥有管辖权：

（1）中国公民一方居住在国外，一方居住在国内，不论哪一方向法院提起离婚诉讼，国内一方住所地人民法院都有权管辖。国外一方在居住国法院起诉，国内一方向人民法院起诉的，受诉人民法院有权管辖。

（2）中国公民双方在国外但未定居，一方向人民法院起诉离婚的，应由原告或者被告原住所地人民法院管辖。

3. 涉外离婚当事人的代理问题

不在我国居住的外国人，不能来我国法院参加起诉、应诉的，可以委托我国公民、律师或居住在我国境内的本国公民或本国驻华使（领）馆官员以个人名义担任诉讼代理人。但是，外国人一方向我国法院提交的离婚起诉书、答辩状、意见书、委托书或上诉状等法律文书，必须经所在国公证机关公证，并经我国驻该国使（领）馆认证方为有效。

根据《维也纳领事关系公约》的规定，外国人一方不在我国境内，或由于其他原因不能适时到我国法院出庭时，在没有委托的情况下，该国驻华使(领)馆领事官员(包括经我国外交部确认的外国驻华使馆的外交官同时兼有领事官衔者)，可以直接以领事名义担任其代表或为其安排代表人在我国法院出庭，参与离婚诉讼。

(四) 申请承认外国法院离婚判决的问题

基于国家主权原则，外国法院作出的离婚判决或离婚调解书，如其本国与我国没有就判决相互承认，则该离婚判决或离婚调解书在我国并不当然产生效力。我国《民事诉讼法》第281条规定："外国法院作出的发生法律效力的判决、裁定，需要中华人民共和国人民法院承认和执行的，可以由当事人直接向中华人民共和国有管辖权的中级人民法院申请承认和执行，也可以由外国法院依照该国与中华人民共和国缔结或者参加的国际条约的规定，或者按照互惠原则，请求人民法院承认和执行。"

根据最高人民法院《关于人民法院受理申请承认外国法院离婚判决案件有关问题的规定》《关于中国公民申请承认外国法院离婚判决程序问题的规定》的要求，申请承认外国法院离婚判决的，应注意以下问题：

(1) 中国公民向人民法院申请承认外国法院离婚判决，人民法院不应以其未在国内缔结婚姻关系而拒绝受理；中国公民申请承认外国法院在其缺席情况下作出的离婚判决，应同时向人民法院提交作出该判决的外国法院已合法传唤其出庭的有关证明文件。

(2) 外国公民向人民法院申请承认外国法院离婚判决，如果其离婚的原配偶是中国公民的，人民法院应予受理；如果其离婚的原配偶是外国公民的，人民法院不予受理，但可告知其直接向婚姻登记机关申请再婚登记。

(3) 当事人向人民法院申请承认外国法院离婚调解书效力的，人民法院应予受理，并根据《关于中国公民申请承认外国法院离婚判决程序问题的规定》进行审查，作出承认或不予承认的裁定。

四、涉外收养

(一) 涉外收养的法律适用原则

涉外收养，是指外国人在中国境内收养子女，或者中国公民在外国收养子女的行为。我国法律规范的涉外收养主要是外国人在中国境内的收养行为。

我国《涉外民事关系法律适用法》第28条规定："收养的条件和手续，适用收养人和被收养人经常居所地法律。收养的效力，适用收养时收养人经常居所地法律。收养关系的解除，适用收养时被收养人经常居所地法律或者法院地法律。"

我国《收养法》第21条规定，外国人依照本法可以在中国收养子女。外国人在中国收养子女,应当经其所在国主管机关依照该国法律审查同意。这意味着,外国人在中国收养子女必须重叠适用中国和收养人所在国有关收养法律。因收养人所在国法律的规定与中国法律的规定不一致而产生的问题,由两国政府有关部门协商处理。

同时,因为我国已加入联合国《儿童权利公约》(以下简称《公约》),《公约》第21条对于收养制度作了相应规范,所以涉外收养还必须遵守该国际公约。《公约》第21条明确规定:“凡承认和(或)许可收养制度的国家应确保以儿童的最大利益为首要考虑并应:(A)确保只有经主管当局按照适用的法律和程序并根据所有有关可靠的资料,判定鉴于儿童有关父母、亲属和法定监护人方面的情况可允许收养,并且判定必要时有关人士已根据可能必要的辅导对收养表示知情的同意,方可批准儿童的收养;(B)确认如果儿童不能安置于寄养或收养家庭,或不能以任何适当方式在儿童原籍国加以照料,跨国收养可视为照料儿童的一个替代办法;(C)确保得到跨国收养的儿童享有与本国收养相当的保障和标准;(D)采取一切适当措施确保跨国收养的安排不致使所涉人士获得不正当的财务收益;(E)在适当时通过缔结双边或多边安排或协定促成本条的目标,并在这一范围内努力确保由主管当局或机构负责安排儿童在另一国收养的事宜。”

(二)在我国境内涉外收养的条件

在我国境内涉外收养必须适用我国收养法律和收养人经常居住地法律。

(三)涉外收养的程序

涉外收养因有涉外因素,相对于国内收养,登记程序更加严格。民政部1999年5月25日正式发布了《外国人在中华人民共和国收养子女登记办法》(以下简称《办法》)。按照《办法》,办理外国人在中国收养子女事宜必须遵守的程序如下:

1. 申请及所需材料

根据《办法》第4条第1款,外国人在华收养子女,应当通过所在国政府或者政府委托的收养组织(以下简称“外国收养组织”)向中国政府委托的收养组织(以下简称“中国收养组织”)转交收养申请并提交收养人的家庭情况报告和证明。

根据《办法》第4条第2款,收养人的收养申请、家庭情况报告和证明,是指由收养人所在国有权机构出具,经其所在国外交机关或者外交机关授权的机构认证,并经中国驻该国使馆或者领馆认证的文件,包括:跨国收养申请书;出生证明;婚姻状况证明;职业、经济收入和财产状况证明;身体健康检查证明;有无受过刑事处罚的证明;收养人所在国主管机关同意其跨国收养子女的证明;家庭情况报告,包括收养人的身份、收养的合格性和适当性、家庭状况和病史、收养动机以及适合于照顾儿童的特点等。

根据《办法》第4条第3款，在华工作或者学习连续居住一年以上的外国人在华收养子女，应当提交上述除身体健康检查证明以外的文件，并应当提交在华所在单位或者有关部门出具的婚姻状况证明，职业、经济收入或者财产状况证明，有无受过刑事处罚证明以及县级以上医疗机构出具的身体健康检查证明。

根据《办法》第5条，送养人应当向省、自治区、直辖市人民政府民政部门提交本人的居民户口簿和居民身份证（社会福利机构作送养人的，应当提交其负责人的身份证件）、被收养人的户簿证明等情况证明，并根据不同情况提交下列有关证明材料：

（1）被收养人的生父母（包括已经离婚的）为送养人的，应当提交生父母有特殊困难无力抚养的证明和生父母双方同意送养的书面意见。其中，被收养人的生父或者生母因丧偶或者一方下落不明，由单方送养的，还应当提交配偶死亡或者下落不明的证明以及死亡的或者下落不明的配偶的父母不行使优先抚养权的书面声明。

（2）被收养人的父母均不具备完全民事行为能力，由被收养人的其他监护人作送养人的，应当提交被收养人的父母不具备完全民事行为能力且对被收养人有严重危害的证明以及监护人有监护权的证明。

（3）被收养人的父母均已死亡，由被收养人的监护人作送养人的，应当提交其生父母的死亡证明、监护人实际承担监护责任的证明，以及其他有抚养义务的人同意送养的书面意见。

（4）由社会福利机构作送养人的，应当提交弃婴、儿童被遗弃和发现的情况证明以及查找其父母或者其他监护人的情况证明；被收养人是孤儿的，应当提交孤儿父母的死亡或者宣告死亡证明，以及有抚养孤儿义务的其他人同意送养的书面意见。

送养残疾儿童的，还应当提交县级以上医疗机构出具的该儿童的残疾证明。

2. 审查及收养通知书的发放

《办法》第6条第1款规定，省、自治区、直辖市人民政府民政部门应当对送养人提交的证件和证明材料进行审查，对查找不到生父母的弃婴和儿童公告查找其生父母；认为被收养人、送养人符合《收养法》规定条件的，将符合《收养法》规定的被收养人、送养人名单通知中国收养组织，同时转交下列证件和证明材料：（1）送养人的居民户口簿和居民身份证（社会福利机构作送养人的，为其负责人的身份证件）复制件；（2）被收养人是弃婴或者孤儿的证明、户籍证明、成长情况报告和身体健康检查证明的复制件及照片。

《办法》第6条第2款规定，省、自治区、直辖市人民政府民政部门查找弃婴或者儿童生父母的公告应当在省级地方报纸上刊登。自公告刊登之日起满60日,弃婴和儿童的生父母或者其他监护人未认领的,视为查找不到生父母的弃婴和儿童。

《办法》第7条规定,中国收养组织对外国收养人的收养申请和有关证明进行审查后,应当在省、自治区、直辖市人民政府民政部门报送的符合《收养法》规定条件的被收养人中,参照外国收养人的意愿,选择适当的被收养人,并将该被收养人及其送养人的有关情况通过外国政府或者外国收养组织送交外国收养人。外国收养人同意收养的,中国收养组织向其发出来华收养子女通知书,同时通知有关的省、自治区、直辖市人民政府民政部门向送养人发出被收养人已被同意收养的通知。

3. 登记

根据《办法》第8条,外国人来华收养子女,应当亲自来华办理登记手续。夫妻共同收养的,应当共同来华办理收养手续;一方因故不能来华的,应当书面委托另一方。委托书应当经所在国公证和认证。

根据《办法》第9条,外国人来华收养子女,应当与送养人订立书面收养协议。书面协议订立后,收养关系当事人应当共同到被收养人常住户口所在地的省、自治区、直辖市人民政府民政部门办理收养登记。

根据《办法》第10条,收养关系当事人办理收养登记时,应当填写外国人来华收养子女登记申请书并提交收养协议,同时分别提供有关材料。

收养人应当提供下列材料:中国收养组织发出的来华收养子女通知书;收养人的身份证件和照片。

送养人应当提供下列材料:省、自治区、直辖市人民政府民政部门发出的被收养人已被同意收养的通知;送养人的居民户口簿和居民身份证(社会福利机构作送养人的,为其负责人的身份证件)、被收养人的照片。

根据《办法》第11条,收养登记机关收到外国人来华收养子女登记申请书和收养人、被收养人及其送养人的有关材料后,应当自次日起7日内进行审查,对符合《办法》第10条规定的,为当事人办理收养登记,发给收养登记证书。收养关系自登记之日起成立。收养登记机关应当将登记结果通知中国收养组织。

根据《办法》第12条,收养关系当事人办理收养登记后,双方或者一方要求办理收养公证的,应当到收养登记地的具有办理涉外公证资格的公证机构办理收养公证。

五、涉外夫妻关系、父母子女关系、扶养和监护关系的法律适用原则

依据我国《涉外民事关系法律适用法》的相关规定,涉外夫妻关系、父母子女关

系、扶养和监护关系的法律适用原则如下：

第一，夫妻人身关系，适用共同经常居所地法律；没有共同经常居所地的，适用共同国籍国法律。

第二，夫妻财产关系，当事人可以协议选择适用一方当事人经常居所地法律、国籍国法律或者主要财产所在地法律。当事人没有选择的，适用共同经常居所地法律；没有共同经常居所地的，适用共同国籍国法律。

第三，父母子女人身、财产关系，适用共同经常居所地法律；没有共同经常居所地的，适用一方当事人经常居所地法律或者国籍国法律中有利于保护弱者权益的法律。

第四，扶养，适用一方当事人经常居所地法律、国籍国法律或者主要财产所在地法律中有利于保护被扶养人权益的法律。

第五，监护，适用一方当事人经常居所地法律或者国籍国法律中有利于保护被监护人权益的法律。

第三节　涉外继承法律问题

一、涉外继承的概念和特征

（一）概念

涉外继承，是指具有涉外因素的继承法律制度。这里所谓的涉外因素，是指继承法律关系的因素中，至少有一个因素是与外国有联系的。

（二）涉外继承关系的特征

1. 涉外继承关系中至少有一个涉外因素

涉外继承所具有的涉外因素可以是：(1) 主体涉外，即被继承人、继承人或受遗赠人中有外国人或无国籍人；(2) 客体涉外，即遗产在外国；(3) 继承关系中的法律事实（被继承人死亡或其生前立遗嘱的行为）发生在国外。几个因素也可能同时涉外。

2. 涉外继承关系主要通过国际私法的冲突规范进行间接调整

涉外继承往往涉及两个或两个以上不同国家的法律，在法律适用上必然发生冲突，这就需要能够调整法律冲突的规范，决定依据哪国法律继承遗产。

现有的有关继承的国际公约，如 1961 年《有于关遗嘱处分方式法律冲突公约》、1973 年《遗产国际管理公约》、1988 年《死者遗产继承的准据法公约》等，都属于冲突规范或管辖权公约，并不是统一的实体法公约。因此，各国都需要通过国际私法的冲突规范对涉外财产继承关系进行间接调整，通过冲突规范援引某个国家的国内法处理涉外继承问题。

3. 涉外继承关系一般实行专属管辖

在国际上，一般以被继承人的国籍、住所地或遗产所在地为依据，确定涉外继承案件的管辖权。因此，被继承人本国法院、住所地法院、遗产所在地法院对涉外继承案件都拥有管辖权。在我国，涉外继承适用专属管辖。

二、涉外继承的法律适用

涉外继承的法律适用，就是涉外继承准据法的确定。对此，各国的规定差别很大。涉外继承关系包括涉外法定继承、涉外遗嘱继承和涉外无人继承遗产所形成的法律关系。各国及国际公约对于这三种涉外继承关系的准据法选择有不同要求。

（一）涉外法定继承的法律适用

目前，在这方面，世界上还没有统一适用的原则，也没有大多数国家都参与的国际条约可以作为依据，因此只能根据各国有关涉外继承问题的国内立法和司法实践、双边的和地区性的国际条约的规定予以处理。在司法实践中，关于涉外法定继承的法律适用，各国通常采用同一制与区别制两种原则。

1. 同一制

同一制，是指在涉外法定继承中，全部遗产不区分动产和不动产，适用一个统一的冲突规范，从而适用同一准据法。同一制适用的准据法有两种：一是被继承人本国法；二是遗产所在地法。

涉外继承依据被继承人本国法的属人法原则，得到了一些国际公约和国际条约的支持和采用。1928 年召开的第六届海牙国际私法会议原则上支持“继续依被继承人本国法”。同年召开的第六届美洲国家会议通过的《布斯塔曼特法典》采用了“继续依被继承人本国法”原则。

2. 区别制

区别制，是指在涉外法定继承中，将遗产分为动产和不动产，分别适用不同的冲突规范，从而适用不同的准据法，即不动产适用物之所在地法，动产适用被继承人本国法。我国和世界上不少国家如法国、比利时、美国、英国及英联邦国家等都采用区别制。

区别制的优点是，根据遗产的不同性质适用不同的法律，有利于遗产判决特别是不动产遗产判决的执行。其不足之处在于，一个人的遗产继承可能同时受几个法律的支配，带来很多麻烦，乃至无助于切实保护当事人的正当利益。因此，越来越多的采用区别制的国家对同一制作出一定的让步。

3. 我国涉外法定继承的法律适用原则

依据我国《涉外民事关系法律适用法》的规定，我国涉外法定继承的法律适用原则是：法定继承，适用被继承人死亡时经常居所地法律；不动产法定继承，适用不动产所在地法律。

（二）涉外遗嘱继承的法律适用

在涉外遗嘱继承的情况下，需要区分遗嘱人能力、遗嘱方式、遗嘱的内容和效力的准据法。

1. 遗嘱人能力

遗嘱人能力属于民事行为能力问题，通常受制于遗嘱人的属人法和行为地法。

2. 遗嘱方式

关于遗嘱方式的准据法，基本上有两种主张：一种是区别制，即区分动产遗嘱与不动产遗嘱，分别适用准据法，不动产遗嘱适用物之所在地法，动产遗嘱适用属人法或行为地法；另一种是不区分动产和不动产，统一规定适用属人法或行为地法。

3. 遗嘱的内容和效力

世界各国对此规定不同，归纳起来，大概有下列几种：(1) 适用遗嘱人的本国法。采用此原则的国家认为，遗嘱的内容、效力问题与遗嘱人对于本国法有密切关系，因此应适用遗嘱人的本国法。但是，如果遗嘱人的国籍有变化，对于适用何时的本国法，各国法律又有不同规定，大致有几种做法：适用立遗嘱时的本国法；适用遗嘱人死亡时的本国法；可以选择适用立遗嘱时的本国法或遗嘱人死亡时的本国法，但优先适用前者。(2) 适用遗嘱人的住所地法。有些国家认为，遗产与死者的住所地有密切联系，因此应适用遗嘱人的住所地法。(3) 动产的遗嘱适用被继承人的住所地法，不动产的遗嘱适用物之所在地法。(4) 适用遗产所在地法。采用此原则的国家认为，继承权属于物权范畴，遗嘱继承理应依据物之所在地法。(5) 适用被继承人自己选择的法律。对遗嘱继承，适用被继承人自行选择的国家的法律，但这种选择只能在遗嘱人的本国法和其经常居住地法之间进行。采用此原则，有利于遗嘱人更好、更充分地体现自身安排其财产和后事的意愿。

4. 我国涉外遗嘱继承的法律适用原则

依据我国《涉外民事关系法律适用法》，涉外遗嘱继承的法律适用原则是：(1) 遗嘱方式，符合遗嘱人立遗嘱时或者死亡时经常居所地法律、国籍国法律或者遗嘱行为地法律的，遗嘱均为成立。(2) 遗嘱效力，适用遗嘱人立遗嘱时或者死亡时经常居所地法律或者国籍国法律。

（三）涉外无人继承财产的法律适用

从各国继承立法来看，无人继承遗产的归属一般采用归国家或者其他公共团体所有的做法。由于这直接关系到国家对无人继承遗产的权利，因此各国都尽量作出有利于自己国家的规定，至今没有统一适用的冲突规范。

我国《涉外民事关系法律适用法》第35条规定："无人继承遗产的归属，适用被继承人死亡时遗产所在地法律。"最高人民法院《关于贯彻执行〈中华人民共和国民法通则〉若干问题的意见》第191条规定："在我国境内死亡的外国人，遗留在我国境内的财产如果无人继承又无人受遗赠的，依照我国法律处理，两国缔结或者参加的国际条约另有规定的除外。"即除我国缔结或者参加的国际条约另有规定外，动产适用被继承人死亡时的住所地法，不动产适用物之所在地法。

（四）遗产管理事项的法律适用

我国《涉外民事关系法律适用法》第34条规定："遗产管理等事项，适用遗产所在地法律。"

第四节 区际婚姻家庭与继承法律问题

香港和澳门特别行政区、台湾地区虽然同属于中国，但是不同区域存在不同的法律规范，区际婚姻家庭与继承法律的冲突不可避免。对于区际法律冲突的解决，相应的制度有待完善。

在婚姻家庭关系的主体具有区际因素，或在法律事实方面具有区际因素等情形下，妥善解决区际婚姻家庭关系的法律适用问题尤显重要、复杂。《婚姻登记条例》、自2016年2月1日开始施行的《婚姻登记工作规范》以及2004年3月29日颁布的《关于贯彻执行〈婚姻登记条例〉若干问题的意见》等，对涉侨、涉港澳台婚姻关系的登记作了明确、统一的规定，解决了以往规定零乱、管理分散、登记手续烦琐等问题。

一、涉侨、涉港澳台结婚问题

根据《婚姻法》《婚姻登记条例》《婚姻登记工作规范》和《关于贯彻执行〈婚姻登记条例〉若干问题的意见》，内地居民同华侨、港澳台居民办理结婚登记的，其实质条件要求与内地居民之间结婚登记相同，其特殊性主要表现在以下几方面：

（一）结婚登记机关

内地居民同香港居民、澳门居民、台湾居民、华侨办理结婚登记的机关是省、自治区、直辖市人民政府民政部门或者省、自治区、直辖市人民政府民政部门确定的机关。内地居民同华侨和港澳台居民在内地结婚的,男女双方应当共同到内地居民常住户口所在地的婚姻登记机关办理结婚登记。

(二)办理结婚登记所需证件和证明材料

结婚登记的具体程序没有特殊性,但是法律对于华侨、港澳台居民申请结婚登记时所应提供的证件和证明材料有特别要求。

办理结婚登记的港澳台居民应当出具的证件和证明材料有:本人的有效通行证、身份证;经居住地公证机构公证的本人无配偶以及与对方当事人没有直系血亲和三代以内旁系血亲关系的声明。

办理结婚登记的华侨应当出具的证件和证明材料有:本人的有效护照;居住国公证机构或者有权机关出具的、经中国驻该国使(领)馆认证的本人无配偶以及与对方当事人没有直系血亲和三代以内旁系血亲关系的证明,或者中国驻该国使(领)馆出具的本人无配偶以及与对方当事人没有直系血亲和三代以内旁系血亲关系的证明。

当事人无配偶声明或者证明自出具之日起6个月内有效。

二、涉侨、涉港澳台离婚问题

根据《婚姻法》《婚姻登记条例》《婚姻登记工作规范》,内地居民同华侨、港澳台居民办理离婚的,可以通过登记离婚或诉讼离婚两种方式办理。

(一)登记离婚

涉侨、涉港澳台离婚的具体程序与国内离婚基本相同,不同的是:

1. 离婚登记机关

内地居民同港澳台居民、华侨办理离婚登记的机关是省、自治区、直辖市人民政府民政部门或者省、自治区、直辖市人民政府民政部门确定的机关。内地居民同港澳台居民、华侨在内地离婚的,男女双方应当共同到内地居民常住户口所在地的婚姻登记机关办理离婚登记。

2. 办理离婚登记所需证件和证明材料

离婚登记的具体程序没有特殊性,但是法律对于华侨、港澳台居民申请离婚登记时所应提供的证件和证明材料有特别要求。

办理离婚登记的港澳台居民应当出具本人的有效通行证、身份证。

办理离婚登记的华侨应当出具的证件和证明材有:本人的有效护照或者其他有效国际旅行证件;本人的结婚证;双方当事人共同签署的离婚协议书。

离婚协议书应当载明双方当事人自愿离婚的意思表示以及对子女抚养、财产及债务处理等事项协商一致的意见。

（二）诉讼离婚

内地居民与华侨、港澳台居民离婚的，如果一方要求或一方不能亲自到婚姻登记机关申请离婚的，应向内地居民一方户籍所在地或居住地法院提起离婚诉讼。根据“离婚适用受理案件的法院所在地法律”的规定，由法院按照我国《婚姻法》《民事诉讼法》的规定处理。

1. 离婚的条件及其实体问题的处理

法院受理涉港澳台离婚诉讼时，准予离婚的法定条件以及因离婚引起的子女抚养费的负担、夫妻共同财产的分割、债务的清偿和一方对另一方的经济帮助等问题，适用我国《婚姻法》。

在涉侨、涉港澳台离婚诉讼中，处理子女抚养费的负担、夫妻共同财产的分割、债务的清偿和一方对另一方的经济帮助等问题时，原则上应确定华侨、港澳台居民一次性给付的办法，以避免判决不便执行的困难。如果一次性给付确实有困难，可由居住在我国境内有相当财产的亲友担保。到期不履行的，由保证人清偿。

2. 诉讼离婚的法院管辖

对涉侨、涉港澳台居民的离婚诉讼，内地居民一方户籍所在地或居住地法院拥有管辖权。

在国内结婚并定居国外的华侨，如定居国法院以离婚诉讼须由婚姻缔结地法院管辖为由不予受理，当事人向法院提起离婚诉讼的，由婚姻缔结地或一方在国内的最后居住地法院管辖。

在国外结婚并定居国外的华侨，原则上向其居住国有关机关办理离婚手续。但是，如果其定居国法院以离婚诉讼须由国籍所属国法院管辖为由不予受理，当事人向法院提起离婚诉讼的，由一方原住所地或在国内的最后居住地法院管辖。

三、涉侨、涉港澳台收养问题

华侨、港澳台居民收养内地居民的子女，在法律关系上仍然属于国内公民之间的收养关系，收养的实质条件与内地公民收养的实质条件基本相同，一律按照我国《收养法》和《中国公民收养子女登记办法》的规定办理。但是，由于存在主体的特殊性，因此民政部在 1995 年 5 月 25 日发布了专门的《华侨以及居住在香港、澳门、台湾地区的中国公民办理收养登记的管辖以及所需要出具的证件和证明材料的规定》，其特殊要求如下：

（一）登记机关

华侨以及居住在香港、澳门、台湾地区的中国公民在内地收养子女的，应当到被收养人常住户口所在地的直辖市、设区的市、自治州人民政府民政部门或者地区

(盟)行政公署民政部门申请办理收养登记。

（二）申请时应提供的证件和材料

1. 华侨应提供的材料

居住在已与中国建立外交关系国家的华侨申请办理成立收养关系的登记时，应当提交收养申请书和下列证件、证明材料：护照；收养人居住国有权机构出具的收养人的年龄、婚姻、有无子女、职业、财产、健康、有无受过刑事处罚等状况的证明材料，该证明材料应当经其居住国外交机关或者外交机关授权的机构认证，并经中国驻该国使领馆认证。

居住在未与中国建立外交关系国家的华侨申请办理成立收养关系的登记时，应当提交收养申请书和下列证件、证明材料：护照；收养人居住国有权机构出具的收养人的年龄、婚姻、有无子女、职业、财产、健康、有无受过刑事处罚等状况的证明材料，该证明材料应当经其居住国外交机关或者外交机关授权的机构认证，并经已与中国建立外交关系的国家驻该国使领馆认证。

2. 香港居民中的中国公民应提供的材料

香港居民中的中国公民申请办理成立收养关系的登记时，应当提交收养申请书和下列证件、证明材料：香港居民身份证、香港居民来往内地通行证或者香港同胞回乡证；经国家主管机关委托的香港委托公证人证明的收养人的年龄、婚姻、有无子女、职业、财产、健康、有无受过刑事处罚等状况的证明材料。

3. 澳门居民中的中国公民应提供的材料

澳门居民中的中国公民申请办理成立收养关系的登记时，应当提交收养申请书和下列证件、证明材料：澳门居民身份证、澳门居民来往内地通行证或者澳门同胞回乡证；澳门地区有权机构出具的收养人的年龄、婚姻、有无子女、职业、财产、健康、有无受过刑事处罚等状况的证明材料。

4. 台湾居民应提供的材料

台湾居民申请办理成立收养关系的登记时，应当提交收养申请书和下列证件、证明材料：在台湾地区居住的有效证明；中华人民共和国主管机关签发或签注的在有效期内的旅行证件；经台湾地区公证机构公证的收养人的年龄、婚姻、有无子女、职业、财产、健康、有无受过刑事处罚等状况的证明材料。

四、涉侨、涉港澳台继承法律问题

内地居民继承华侨、港澳台居民的财产，不是涉外继承，其法律适用属于区际法律冲突的法律适用。但是，对于区际法律冲突，我国还没有形成相应的制度加以解决。因此，此类继承法律关系除了必须根据我国《继承法》办理外，还可以比照我国的涉外继承关系进行处理。

由于遗产不在内地,因此继承人要通过一定的法律手续,办理必要的法律证明文件,完成一系列行政甚至诉讼手续,才能取得遗产。国家外事部门、侨办、港澳办以及司法部等单位已颁布了相关的详细规定,并委托中国银行办理托收国外遗产业务。

在法律适用上,涉侨、涉港澳台继承比照涉外继承,采取区别制,即动产继承适用被继承人死亡时的住所地法,不动产继承适用物之所在地法。

根据我国《民事诉讼法》的规定,因继承遗产纠纷提起的诉讼,由被继承人死亡时住所地或者主要遗产所在地人民法院专属管辖。

思考题

1. 简述少数民族自治地方制定的《婚姻法》变通或补充规定的主要内容。
2. 简述涉外婚姻家庭的法律适用原则。
3. 简述涉外离婚的方式。
4. 涉外收养程序有哪些特别要求?
5. 简述涉外继承的法律适用。
6. 如何处理内地与香港、澳门、台湾地区婚姻家庭法的区际冲突?

主要法律、法规及司法解释

中华人民共和国婚姻法(修正)

(1980年9月10日第五届全国人民代表大会第三次会议通过,
根据2001年4月28日第九届全国人民代表大会常务委员会第二十一次
会议《关于修改〈中华人民共和国婚姻法〉的决定修正》)

第一章　总　　则

第一条　本法是婚姻家庭关系的基本准则。

第二条　实行婚姻自由、一夫一妻、男女平等的婚姻制度。

保护妇女、儿童和老人的合法权益。

实行计划生育。

第三条　禁止包办、买卖婚姻和其他干涉婚姻自由的行为。禁止借婚姻索取财物。禁止重婚。禁止有配偶者与他人同居。禁止家庭暴力。禁止家庭成员间的虐待和遗弃。

第四条　夫妻应当互相忠实,互相尊重;家庭成员间应当敬老爱幼,互相帮助,维护平等、和睦、文明的婚姻家庭关系。

第二章　结　　婚

第五条　结婚必须男女双方完全自愿,不许任何一方对他方加以强迫或任何第三者加以干涉。

第六条　结婚年龄,男不得早于二十二周岁,女不得早于二十周岁。晚婚晚育应予鼓励。

第七条　有下列情形之一的,禁止结婚:

(一) 直系血亲和三代以内的旁系血亲;

(二) 患有医学上认为不应当结婚的疾病。

第八条 要求结婚的男女双方必须亲自到婚姻登记机关进行结婚登记。符合本法规定的,予以登记,发给结婚证。取得结婚证,即确立夫妻关系。未办理结婚登记的,应当补办登记。

第九条 登记结婚后,根据男女双方约定,女方可以成为男方家庭的成员,男方可以成为女方家庭的成员。

第十条 有下列情形之一的,婚姻无效:

(一) 重婚的;

(二) 有禁止结婚的亲属关系的;

(三) 婚前患有医学上认为不应当结婚的疾病,婚后尚未治愈的;

(四) 未到法定婚龄的。

第十一条 因胁迫结婚的,受胁迫的一方可以向婚姻登记机关或人民法院请求撤销该婚姻。受胁迫的一方撤销婚姻的请求,应当自结婚登记之日起一年内提出。被非法限制人身自由的当事人请求撤销婚姻的,应当自恢复人身自由之日起一年内提出。

第十二条 无效或被撤销的婚姻,自始无效。当事人不具有夫妻的权利和义务。同居期间所得的财产,由当事人协议处理;协议不成时,由人民法院根据照顾无过错方的原则判决。对重婚导致的婚姻无效的财产处理,不得侵害合法婚姻当事人的财产权益。当事人所生的子女,适用本法有关父母子女的规定。

第三章 家庭关系

第十三条 夫妻在家庭中地位平等。

第十四条 夫妻双方都有各用自己姓名的权利。

第十五条 夫妻双方都有参加生产、工作、学习和社会活动的自由,一方不得对他方加以限制或干涉。

第十六条 夫妻双方都有实行计划生育的义务。

第十七条 夫妻在婚姻关系存续期间所得的下列财产,归夫妻共同所有:

(一) 工资、奖金;

(二) 生产、经营的收益;

(三) 知识产权的收益;

(四) 继承或赠与所得的财产,但本法第十八条第三项规定的除外;

（五）其他应当归共同所有的财产。

夫妻对共同所有的财产，有平等的处理权。

第十八条 有下列情形之一的，为夫妻一方的财产：

（一）一方的婚前财产；

（二）一方因身体受到伤害获得的医疗费、残疾人生活补助费等费用；

（三）遗嘱或赠与合同中确定只归夫或妻一方的财产；

（四）一方专用的生活用品；

（五）其他应当归一方的财产。

第十九条 夫妻可以约定婚姻关系存续期间所得的财产以及婚前财产归各自所有、共同所有或部分各自所有、部分共同所有。约定应当采用书面形式。没有约定或约定不明确的，适用本法第十七条、第十八条的规定。

夫妻对婚姻关系存续期间所得的财产以及婚前财产的约定，对双方具有约束力。

夫妻对婚姻关系存续期间所得的财产约定归各自所有的，夫或妻一方对外所负的债务，第三人知道该约定的，以夫或妻一方所有的财产清偿。

第二十条 夫妻有互相扶养的义务。

一方不履行扶养义务时，需要扶养的一方，有要求对方付给扶养费的权利。

第二十一条 父母对子女有抚养教育的义务；子女对父母有赡养扶助的义务。

父母不履行抚养义务时，未成年的或不能独立生活的子女，有要求父母付给抚养费的权利。

子女不履行赡养义务时，无劳动能力的或生活困难的父母，有要求子女付给赡养费的权利。

禁止溺婴、弃婴和其他残害婴儿的行为。

第二十二条 子女可以随父姓，可以随母姓。

第二十三条 父母有保护和教育未成年子女的权利和义务。在未成年子女对国家、集体或他人造成损害时，父母有承担民事责任的义务。

第二十四条 夫妻有相互继承遗产的权利。

父母和子女有相互继承遗产的权利。

第二十五条 非婚生子女享有与婚生子女同等的权利，任何人不得加以危害和歧视。

不直接抚养非婚生子女的生父或生母，应当负担子女的生活费和教育费，直至子女能独立生活为止。

第二十六条 国家保护合法的收养关系。养父母和养子女间的权利和义务，适用本法对父母子女关系的有关规定。

养子女和生父母间的权利和义务,因收养关系的成立而消除。

第二十七条 继父母与继子女间,不得虐待或歧视。

继父或继母和受其抚养教育的继子女间的权利和义务,适用本法对父母子女关系的有关规定。

第二十八条 有负担能力的祖父母、外祖父母,对于父母已经死亡或父母无力抚养的未成年的孙子女、外孙子女,有抚养的义务。有负担能力的孙子女、外孙子女,对于子女已经死亡或子女无力赡养的祖父母、外祖父母,有赡养的义务。

第二十九条 有负担能力的兄、姐,对于父母已经死亡或父母无力抚养的未成年的弟、妹,有扶养的义务。由兄、姐扶养长大的有负担能力的弟、妹,对于缺乏劳动能力又缺乏生活来源的兄、姐,有扶养的义务。

第三十条 子女应当尊重父母的婚姻权利,不得干涉父母再婚以及婚后的生活。子女对父母的赡养义务,不因父母的婚姻关系变化而终止。

第四章 离 婚

第三十一条 男女双方自愿离婚的,准予离婚。双方必须到婚姻登记机关申请离婚。婚姻登记机关查明双方确实是自愿并对子女和财产问题已有适当处理时,发给离婚证。

第三十二条 男女一方要求离婚的,可由有关部门进行调解或直接向人民法院提出离婚诉讼。

人民法院审理离婚案件,应当进行调解;如感情确已破裂,调解无效,应准予离婚。

有下列情形之一,调解无效的,应准予离婚:

(一) 重婚或有配偶者与他人同居的;

(二) 实施家庭暴力或虐待、遗弃家庭成员的;

(三) 有赌博、吸毒等恶习屡教不改的;

(四) 因感情不和分居满二年的;

(五) 其他导致夫妻感情破裂的情形。

一方被宣告失踪,另一方提出离婚诉讼的,应准予离婚。

第三十三条 现役军人的配偶要求离婚,须得军人同意,但军人一方有重大过错的除外。

第三十四条 女方在怀孕期间、分娩后一年内或中止妊娠后六个月内,男方不得提出离婚。女方提出离婚的，或人民法院认为确有必要受理男方离婚请求的，不在此限。

第三十五条 离婚后，男女双方自愿恢复夫妻关系的，必须到婚姻登记机关进行复婚登记。

第三十六条 父母与子女间的关系，不因父母离婚而消除。离婚后，子女无论由父或母直接抚养，仍是父母双方的子女。

离婚后，父母对于子女仍有抚养和教育的权利和义务。

离婚后，哺乳期内的子女，以随哺乳的母亲抚养为原则。哺乳期后的子女，如双方因抚养问题发生争执不能达成协议时，由人民法院根据子女的权益和双方的具体情况判决。

第三十七条 离婚后，一方抚养的子女，另一方应负担必要的生活费和教育费的一部或全部，负担费用的多少和期限的长短，由双方协议；协议不成时，由人民法院判决。

关于子女生活费和教育费的协议或判决，不妨碍子女在必要时向父母任何一方提出超过协议或判决原定数额的合理要求。

第三十八条 离婚后，不直接抚养子女的父或母，有探望子女的权利，另一方有协助的义务。

行使探望权利的方式、时间由当事人协议；协议不成时，由人民法院判决。

父或母探望子女，不利于子女身心健康的，由人民法院依法中止探望的权利；中止的事由消失后，应当恢复探望的权利。

第三十九条 离婚时，夫妻的共同财产由双方协议处理；协议不成时，由人民法院根据财产的具体情况，照顾子女和女方权益的原则判决。

夫或妻在家庭土地承包经营中享有的权益等，应当依法予以保护。

第四十条 夫妻书面约定婚姻关系存续期间所得的财产归各自所有，一方因抚育子女、照料老人、协助另一方工作等付出较多义务的，离婚时有权向另一方请求补偿，另一方应当予以补偿。

第四十一条 离婚时，原为夫妻共同生活所负的债务，应当共同偿还。共同财产不足清偿的，或财产归各自所有的，由双方协议清偿；协议不成时，由人民法院判决。

第四十二条 离婚时，如一方生活困难，另一方应从其住房等个人财产中给予适当帮助。具体办法由双方协议；协议不成时，由人民法院判决。

第五章 救助措施与法律责任

第四十三条 实施家庭暴力或虐待家庭成员,受害人有权提出请求,居民委员会、村民委员会以及所在单位应当予以劝阻、调解。

对正在实施的家庭暴力,受害人有权提出请求,居民委员会、村民委员会应当予以劝阻;公安机关应当予以制止。

实施家庭暴力或虐待家庭成员,受害人提出请求的,公安机关应当依照治安管理处罚的法律规定予以行政处罚。

第四十四条 对遗弃家庭成员,受害人有权提出请求,居民委员会、村民委员会以及所在单位应当予以劝阻、调解。

对遗弃家庭成员,受害人提出请求的,人民法院应当依法作出支付扶养费、抚养费、赡养费的判决。

第四十五条 对重婚的,对实施家庭暴力或虐待、遗弃家庭成员构成犯罪的,依法追究刑事责任。受害人可以依照刑事诉讼法的有关规定,向人民法院自诉;公安机关应当依法侦查,人民检察院应当依法提起公诉。

第四十六条 有下列情形之一,导致离婚的,无过错方有权请求损害赔偿:

(一) 重婚的;

(二) 有配偶者与他人同居的;

(三) 实施家庭暴力的;

(四) 虐待、遗弃家庭成员的。

第四十七条 离婚时,一方隐藏、转移、变卖、毁损夫妻共同财产,或伪造债务企图侵占另一方财产的,分割夫妻共同财产时,对隐藏、转移、变卖、毁损夫妻共同财产或伪造债务的一方,可以少分或不分。离婚后,另一方发现有上述行为的,可以向人民法院提起诉讼,请求再次分割夫妻共同财产。

人民法院对前款规定的妨害民事诉讼的行为,依照民事诉讼法的规定予以制裁。

第四十八条 对拒不执行有关扶养费、抚养费、赡养费、财产分割、遗产继承、探望子女等判决或裁定的,由人民法院依法强制执行。有关个人和单位应负协助执行的责任。

第四十九条 其他法律对有关婚姻家庭的违法行为和法律责任另有规定的,依照其规定。

第六章　附　　则

第五十条　民族自治地方的人民代表大会有权结合当地民族婚姻家庭的具体情况，制定变通规定。自治州、自治县制定的变通规定，报省、自治区、直辖市人民代表大会常务委员会批准后生效。自治区制定的变通规定，报全国人民代表大会常务委员会批准后生效。

第五十一条　本法自 1981 年 1 月 1 日起施行。

1950 年 5 月 1 日颁行的《中华人民共和国婚姻法》，自本法施行之日起废止。

最高人民法院关于适用《中华人民共和国婚姻法》若干问题的解释(一)

(2001年12月24日最高人民法院审判委员会第1202次会议通过,
自2001年12月27日起施行)
法释〔2001〕30号

为了正确审理婚姻家庭纠纷案件,根据《中华人民共和国婚姻法》(以下简称婚姻法)、《中华人民共和国民事诉讼法》等法律的规定,对人民法院适用婚姻法的有关问题作出如下解释:

第一条 婚姻法第三条、第三十二条、第四十三条、第四十五条、第四十六条所称的“家庭暴力”,是指行为人以殴打、捆绑、残害、强行限制人身自由或者其他手段,给其家庭成员的身体、精神等方面造成一定伤害后果的行为。持续性、经常性的家庭暴力,构成虐待。

第二条 婚姻法第三条、第三十二条、第四十六条规定的“有配偶者与他人同居”的情形,是指有配偶者与婚外异性,不以夫妻名义,持续、稳定地共同居住。

第三条 当事人仅以婚姻法第四条为依据提起诉讼的,人民法院不予受理;已经受理的,裁定驳回起诉。

第四条 男女双方根据婚姻法第八条规定补办结婚登记的,婚姻关系的效力从双方均符合婚姻法所规定的结婚的实质要件时起算。

第五条 未按婚姻法第八条规定办理结婚登记而以夫妻名义共同生活的男女,起诉到人民法院要求离婚的,应当区别对待:

(一) 1994年2月1日民政部《婚姻登记管理条例》公布实施以前,男女双方已经符合结婚实质要件的,按事实婚姻处理;

(二) 1994年2月1日民政部《婚姻登记管理条例》公布实施以后,男女双方符合结婚实质要件的,人民法院应当告知其在案件受理前补办结婚登记;未补办结婚登记的,按解除同居关系处理。

第六条 未按婚姻法第八条规定办理结婚登记而以夫妻名义共同生活的男女,一方死亡,另一方以配偶身份主张享有继承权的,按照本解释第五条的原则处理。

第七条 有权依据婚姻法第十条规定向人民法院就已办理结婚登记的婚姻申请宣告婚姻无效的主体,包括婚姻当事人及利害关系人。利害关系人包括:

(一) 以重婚为由申请宣告婚姻无效的,为当事人的近亲属及基层组织。

(二) 以未到法定婚龄为由申请宣告婚姻无效的,为未达法定婚龄者的近亲属。

(三) 以有禁止结婚的亲属关系为由申请宣告婚姻无效的,为当事人的近亲属。

(四) 以婚前患有医学上认为不应当结婚的疾病,婚后尚未治愈为由申请宣告婚姻无效的,为与患病者共同生活的近亲属。

第八条 当事人依据婚姻法第十条规定向人民法院申请宣告婚姻无效的,申请时,法定的无效婚姻情形已经消失的,人民法院不予支持。

第九条 人民法院审理宣告婚姻无效案件,对婚姻效力的审理不适用调解,应当依法作出判决;有关婚姻效力的判决一经作出,即发生法律效力。

涉及财产分割和子女抚养的,可以调解。调解达成协议的,另行制作调解书。对财产分割和子女抚养问题的判决不服的,当事人可以上诉。

第十条 婚姻法第十一条所称的“胁迫”,是指行为人以给另一方当事人或者其近亲属的生命、身体健康、名誉、财产等方面造成损害为要挟,迫使另一方当事人违背真实意愿结婚的情况。

因受胁迫而请求撤销婚姻的,只能是受胁迫一方的婚姻关系当事人本人。

第十一条 人民法院审理婚姻当事人因受胁迫而请求撤销婚姻的案件,应当适用简易程序或者普通程序。

第十二条 婚姻法第十一条规定的“一年”,不适用诉讼时效中止、中断或者延长的规定。

第十三条 婚姻法第十二条所规定的自始无效,是指无效或者可撤销婚姻在依法被宣告无效或被撤销时,才确定该婚姻自始不受法律保护。

第十四条 人民法院根据当事人的申请,依法宣告婚姻无效或者撤销婚姻的,应当收缴双方的结婚证书并将生效的判决书寄送当地婚姻登记管理机关。

第十五条 被宣告无效或被撤销的婚姻,当事人同居期间所得的财产,按共同共有处理。但有证据证明为当事人一方所有的除外。

第十六条 人民法院审理重婚导致的无效婚姻案件时,涉及财产处理的,应当准许合法婚姻当事人作为有独立请求权的第三人参加诉讼。

第十七条 婚姻法第十七条关于“夫或妻对夫妻共同所有的财产,有平等的处

理权”的规定,应当理解为:

(一) 夫或妻在处理夫妻共同财产上的权利是平等的。因日常生活需要而处理夫妻共同财产的,任何一方均有权决定。

(二) 夫或妻非因日常生活需要对夫妻共同财产做重要处理决定,夫妻双方应当平等协商,取得一致意见。他人有理由相信其为夫妻双方共同意思表示的,另一方不得以不同意或不知道为由对抗善意第三人。

第十八条 婚姻法第十九条所称“第三人知道该约定的”,夫妻一方对此负有举证责任。

第十九条 婚姻法第十八条规定为夫妻一方所有的财产,不因婚姻关系的延续而转化为夫妻共同财产。但当事人另有约定的除外。

第二十条 婚姻法第二十一条规定的“不能独立生活的子女”,是指尚在校接受高中及其以下学历教育,或者丧失或未完全丧失劳动能力等非因主观原因而无法维持正常生活的成年子女。

第二十一条 婚姻法第二十一条所称“抚养费”,包括子女生活费、教育费、医疗费等费用。

第二十二条 人民法院审理离婚案件,符合第三十二条第二款规定“应准予离婚”情形的,不应当因当事人有过错而判决不准离婚。

第二十三条 婚姻法第三十三条所称的“军人一方有重大过错”,可以依据婚姻法第三十二条第三款前三项规定及军人有其他重大过错导致夫妻感情破裂的情形予以判断。

第二十四条 人民法院作出的生效的离婚判决中未涉及探望权,当事人就探望权问题单独提起诉讼的,人民法院应予受理。

第二十五条 当事人在履行生效判决、裁定或者调解书的过程中,请求中止行使探望权的,人民法院在征询双方当事人意见后,认为需要中止行使探望权的,依法作出裁定。中止探望的情形消失后,人民法院应当根据当事人的申请通知其恢复探望权的行使。

第二十六条 未成年子女、直接抚养子女的父或母及其他对未成年子女负担抚养、教育义务的法定监护人,有权向人民法院提出中止探望权的请求。

第二十七条 婚姻法第四十二条所称“一方生活困难”,是指依靠个人财产和离婚时分得的财产无法维持当地基本生活水平。

一方离婚后没有住处的,属于生活困难。

离婚时,一方以个人财产中的住房对生活困难者进行帮助的形式,可以是房屋的居住权或者房屋的所有权。

第二十八条 婚姻法第四十六条规定的“损害赔偿”，包括物质损害赔偿和精神损害赔偿。涉及精神损害赔偿的，适用最高人民法院《关于确定民事侵权精神损害赔偿责任若干问题的解释》的有关规定。

第二十九条 承担婚姻法第四十六条规定的损害赔偿责任的主体，为离婚诉讼当事人中无过错方的配偶。

人民法院判决不准离婚的案件，对于当事人基于婚姻法第四十六条提出的损害赔偿请求，不予支持。

在婚姻关系存续期间，当事人不起诉离婚而单独依据该条规定提起损害赔偿请求的，人民法院不予受理。

第三十条 人民法院受理离婚案件时，应当将婚姻法第四十六条等规定中当事人的有关权利义务，书面告知当事人。在适用婚姻法第四十六条时，应当区分以下不同情况：

（一）符合婚姻法第四十六条规定的无过错方作为原告基于该条规定向人民法院提起损害赔偿请求的，必须在离婚诉讼的同时提出。

（二）符合婚姻法第四十六条规定的无过错方作为被告的离婚诉讼案件，如果被告不同意离婚也不基于该条规定提起损害赔偿请求的，可以在离婚后一年内就此单独提起诉讼。

（三）无过错方作为被告的离婚诉讼案件，一审时被告未基于婚姻法第四十六条规定提出损害赔偿请求，二审期间提出的，人民法院应当进行调解，调解不成的，告知当事人在离婚后一年内另行起诉。

第三十一条 当事人依据婚姻法第四十七条的规定向人民法院提起诉讼，请求再次分割夫妻共同财产的诉讼时效为两年，从当事人发现之次日起计算。

第三十二条 婚姻法第四十八条关于对拒不执行有关探望子女等判决和裁定的，由人民法院依法强制执行的规定，是指对拒不履行协助另一方行使探望权的有关个人和单位采取拘留、罚款等强制措施，不能对子女的人身、探望行为进行强制执行。

第三十三条 婚姻法修改后正在审理的一、二审婚姻家庭纠纷案件，一律适用修改后的婚姻法。此前最高人民法院作出的相关司法解释如与本解释相抵触，以本解释为准。

第三十四条 本解释自公布之日起施行。

最高人民法院关于适用《中华人民共和国婚姻法》若干问题的解释(二)

(2003年12月4日最高人民法院审判委员会第1299次会议通过,
自2004年4月1日起施行)
法释〔2003〕19号

为正确审理婚姻家庭纠纷案件,根据《中华人民共和国婚姻法》(以下简称婚姻法)、《中华人民共和国民事诉讼法》等相关法律规定,对人民法院适用婚姻法的有关问题作出如下解释:

第一条 当事人起诉请求解除同居关系的,人民法院不予受理。但当事人请求解除的同居关系,属于婚姻法第三条、第三十二条、第四十六条规定的“有配偶者与他人同居”的,人民法院应当受理并依法予以解除。

当事人因同居期间财产分割或者子女抚养纠纷提起诉讼的,人民法院应当受理。

第二条 人民法院受理申请宣告婚姻无效案件后,经审查确属无效婚姻的,应当依法作出宣告婚姻无效的判决。原告申请撤诉的,不予准许。

第三条 人民法院受理离婚案件后,经审查确属无效婚姻的,应当将婚姻无效的情形告知当事人,并依法作出宣告婚姻无效的判决。

第四条 人民法院审理无效婚姻案件,涉及财产分割和子女抚养的,应当对婚姻效力的认定和其他纠纷的处理分别制作裁判文书。

第五条 夫妻一方或者双方死亡后一年内,生存一方或者利害关系人依据婚姻法第十条的规定申请宣告婚姻无效的,人民法院应当受理。

第六条 利害关系人依据婚姻法第十条的规定,申请人民法院宣告婚姻无效的,利害关系人为申请人,婚姻关系当事人双方为被申请人。

夫妻一方死亡的,生存一方为被申请人。

夫妻双方均已死亡的,不列被申请人。

第七条 人民法院就同一婚姻关系分别受理了离婚和申请宣告婚姻无效案件的,对于离婚案件的审理,应当待申请宣告婚姻无效案件作出判决后进行。

前款所指的婚姻关系被宣告无效后，涉及财产分割和子女抚养的，应当继续审理。

第八条 离婚协议中关于财产分割的条款或者当事人因离婚就财产分割达成的协议，对男女双方具有法律约束力。

当事人因履行上述财产分割协议发生纠纷提起诉讼的，人民法院应当受理。

第九条 男女双方协议离婚后一年内就财产分割问题反悔，请求变更或者撤销财产分割协议的，人民法院应当受理。

人民法院审理后，未发现订立财产分割协议时存在欺诈、胁迫等情形的，应当依法驳回当事人的诉讼请求。

第十条 当事人请求返还按照习俗给付的彩礼的，如果查明属于以下情形，人民法院应当予以支持：

（一）双方未办理结婚登记手续的；

（二）双方办理结婚登记手续但确未共同生活的；

（三）婚前给付并导致给付人生活困难的。

适用前款第（二）、（三）项的规定，应当以双方离婚为条件。

第十一条 婚姻关系存续期间，下列财产属于婚姻法第十七条规定的“其他应当归共同所有的财产”：

（一）一方以个人财产投资取得的收益；

（二）男女双方实际取得或者应当取得的住房补贴、住房公积金；

（三）男女双方实际取得或者应当取得的养老保险金、破产安置补偿费。

第十二条 婚姻法第十七条第三项规定的“知识产权的收益”，是指婚姻关系存续期间，实际取得或者已经明确可以取得的财产性收益。

第十三条 军人的伤亡保险金、伤残补助金、医药生活补助费属于个人财产。

第十四条 人民法院审理离婚案件，涉及分割发放到军人名下的复员费、自主择业费等一次性费用的，以夫妻婚姻关系存续年限乘以年平均值，所得数额为夫妻共同财产。

前款所称年平均值，是指将发放到军人名下的上述费用总额按具体年限均分得出的数额。其具体年限为人均寿命七十岁与军人入伍时实际年龄的差额。

第十五条 夫妻双方分割共同财产中的股票、债券、投资基金份额等有价证券以及未上市股份有限公司股份时，协商不成或者按市价分配有困难的，人民法院可以根据数量按比例分配。

第十六条 人民法院审理离婚案件，涉及分割夫妻共同财产中以一方名义在有限责任公司的出资额，另一方不是该公司股东的，按以下情形分别处理：

(一) 夫妻双方协商一致将出资额部分或者全部转让给该股东的配偶,过半数股东同意、其他股东明确表示放弃优先购买权的,该股东的配偶可以成为该公司股东;

(二) 夫妻双方就出资额转让份额和转让价格等事项协商一致后,过半数股东不同意转让,但愿意以同等价格购买该出资额的,人民法院可以对转让出资所得财产进行分割。过半数股东不同意转让,也不愿意以同等价格购买该出资额的,视为其同意转让,该股东的配偶可以成为该公司股东。

用于证明前款规定的过半数股东同意的证据,可以是股东会决议,也可以是当事人通过其他合法途径取得的股东的书面声明材料。

第十七条 人民法院审理离婚案件,涉及分割夫妻共同财产中以一方名义在合伙企业中的出资,另一方不是该企业合伙人的,当夫妻双方协商一致,将其合伙企业中的财产份额全部或者部分转让给对方时,按以下情形分别处理:

(一) 其他合伙人一致同意的,该配偶依法取得合伙人地位;

(二) 其他合伙人不同意转让,在同等条件下行使优先受让权的,可以对转让所得的财产进行分割;

(三) 其他合伙人不同意转让,也不行使优先受让权,但同意该合伙人退伙或者退还部分财产份额的,可以对退还的财产进行分割;

(四) 其他合伙人既不同意转让,也不行使优先受让权,又不同意该合伙人退伙或者退还部分财产份额的,视为全体合伙人同意转让,该配偶依法取得合伙人地位。

第十八条 夫妻以一方名义投资设立独资企业的,人民法院分割夫妻在该独资企业中的共同财产时,应当按照以下情形分别处理:

(一) 一方主张经营该企业的,对企业资产进行评估后,由取得企业一方给予另一方相应的补偿;

(二) 双方均主张经营该企业的,在双方竞价基础上,由取得企业的一方给予另一方相应的补偿;

(三) 双方均不愿意经营该企业的,按照《中华人民共和国个人独资企业法》等有关规定办理。

第十九条 由一方婚前承租、婚后用共同财产购买的房屋,房屋权属证书登记在一方名下的,应当认定为夫妻共同财产。

第二十条 双方对夫妻共同财产中的房屋价值及归属无法达成协议时,人民法院按以下情形分别处理:

(一) 双方均主张房屋所有权并且同意竞价取得的,应当准许;

（二）一方主张房屋所有权的，由评估机构按市场价格对房屋作出评估，取得房屋所有权的一方应当给予另一方相应的补偿；

（三）双方均不主张房屋所有权的，根据当事人的申请拍卖房屋，就所得价款进行分割。

第二十一条 离婚时双方对尚未取得所有权或者尚未取得完全所有权的房屋有争议且协商不成的，人民法院不宜判决房屋所有权的归属，应当根据实际情况判决由当事人使用。

当事人就前款规定的房屋取得完全所有权后，有争议的，可以另行向人民法院提起诉讼。

第二十二条 当事人结婚前，父母为双方购置房屋出资的，该出资应当认定为对自己子女的个人赠与，但父母明确表示赠与双方的除外。

当事人结婚后，父母为双方购置房屋出资的，该出资应当认定为对夫妻双方的赠与，但父母明确表示赠与一方的除外。

第二十三条 债权人就一方婚前所负个人债务向债务人的配偶主张权利的，人民法院不予支持。但债权人能够证明所负债务用于婚后家庭共同生活的除外。

第二十四条 债权人就婚姻关系存续期间夫妻一方以个人名义所负债务主张权利的，应当按夫妻共同债务处理。但夫妻一方能够证明债权人与债务人明确约定为个人债务，或者能够证明属于婚姻法第十九条第三款规定情形的除外。

第二十五条 当事人的离婚协议或者人民法院的判决书、裁定书、调解书已经对夫妻财产分割问题作出处理的，债权人仍有权就夫妻共同债务向男女双方主张权利。

一方就共同债务承担连带清偿责任后，基于离婚协议或者人民法院的法律文书向另一方主张追偿的，人民法院应当支持。

第二十六条 夫或妻一方死亡的，生存一方应当对婚姻关系存续期间的共同债务承担连带清偿责任。

第二十七条 当事人在婚姻登记机关办理离婚登记手续后，以婚姻法第四十六条规定为由向人民法院提出损害赔偿请求的，人民法院应当受理。但当事人在协议离婚时已经明确表示放弃该项请求，或者在办理离婚登记手续一年后提出的，不予支持。

第二十八条 夫妻一方申请对配偶的个人财产或者夫妻共同财产采取保全措施的，人民法院可以在采取保全措施可能造成损失的范围内，根据实际情况，确定合理的财产担保数额。

第二十九条 本解释自2004年4月1日起施行。

本解释施行后,人民法院新受理的一审婚姻家庭纠纷案件,适用本解释。

本解释施行后,此前最高人民法院作出的相关司法解释与本解释相抵触的,以本解释为准。

最高人民法院关于适用《中华人民共和国婚姻法》若干问题的解释(三)

(2011年7月4日最高人民法院审判委员会第1525次会议通过,
自2011年8月13日起施行)
法释〔2011〕18号

为正确审理婚姻家庭纠纷案件,根据《中华人民共和国婚姻法》、《中华人民共和国民事诉讼法》等相关法律规定,对人民法院适用婚姻法的有关问题作出如下解释:

第一条 当事人以婚姻法第十条规定以外的情形申请宣告婚姻无效的,人民法院应当判决驳回当事人的申请。

当事人以结婚登记程序存在瑕疵为由提起民事诉讼,主张撤销结婚登记的,告知其可以依法申请行政复议或者提起行政诉讼。

第二条 夫妻一方向人民法院起诉请求确认亲子关系不存在,并已提供必要证据予以证明,另一方没有相反证据又拒绝做亲子鉴定的,人民法院可以推定请求确认亲子关系不存在一方的主张成立。

当事人一方起诉请求确认亲子关系,并提供必要证据予以证明,另一方没有相反证据又拒绝做亲子鉴定的,人民法院可以推定请求确认亲子关系一方的主张成立。

第三条 婚姻关系存续期间,父母双方或者一方拒不履行抚养子女义务,未成年或者不能独立生活的子女请求支付抚养费的,人民法院应予支持。

第四条 婚姻关系存续期间,夫妻一方请求分割共同财产的,人民法院不予支持,但有下列重大理由且不损害债权人利益的除外:

(一)一方有隐藏、转移、变卖、毁损、挥霍夫妻共同财产或者伪造夫妻共同债务等严重损害夫妻共同财产利益行为的;

(二)一方负有法定扶养义务的人患重大疾病需要医治,另一方不同意支付相关医疗费用的。

第五条 夫妻一方个人财产在婚后产生的收益,除孳息和自然增值外,应认定为夫妻共同财产。

第六条 婚前或者婚姻关系存续期间，当事人约定将一方所有的房产赠与另一方，赠与方在赠与房产变更登记之前撤销赠与，另一方请求判令继续履行的，人民法院可以按照合同法第一百八十六条的规定处理。

第七条 婚后由一方父母出资为子女购买的不动产，产权登记在出资人子女名下的，可按照婚姻法第十八条第(三)项的规定，视为只对自己子女一方的赠与，该不动产应认定为夫妻一方的个人财产。

由双方父母出资购买的不动产，产权登记在一方子女名下的，该不动产可认定为双方按照各自父母的出资份额按份共有，但当事人另有约定的除外。

第八条 无民事行为能力人的配偶有虐待、遗弃等严重损害无民事行为能力一方的人身权利或者财产权益行为，其他有监护资格的人可以依照特别程序要求变更监护关系；变更后的监护人代理无民事行为能力一方提起离婚诉讼的，人民法院应予受理。

第九条 夫以妻擅自中止妊娠侵犯其生育权为由请求损害赔偿的，人民法院不予支持；夫妻双方因是否生育发生纠纷，致使感情确已破裂，一方请求离婚的，人民法院经调解无效，应依照婚姻法第三十二条第三款第(五)项的规定处理。

第十条 夫妻一方婚前签订不动产买卖合同，以个人财产支付首付款并在银行贷款，婚后用夫妻共同财产还贷，不动产登记于首付款支付方名下的，离婚时该不动产由双方协议处理。

依前款规定不能达成协议的，人民法院可以判决该不动产归产权登记一方，尚未归还的贷款为产权登记一方的个人债务。双方婚后共同还贷支付的款项及其相对应财产增值部分，离婚时应根据婚姻法第三十九条第一款规定的原则，由产权登记一方对另一方进行补偿。

第十一条 一方未经另一方同意出售夫妻共同共有的房屋，第三人善意购买、支付合理对价并办理产权登记手续，另一方主张追回该房屋的，人民法院不予支持。

夫妻一方擅自处分共同共有的房屋造成另一方损失，离婚时另一方请求赔偿损失的，人民法院应予支持。

第十二条 婚姻关系存续期间，双方用夫妻共同财产出资购买以一方父母名义参加房改的房屋，产权登记在一方父母名下，离婚时另一方主张按照夫妻共同财产对该房屋进行分割的，人民法院不予支持。购买该房屋时的出资，可以作为债权处理。

第十三条 离婚时夫妻一方尚未退休、不符合领取养老保险金条件，另一方请求按照夫妻共同财产分割养老保险金的，人民法院不予支持；婚后以夫妻共同财产缴付养老保险费，离婚时一方主张将养老金账户中婚姻关系存续期间个人实际缴付部分作为夫妻共同财产分割的，人民法院应予支持。

第十四条 当事人达成的以登记离婚或者到人民法院协议离婚为条件的财产分割协议，如果双方协议离婚未成，一方在离婚诉讼中反悔的，人民法院应当认定该财产分割协议没有生效，并根据实际情况依法对夫妻共同财产进行分割。

第十五条 婚姻关系存续期间，夫妻一方作为继承人依法可以继承的遗产，在继承人之间尚未实际分割，起诉离婚时另一方请求分割的，人民法院应当告知当事人在继承人之间实际分割遗产后另行起诉。

第十六条 夫妻之间订立借款协议，以夫妻共同财产出借给一方从事个人经营活动或用于其他个人事务的，应视为双方约定处分夫妻共同财产的行为，离婚时可按照借款协议的约定处理。

第十七条 夫妻双方均有婚姻法第四十六条规定的过错情形，一方或者双方向对方提出离婚损害赔偿请求的，人民法院不予支持。

第十八条 离婚后，一方以尚有夫妻共同财产未处理为由向人民法院起诉请求分割的，经审查该财产确属离婚时未涉及的夫妻共同财产，人民法院应当依法予以分割。

第十九条 本解释施行后，最高人民法院此前作出的相关司法解释与本解释相抵触的，以本解释为准。

最高人民法院关于依法妥善审理涉及夫妻债务案件有关问题的通知

法〔2017〕48号

各省、自治区、直辖市高级人民法院，解放军军事法院，新疆维吾尔自治区高级人民法院生产建设兵团分院：

家事审判工作是人民法院审判工作的重要内容。在家事审判工作中，正确处理夫妻债务，事关夫妻双方和债权人合法权益的保护，事关婚姻家庭稳定和市场交易安全的维护，事关和谐健康诚信经济社会建设的推进。为此，最高人民法院审判委员会第1710次会议讨论通过《最高人民法院关于适用〈中华人民共和国婚姻法〉若干问题的解释(二)的补充规定》，对该司法解释第二十四条增加规定了第二款和第三款。2017年2月28日，最高人民法院公布了修正的《最高人民法院关于适用〈中华人民共和国婚姻法〉若干问题的解释(二)》。为依法妥善审理好夫妻债务案件，现将有关问题通知如下：

一、坚持法治和德治相结合原则。在处理夫妻债务案件时，除应当依照婚姻法等法律和司法解释的规定，保护夫妻双方和债权人的合法权益，还应当结合社会主义道德价值理念，增强法律和司法解释适用的社会效果，以达到真正化解矛盾纠纷、维护婚姻家庭稳定、促进交易安全、推动经济社会和谐健康发展的目的。

二、保障未具名举债夫妻一方的诉讼权利。在审理以夫妻一方名义举债的案件中，原则上应当传唤夫妻双方本人和案件其他当事人本人到庭；需要证人出庭作证的，除法定事由外，应当通知证人出庭作证。在庭审中，应当按照《最高人民法院关于适用〈中华人民共和国民事诉讼法〉的解释》的规定，要求有关当事人和证人签署保证书，以保证当事人陈述和证人证言的真实性。未具名举债一方不能提供证据，但能够提供证据线索的，人民法院应当根据当事人的申请进行调查取证；对伪造、隐藏、毁灭证据的要依法予以惩处。未经审判程序，不得要求未举债的夫妻一方承担民事责任。

三、审查夫妻债务是否真实发生。债权人主张夫妻一方所负债务为夫妻共同债务的，应当结合案件的具体情况，按照《最高人民法院关于审理民间借贷案件适用法律若干问题的规定》第十六条第二款、第十九条规定，结合当事人之间关系及其到庭情况、借贷金额、债权凭证、款项交付、当事人的经济能力、当地或者当事人之间的交易方式、交易习惯、当事人财产变动情况以及当事人陈述、证人证言等事实和因素，综合判断债务是否发生。防止违反法律和司法解释规定，仅凭借条、借据等债权凭证就认定存在债务的简单做法。

在当事人举证基础上，要注意依职权查明举债一方作出有悖常理的自认的真实性。对夫妻一方主动申请人民法院出具民事调解书的，应当结合案件基础事实重点审查调解协议是否损害夫妻另一方的合法权益。对人民调解协议司法确认案件，应当按照《最高人民法院关于适用〈中华人民共和国民事诉讼法〉的解释》要求，注重审查基础法律关系的真实性。

四、区分合法债务和非法债务，对非法债务不予保护。在案件审理中，对夫妻一方在从事赌博、吸毒等违法犯罪活动中所负的债务，不予法律保护；对债权人知道或者应当知道夫妻一方举债用于赌博、吸毒等违法犯罪活动而向其出借款项，不予法律保护；对夫妻一方以个人名义举债后用于个人违法犯罪活动，举债人就该债务主张按夫妻共同债务处理的，不予支持。

五、把握不同阶段夫妻债务的认定标准。依照婚姻法第十七条、第十八条、第十九条和第四十一条有关夫妻共同财产制、分别财产制和债务偿还原则以及有关婚姻法司法解释的规定，正确处理夫妻一方以个人名义对外所负债务问题。

六、保护被执行夫妻双方基本生存权益不受影响。要树立生存权益高于债权的理念。对夫妻共同债务的执行涉及到夫妻双方的工资、住房等财产权益，甚至可能损害其基本生存权益的，应当保留夫妻双方及其所扶养家属的生活必需费用。执行夫妻名下住房时，应保障生活所必需的居住房屋，一般不得拍卖、变卖或抵债被执行人及其所扶养家属生活所必需的居住房屋。

七、制裁夫妻一方与第三人串通伪造债务的虚假诉讼。对实施虚假诉讼的当事人、委托诉讼代理人和证人等，要加强罚款、拘留等对妨碍民事诉讼的强制措施的适用。对实施虚假诉讼的委托诉讼代理人，除依法制裁外，还应向司法行政部门、律师协会或者行业协会发出司法建议。对涉嫌虚假诉讼等犯罪的，应依法将犯罪的线索、材料移送侦查机关。

以上通知，请遵照执行。执行中有何问题，请及时报告我院。

最高人民法院

2017 年 2 月 28 日

最高人民法院关于审理涉及夫妻债务纠纷案件适用法律有关问题的解释

(2018年1月8日最高人民法院审判委员会第1731次会议通过,
自2018年1月18日起施行)
法释〔2018〕2号

为正确审理涉及夫妻债务纠纷案件,平等保护各方当事人合法权益,根据《中华人民共和国民法总则》《中华人民共和国婚姻法》《中华人民共和国合同法》《中华人民共和国民事诉讼法》等法律规定,制定本解释。

第一条 夫妻双方共同签字或者夫妻一方事后追认等共同意思表示所负的债务,应当认定为夫妻共同债务。

第二条 夫妻一方在婚姻关系存续期间以个人名义为家庭日常生活需要所负的债务,债权人以属于夫妻共同债务为由主张权利的,人民法院应予支持。

第三条 夫妻一方在婚姻关系存续期间以个人名义超出家庭日常生活需要所负的债务,债权人以属于夫妻共同债务为由主张权利的,人民法院不予支持,但债权人能够证明该债务用于夫妻共同生活、共同生产经营或者基于夫妻双方共同意思表示的除外。

第四条 本解释自2018年1月18日起施行。

本解释施行后,最高人民法院此前作出的相关司法解释与本解释相抵触的,以本解释为准。

婚姻登记条例

（2003年7月30日国务院第16次常务会议通过，自2003年10月1日起施行）

第一章　总　　则

第一条　为了规范婚姻登记工作，保障婚姻自由、一夫一妻、男女平等的婚姻制度的实施，保护婚姻当事人的合法权益，根据《中华人民共和国婚姻法》（以下简称婚姻法），制定本条例。

第二条　内地居民办理婚姻登记的机关是县级人民政府民政部门或者乡（镇）人民政府，省、自治区、直辖市人民政府可以按照便民原则确定农村居民办理婚姻登记的具体机关。

中国公民同外国人，内地居民同香港特别行政区居民（以下简称香港居民）、澳门特别行政区居民（以下简称澳门居民）、台湾地区居民（以下简称台湾居民）、华侨办理婚姻登记的机关是省、自治区、直辖市人民政府民政部门或者省、自治区、直辖市人民政府民政部门确定的机关。

第三条　婚姻登记机关的婚姻登记员应当接受婚姻登记业务培训，经考核合格，方可从事婚姻登记工作。

婚姻登记机关办理婚姻登记，除按收费标准向当事人收取工本费外，不得收取其他费用或者附加其他义务。

第二章　结婚登记

第四条　内地居民结婚，男女双方应当共同到一方当事人常住户口所在地的婚姻登记机关办理结婚登记。

中国公民同外国人在中国内地结婚的，内地居民同香港居民、澳门居民、台湾居民、华侨在中国内地结婚的，男女双方应当共同到内地居民常住户口所在地的婚姻登记机关办理结婚登记。

第五条 办理结婚登记的内地居民应当出具下列证件和证明材料：

（一）本人的户口簿、身份证；

（二）本人无配偶以及与对方当事人没有直系血亲和三代以内旁系血亲关系的签字声明。

办理结婚登记的香港居民、澳门居民、台湾居民应当出具下列证件和证明材料：

（一）本人的有效通行证、身份证；

（二）经居住地公证机构公证的本人无配偶以及与对方当事人没有直系血亲和三代以内旁系血亲关系的声明。

办理结婚登记的华侨应当出具下列证件和证明材料：

（一）本人的有效护照；

（二）居住国公证机构或者有权机关出具的、经中华人民共和国驻该国使(领)馆认证的本人无配偶以及与对方当事人没有直系血亲和三代以内旁系血亲关系的证明，或者中华人民共和国驻该国使(领)馆出具的本人无配偶以及与对方当事人没有直系血亲和三代以内旁系血亲关系的证明。

办理结婚登记的外国人应当出具下列证件和证明材料：

（一）本人的有效护照或者其他有效的国际旅行证件；

（二）所在国公证机构或者有权机关出具的、经中华人民共和国驻该国使(领)馆认证或者该国驻华使(领)馆认证的本人无配偶的证明，或者所在国驻华使(领)馆出具的本人无配偶的证明。

第六条 办理结婚登记的当事人有下列情形之一的，婚姻登记机关不予登记：

（一）未到法定结婚年龄的；

（二）非双方自愿的；

（三）一方或者双方已有配偶的；

（四）属于直系血亲或者三代以内旁系血亲的；

（五）患有医学上认为不应当结婚的疾病的。

第七条 婚姻登记机关应当对结婚登记当事人出具的证件、证明材料进行审查并询问相关情况。对当事人符合结婚条件的，应当当场予以登记，发给结婚证；对当事人不符合结婚条件不予登记的，应当向当事人说明理由。

第八条 男女双方补办结婚登记的，适用本条例结婚登记的规定。

第九条 因胁迫结婚的，受胁迫的当事人依据婚姻法第十一条的规定向婚姻登记机关请求撤销其婚姻的，应当出具下列证明材料：

（一）本人的身份证、结婚证；

（二）能够证明受胁迫结婚的证明材料。

婚姻登记机关经审查认为受胁迫结婚的情况属实且不涉及子女抚养、财产及债务问题的，应当撤销该婚姻，宣告结婚证作废。

第三章 离婚登记

第十条 内地居民自愿离婚的，男女双方应当共同到一方当事人常住户口所在地的婚姻登记机关办理离婚登记。

中国公民同外国人在中国内地自愿离婚的，内地居民同香港居民、澳门居民、台湾居民、华侨在中国内地自愿离婚的，男女双方应当共同到内地居民常住户口所在地的婚姻登记机关办理离婚登记。

第十一条 办理离婚登记的内地居民应当出具下列证件和证明材料：

（一）本人的户口簿、身份证；

（二）本人的结婚证；

（三）双方当事人共同签署的离婚协议书。

办理离婚登记的香港居民、澳门居民、台湾居民、华侨、外国人除应当出具前款第（二）项、第（三）项规定的证件、证明材料外，香港居民、澳门居民、台湾居民还应当出具本人的有效通行证、身份证，华侨、外国人还应当出具本人的有效护照或者其他有效国际旅行证件。

离婚协议书应当载明双方当事人自愿离婚的意思表示以及对子女抚养、财产及债务处理等事项协商一致的意见。

第十二条 办理离婚登记的当事人有下列情形之一的，婚姻登记机关不予受理：

（一）未达成离婚协议的；

（二）属于无民事行为能力人或者限制民事行为能力人的；

（三）其结婚登记不是在中国内地办理的。

第十三条 婚姻登记机关应当对离婚登记当事人出具的证件、证明材料进行审查并询问相关情况。对当事人确属自愿离婚，并已对子女抚养、财产、债务等问题达成一致处理意见的，应当当场予以登记，发给离婚证。

第十四条 离婚的男女双方自愿恢复夫妻关系的，应当到婚姻登记机关办理复婚登记。复婚登记适用本条例结婚登记的规定。

第四章 婚姻登记档案和婚姻登记证

第十五条 婚姻登记机关应当建立婚姻登记档案。婚姻登记档案应当长期保管。具体管理办法由国务院民政部门会同国家档案管理部门规定。

第十六条 婚姻登记机关收到人民法院宣告婚姻无效或者撤销婚姻的判决书副本后,应当将该判决书副本收入当事人的婚姻登记档案。

第十七条 结婚证、离婚证遗失或者损毁的,当事人可以持户口簿、身份证向原办理婚姻登记的机关或者一方当事人常住户口所在地的婚姻登记机关申请补领。婚姻登记机关对当事人的婚姻登记档案进行查证,确认属实的,应当为当事人补发结婚证、离婚证。

第五章 罚 则

第十八条 婚姻登记机关及其婚姻登记员有下列行为之一的,对直接负责的主管人员和其他直接责任人员依法给予行政处分:

(一) 为不符合婚姻登记条件的当事人办理婚姻登记的;

(二) 玩忽职守造成婚姻登记档案损失的;

(三) 办理婚姻登记或者补发结婚证、离婚证超过收费标准收取费用的。

违反前款第(三)项规定收取的费用,应当退还当事人。

第六章 附 则

第十九条 中华人民共和国驻外使(领)馆可以依照本条例的有关规定,为男女双方均居住于驻在国的中国公民办理婚姻登记。

第二十条 本条例规定的婚姻登记证由国务院民政部门规定式样并监制。

第二十一条 当事人办理婚姻登记或者补领结婚证、离婚证应当交纳工本费。工本费的收费标准由国务院价格主管部门会同国务院财政部门规定并公布。

第二十二条 本条例自2003年10月1日起施行。1994年1月12日国务院批准、1994年2月1日民政部发布的《婚姻登记管理条例》同时废止。

中华人民共和国收养法(修正)

(1991年12月29日第七届全国人民代表大会常务委员会第二十三次会议通过,根据1998年11月4日第九届全国人民代表大会常务委员会第五次会议《关于修改〈中华人民共和国收养法〉的决定》修正)

第一章 总 则

第一条 为保护合法的收养关系,维护收养关系当事人的权利,制定本法。

第二条 收养应当有利于被收养的未成年人的抚养、成长,保障被收养人和收养人的合法权益,遵循平等自愿的原则,并不得违背社会公德。

第三条 收养不得违背计划生育的法律、法规。

第二章 收养关系的成立

第四条 下列不满十四周岁的未成年人可以被收养:

(一)丧失父母的孤儿;

(二)查找不到生父母的弃婴和儿童;

(三)生父母有特殊困难无力抚养的子女。

第五条 下列公民、组织可以作送养人:

(一)孤儿的监护人;

(二)社会福利机构;

(三)有特殊困难无力抚养子女的生父母。

第六条 收养人应当同时具备下列条件:

(一)无子女;

(二)有抚养教育被收养人的能力;

(三)未患有在医学上认为不应当收养子女的疾病;

(四)年满三十周岁。

第七条 收养三代以内同辈旁系血亲的子女,可以不受本法第四条第三项、第五条第三项、第九条和被收养人不满十四周岁的限制。

华侨收养三代以内同辈旁系血亲的子女,还可以不受收养人无子女的限制。

第八条 收养人只能收养一名子女。

收养孤儿、残疾儿童或者社会福利机构抚养的查找不到生父母的弃婴和儿童,可以不受收养人无子女和收养一名的限制。

第九条 无配偶的男性收养女性的,收养人与被收养人的年龄应当相差四十周岁以上。

第十条 生父母送养子女,须双方共同送养。生父母一方不明或者查找不到的可以单方送养。

有配偶者收养子女,须夫妻共同收养。

第十一条 收养人收养与送养人送养,须双方自愿。收养年满十周岁以上未成年人的,应当征得被收养人的同意。

第十二条 未成年人的父母均不具备完全民事行为能力的,该未成年人的监护人不得将其送养,但父母对该未成年人有严重危害可能的除外。

第十三条 监护人送养未成年孤儿的,须征得有抚养义务的人同意。有抚养义务的人不同意送养、监护人不愿意继续履行监护职责的,应当依照《中华人民共和国民法通则》的规定变更监护人。

第十四条 继父或者继母经继子女的生父母同意,可以收养继子女,并可以不受本法第四条第三项、第五条第三项、第六条和被收养人不满十四周岁以及收养一名的限制。

第十五条 收养应当向县级以上人民政府民政部门登记。收养关系自登记之日起成立。

收养查找不到生父母的弃婴和儿童的,办理登记的民政部门应当在登记前予以公告。

收养关系当事人愿意订立收养协议的,可以订立收养协议。

收养关系当事人各方或者一方要求办理收养公证的,应当办理收养公证。

第十六条 收养关系成立后,公安部门应当依照国家有关规定为被收养人办理户口登记。

第十七条 孤儿或者生父母无力抚养的子女,可以由生父母的亲属、朋友抚养。

抚养人与被抚养人的关系不适用收养关系。

第十八条 配偶一方死亡,另一方送养未成年子女的,死亡一方的父母有优先抚养的权利。

第十九条 送养人不得以送养子女为理由违反计划生育的规定再生育子女。

第二十条 严禁买卖儿童或者借收养名义买卖儿童。

第二十一条 外国人依照本法可以在中华人民共和国收养子女。

外国人在中华人民共和国收养子女,应当经其所在国主管机关依照该国法律审查同意。收养人应当提供由其所在国有权机构出具的有关收养人的年龄、婚姻、职业、财产、健康、有无受过刑事处罚等状况的证明材料,该证明材料应当经其所在国外交机关或者外交机关授权的机构认证,并经中华人民共和国驻该国使领馆认证。该收养人应当与送养人订立书面协议,亲自向省级人民政府民政部门登记。

收养关系当事人各方或者一方要求办理收养公证的,应当到国务院司法行政部门认定的具有办理涉外公证资格的公证机构办理收养公证。

第二十二条 收养人、送养人要求保守收养秘密的,其他人应当尊重其意愿,不得泄露。

第三章 收养的效力

第二十三条 自收养关系成立之日起,养父母与养子女间的权利义务关系,适用法律关于父母子女关系的规定;养子女与养父母的近亲属间的权利义务关系,适用法律关于子女与父母的近亲属关系的规定。

养子女与生父母及其他近亲属间的权利义务关系,因收养关系的成立而消除。

第二十四条 养子女可以随养父或者养母的姓,经当事人协商一致,也可以保留原姓。

第二十五条 违反《中华人民共和国民法通则》第五十五条和本法规定的收养行为无法律效力。

收养行为被人民法院确认无效的,从行为开始时起就没有法律效力。

第四章 收养关系的解除

第二十六条 收养人在被收养人成年以前,不得解除收养关系,但收养人、送养人双方协议解除的除外,养子女年满十周岁以上的,应当征得本人同意。

收养人不履行抚养义务,有虐待、遗弃等侵害未成年养子女合法权益行为的,送养人有权要求解除养父母与养子女间的收养关系。送养人、收养人不能达成解除收养关系协议的,可以向人民法院起诉。

第二十七条 养父母与成年养子女关系恶化、无法共同生活的,可以协议解除收养关系。不能达成协议的,可以向人民法院起诉。

第二十八条 当事人协议解除收养关系的,应当到民政部门办理解除收养关系的登记。

第二十九条 收养关系解除后,养子女与养父母及其他近亲属间的权利义务关系即行消除,与生父母及其他近亲属间的权利义务关系自行恢复,但成年养子女与生父母及其他近亲属间的权利义务关系是否恢复,可以协商确定。

第三十条 收养关系解除后,经养父母抚养的成年养子女,对缺乏劳动能力又缺乏生活来源的养父母,应当给付生活费。因养子女成年后虐待、遗弃养父母而解除收养关系的,养父母可以要求养子女补偿收养期间支出的生活费和教育费。

生父母要求解除收养关系的,养父母可以要求生父母适当补偿收养期间支出的生活费和教育费,但因养父母虐待、遗弃养子女而解除收养关系的除外。

第五章 法律责任

第三十一条 借收养名义拐卖儿童的,依法追究刑事责任。

遗弃婴儿的,由公安部门处以罚款;构成犯罪的,依法追究刑事责任。

出卖亲生子女的,由公安部门没收非法所得,并处以罚款;构成犯罪的,依法追究刑事责任。

第六章 附则

第三十二条 民族自治地方的人民代表大会及其常务委员会可以根据本法的原则,结合当地情况,制定变通的或者补充的规定。自治区的规定,报全国人民代表大会常务委员会备案。自治州、自治县的规定,报省或者自治区的人民代表大会常务委员会批准后生效,并报全国人民代表大会常务委员会备案。

第三十三条 国务院可以根据本法制定实施办法。

第三十四条 本法自 1992 年 4 月 1 日起施行。

最高人民法院关于人民法院审理离婚案件处理子女抚养问题的若干具体意见

（1993年11月3日）
法发〔1993〕30号

人民法院审理离婚案件，对子女抚养问题，应当依照《中华人民共和国婚姻法》第二十九条、第三十条及有关法律规定，从有利于子女身心健康，保障子女的合法权益出发，结合父母双方的抚养能力和抚养条件等具体情况妥善解决。根据上述原则，结合审判实践，提出如下具体意见：

1. 两周岁以下的子女，一般随母方生活。母方有下列情形之一的，可随父方生活：

（1）患有久治不愈的传染性疾病或其他严重疾病，子女不宜与其共同生活的；

（2）有抚养条件不尽抚养义务，而父方要求子女随其生活的；

（3）因其他原因，子女确无法随母方生活的。

2. 父母双方协议两周岁以下子女随父方生活，并对子女健康成长无不利影响的，可予准许。

3. 对两周岁以上未成年的子女，父方和母方均要求随其生活，一方有下列情形之一的，可予优先考虑：

（1）已做绝育手术或因其他原因丧失生育能力的；

（2）子女随其生活时间较长，改变生活环境对子女健康成长明显不利的；

（3）无其他子女，而另一方有其他子女的；

（4）子女随其生活，对子女成长有利，而另一方患有久治不愈的传染性疾病或其他严重疾病，或者有其他不利于子女身心健康的情形，不宜与子女共同生活的。

4. 父方与母方抚养子女的条件基本相同，双方均要求子女与其共同生活，但子女单独随祖父母或外祖父母共同生活多年，且祖父母或外祖父母要求并且有能力帮助子女照顾孙子女或外孙子女的，可作为子女随父或母生活的优先条件予以考虑。

5. 父母双方对十周岁以上的未成年子女随父或随母生活发生争执的，应考虑该子女的意见。

6. 在有利于保护子女利益的前提下,父母双方协议轮流抚养子女的,可予准许。

7. 子女抚育费的数额,可根据子女的实际需要、父母双方的负担能力和当地的实际生活水平确定。

有固定收入的,抚育费一般可按其月总收入的百分之二十至三十的比例给付。负担两个以上子女抚育费的,比例可适当提高,但一般不得超过月总收入的百分之五十。

无固定收入的,抚育费的数额可依据当年总收入或同行业平均收入,参照上述比例确定。

有特殊情况的,可适当提高或降低上述比例。

8. 抚育费应定期给付,有条件的可一次性给付。

9. 对一方无经济收入或者下落不明的,可用其财物折抵子女抚育费。

10. 父母双方可以协议子女随一方生活并由抚养方负担子女全部抚育费。但经查实,抚养方的抚养能力明显不能保障子女所需费用,影响子女健康成长的,不予准许。

11. 抚育费的给付期限,一般至子女十八周岁为止。

十六周岁以上不满十八周岁,以其劳动收入为主要生活来源,并能维持当地一般生活水平的,父母可停止给付抚育费。

12. 尚未独立生活的成年子女有下列情形之一,父母又有给付能力的,仍应负担必要的抚育费:

(1) 丧失劳动能力或虽未完全丧失劳动能力,但其收入不足以维持生活的;

(2) 尚在校就读的;

(3) 确无独立生活能力和条件的。

13. 生父与继母或生母与继父离婚时,对曾受其抚养教育的继子女,继父或继母不同意继续抚养的,仍应由生父母抚养。

14.《中华人民共和国收养法》施行前,夫或妻一方收养的子女,对方未表示反对,并与该子女形成事实收养关系的,离婚后,应由双方负担子女的抚育费;夫或妻一方收养的子女,对方始终反对的,离婚后,应由收养方抚养该子女。

15. 离婚后,一方要求变更子女抚养关系的,或者子女要求增加抚育费的,应另行起诉。

16. 一方要求变更子女抚养关系有下列情形之一的,应予支持。

(1) 与子女共同生活的一方因患严重疾病或因伤残无力继续抚养子女的;

(2) 与子女共同生活的一方不尽抚养义务或有虐待子女行为,或其与子女共同生活对子女身心健康确有不利影响的;

(3) 十周岁以上未成年子女,愿随另一方生活,该方又有抚养能力的;

(4) 有其他正当理由需要变更的。

17. 父母双方协议变更子女抚养关系的,应予准许。

18. 子女要求增加抚育费有下列情形之一,父或母有给付能力的,应予支持。

(1) 原定抚育费数额不足以维持当地实际生活水平的;

(2) 因子女患病、上学,实际需要已超过原定数额的;

(3) 有其他正当理由应当增加的。

19. 父母不得因子女变更姓氏而拒付子女抚育费。父或母一方擅自将子女姓氏改为继母或继父姓氏而引起纠纷的,应责令恢复原姓氏。

20. 在离婚诉讼期间,双方均拒绝抚养子女的,可先行裁定暂由一方抚养。

21. 对拒不履行或妨害他人履行生效判决、裁定、调解中有关子女抚养义务的当事人或者其他人,人民法院可依照《中华人民共和国民事诉讼法》第一百零二条的规定采取强制措施。

最高人民法院关于人民法院审理离婚案件处理财产分割问题的若干具体意见

(1993 年 11 月 3 日)

法发〔1993〕32 号

人民法院审理离婚案件对夫妻共同财产的处理,应当依照《中华人民共和国婚姻法》《中华人民共和国妇女权益保障法》及有关法律规定,分清个人财产、夫妻共同财产和家庭共同财产,坚持男女平等,保护妇女、儿童的合法权益,照顾无过错方,尊重当事人意愿,有利生产、方便生活的原则,合情合理地予以解决。根据上述原则,结合审判实践,提出如下具体意见:

1. 夫妻双方对财产归谁所有以书面形式约定的,或以口头形式约定,双方无争议的,离婚时应按约定处理。但规避法律的约定无效。

2. 夫妻双方在婚姻关系存续期间所得的财产,为夫妻共同财产,包括:

(1) 一方或双方劳动所得的收入和购置的财产;

(2) 一方或双方继承、受赠的财产;

(3) 一方或双方由知识产权取得的经济利益;

(4) 一方或双方从事承包、租赁等生产、经营活动的收益;

(5) 一方或双方取得的债权;

(6) 一方或双方的其他合法所得。

3. 在婚姻关系存续期间,复员、转业军人所得的复员费、转业费,结婚时间 10 年以上的,应按夫妻共同财产进行分割。复员军人从部队带回的医药补助费和回乡生产补助费,应归本人所有。

4. 夫妻分居两地分别管理、使用的婚后所得财产,应认定为夫妻共同财产。在分割财产时,各自分别管理、使用的财产归各自所有。双方所分财产相差悬殊的,差额部分,由多得财产的一方以与差额相当的财产抵偿另一方。

5. 已登记结婚,尚未共同生活,一方或双方受赠的礼金、礼物应认定为夫妻共同财产,具体处理时应考虑财产来源、数量等情况合理分割。各自出资购置、各自使用的财物,原则上归各自所有。

6. 一方婚前个人所有的财产，婚后由双方共同使用、经营、管理的，房屋和其他价值较大的生产资料经过8年，贵重的生活资料经过4年，可视为夫妻共同财产。

7. 对个人财产还是夫妻共同财产难以确定的，主张权利的一方有责任举证。当事人举不出有力证据，人民法院又无法查实的，按夫妻共同财产处理。

8. 夫妻共同财产，原则上均等分割。根据生产、生活的实际需要和财产的来源等情况，具体处理时也可以有所差别。属于个人专用的物品，一般归个人所有。

9. 一方以夫妻共同财产与他人合伙经营的，入伙的财产可分给一方所有，分得入伙财产的一方对另一方应给予相当于入伙财产一半价值的补偿。

10. 属于夫妻共同财产的生产资料，可分给有经营条件和能力的一方。分得该生产资料的一方对另一方应给予相当于该财产一半价值的补偿。

11. 对夫妻共同经营的当年无收益的养殖、种植业等，离婚时应从有利于发展生产、有利于经营管理考虑，予以合理分割或折价处理。

12. 婚后8年内双方对婚前一方所有的房屋进行过修缮、装修、原拆原建，离婚时未变更产权的，房屋仍归产权人所有，增值部分中属于另一方应得的份额，由房屋所有权人折价补偿另一方；进行过扩建的，扩建部分的房屋应按夫妻共同财产处理。

13. 对不宜分割使用的夫妻共有的房屋，应根据双方住房情况和照顾抚养子女方或无过错方等原则分给一方所有。分得房屋的一方对另一方应给予相当于该房屋一半价值的补偿。在双方条件等同的情况下，应照顾女方。

14. 婚姻存续期间居住的房屋属于一方所有，另一方以离婚后无房居住为由，要求暂住的，经查实可据情予以支持，但一般不超过两年。

无房一方租房居住经济上确有困难的，享有房屋产权的一方可给予一次性经济帮助。

15. 离婚时一方尚未取得经济利益的知识产权，归一方所有。在分割夫妻共同财产时，可根据具体情况，对另一方予以适当的照顾。

16. 婚前个人财产在婚后共同生活中自然毁损、消耗、灭失，离婚时一方要求以夫妻共同财产抵偿的，不予支持。

17. 夫妻为共同生活或为履行抚养、赡养义务等所负债务，应认定为夫妻共同债务，离婚时应当以夫妻共同财产清偿。

下列债务不能认定为夫妻共同债务，应由一方以个人财产清偿：

（1）夫妻双方约定由个人负担的债务，但以逃避债务为目的的除外。

（2）一方未经对方同意，擅自资助与其没有抚养义务的亲朋所负的债务。

(3) 一方未经对方同意,独自筹资从事经营活动,其收入确未用于共同生活所负的债务。

(4) 其他应由个人承担的债务。

18. 婚前一方借款购置的房屋等财物已转化为夫妻共同财产的,为购置财物借款所负债务,视为夫妻共同债务。

19. 借婚姻关系索取的财物,离婚时,如结婚时间不长,或者因索要财物造成对方生活困难的,可酌情返还。

对取得财物的性质是索取还是赠与难以认定的,可按赠与处理。

20. 离婚时夫妻共同财产未从家庭共同财产中析出,一方要求析产的,可先就离婚和已查清的财产问题进行处理,对一时确实难以查清的财产的分割问题可告知当事人另案处理;或者中止离婚诉讼,待析产案件审结后再恢复离婚诉讼。

21. 一方将夫妻共同财产非法隐藏、转移拒不交出的,或非法变卖、毁损的,分割财产时,对隐藏、转移、变卖、毁损财产的一方,应予以少分或不分。

具体处理时,应把隐藏、转移、变卖、毁损的财产作为隐藏、转移、变卖、毁损财产的一方分得的财产份额,对另一方的应得的份额应以其他夫妻共同财产折抵,不足折抵的,差额部分由隐藏、转移、变卖、毁损财产的一方折价补偿对方。

对非法隐藏、转移、变卖、毁损夫妻共同财产的一方,人民法院可依照《中华人民共和国民事诉讼法》第一百零二条的规定进行处理。

22. 属于事实婚姻的,其财产分割适用本意见。

属于非法同居的,其财产分割按最高人民法院《关于人民法院审理未办结婚登记而以夫妻名义同居生活案件的若干意见》的有关规定处理。

最高人民法院关于人民法院审理离婚案件如何认定夫妻感情确已破裂的若干具体意见

(1989年12月13日)

法(民)发〔1989〕38号

人民法院审理离婚案件,准予或不准离婚应以夫妻感情是否破裂作为区分的界限。判断夫妻感情是否确已破裂,应当从婚姻基础、婚后感情、离婚原因、夫妻关系的现状和有无和好的可能等方面综合分析。根据婚姻法的有关规定和审判实践经验,凡属下列情形之一的,视为夫妻感情确已破裂。一方坚决要求离婚,经调解无效,可依法判决准予离婚。

1. 一方患有法定禁止结婚疾病的,或一方有生理缺陷,或其他原因不能发生性行为,且难以治愈的。

2. 婚前缺乏了解,草率结婚,婚后未建立起夫妻感情,难以共同生活的。

3. 婚前隐瞒了精神病,婚后经治不愈,或者婚前知道对方患有精神病而与其结婚,或一方在夫妻共同生活期间患精神病,久治不愈的。

4. 一方欺骗对方,或者在结婚登记时弄虚作假,骗取《结婚证》的。

5. 双方办理结婚登记后,未同居生活,无和好可能的。

6. 包办、买卖婚姻,婚后一方随即提出离婚,或者虽共同生活多年,但确未建立起夫妻感情的。

7. 因感情不和分居已满三年,确无和好可能的,或者经人民法院判决不准离婚后又分居满一年,互不履行夫妻义务的。

8. 一方与他人通奸、非法同居,经教育仍无悔改表现,无过错一方起诉离婚,或者过错方起诉离婚,对方不同意离婚,经批评教育、处分,或在人民法院判决不准离婚后,过错方又起诉离婚,确无和好可能的。

9. 一方重婚,对方提出离婚的。

10. 一方好逸恶劳、有赌博等恶习,不履行家庭义务、屡教不改,夫妻难以共同生活的。

11. 一方被依法判处长期徒刑,或其违法、犯罪行为严重伤害夫妻感情的。

12. 一方下落不明满二年,对方起诉离婚,经公告查找确无下落的。

13. 受对方的虐待、遗弃,或者受对方亲属虐待,或虐待对方亲属,经教育不改,另一方不谅解的。

14. 因其他原因导致夫妻感情确已破裂的。

中华人民共和国继承法

（1985年4月10日第六届全国人民代表大会第三次会议通过，
1985年4月10日中华人民共和国主席令第二十四号公布，
自1985年10月1日起施行）

第一章 总 则

第一条 根据《中华人民共和国宪法》规定，为保护公民的私有财产的继承权，制定本法。

第二条 继承从被继承人死亡时开始。

第三条 遗产是公民死亡时遗留的个人合法财产，包括：

（一）公民的收入；

（二）公民的房屋、储蓄和生活用品；

（三）公民的林木、牲畜和家禽；

（四）公民的文物、图书资料；

（五）法律允许公民所有的生产资料；

（六）公民的著作权、专利权中的财产权利；

（七）公民的其他合法财产。

第四条 个人承包应得的个人收益，依照本法规定继承。个人承包，依照法律允许由继承人继续承包的，按照承包合同办理。

第五条 继承开始后，按照法定继承办理；有遗嘱的，按照遗嘱继承或者遗赠办理；有遗赠扶养协议的，按照协议办理。

第六条 无行为能力人的继承权、受遗赠权，由他的法定代理人代为行使。

限制行为能力人的继承权、受遗赠权，由他的法定代理人代为行使，或者征得法定代理人同意后行使。

第七条 继承人有下列行为之一的，丧失继承权：

（一）故意杀害被继承人的；

(二)为争夺遗产而杀害其他继承人的;

(三)遗弃被继承人的,或者虐待被继承人情节严重的;

(四)伪造、篡改或者销毁遗嘱,情节严重的。

第八条 继承权纠纷提起诉讼的期限为二年,自继承人知道或者应当知道其权利被侵犯之日起计算。但是,自继承开始之日起超过二十年的,不得再提起诉讼。

第二章 法定继承

第九条 继承权男女平等。

第十条 遗产按照下列顺序继承:

第一顺序:配偶、子女、父母。

第二顺序:兄弟姐妹、祖父母、外祖父母。

继承开始后,由第一顺序继承人继承,第二顺序继承人不继承。没有第一顺序继承人继承的,由第二顺序继承人继承。

本法所说的子女,包括婚生子女、非婚生子女、养子女和有扶养关系的继子女。

本法所说的父母,包括生父母、养父母和有扶养关系的继父母。

本法所说的兄弟姐妹,包括同父母的兄弟姐妹、同父异母或者同母异父的兄弟姐妹、养兄弟姐妹、有扶养关系的继兄弟姐妹。

第十一条 被继承人的子女先于被继承人死亡的,由被继承人的子女的晚辈直系血亲代位继承。代位继承人一般只能继承他的父亲或者母亲有权继承的遗产份额。

第十二条 丧偶儿媳对公、婆,丧偶女婿对岳父、岳母,尽了主要赡养义务的,作为第一顺序继承人。

第十三条 同一顺序继承人继承遗产的份额,一般应当均等。

对生活有特殊困难的缺乏劳动能力的继承人,分配遗产时,应当予以照顾。

对被继承人尽了主要扶养义务或者与被继承人共同生活的继承人,分配遗产时,可以多分。

有扶养能力和有扶养条件的继承人,不尽扶养义务的,分配遗产时,应当不分或者少分。

继承人协商同意的,也可以不均等。

第十四条 对继承人以外的依靠被继承人扶养的缺乏劳动能力又没有生活来源的人,或者继承人以外的对被继承人扶养较多的人,可以分给他们适当的遗产。

第十五条 继承人应当本着互谅互让、和睦团结的精神，协商处理继承问题。遗产分割的时间、办法和份额，由继承人协商确定。协商不成的，可以由人民调解委员会调解或者向人民法院提起诉讼。

第三章 遗嘱继承和遗赠

第十六条 公民可以依照本法规定立遗嘱处分个人财产，并可以指定遗嘱执行人。

公民可以立遗嘱将个人财产指定由法定继承人的一人或者数人继承。

公民可以立遗嘱将个人财产赠给国家、集体或者法定继承人以外的人。

第十七条 公证遗嘱由遗嘱人经公证机关办理。

自书遗嘱由遗嘱人亲笔书写，签名，注明年、月、日。

代书遗嘱应当有两个以上见证人在场见证，由其中一人代书，注明年、月、日，并由代书人、其他见证人和遗嘱人签名。

以录音形式立的遗嘱，应当有两个以上见证人在场见证。

遗嘱人在危急情况下，可以立口头遗嘱。口头遗嘱应当有两个以上见证人在场见证。危急情况解除后，遗嘱人能够用书面或者录音形式立遗嘱的，所立的口头遗嘱无效。

第十八条 下列人员不能作为遗嘱见证人：

（一）无行为能力人、限制行为能力人；

（二）继承人、受遗赠人；

（三）与继承人、受遗赠人有利害关系的人。

第十九条 遗嘱应当对缺乏劳动能力又没有生活来源的继承人保留必要的遗产份额。

第二十条 遗嘱人可以撤销、变更自己所立的遗嘱。

立有数份遗嘱，内容相抵触的，以最后的遗嘱为准。

自书、代书、录音、口头遗嘱，不得撤销、变更公证遗嘱。

第二十一条 遗嘱继承或者遗赠附有义务的，继承人或者受遗赠人应当履行义务。没有正当理由不履行义务的，经有关单位或者个人请求，人民法院可以取消他接受遗产的权利。

第二十二条 无行为能力人或者限制行为能力人所立的遗嘱无效。

遗嘱必须表示遗嘱人的真实意思，受胁迫、欺骗所立的遗嘱无效。

伪造的遗嘱无效。

遗嘱被篡改的,篡改的内容无效。

第四章　遗产的处理

第二十三条　继承开始后,知道被继承人死亡的继承人应当及时通知其他继承人和遗嘱执行人。继承人中无人知道被继承人死亡或者知道被继承人死亡而不能通知的,由被继承人生前所在单位或者住所地的居民委员会、村民委员会负责通知。

第二十四条　存有遗产的人,应当妥善保管遗产,任何人不得侵吞或者争抢。

第二十五条　继承开始后,继承人放弃继承的,应当在遗产处理前,作出放弃继承的表示。没有表示的,视为接受继承。

受遗赠人应当在知道受遗赠后两个月内,作出接受或者放弃受遗赠的表示。到期没有表示的,视为放弃受遗赠。

第二十六条　夫妻在婚姻关系存续期间所得的共同所有的财产,除有约定的以外,如果分割遗产,应当先将共同所有的财产的一半分出为配偶所有,其余的为被继承人的遗产。

遗产在家庭共有财产之中的,遗产分割时,应当先分出他人的财产。

第二十七条　有下列情形之一的,遗产中的有关部分按照法定继承办理:

(一) 遗嘱继承人放弃继承或者受遗赠人放弃受遗赠的;

(二) 遗嘱继承人丧失继承权的;

(三) 遗嘱继承人、受遗赠人先于遗嘱人死亡的;

(四) 遗嘱无效部分所涉及的遗产;

(五) 遗嘱未处分的遗产。

第二十八条　遗产分割时,应当保留胎儿的继承份额。胎儿出生时是死体的,保留的份额按照法定继承办理。

第二十九条　遗产分割应当有利于生产和生活需要,不损害遗产的效用。

不宜分割的遗产,可以采取折价、适当补偿或者共有等方法处理。

第三十条　夫妻一方死亡后另一方再婚的,有权处分所继承的财产,任何人不得干涉。

第三十一条　公民可以与扶养人签订遗赠扶养协议。按照协议,扶养人承担该公民生养死葬的义务,享有受遗赠的权利。

公民可以与集体所有制组织签订遗赠扶养协议。按照协议,集体所有制组织承担该公民生养死葬的义务,享有受遗赠的权利。

第三十二条 无人继承又无人受遗赠的遗产，归国家所有；死者生前是集体所有制组织成员的，归所在集体所有制组织所有。

第三十三条 继承遗产应当清偿被继承人依法应当缴纳的税款和债务，缴纳税款和清偿债务以他的遗产实际价值为限。超过遗产实际价值部分，继承人自愿偿还的不在此限。

继承人放弃继承的，对被继承人依法应当缴纳的税款和债务可以不负偿还责任。

第三十四条 执行遗赠不得妨碍清偿遗赠人依法应当缴纳的税款和债务。

第五章 附 则

第三十五条 民族自治地方的人民代表大会可以根据本法的原则，结合当地民族财产继承的具体情况，制定变通的或者补充的规定。自治区的规定，报全国人民代表大会常务委员会备案。自治州、自治县的规定，报省或者自治区的人民代表大会常务委员会批准后生效，并报全国人民代表大会常务委员会备案。

第三十六条 中国公民继承在中华人民共和国境外的遗产或者继承在中华人民共和国境内的外国人的遗产，动产适用被继承人住所地法律，不动产适用不动产所在地法律。

外国人继承在中华人民共和国境内的遗产或者继承在中华人民共和国境外的中国公民的遗产，动产适用被继承人住所地法律，不动产适用不动产所在地法律。

中华人民共和国与外国订有条约、协定的，按照条约、协定办理。

第三十七条 本法自 1985 年 10 月 1 日起施行。

最高人民法院关于贯彻执行《中华人民共和国继承法》若干问题的意见

(1985 年 9 月 11 日)

法(民)发〔1985〕22 号

第六届全国人民代表大会第三次会议通过的《中华人民共和国继承法》,是我国公民处理继承问题的准则,是人民法院正确、及时审理继承案件的依据。人民法院贯彻执行继承法,要根据社会主义的法制原则,坚持继承权男女平等,贯彻互相扶助和权利义务相一致的精神,依法保护公民的私有财产的继承权。

为了正确贯彻执行继承法,我们根据继承法的有关规定和审判实践经验,对审理继承案件中具体适用继承法的一些问题,提出以下意见,供各级人民法院在审理继承案件时试行。

一、关于总则部分

1. 继承从被继承人生理死亡或被宣告死亡时开始。

失踪人被宣告死亡的,以法院判决中确定的失踪人的死亡日期,为继承开始的时间。

2. 相互有继承关系的几个人在同一事件中死亡,如不能确定死亡先后时间的,推定没有继承人的人先死亡。死亡人各自都有继承人的,如几个死亡人辈分不同,推定长辈先死亡;几个死亡人辈分相同,推定同时死亡,彼此不发生继承,由他们各自的继承人分别继承。

3. 公民可继承的其他合法财产包括有价证券和履行标的为财物的债权等。

4. 承包人死亡时尚未取得承包收益的,可把死者生前对承包所投入的资金和所付出的劳动及其增值和孳息,由发包单位或者接续承包合同的人合理折价、补偿,其价额作为遗产。

5. 被继承人生前与他人订有遗赠抚养协议,同时又立有遗嘱的,继承开始后,如果遗赠抚养协议与遗嘱没有抵触,遗产分别按协议和遗嘱处理;如果有抵触,按协议处理,与协议抵触的遗嘱全部或部分无效。

6. 遗嘱继承人依遗嘱取得遗产后,仍有权依继承法第十三条的规定取得遗嘱未处分的遗产。

7. 不满六周岁的儿童、精神病患者，应当认定其为无行为能力人。

已满六周岁、不满十八周岁的未成年人，应当认定其为限制行为能力人。

8. 法定代理人代理被代理人行使继承权、受遗赠权，不得损害被代理人的利益。法定代理人一般不能代理被代理人放弃继承权、受遗赠权。明显损害被代理人利益的，应认定其代理行为无效。

9. 在遗产继承中，继承人之间因是否丧失继承权发生纠纷，诉讼到人民法院的，由人民法院根据继承法第七条的规定，判决确认其是否丧失继承权。

10. 继承人虐待被继承人情节是否严重，可以从实施虐待行为的时间、手段、后果和社会影响等方面认定。

虐待被继承人情节严重的，不论是否追究刑事责任，均可确认其丧失继承权。

11. 继承人故意杀害被继承人的，不论是既遂还是未遂，均应确认其丧失继承权。

12. 继承人有继承法第七条第(一)项或第(二)项所列之行为，而被继承人以遗嘱将遗产指定由该继承人继承的，可确认遗嘱无效，并按继承法第七条的规定处理。

13. 继承人虐待被继承人情节严重的，或者遗弃被继承人的，如以后确有悔改表现，而且被虐待人、被遗弃人生前又表示宽恕，可不确认其丧失继承权。

14. 继承人伪造、篡改或者销毁遗嘱，侵害了缺乏劳动能力又无生活来源的继承人的利益，并造成其生活困难的，应认定其行为情节严重。

15. 在诉讼时效期间内，因不可抗拒的事由致继承人无法主张继承权利的，人民法院可按中止诉讼时效处理。

16. 继承人在知道自己的权利受到侵犯之日起的二年之内，其遗产继承权纠纷确在人民调解委员会进行调解期间，可按中止诉讼时效处理。

17. 继承人因遗产继承纠纷向人民法院提起诉讼，诉讼时效即为中断。

18. 自继承开始之日起的第十八年至第二十年期间内，继承人才知道自己的权利被侵犯的，其提起诉讼的权利，应当在继承开始之日起的二十年之内行使，超过二十年的，不得再行提起诉讼。

二、关于法定继承部分

19. 被收养人对养父母尽了赡养义务，同时又对生父母扶养较多的，除可依继承法第十条的规定继承养父母的遗产外，还可依继承法第十四条的规定分得生父母的适当的遗产。

20. 在旧社会形成的一夫多妻家庭中，子女与生母以外的父亲的其他配偶之间形成扶养关系的,互有继承权。

21. 继子女继承了继父母遗产的,不影响其继承生父母的遗产。

继父母继承了继子女遗产的,不影响其继承生子女的遗产。

22. 养祖父母与养孙子女的关系,视为养父母与养子女关系的,可互为第一顺序继承人。

23. 养子女与生子女之间、养子女与养子女之间,系养兄弟姐妹,可互为第二顺序继承人。

被收养人与其亲兄弟姐妹之间的权利义务关系,因收养关系的成立而消除,不能互为第二顺序继承人。

24. 继兄弟姐妹之间的继承权,因继兄弟姐妹之间的扶养关系而发生。没有扶养关系的,不能互为第二顺序继承人。

继兄弟姐妹之间相互继承了遗产的,不影响其继承亲兄弟姐妹的遗产。

25. 被继承人的孙子女、外孙子女、曾孙子女、外曾孙子女都可以代位继承,代位继承人不受辈数的限制。

26. 被继承人的养子女、已形成扶养关系的继子女的生子女可代位继承;被继承人亲生子女的养子女可代位继承;被继承人养子女的养子女可代位继承;与被继承人已形成扶养关系的继子女的养子女也可以代位继承。

27. 代位继承人缺乏劳动能力又没有生活来源,或者对被继承人尽过主要赡养义务的,分配遗产时,可以多分。

28. 继承人丧失继承权的,其晚辈直系血亲不得代位继承。如该代位继承人缺乏劳动能力又没有生活来源,或对被继承人尽赡养义务较多的,可适当分给遗产。

29. 丧偶儿媳对公、婆,丧偶女婿对岳父、岳母,无论其是否再婚,依继承法第十二条规定作为第一顺序继承人时,不影响其子女代位继承。

30. 对被继承人生活提供了主要经济来源,或在劳务等方面给予了主要扶助的,应当认定其尽了主要赡养义务或主要扶养义务。

31. 依继承法第十四条规定可以分给适当遗产的人,分给他们遗产时,按具体情况可多于或少于继承人。

32. 依继承法第十四条规定可以分给适当遗产的人,在其依法取得被继承人遗产的权利受到侵犯时,本人有权以独立的诉讼主体的资格向人民法院提起诉讼。但在遗产分割时,明知而未提出请求的,一般不予受理;不知而未提出请求,在二年以内起诉的,应予受理。

33. 继承人有扶养能力和扶养条件,愿意尽扶养义务,但被继承人因有固定收人和劳动能力，明确表示不要求其扶养的，分配遗产时，一般不应因此而影响其继承份额。

34. 有扶养能力和扶养条件的继承人虽然与被继承人共同生活，但对需要扶养的被继承人不尽扶养义务，分配遗产时，可以少分或者不分。

三、关于遗嘱继承部分

35. 继承法实施前订立的，形式上稍有欠缺的遗嘱，如内容合法，又有充分证据证明确为遗嘱人真实意思表示的，可以认定遗嘱有效。

36. 继承人、受遗赠人的债权人、债务人，共同经营的合伙人，也应当视为与继承人、受遗赠人有利害关系，不能作为遗嘱的见证人。

37. 遗嘱人未保留缺乏劳动能力又没有生活来源的继承人的遗产份额，遗产处理时，应当为该继承人留下必要的遗产，所剩余的部分，才可参照遗嘱确定的分配原则处理。

继承人是否缺乏劳动能力又没有生活来源，应按遗嘱生效时该继承人的具体情况确定。

38. 遗嘱人以遗嘱处分了属于国家、集体或他人所有的财产，遗嘱的这部分，应认定无效。

39. 遗嘱人生前的行为与遗嘱的意思表示相反，而使遗嘱处分的财产在继承开始前灭失、部分灭失或所有权转移、部分转移的，遗嘱视为被撤销或部分被撤销。

40. 公民在遗书中涉及死后个人财产处分的内容，确为死者真实意思的表示，有本人签名并注明了年、月、日，又无相反证据的，可按自书遗嘱对待。

41. 遗嘱人立遗嘱时必须有行为能力。无行为能力人所立的遗嘱，即使其本人后来有了行为能力，仍属无效遗嘱。遗嘱人立遗嘱时有行为能力，后来丧失了行为能力，不影响遗嘱的效力。

42. 遗嘱人以不同形式立有数份内容相抵触的遗嘱，其中有公证遗嘱的，以最后所立公证遗嘱为准；没有公证遗嘱的，以最后所立的遗嘱为准。

43. 附义务的遗嘱继承或遗赠，如义务能够履行，而继承人、受遗赠人无正当理由不履行，经受益人或其他继承人请求，人民法院可以取消他接受附义务那部分遗产的权利，由提出请求的继承人或受益人负责按遗嘱人的意愿履行义务，接受遗产。

四、关于遗产的处理部分

44. 人民法院在审理继承案件时，如果知道有继承人而无法通知的，分割遗产时，要保留其应继承的遗产，并确定该遗产的保管人或保管单位。

45. 应当为胎儿保留的遗产份额没有保留的，应从继承人所继承的遗产中扣回。

为胎儿保留的遗产份额,如胎儿出生后死亡的,由其继承人继承;如胎儿出生时就是死体的,由被继承人的继承人继承。

46. 继承人因放弃继承权,致其不能履行法定义务的,放弃继承权的行为无效。

47. 继承人放弃继承应当以书面形式向其他继承人表示。用口头方式表示放弃继承,本人承认,或有其他充分证据证明的,也应当认定其有效。

48. 在诉讼中,继承人向人民法院以口头方式表示放弃继承的,要制作笔录,由放弃继承的人签名。

49. 继承人放弃继承的意思表示,应当在继承开始后、遗产分割前作出。遗产分割后表示放弃的不再是继承权,而是所有权。

50. 遗产处理前或在诉讼进行中,继承人对放弃继承翻悔的,由人民法院根据其提出的具体理由,决定是否承认。遗产处理后,继承人对放弃继承翻悔的,不予承认。

51. 放弃继承的效力,追溯到继承开始的时间。

52. 继承开始后,继承人没有表示放弃继承,并于遗产分割前死亡的,其继承遗产的权利转移给他的合法继承人。

53. 继承开始后,受遗赠人表示接受遗赠,并于遗产分割前死亡的,其接受遗赠的权利转移给他的继承人。

54. 由国家或集体组织供给生活费用的烈属和享受社会救济的城市居民,其遗产仍应准许合法继承人继承。

55. 集体组织对"五保户"实行"五保"时,双方有扶养协议的,按协议处理;没有抚养协议,死者有遗嘱继承人或法定继承人要求继承的,按遗嘱继承或法定继承处理,但集体组织有权要求扣回"五保"费用。

56. 扶养人或集体组织与公民订有遗赠扶养协议,扶养人或集体组织无正当理由不履行,致协议解除的,不能享有受遗赠的权利,其支付的供养费用一般不予补偿;遗赠人无正当理由不履行,致协议解除的,则应偿还扶养人或集体组织已支付的供养费用。

57. 遗产因无人继承收归国家或集体组织所有时,按继承法第十四条规定可以分给遗产的人提出取得遗产的要求,人民法院应视情况适当分给遗产。

58. 人民法院在分割遗产中的房屋、生产资料和特定职业所需要的财产时,应依据有利于发挥其使用效益和继承人的实际需要,兼顾各继承人的利益进行处理。

59. 人民法院对故意隐匿、侵吞或争抢遗产的继承人,可以酌情减少其应继承的遗产。

60. 继承诉讼开始后，如继承人、受遗赠人中有既不愿参加诉讼，又不表示放弃实体权利的，应追加为共同原告；已明确表示放弃继承的，不再列为当事人。

61. 继承人中有缺乏劳动能力又没有生活来源的人，即使遗产不足清偿债务，也应为其保留适当遗产，然后再按继承法第三十三条和民事诉讼法第一百八十条的规定清偿债务。

62. 遗产已被分割而未清偿债务时，如有法定继承又有遗嘱继承和遗赠的，首先由法定继承人用其所得遗产清偿债务；不足清偿时，剩余的债务由遗嘱继承人和受遗赠人按比例用所得遗产偿还；如果只有遗嘱继承和遗赠的，由遗嘱继承人和受遗赠人按比例用所得遗产偿还。

五、关于附则部分

63. 涉外继承，遗产为动产的，适用被继承人住所地法律，即适用被继承人生前最后住所地国家的法律。

64. 继承法实行前，人民法院已经审结的继承案件，继承法施行后，按审判监督程序提起再审的，适用审结时的有关政策、法律。

人民法院对继承法生效前已经受理，生效时尚未审结的继承案件，适用继承法。但不得再以超过诉讼时效为由驳回起诉。

主要参考书目

1. 法学教材编辑部《婚姻法教程》编写组:《婚姻立法资料选编》,法律出版社 1983 年版。

2. 费安玲、丁玫译:《意大利民法典》,国政法大学出版社 1997 年版。

3. 李双元主编:《国际私法》,法律出版社 2000 年版。4. 李志敏主编:《比较家庭法》,北京大学出版社 1988 年版。

5. 梁慧星:《民法总论(第五版)》,法律出版社 2017 年版。

6. 林秀雄:《夫妻财产制之研究》,中国政法大学出版社 2001 年版。

7. 林秀雄:《婚姻家庭法之研究》,中国政法大学出版社 2001 年版。

8. 罗结珍译:《法国民法典》,中国法制出版社 1999 年版。

9. 史尚宽:《亲属法论》,中国政法大学出版社 2000 年版。

10. 王书江译:《日本民法典》,中国法制出版社 2000 年版。

11. 巫昌祯主编:《婚姻与继承法学(修订本)》,中国政法大学出版社 2001 年版。

12. 杨大文主编:《亲属法(第四版)》,法律出版社 2004 年版。

13. 殷生根、王燕译:《瑞士民法典》,中国政法大学出版社 1999 年版。

14. 张贤钰主编:《婚姻家庭继承法》,法律出版社 2004 年版。

15. 郑冲、贾红梅译:《德国民法典》,法律出版社 1999 年版。

16. 周枏:《罗马法原论》,商务印书馆 1994 年版。

17. 最高人民法院民事审判第一庭编著:《最高人民法院婚姻法司法解释(二)的理解与适用》,人民法院出版社 2004 年版。